20252026 Premier League Guide-Book

20252026 프리미어리그 가이드북

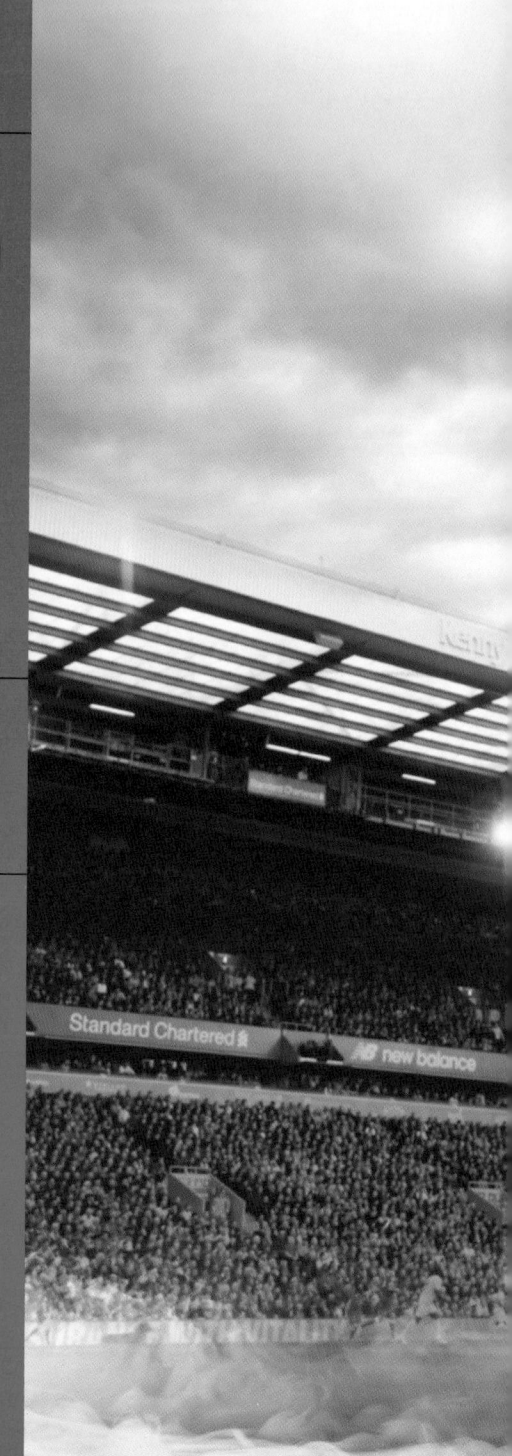

bs
브레인스토어

히든풋볼
지음

CONTENTS

FEATURE		SEASON PREVIEW	8
1		LIVERPOOL	18
2		ARSENAL	34
3		MANCHESTER CITY	50
4		CHELSEA	66
5		NEWCASTLE UNITED	82
6		ASTON VILLA	98
7		NOTTINGHAM FOREST	114
8		BRIGHTON & HOVE ALBION	130
9		BOURNEMOUTH	146
10		BRENTFORD	160

2025 2026

11	FULHAM	174
12	CRYSTAL PALACE	188
13	EVERTON	202
14	WEST HAM UNITED	216
15	MANCHESTER UNITED	230
16	WOLVERHAMPTON WANDERERS	246
17	TOTTENHAM HOTSPUR	260
18	LEEDS UNITED	276
19	BURNLEY	290
20	SUNDERLAND AFC	304
SUPPLEMENT	MY FAVORITE PL TEAM'S BEST SEASON	318

#스쿼드 보는 법

Goalkeeper

알리송 베케르

| 국적 브라질 | 나이 32 | 신장 193 | 체중 91 | 평점 7.15 | ④ |

2024/25시즌에도 리버풀의 대체 불가능한 자원임을 증명했다. 그의 경이로운 선방 능력과 현대축구 골키퍼의 패러다임을 바꾼 빌드업 능력은 팀의 근간을 이루었다. 스루패스를 가로채고 상대 공격수를 조기에 압박하기 위해 공격적으로 뛰쳐 올라가는 그의 '스위퍼 활동'은 리버풀이 수비 라인을 높일 수 있게 하는 기반이었다. 상대 공격수와의 1 대 1 상황에서 큰 체구를 활용해 끝까지 중심을 지키는 능력과 양발을 사용한 침착한 패스는 여전히 세계 최고 수준이었다. 하지만 햄스트링과 뇌진탕 등 잔부상으로 15경기에 결장하며 그의 내구성에 대한 우려를 낳았다.

2024/25시즌

0	28 GAMES	2,509 MINUTES	29 실점 ⑤	72.90 선방률 ⑥	
	78 세이브 ⑦	9 클린시트 ⑧	추정가치: 25,000,000€ ⑨	32.00 클린시트 성공률 ⑩	0/1 PK 방어 기록 ⑪	0

① 등번호
② 국기
③ 주장 마크
④ 국적, 나이, 신장, 체중, 평균 평점(WhoScored 기준. 평점을 산정하지 않는 리그 기록은 제외.)
⑤ 실점 수
⑥ **선방률:** 슈팅을 막아낸 비율(%)
⑦ **세이브:** 슈팅을 막아낸 횟수
⑧ **클린시트:** 무실점으로 방어한 경기 수
⑨ **추정 가치:** 선수 개인의 현재 시장 가치를 추정한 금액(Transfermarkt 기준, 유로)
⑩ **클린시트 성공률:** 출전 경기를 무실점으로 방어한 비율(%)
⑪ **PK 방어 기록:** 페널티킥 상황에서 상대 슛을 막아낸 횟수

ABOUT DATA

- 2024/25시즌 정규 리그 기록.
- 브라질, 스웨덴 등 한 해 단위로 시즌을 치르는 리그에서 이적해온 선수는 2024시즌 기록.
- 상세 기록을 제공하지 않는 리그는 공개된 기록까지만 수록.
- 2군 리그, 유소년 리그 기록은 제외.
- 지난 시즌 2개 이상의 프리미어리그 팀에서 뛰었던 선수는 개인의 시즌 합산 기록으로 정리.
  (타 국가의 리그에서 임대, 이적해온 경우 직전 소속팀에서의 기록을 표기.)
- **기록 출처:** Premier League, WhoScored, Transfermarkt, FBref, FotMob.

Field Player

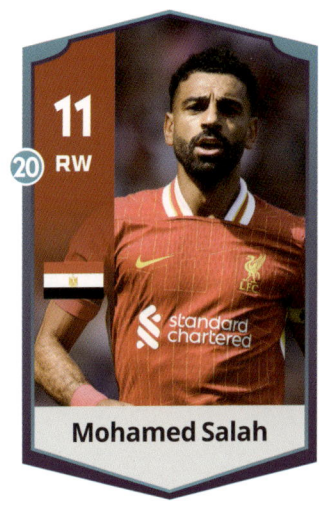

모하메드 살라

국적 이집트 | **나이** 33 | **신장** 175 | **체중** 71 | **평점** 8

모하메드 살라는 축구 역사에 길이 남을 위대한 시즌을 보냈다. 프리미어리그 득점왕(골든 부트), 도움왕(플레이메이커상), 그리고 시즌의 선수상을 모두 석권하며 공격수로서 보여 줄 수 있는 모든 것을 보여 주었다. 29골 18도움으로 38라운드 기준 프리미어리그 단일 시즌 최다 공격 포인트 기록(47개)을 세웠다. 득점과 창조성을 겸비한 그의 능력은 새로운 경지에 이르렀지만, 시즌 막판에는 32세의 나이에 따른 약간의 기동력 저하가 관찰되기도 했다. 다가오는 시즌은 2025년 12월부터 2026년 1월까지 열릴 아프리카 네이션스컵 일정으로 인해 후반기 체력 저하가 더 강하게 찾아올 수 있다.

2024/25시즌

- ⑫ 리그 경기 출장 수
- ⑬ 리그 경기 출장 시간(분)
- ⑭ 리그 총 득점 수
- ⑮ 리그 총 도움 수
- ⑯ **경기당 슈팅:** 한 경기당 평균 슈팅 횟수
- ⑰ **유효 슈팅:** 시즌 총 유효 슈팅 수
- ⑱ **경기당 패스:** 한 경기당 평균 패스 횟수
- ⑲ **패스 성공률:** 시도한 패스가 끊기지 않고 전달된 확률(%)
- ⑳ 소화 가능한 포지션

일러두기

- 이적 현황은 2025년 8월 25일(한국 기준)까지 반영되어 있습니다. 이후 발생한 이적 IN & OUT은 재쇄 제작 시 반영할 예정입니다.
- 이름에 −가 들어가는 경우 국립국어원 기준에 따라 붙여 적었습니다.
- 정확한 기록과 정보가 제공되지 않는 항목은 − 표시했습니다.

스쿼드 보는 법 페이지는 정보와 기록 등 각각의 요소를 설명하기 위한 예시 구성으로, 도서 본문 내용과 일치하지 않을 수 있습니다. 정확한 정보는 구단별 스쿼드 페이지 내의 선수 데이터를 확인해주세요.

2025/26 SEASON PREVIEW 1

새로운 왕조의 서막: 리버풀은 2연패를 달성할 수 있는가?

2024/25시즌 프리미어리그 우승 트로피가 안필드에 자리 잡은 것은 아르네 슬롯이라는 새로운 지휘관 시대의 화려한 서막을 알리는 신호탄이었다. 감독 데뷔 시즌에 리그 우승을 차지하는 것은 극히 드문 업적으로, 슬롯 감독은 조세 무리뉴, 카를로 안첼로티 등과 함께 프리미어리그 역사에 이름을 올린 소수의 엘리트 클럽에 가입했다. 이는 위르겐 클롭 시대의 유산 계승이 아닌, 슬롯 감독 자신의 철학이 만들어 낸 새로운 왕조의 시작을 의미한다.

리버풀의 우승은 전술적 진화의 산물이었다. 슬롯 감독은 기존의 게겐프레싱 색채를 유지하면서도, 보다 통제되고 안정적인 4-2-3-1 시스템을 이식했다. 견고한 더블 피봇을 중심으로 경기를 지배하고, 지능적인 전방 압박과 유기적인 공격 로테이션을 통해 상대를 무너뜨렸다. 이 전술의 정점은 모하메드 살라를 위해 "특별히 제작된 오른쪽 윙 포지션"이었다. 이 역할 속에서 살라는 리그 역사에 남을 위대한 개인 시즌을 보냈고, 29골 18도움이라는 경이로운 기록을 달성했다.

그러나 챔피언의 자리에 안주하지 않겠다는 의지는 2025년 여름 이적 시장에서 명확히 드러났다. 클럽의 상징과도 같던 트렌트 알렉산더아놀드를 레알 마드리드로 떠나보낸 것은 충격이었지만, 이는 동시에 새로운 시대를 향한 과감한 결단이었다. 리버풀은 즉시 바이엘 레버쿠젠의 제레미 프림퐁과 본머스의 밀로시 케르케즈를 영입하며 측면에 새로운 활력을 불어넣었다. 여기에 플로리안 비르츠(£116m)와 위고 에키티케(£79m) 영입에 천문학적인 금액을 투자한 것은 단순히 타이틀 방어를 넘어, 새로운 지배 시대를 열겠다는 야망의 표출이었다. 슬롯 감독은 한 인터뷰에서 "작년에 우승했던 스쿼드에 만족하지만, 주변의 모든 팀이 강해지고 있기에 우리도 똑같이 머무른다면 다시 우승할 수 없을 것"이라며 새로운 선수들을 '새로운 무기'라고 칭했다. 이는 수동적인 보강이 아닌, 경쟁에서 앞서 나가기 위한 능동적이고 전략적인 진화를 추구하는 그의 철학을 명확히 보여 준다.

리버풀의 2연패를 저지할 가장 강력한 대항마는 상처 입은 자존심을 회복하려는 맨체스터시티다. 2024/25시즌 리그 3위와 커뮤니티 실드 우승에 그친 것은 그들에게 명백한 실패로 받아들여졌다. 펩 과르디올라 감독은 팀의 "정신력을 회복해야 한다"고 역설했으며, 이적 시장에서의 움직임은 그의 말을 증명했다. 티자니 라인더르스와 라얀 셰르키 같은 젊고 역동적인 선수들을 영입한 것은 노쇠화된 스쿼드에 새로운 피를 수혈하려는 계산된 '대대적인 재건'의 일환이다.

결론적으로, 리버풀의 리그 2연패는 충분히 가능한 목표다. 하지만 그 길은 험난하다. 막대한 이적료를 기록한 새로운 스타 선수들을 슬롯 감독의 정교한 시스템에 얼마나 빨리 녹여 내는지가 관건이다. 동시에 지난 시즌의 '실패'로 인해 절치부심하며 막대한 자금력과 전술적 완성도를 갖춘 맨체스터시티의 거센 도전을 이겨 내야만 한다. 여기에 요케레스, 수비멘디 등 중원과 공격에 새로운 얼굴을 수혈한 아스날, 클럽 월드컵 우승 후 어린 선수들의 자신감이 한껏 오른 첼시 등도 챔피언 타이틀에 도전할 수 있는 팀이다. 2025/26시즌 프리미어리그는 여러 거인의 새로운 군비 경쟁이 펼쳐지는 무대가 될 것이다.

2025/26 SEASON PREVIEW 2

'최악의 부진' 맨유와 토트넘,

맨체스터 유나이티드와 토트넘의 2024/25시즌은 한마디로 요약하면 '최악'이었다. 먼저 토트넘은 엔제 포스테코글루 감독이 뒤를 돌아보지 않는 축구를 구사한 끝에 수비가 실종되면서 무기력하게 무너지는 모습을 자주 노출했다. 그나마 다행스러운 점은 프리미어리그 17위를 기록했음에도 유로파리그에서 우승을 차지한 것. 토트넘은 유로파리그 우승으로 17년 만에 메이저 대회 우승과 41년 만에 유럽 대회 우승이라는 업적을 달성했고 학수고대하던 UEFA 챔피언스리그 진출 티켓을 손에 쥐었다. 그럼에도 토트넘은 경기력과 성적이 기대 이하였으므로 2025년 여름 포스테코글루 감독을 경질하고 토마스 프랑크 감독을 임명했다.

이는 맨유에 비하면 양반이다. 맨유는 시즌 중반 에릭 텐하흐 감독에서 후벵 아모림 감독으로 변화를 꾀했고 이에 따라 용병술과 전술 변화에도 부진에 부진을 거듭했다. 선수들의 부진과 부상, 득점력 부족, 아모림 감독의 상황 대처 부족 등으로 프리미어리그 15위를 기록했을 뿐 아니라 유로파리그 결승전에서 토트넘에 0-1로 패해 우승에 실패했다. 말 그대로 대참사가 벌어진 것이다.

2025년 여름 맨유와 토트넘이 변화를 추진한 것은 당연지사. 특히, 맨유의 전력 보강은 눈길을 사로잡는다. 아모림 감독은 지난 시즌의 실패를 반면교사 삼아 2025/26시즌을 준비했고, 지난 시즌 리그 39경기에서 44골에 그친 공격력을 높이고자 노력했다. 이에 따라 베냐민 세슈코, 브라이언 음뵈모, 마테우스 쿠냐 등을 영입하며 공격진을 보강하는 데 성공했다. 언급한 세 선수가 지난 시즌 리그에서 넣은 골만 해도 48골이나 될 정도. 비록 빌드업이 뛰어난 중앙 미드필더와 안정적인 골키퍼 영입에 실패했지만 이제 키는 아모림 감독에게 넘어간 셈이다. 아모림 감독은 새로운 공격수들과 브루노 페르난데스의 공존을 이끌며 파괴력을 극대화해야 한다. 이와 동시에 스리백을 바탕으로 한 수비의 안정감을 높

부활할 수 있을까?

이고, 전진 압박의 강도를 유지하면서 공격 전개를 더 효과적으로 하기 위해 미드필더들의 다양한 조합에 신경 써야 한다. 아모림 감독에게 실패는 곧 경질을 의미하므로 벼랑 끝에서 2025/26시즌을 시작한다고 봐도 무방할 것이다.

물론, 토트넘도 임대로 활약했던 마티스 텔과 케빈 단소를 완전 영입하고 루카 부슈코비치를 활용할 수 있으며 모하메드 쿠두스와 주앙 팔리냐, 타카이 코타 등을 영입했다. 그러나 모건 깁스화이트 영입에 실패하면서 실질적인 영입은 쿠두스와 팔리냐밖에 없다는 비판을 듣고 있다. 설상가상 팀의 주장이자 공격의 핵심이었던 손흥민이 LA FC로 이적함에 따라 기대만큼 이적시장에서의 전력 상승을 꾀하지 못했다. 그럼에도 토마스 프랑크 감독은 프리시즌 평가전을 치르며 전체적인 공수 밸런스를 찾아가는 모습을 보여 줬다. 프랑크 감독은 4-2-3-1 포메이션하에서 빠른 공격 전환과 측면의 직선적인 공격 전개, 공격수들의 적극적인 박스 안 침투 등을 요구하면서 공격을 날카롭게 만들었고, 강한 압박과 두 줄 수비를 통해 지난 시즌과는 완전히 다른 수비력을 과시했다. 어쩌면 이번 여름 최고의 영입은 프랑크 감독일지도 모른다.

그럼에도 전체적인 면을 고려할 때, 기대보다 걱정이 앞서는 것이 사실이다. 소위 말하는 우승 후보들인 리버풀, 아스날, 맨시티, 첼시 등이 여름 이적시장을 통해 전력을 상승시켰다는 사실을 고려할 때, 맨유와 토트넘이 갈 길은 멀기만 하다. 그리고 맨유와 토트넘이 유로파리그 진출권 획득 이상의 성적을 거두지 못한다면 과거의 영광과 화려한 추억을 기억하는 팬들과 언론의 비판에서 자유롭지 못할 것이 분명하다. 따라서 이제 맨유와 토트넘은 현실을 직시하면서 유럽대항전 진출을 위해 사력을 다해 경쟁해야 한다.

챔스 복귀한 첼시의 2025/26시즌 향방은?

비로소 안정기를 되찾은 첼시다. 부임 초 마레스카 감독은 인버티드 풀백을 활용하는 3-2 빌드업과 확고한 컨셉으로 팀을 바꿔 나갔다. 하지만 내려앉은 팀을 상대로 고전했고 측면 공격 유닛들의 고립과 더불어 콜 파머의 후반기 부진 극복 실패 등 시즌 전체로 봤을 때 전술적 아쉬움이 없지는 않았다. 하지만 3년 만에 챔피언스리그 복귀, 컨퍼런스리그와 클럽월드컵 동시 석권은 마레스카를 선임하지 않았다면 불가능했을 대업적이었다. 이에 따라, 첼시의 보드진도 새 시즌을 앞두고 더욱 힘을 실어 줬다. 마레스카 감독의 전술에 어울릴 이스테방, 리암 델랍, 주앙 페드루, 제이미 기튼스, 다리우 에수구, 조렐 하토를 영입해 공격과 수비를 강화했고, 10명 이상을 판매

해 장부 문제도 해결했다. 향후 2~3년 안에 프리미어리그 우승에 도전할 전력을 서서히 갖춰 나갔다. 하지만 변수가 발생했다. 개막 직전 치러진 첫 훈련 세션에서 리바이 콜윌이 십자인대가 파열돼 수술대에 오른 것. 한순간 수비 핵심과 리더를 잃고 말았다. 물론 쿠쿠레야와 영입생 하토가 왼쪽 스토퍼로 뛸 수 있고 오른쪽에서 인버티드 풀백을 활용하면 되지만 수비력이 문제가 된다. 변형 백3의 스위퍼 역할은 콜윌이 가장 안정적으로 수행했기 때문이다. 특히 클럽월드컵에서 콜윌의 집중력이 개선되면서 후방의 수비력과 빌드업이 전체적으로 개선된 첼시였기에 수비 리더의 부재는 2025/26시즌 첼시의 가장 큰 약점이 될 수 있다.

UCL 병행하는 5개 구단의 시즌 목표와 과제는?

슬롯과 함께 PL 우승을 차지한 리버풀은 올 시즌도 우승 후보 1순위다. 비르츠와 프림퐁, 에키티케, 케르케즈를 영입해 부족한 공격 창의성과 전방의 무게, 측면 기동력을 해결했고 센터백과 최전방도 추가로 작업 중이다. 리그 우승은 당연하고, 챔스도 8강 이상 진출해야 실패가 아니다. 3연속 리그 준우승, 챔스 4강에 올랐던 아스날은 요케레스, 수비멘디, 마두에케, 뇌르고르, 케파를 품었다. 네 시즌 연속 2위는 경질로 이어질 수도 있다. 우승을 놓치더라도 팬들로부터 박수받을 전술과 경기력을 보여야 한다. 로드리의 부재로 중원 퀄리티가 떨어졌고 우풀백 고민이 반복된 맨시티는 레인더르스, 셰르키, 뉴판과 아이트누리를 영입했다. 다시 한번 리그 우승에 도전하겠지만, 일단 과르디올라 감독이 변해야 한다. 소극적인 스쿼드 운영은 한계에 부딪힐 가능성이 크다.

70년 만에 자국 대회 트로피를 들어 올린 뉴캐슬은 시즌 시작 전부터 골머리를 앓았다. 주포 이삭이 잡음을 일으켰고, 설정한 영입 타깃들은 뉴캐슬이 아닌 다른 팀의 유니폼을 입었다. 챔스에 진출할 순위권에 들어야 하고 동시에 하우 감독의 전술적 다양성도 이뤄져야 한다. 기적 같은 유로파 우승으로 손흥민과 아름답게 작별한 토트넘은 프랭크 체제로 새 시즌을 맞이한다. 챔스에선 적어도 리그 페이즈를 통과해야 하고 동시에 리그에서는 2년 연속 챔스에 진출할 수 있어야 한다.

새로운 구장에서의 첫 시즌 에버튼, 돌아온 모예스와 함께 과거의 위상 찾을 수 있을까?

그리고 더욱 사이즈 커진 머지사이드 더비!

에버튼은 최근 몇 년간 지속적으로 강등권 경쟁을 하며 수많은 팬들을 실망시켰다. 라파엘 베니테스, 프랭크 램파드, 션 다이치 등 거쳐 간 감독들 모두 강등권에서 허덕이는 기대 이하의 성과로 몇 년 동안 악몽 같은 시즌을 보내야만 했던 것이다. 지난 시즌도 션 다이치 체제에서 최악의 경기력과 성적을 보이며 또 한 번 강등 위기에 빠져 있던 에버튼이었는데, 위기의 순간 21세기 에버튼 최고의 감독으로 평가받았던 데이비드 모예스가 소방수로 돌아왔다.

모예스 부임 후 에버튼은 후반기 8승 7무 4패의 놀라운 성적을 거두면서 안정적으로 잔류를 확정지었다. 후반기 성적만 놓고 봤을 때 리그 9위라는 걸 생각하면, 상당히 인상적인 결과를 만들어 낸 것이었다. 더군다나 지난 시즌은 오랜 역사를 자랑해 왔던 구디슨파크와 함께하는 마지막 시즌이기도 했는데, 결과적으로 모예스는 구디슨파크에서의 마지막 경기도 깔끔하게 승리로 장식하며 아름다운 이별을 해냈다.

이제는 에버튼의 새로운 경기장 "힐 디킨슨 스타디움"에서 새로운 도약을 향해 나아가는 첫 번째 시즌이 다가온다. 힐 디킨슨 스타디움은 약 52,888명을 수용하며 잉글랜드 내에서도 규모로 8대 경기장에 속할 만큼 큰 인프라를 자랑한다. 구디슨파크보다 13,000명이나 더 수용할 수 있어서 앞으로 더 많은 홈 팬들의 응원 속에서 더욱 안정적인 홈 승률을 보여줄 필요가 있다.

모예스 감독에게도 다가오는 시즌 여러 과제가 있는데, 우선 올 시즌 주축 선수 대부분이 계약 만료로 팀을 떠나면서 대대적인 팀 개편과 리빌딩 작업에 착수해야 한다. 얇은 스쿼드와 퀄리티가 부족한 선수층으로 그동안 고생을 많이 했던 에버튼이었기에 이번 여름 이적시장에서 최소 5, 6명 이상, 최대 10명 정도의 선수 보강은 반드시 이뤄 내야 한다.

모예스 감독이 돌아오면서 에버튼 팬들이 기대하는 또 다른 포인트는 안정적인 중위권으로의 복귀이다. 모예스 감독은 에버튼에서의 1기 시절 항상 5위~9위의 안정적인 성적을 잘 유지해 왔고, 한번은 4위로 챔피언스리그 진출도 이끈 경험이 있다. 팬들은 그러한 원래의 강세를 되찾기를 희망하고 있으며, 실제로 현지 팬들의 여론조사에서도 올 시즌 에버튼의 예상 순위를 8~10위권 이내로 보는 비율이 가장 높았고, 나아가 컵 대회에서의 우승 또한 기대하고 있는 눈치였다. 지난 시즌 막판 짧은 시간 안에 팀을 정상화한 점을 고려할 때, 적절한 선수 보강과 함께 모예스의 시스템이 팀에 빠르게 녹아든다면 충분히 가능한 예상이라는 생각도 든다.

그리고 또 다른 과제 중 하나는 머지사이드 더비 시 홈에서의 높은 승률이다. PL 출범 후 오랜 라이벌인 리버풀을 상대로 구디슨파크에서 치러진 33경기 중 단 8승밖에 거두지 못했다. 모예스 복귀 후 홈에서 리버풀 상대로 상당히 인상적인 경기력을 보여 줬기 때문에 새 경기장에서는 이전보다 더 높은 라이벌전 승률을 기대하고 있으며, 힐 디킨슨 스타디움에서 펼쳐지는 첫 머지사이드 더비의 결과에도 많은 관심이 집중될 것으로 보인다.

승격 3팀 미리보기

2025/26 SEASON PREVIEW 5

1년 버티기도 어렵다! 계속 반복되는 승격 3팀의 재강등 흑역사

지난 시즌, 그 전 시즌에 이어 또다시 승격 3팀이 모두 나란히 강등됐다. PL 역사상 두 시즌 연속 승격팀이 모두 강등된 사례는 이번이 최초이다. 해가 갈수록 PL의 자본력이 강해지면서 잔류 경쟁이 얼마나 타이트한지를 다시 한번 뼈저리게 느낄 수 있는 시즌이었다. 레스터시티는 승격 당시 팀에 확실한 조직력과 스타일을 다져 놨던 마레스카가 떠나면서 전혀 다른 스타일의 게임 모델을 병행하다가 결국 이도 저도 아닌 모습을 시즌 내내 보여 주며 강등되고야 말았다. 입스위치타운은 키어런 맥케나 감독이 실리적인 운영도 시도하면서 첼시 같은 강팀을 잡는 이변도 종종 보여 주곤 했지만 PL은 다른 레벨이라는 것을 뼈저리게 실감했다. 사우샘프턴도 러셀 마틴의 점유율 축구가 무의미한 후방 점유로만 이어지고, 공수에서는 빈틈을 수차례 노출하며 시즌 내내 고전했다. 매 시즌 승격팀들이 이전보다 더

 **레스터시티**
18위
38전 6승 7무 25패 33득점 80실점
 강등

 입스위치타운
19위
38전 4승 10무 24패 36득점 82실점
 강등

 사우샘프턴
20위
38전 2승 6무 30패 26득점 86실점
 강등

큰 어려움을 겪는 최근의 PL 흐름 속에서 이번 승격팀들은 다른 모습을 보여 줄 수 있을지를 지켜보자.

25/26시즌 PL 무대에 오른 리즈, 번리, 선덜랜드!
지옥과도 같은 챔피언십 경쟁을 뚫고 올라왔는데... 상상 그 이상의 또 다른 지옥 생존 싸움!

 리즈 | 챔피언십 1위
46전 29승 13무 4패 95득점 30실점
#승점_100 #리그_1위 #다이렉트_승격

2024/25시즌, 리즈는 챔피언십을 압도하며 프리미어리그로 화려하게 복귀했다. 다니엘 파르케 감독의 지휘 아래 팀은 승점 100점, 95득점, 단 30실점이라는 경이로운 기록을 세우며 리그 우승을 차지했다. 그들의 성공은 95골이라는 경이적인 공격력(잉글랜드 4개 프로 리그 전체 1위)과 평균 61.3%에 달하는 높은 볼 점유율을 기반으로 한 압도적인 축구에서 비롯되었다. 이 성공에 안주하지 않고, 구단은 아담 언더우드 신임 스포팅 디렉터와 함께 프리미어리그에서의 생존을 넘어 경쟁력을 갖추기 위한 야심 찬 여름 이적시장을 보냈다. 리즈의 이번 이적 시장 전략은 명확했다. 경험 많은 선수들을 영입하여 즉각적인 전력 보강을 꾀한 것이다. 이적료 지출 내역을 보면 구단의 의지를 엿볼 수 있다. 8월 초까지 선수 영입에 8,500만 유로 이상을 투자한 반면, 선수 판매로 얻은 수입은 600만 유로에 그쳤다. 이는 단순한 생존이 아닌, 프리미어리그 무대에서 안정적으로 자리 잡겠다는 클럽의 강력한 행동이다.

번리 | 챔피언십 2위
46전 28승 16무 2패 69득점 16실점

#승점_100 #리그_2위 #다이렉트_승격

지난 시즌 번리는 챔피언십에서 엄청난 기록들을 만들어 냈다. 챔피언십 승점 100점 달성, 33경기 무패 행진으로 클럽 최다 무패 행진 기록을 달성, 16실점으로 챔피언십 리그 역사상 한 시즌 최소 실점, 경기당 평균 0.35골 실점으로 잉글랜드 리그 역사상 최저 실점률을 달성했다. 30경기 클린 시트로 1954년 포트베일의 최다클린시트 기록과 타이를 이루었고, 홈에서는 무패로 시즌을 마감했다. 챔피언십 리그 정상에는 아쉽게 오르지 못했지만, 강력한 수비력과 조직력으로 완벽한 시즌을 보내며 프리미어리그의 복귀를 알렸던 시즌이었다. 스콧 파커 감독이 팀의 새로운 사령탑으로 부임하면서 4-2-3-1 시스템에서 두 명의 수비형 미드필더와 앞선 자원들의 타이트한 간격 유지, 즉각적인 역압박과 빠른 수비 전환을 강조하며 최고의 수비 조직력을 보여 줬던 한 시즌이었다. 단단한 수비 조직과 쉽게 지지 않는 끈끈함, 여기에 적절한 전력 보강만 이루어진다면 번리는 이전 시즌과 다른 모습을 어쩌면 PL에서도 보여 줄 수 있지 않을까 싶다.

선덜랜드 | 챔피언십 4위
46전 21승 13무 12패 58득점 44실점

#승점_76 #리그_4위 #플레이오프_승격

감격적인 PL 복귀에 성공했다. 2016/17시즌 이후 8년 만이다. 하지만 그 여정은 험난했다. 리즈, 번리와 승점 차이가 벌어졌고 시즌 막판엔 6경기 동안 승리가 없었다. 하지만 르 브리 감독의 전술이 반전을 만들어 냈다. 승격 PO에서 4-4-2 두 줄 수비로 수비 간격을 좁혔고 공격 전환 시 빠른 역습으로 기적 같은 승격을 일궈 냈다. 핵심 선수들의 활약도 터져 나왔다. 후반기 합류한 르 피는 중앙과 측면을 오가며 기회를 창출했고 시즌 내내 결정력과 꾸준함이 아쉬웠던 이시도르와 마옌다는 중요한 순간 득점하며 승격을 이끌었다. 이적 시장 행보도 훌륭하다. 벨링엄의 이탈을 자카로 메웠고 중원 에너지를 채울 디아라와 사디키도 영입했다. PL 경험이 있는 아딩그라와 브뤼에 유망주 탈비로 측면을 보강했고 최전방은 첼시에서 기우를 임대로 데려왔다. 다만 평균 연령 24.3세의 스쿼드는 경험 부족이 드러날 수 있다. 르 브리 감독도 공격에서 더 다양한 패턴을 보여야 선덜랜드의 죽어도 잔류가 가능하다.

ALISSON BECKER
GIORGI MAMARDASHVILI
VIRGIL VAN DIJK
IBRAHIMA KONATE
JOE GOMEZ
MILOS KERKEZ
JEREMIE FRIMPONG
ANDREW ROBERTSON
KOSTAS TSIMIKAS
CONOR BRADLEY
RHYS WILLIAMS
ALEXIS MAC ALLISTER
RYAN GRAVENBERCH
DOMINIK SZOBOSZLAI
CURTIS JONES
WATARU ENDO
MOHAMED SALAH
FLORIAN WIRTZ
CODY GAKPO
HUGO EKITIKE
RIO NGUMOHA
FEDERICO CHIESA

Liverpool

리버풀 Liverpool FC

창단 년도	1892년
최고 성적	우승 (1900/01, 1905/06, 1921/22, 1922/23, 1946/47, 1963/64, 1965/66, 1972/73, 1975/76, 1976/77, 1978/79, 1979/80, 1981/82, 1982/83, 1983/84, 1985/86, 1987/88, 1989/90, 2019/20 2024/25)
경기장	안필드 (Anfield)
경기장 수용 인원	61,276명
지난 시즌 성적	1위
별칭	The Reds (레즈), The Kops (콥스)
상징색	레드
레전드	이안 러시, 스티븐 제라드, 제이미 캐러거, 케니 달글리시, 빌 샹클리, 존 반스, 로비 파울러, 사미 히피아, 모하메드 살라 등

히스토리

1892년 창단된 리버풀은 잉글랜드 축구 역사상 가장 성공적인 클럽 중 하나로, 국내외에서 수많은 우승을 차지했다. 통산 20회의 리그 우승으로 잉글랜드 최다 기록 타이를 이루었으며, 유러피언컵/챔피언스리그에서 6회 우승했다. 빌 샹클리, 밥 페이즐리, 조 페이건으로 이어지는 전설적인 '부트 룸' 왕조 시절, 그들은 잉글랜드를 넘어 유럽을 지배하는 '붉은 제국'을 건설했다. 프리미어리그 출범 이후 긴 암흑기를 겪기도 했지만, 위르겐 클롭 감독 체제에서 챔피언스리그와 그토록 염원하던 프리미어리그 우승을 차지하며 화려하게 부활했고, 2024/25시즌 아르네 슬롯 감독 체제에서 다시 한번 정상에 올랐다. 빌 샹클리, 밥 페이즐리, 그리고 최근의 위르겐 클롭과 아르네 슬롯 감독 시대는 클럽의 상징인 안필드와 함께 열정적인 축구와 영광의 유산을 정의한다.

최근 5시즌 리그 순위 변동

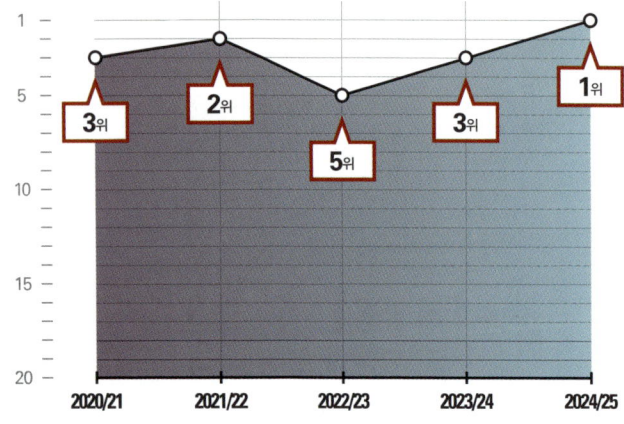

2020/21: 3위, 2021/22: 2위, 2022/23: 5위, 2023/24: 3위, 2024/25: 1위

클럽레코드 IN & OUT

최고 이적료 영입 IN
플로리안 비르츠
1억 2,500만 유로
(2025년 7월, from 바이어레버쿠젠)

최고 이적료 판매 OUT
필리피 쿠치뉴
1억 3,500만 유로
(2018년 1월, to 바르셀로나)

CLUB & MANAGER

아르네 슬롯 Arne Slot | 1978년 9월 17일 | 46세 | 네덜란드

세밀함의 대가, 아르네 슬롯

아르네 슬롯은 데뷔 시즌에 리버풀을 프리미어리그 우승으로 이끈 세밀하고 전술적으로 유연한 네덜란드 출신 감독이다. 그의 철학은 점유율을 통한 경기 지배, 지능적인 전방 압박, 그리고 유기적인 공격 구조에 중점을 두며, 주로 4-2-3-1 포메이션을 활용한다. 클롭의 헤비메탈 축구와는 결이 다른 정교함을 추구한다. 2024/25시즌 우승은 그의 철학이 프리미어리그에서도 통할 수 있음을 입증한 결과였다. 선수들은 그의 "정신이 번쩍 들게 하는" 전술과 시스템 내에서 개인을 발전시키는 능력에 찬사를 보냈으며, 그 결과 수비적으로 견고하면서도 리그 최다 득점 팀을 만들어 냈다. 2025/26시즌 성공을 위해서는 지난 시즌의 우승 공식에 안주할 수 없다. 슬롯 감독은 이제 '도전자'에서 '방어자'로 입장이 바뀌었으며, 지속적인 지배력을 유지하는 팀을 구축해야 한다.

📋 감독 인터뷰

"선수들의 헌신적인 노력, 새로운 선수들의 성공적인 통합 과정은 긍정적이다. 하지만 루이스 디아스와 같은 핵심 선수의 이탈이 팀에 미치는 감정적인 영향은 신경 써야 한다."

감독 프로필

통산	선호 포메이션	승률
266 경기 **169** 승 **53** 무 **44** 패	**4-2-3-1**	**63.5%**

시즌 키워드

#신입생통합 | **#T의리더십** | **#왕조결성**

우승 이력

- 에레디비시 (2022/23)
- KNVB컵 (2023/24)
- 프리미어리그 (2024/25)

경력

2016~2017	2019~2020	2021~2024	2024~
			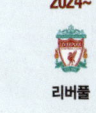
SC캄뷔르	AZ알크마르	페예노르트로테르담	리버풀

LIVERPOOL

IN

플로리안 비르츠
(바이어레버쿠젠)

위고 에키티케
(프랑크푸르트)

밀로스 케르케즈
(본머스)

제레미 프림퐁
(바이어레버쿠젠)

기오르기 마마르다슈빌리
(발렌시아)

프레디 우드먼
(프레스턴)

아르민 페치
(푸스카스아카데미아)

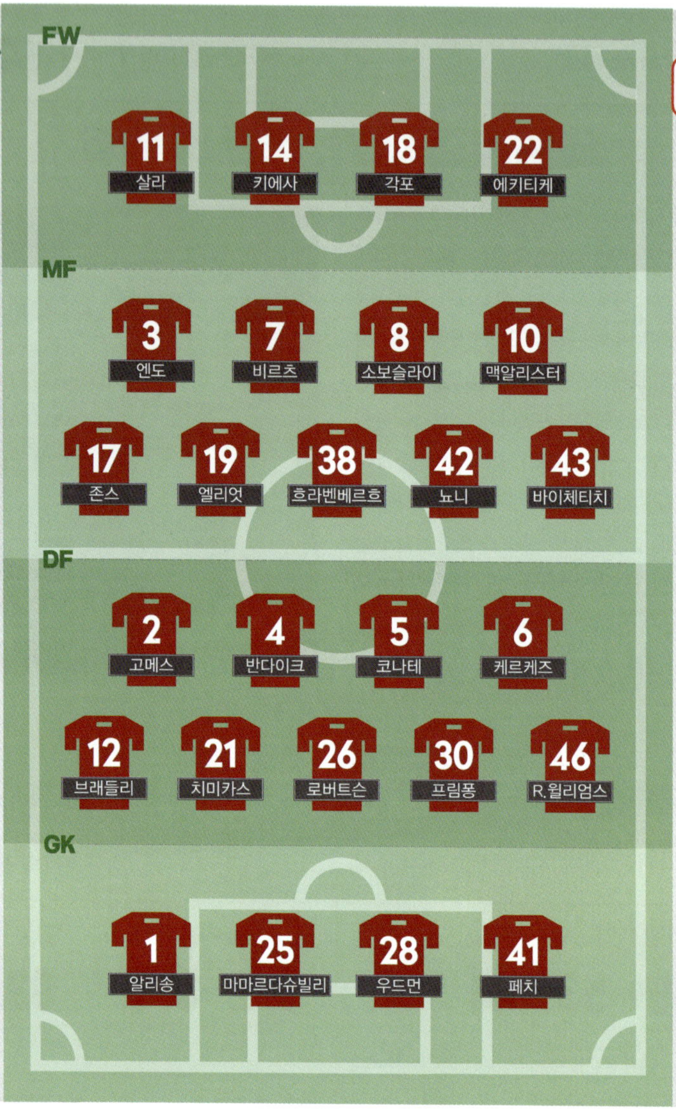

OUT

트렌트 알렉산더아놀드
(레알마드리드)

루이스 디아스
(바이에른뮌헨)

퀴빈 켈러허
(브렌트포드)

자렐 콴사
(바이어레버쿠젠)

냇 필립스
(웨스트브롬)

오언 벡
(더비카운티, 임대)

비테슬라프 야로시
(AFC아약스, 임대)

다르윈 누녜스
(알힐랄)

벤 도크
(본머스)

FW
- 11 살라
- 14 키에사
- 18 각포
- 22 에키티케

MF
- 3 엔도
- 7 비르츠
- 8 소보슬라이
- 10 맥알리스터
- 17 존스
- 19 엘리엇
- 38 흐라벤베르흐
- 42 뇨니
- 43 바이체티치

DF
- 2 고메스
- 4 반다이크
- 5 코나테
- 6 케르케즈
- 12 브래들리
- 21 치미카스
- 26 로버트슨
- 30 프림퐁
- 46 R. 윌리엄스

GK
- 1 알리송
- 25 마마르다슈빌리
- 28 우드먼
- 41 페치

히든풋볼의 이적시장 평가

디펜딩 챔피언 리버풀은 상당한 변화를 겪은 스쿼드로 시즌을 시작한다. 성패는 플로리안 비르츠와 위고 에키티케 등 고액 영입생들이 슬롯 감독의 까다로운 전술 시스템에 얼마나 빠르게 적응하는지에 달렸다. 프림퐁과 케르케즈의 새 풀백 조합은 큰 공격 잠재력을 가졌지만 수비 재조정이 필요하다. 프리미어리그 타이틀 방어와 챔피언스리그에서의 본격적인 도전이 목표다. 왕조의 시작을 증명하는 임무가 감독에게 주어졌다.

SQUAD & BEST 11

2024/25시즌 스탯 Top 3

포메이션:
- 22 에키티케
- 18 각포 | 7 비르츠 | 11 살라
- 38 흐라벤베르흐 | 10 맥알리스터
- 6 케르케즈 | 4 반다이크 | 5 코나테 | 30 프림퐁
- 1 알리송

득점 Top 3
- 모하메드 살라 — 29골
- 루이스 디아스 — 13골
- 코디 각포 — 10골

도움 Top 3
- 모하메드 살라 — 18도움
- 루이스 디아스 — 7도움
- 도미니크 소보슬라이 — 7도움

출전시간 Top 3
- 모하메드 살라 — 3,380분
- 루이스 디아스 — 3,330분
- 라이언 흐라벤베르흐 — 3,169분

히든풋볼의 순위 예측

비르츠의 적응이 중요하다. 이사크가 온다면 우승에 큰 도움이 될 것이다. 살라의 에이징 커브를 막아야 한다.

대단한 이적시장을 보냈지만 변동이 많은 스쿼드의 리스크가 초반부 발목을 잡을 수 있다.

디펜딩 챔피언의 미친 영입 행보. 우승 공식을 아는 리버풀은 더 많은 트로피를 원한다.

리그 최강의 스쿼드를 보유하고 있지만, 디오구 조타의 비극적인 사망을 극복해야 하는 과제를 안고 있다.

우승 전력에 비르츠와 에키티케로 공격력을 더했다. 슬롯 감독의 공격 전술은 더 다양해질 것.

전술적으로도 훌륭한 감독을 보유하고 있고 보강도 탄탄하게 했다. 다만, 경쟁팀들의 견제가 우려된다.

 2위 이주헌
 3위 박종윤
 1위 송영주
 1위 임형철
 1위 남윤성
 2위 이완우

비극을 딛고 자리를 지킨다

리버풀은 2024/25시즌, 통산 20번째 잉글랜드 리그 우승이라는 위업을 달성하며 프리미어리그 챔피언의 자리에 올랐다. 시즌 내내 압도적인 모습을 보였으며, 모든 대회를 통틀어 56경기에서 38승을 거두는 67.86%의 높은 승률과 123골이라는 막강한 화력을 과시했다. 슬롯 감독은 부임 첫해에 프리미어리그 우승을 차지한 역대 7번째 감독으로 이름을 올렸고, 모하메드 살라가 리그 29골을 포함해 총 34골을 터뜨리는 경이로운 활약으로 팀의 공격을 이끌었다. 특히 리그 원정 모든 경기에서 득점하는 신기록을 세우며 압도적인 시즌을 보냈다. 다만 EFL컵에서는 뉴캐슬에 패해 준우승에 머물렀고, FA컵과 챔피언스리그에서는 조기 탈락하며 리그 외 대회에서는 아쉬움을 남겼다.

리버풀의 리그 우승은 단순한 트로피 이상의 의미를 가졌다. 구단 역사상 처음으로 연 매출 7억 파운드를 돌파하는 재정적 성공을 안겨 주었으며, 이는 리버풀을 맨체스터 시티에 이어 가장 부유한 클럽 중 하나로 만들었다. 이러한 재정적 안정성과 수익 및 지속가능성 규정(PSR)의 철저한 준수는 리버풀이 이적 시장에서 자신감 있는 행보를 보일 수 있는 원동력이 되었다. 구단은 재정 규정을 위반하지 않고도 2억 파운드를 추가로 지출할 수 있는 여력을 확보한 것으로 분석된다.

다가오는 2025/26시즌은 리버풀에 단순한 타이틀 방어 그 이상의 의미를 지닌다. 시즌을 앞두고 팀의 핵심 선수였던 디오구 조타가 불의의 교통사고로 세상을 떠나면서, 구단 전체가 깊은 슬픔에 잠겼다. 챔피언의 기쁨이 채 가시기도 전에 덮친 슬픔은 구단 전체에 깊은 상처를 남겼다. 한 팬이 언급했듯, 그의 대체자를 영입하는 것에 대한 "죄책감"과 시즌의 장기적인 필요성 사이에서 오는 복잡한 감정은 현재 리버풀이 처한 상황을 대변한다. 따라서 아르네 슬롯 감독과 코칭 스태프의 최우선 과제는 단순히 새로운 선수들을 팀에 통합시키는 것을 넘어, 이 거대한 슬픔을 팀을 하나로 묶는 강력한 동기 부여로 전환시키는 것이다. 다가오는 시즌은 승점과 트로피를 넘어, 떠나간 동료를 기리고 그의 유산을 지키기 위한 투쟁이 될 것이다.

팀은 트렌트 알렉산더아놀드(레알 마드리드), 루이스 디아스(바이에른 뮌헨) 등 핵심 자원을 떠나보내는 동시에, 플로리안 비르츠, 위고 에키티케, 제레미 프림퐁 등을 영입하며 2억 6,500만 파운드가 넘는 대대적인 투자를 단행했다. 새로운 선수들이 슬롯 감독의 전술에 얼마나 빨리 녹아들고, 조타를 잃은 슬픔을 어떻게 팀의 동력으로 승화시키느냐가 왕좌 수성의 가장 중요한 열쇠가 될 것이다. 시즌 초반부터 지난 시즌 상위 7개 팀 모두를 만나는 험난한 일정이 기다리고 있으며, 전술적 완성도와 정신적 회복력이 동시에 시험대에 오를 전망이다.

LIVERPOOL

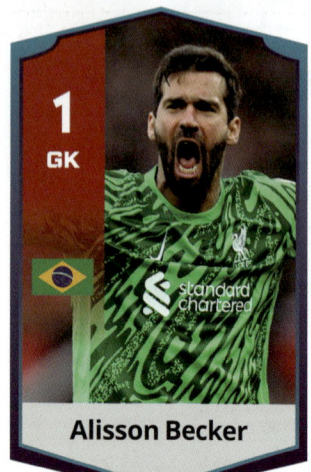

1 GK
Alisson Becker

알리송 베케르
국적 브라질 | **나이** 32 | **신장** 193 | **체중** 91 | **평점** 7.15

2024/25시즌에도 리버풀의 대체 불가능한 자원임을 증명했다. 그의 경이로운 선방 능력과 현대 축구 골키퍼의 패러다임을 바꾼 빌드업 능력은 팀의 근간을 이루었다. 스루패스를 가로채고 상대 공격수를 조기에 압박하기 위해 공격적으로 뛰쳐 올라가는 그의 '스위퍼 활동'은 리버풀이 수비 라인을 높일 수 있게 하는 기반이었다. 상대 공격수와의 일대일 상황에서 큰 체구를 활용해 끝까지 중심을 지키는 능력과 양발을 사용한 침착한 패스는 여전히 세계 최고 수준이었다. 하지만 햄스트링과 뇌진탕 등 잔부상으로 15경기에 결장하며 그의 내구성에 대한 우려를 낳았다.

2024/25시즌

0	28 GAMES	2,509 MINUTES	29 실점	72.90 선방률	0
	78 세이브	9 클린시트	추정가치: 25,000,000€	32.00 클린시트 성공률	0/1 PK 방어 기록

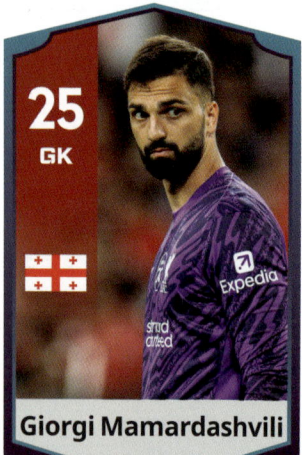

25 GK
Giorgi Mamardashvili

기오르기 마마르다슈빌리
국적 조지아 | **나이** 24 | **신장** 197 | **체중** 88 | **평점** 6.89

알리송의 장기적인 후계자로 영입된 기오르기 마마르다슈빌리는 인상적인 신체 조건과 경이로운 반사 신경을 갖춘 골키퍼. 특히 화려한 선방 능력과 중거리 슛에 대한 강점은 이미 라리가에서 증명되었다. 큰 키를 활용한 공중볼 처리와 페널티킥 선방 능력 또한 그의 잠재력을 보여 주는 부분이다. 마마르다슈빌리의 영입은 장기적인 스쿼드 계획을 위한 일환이다. 알리송이 32세인 상황에서 최고 수준의 젊은 골키퍼를 확보해 다음 10년간 골키퍼 포지션을 안정시키는 게 목표다. 다만, 리버풀의 핵심 전술인 후방 빌드업 과정에서의 롱패스와 볼 배급 능력은 아직 발전이 필요하다는 평가를 받는다.

2024/25시즌

2	34 GAMES	3,060 MINUTES	48 실점	66.00 선방률	0
	93 세이브	8 클린시트	추정가치: 30,000,000€	24.00 클린시트 성공률	2/7 PK 방어 기록

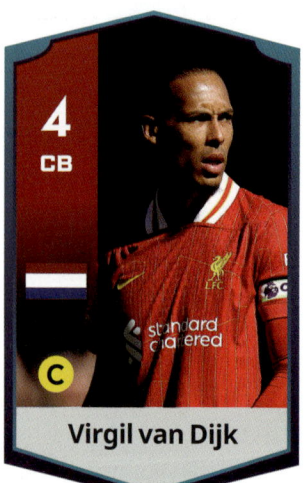

4 CB
Virgil van Dijk

버질 반다이크
국적 네덜란드 | **나이** 34 | **신장** 195 | **체중** 92 | **평점** 7.34

주장이자 수비의 핵심인 버질 반다이크는 비할 데 없는 침착함과 권위로 리버풀을 영광으로 이끌었다. 2024/25시즌을 통해 자신이 왜 세계 최고의 중앙 수비수인지 다시 한번 증명했다. 압도적인 신체적 존재감과 타의 추종을 불허하는 경기 지능을 결합하여 수비 라인을 이끌었고, 주장으로서 팀의 구심점 역할을 완벽하게 수행했다. 그의 탁월한 수비력과 빌드업 능력은 여전했으나, 34세의 나이로 접어들면서 폭발적인 스피드를 갖춘 공격수를 상대할 때 간헐적으로 어려움을 겪는 모습도 나타났다. 그럼에도 그는 여전히 리버풀의 수비를 책임지는 핵심이다.

2024/25시즌

5	37 GAMES	3,330 MINUTES	3 GOALS	1 ASSISTS	0
	0.8 경기당슈팅	18 유효슈팅	추정가치: 28,000,000€	89.2 경기당패스	95.70 패스성공률

PLAYERS

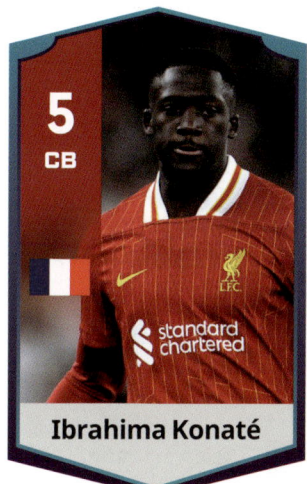

이브라히마 코나테

국적 프랑스 | **나이** 26 | **신장** 194 | **체중** 95 | **평점** 7.12

이브라히마 코나테의 시즌은 엄청난 잠재력과 아쉬운 불안정성이 공존했다. 그의 폭발적인 스피드와 강력한 피지컬은 반다이크의 완벽한 파트너로서 넓은 뒷공간을 커버하는 데 이상적인 모습을 보였다. 2024/25시즌엔 이전보다 건강한 몸 상태를 오래 유지하며 잦은 부상 문제로부터 잠시 벗어나기도 했다. 그러나 시즌 내내 간헐적으로 드러나는 집중력 저하와 레알 마드리드의 관심 속에서 교착 상태에 빠진 재계약 문제는 그의 미래에 불확실성을 더했다. 2023/24시즌까지 반복되어 왔던 잔부상 문제가 언제 따라올지 모르는 점도 코나테의 불안 요소 중 하나다.

2024/25시즌

	31 GAMES	2,565 MINUTES	1 GOALS	2 ASSISTS		
5	0.5 경기당슈팅	4 유효슈팅	추정가치: 60,000,000€	59.8 경기당패스	90.30 패스성공률	0

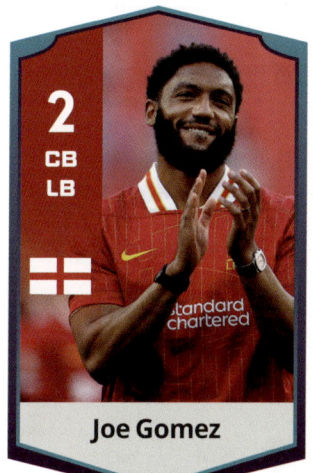

조 고메즈

국적 잉글랜드 | **나이** 28 | **신장** 188 | **체중** 77 | **평점** 6.7

조 고메즈는 그동안 다재다능함으로 자신의 가치를 증명했다. 중앙 수비수는 물론 좌우 풀백까지 소화하며 수비진의 공백을 완벽하게 메웠다. 그의 빠른 발과 안정적인 태클, 침착한 볼 소유 능력은 팀에 큰 힘이 되었다. 그러나 또다시 햄스트링 부상으로 시즌 후반부를 수술로 마감하며, 그의 커리어를 따라다니는 고질적인 부상 문제가 다시 한번 그의 발목을 잡았다. 2025/26시즌을 앞둔 프리시즌에는 아킬레스건 통증으로 프리시즌 명단에서 제외되며 잦은 부상에 대한 우려를 키웠다. 후보 센터백의 숫자가 부족한 리버풀 입장에서 조 고메즈의 건강 문제는 큰 변수다.

2024/25시즌

	9 GAMES	519 MINUTES	0 GOALS	0 ASSISTS		
1	0.6 경기당슈팅	1 유효슈팅	추정가치: 20,000,000€	74.1 경기당패스	89.60 패스성공률	0

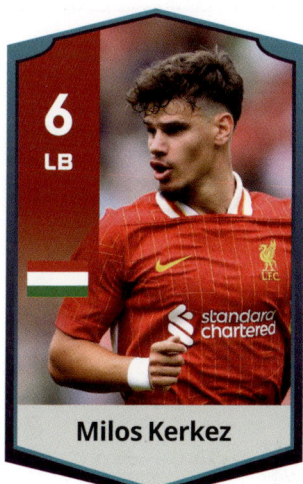

밀로시 케르케즈

국적 헝가리 | **나이** 21 | **신장** 180 | **체중** 71 | **평점** 6.77

새롭게 합류한 밀로시 케르케즈는 지치지 않는 체력과 공격적인 성향을 바탕으로 왼쪽 측면을 지배하는 유형의 선수다. 2024/25시즌엔 본머스에서 활약하며, 시즌 내내 꾸준한 모습을 보여 주었다. 그는 프리미어리그 38경기를 모두 뛰며 본머스의 왼쪽 측면을 지배했다. 그의 끊임없는 오버래핑과 날카로운 크로스는 리버풀의 새로운 공격 루트가 될 수 있다. 전성기 앤디 로버트슨이 갖고 있던 강점과 흡사한 면이 많다. 하지만 수비 시 위치 선정과 짧은 패스의 정확도는 아직 개선해야 할 과제로 남아 있다. 코디 각포를 비롯해 새로 합을 맞출 왼쪽 윙과의 호흡이 어떨지도 변수로 봐야한다.

2024/25시즌

	38 GAMES	3,342 MINUTES	2 GOALS	5 ASSISTS		
4	0.5 경기당슈팅	5 유효슈팅	추정가치: 35,000,000€	47.9 경기당패스	75.80 패스성공률	0

LIVERPOOL

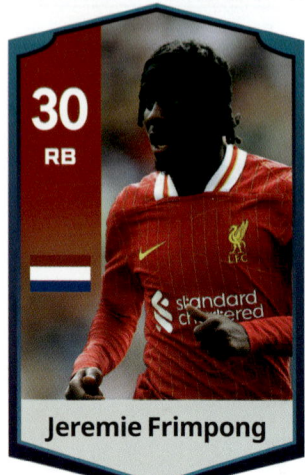

30 RB
Jeremie Frimpong

제레미 프림퐁
국적 네덜란드 | **나이** 24 | **신장** 172 | **체중** 67 | **평점** 7.2

굉장히 빠른 선수다. 사실상 윙어로 분류될 만큼 공격적인 윙백 제레미 프림퐁은 폭발적인 스피드와 역동적인 움직임으로 리버풀의 우측면에 새로운 차원을 더할 수 있다. 특히 레버쿠젠 시절부터 이어진 동료 플로리안 비르츠와의 유기적인 호흡은 리버풀의 공격 파괴력을 높일 수 있는 핵심 요소다. 그는 레버쿠젠에서 비르츠와 합을 맞추며 상대 수비를 파괴하는 모습을 자주 보여 주었다. 그러나 그의 수비적인 기여도는 우려를 낳았으며, 전통적인 포백 시스템의 풀백으로서는 수비력에 대한 의문 부호가 남아 있다. 슬롯 감독은 공격 성향이 짙은 프림퐁을 어떻게 활용할까?

2024/25시즌

	33 GAMES	2,314 MINUTES	5 GOALS	5 ASSISTS	
4	1.4 경기당슈팅	13 유효슈팅	추정가치: 50,000,000€	35.8 경기당패스	76.10 패스성공률	0

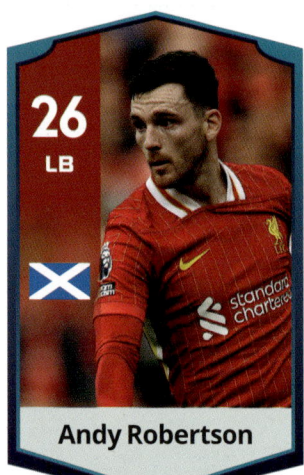

26 LB
Andy Robertson

앤디 로버트슨
국적 스코틀랜드 | **나이** 31 | **신장** 178 | **체중** 64 | **평점** 6.84

한때 리버풀 왼쪽 측면의 상징이었던 앤디 로버트슨에게 2024/25시즌은 힘겨운 시간이었다. 눈에 띄게 저하된 스피드와 그로 인한 수비 불안, 그리고 급격히 감소한 공격 기여도는 그가 선수 경력의 내리막에 접어들었음을 시사했다. 풀럼전 퇴장과 같은 결정적인 실수는 그의 부진을 상징하는 장면이었다. 물론 루이스 디아스, 코디 각포 등 기존 리버풀의 왼쪽 윙이 로버트슨의 공격 움직임을 활용하지 못한 것도 저조한 스탯이 기록된 이유 중 하나였다. 2025/26시즌을 앞둔 프리시즌 땐 중앙 수비수 위치에서 잠시 뛰기도 했지만, 이는 임시방편에 그칠 것으로 보인다.

2024/25시즌

	33 GAMES	2,492 MINUTES	0 GOALS	1 ASSISTS	
3	0.5 경기당슈팅	3 유효슈팅	추정가치: 20,000,000€	54.4 경기당패스	88.00 패스성공률	1

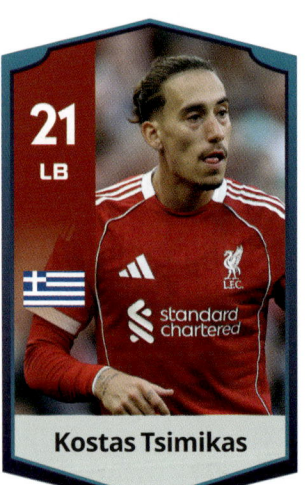

21 LB
Kostas Tsimikas

코스타스 치미카스
국적 그리스 | **나이** 29 | **신장** 179 | **체중** 77 | **평점** 6.88

'그리스 스카우저'라는 애칭으로 팬들의 사랑을 받는 코스타스 치미카스는 이번 시즌에도 백업 역할을 충실히 수행할 예정이다. 하지만 밀로시 케르케즈의 합류로 치미카스가 뛸 자리는 더 줄어들 전망이다. 특유의 에너지 넘치는 플레이와 공격적인 전진은 팀에 활력을 불어넣지만, 크로스의 정확도와 기복 있는 경기력은 주전으로 도약하는 데 한계로 작용했다. 케르케즈와 로버트슨이 각각 왼쪽 풀백의 1, 2순위를 책임진다면 지난 시즌보다 치미카스의 출전 시간은 더 줄어들지도 모른다. 2024/25시즌엔 그리스 선수 최초로 프리미어 리그 우승을 차지했다.

2024/25시즌

	18 GAMES	833 MINUTES	0 GOALS	1 ASSISTS	
2	0.4 경기당슈팅	2 유효슈팅	추정가치: 18,000,000€	57.4 경기당패스	91.00 패스성공률	0

PLAYERS

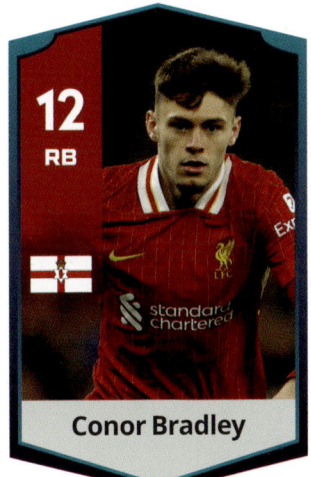

코너 브래들리

국적 북아일랜드 | **나이** 22 | **신장** 181 | **체중** 71 | **평점** 6.65

유스 아카데미 출신 코너 브래들리는 2024/25시즌을 통해 1군 선수로 완전히 자리매김했다. 끈질긴 수비력과 저돌적인 공격 가담을 겸비한 정통적인 라이트백으로서, 팬들에게 깊은 인상을 남겼다. 특히 챔피언스리그 레알 마드리드전에서 킬리앙 음바페에게 시도한 슈퍼 태클은 안 필드에 모인 팬들을 흥분시켰다. 그러나 시즌 내내 그를 괴롭힌 잔부상은 성장의 흐름을 끊은 아쉬운 요소였다. 그의 등번호가 84번에서 12번으로 변경된 것은 구단의 높은 기대를 상징한다. 관건은 내구성. 건강한 몸 상태를 유지해야 더 많은 기회를 받을 것이다.

2024/25시즌

	19 GAMES	749 MINUTES	0 GOALS	2 ASSISTS	
4	1.1 경기당슈팅	3 유효슈팅	추정가치: 30,000,000€	63 경기당패스	83.70 패스성공률	0

알렉시스 맥알리스터

국적 아르헨티나 | **나이** 26 | **신장** 176 | **체중** 72 | **평점** 7.38

그의 유무에 따라 경기 분위기가 달라진다. 리버풀 중원에서 가장 독보적인 경기 조율과 운영 능력을 가진 선수다. 후방에서의 수비 공헌도도 빼놓을 수 없다. 알렉시스 맥알리스터는 리버풀 중원의 명실상부한 사령관으로 자리매김했다. 라이언 흐라벤베르흐와 함께 더블 볼란치를 구성하며, 뛰어난 기술과 지능으로 경기의 템포를 조절했다. 탈압박 능력과 넓은 패스 범위는 물론, 왕성한 활동량을 바탕으로 한 태클과 볼 탈취 능력까지 겸비하여 공수 양면에서 완벽한 모습을 보여 주었다. 그는 팀의 전술적 중심 그 자체였다.

2024/25시즌

	35 GAMES	2,607 MINUTES	5 GOALS	5 ASSISTS	
6	1.3 경기당슈팅	13 유효슈팅	추정가치: 90,000,000€	52.7 경기당패스	83.50 패스성공률	0

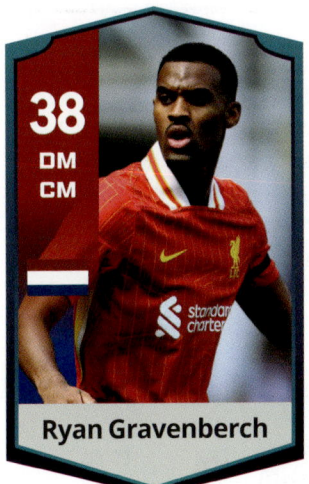

라이언 흐라벤베르흐

국적 네덜란드 | **나이** 23 | **신장** 190 | **체중** 83 | **평점** 7.29

라이언 흐라벤베르흐는 2024/25시즌을 통해 자신의 잠재력을 만개시키며 프리미어리그 영플레이어상을 수상했다. 누구도 예상하지 못한 그의 수비형 미드필더로의 포지션 변경은 신의 한 수가 되었고, 시간이 갈수록 점점 더 자신의 포지션에 적응한 모습을 보여 주었다. 우아한 기술과 강력한 운동 능력을 겸비한 그는 프리미어리그 인터셉트 1위를 기록하며 수비형 미드필더로서 최고의 시즌을 보냈다. 깊은 지역에서부터 볼을 운반하고 압박을 벗어나는 능력은 최고 수준에 도달했지만, 탈압박 이후의 최종 패스 선택과 일대일 정면 대결 상황에서의 수비력은 조금 더 지켜볼 여지가 있다.

2024/25시즌

	37 GAMES	3,169 MINUTES	0 GOALS	4 ASSISTS	
6	0.5 경기당슈팅	5 유효슈팅	추정가치: 75,000,000€	53.4 경기당패스	89.20 패스성공률	1

LIVERPOOL

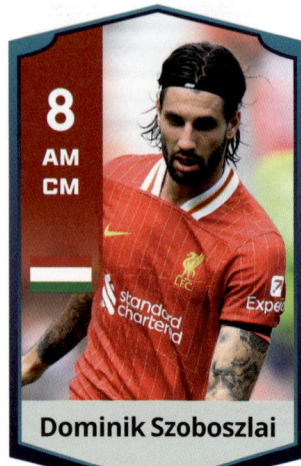

8 AM CM
Dominik Szoboszlai

도미니크 소보슬라이

국적 헝가리 | **나이** 24 | **신장** 187 | **체중** 74 | **평점** 7.18

도미니크 소보슬라이는 지칠 줄 모르는 체력과 왕성한 활동량을 바탕으로 중원에 역동성을 불어넣는 엔진과 같은 존재였다. 강력한 압박 능력과 위협적인 중거리 슛은 그의 트레이드마크였으며, 역습 상황에서 공격수들과의 연계 플레이도 돋보였다. 하지만 공격 지역에서의 판단력과 패스의 일관성 부족은 그의 스탯 생산성에 한계를 가져왔고, 시즌 막판에는 체력 저하 문제를 드러내기도 했다. 공격형 미드필더 자리에 플로리안 비르츠가 영입되며 그의 활용 방안에도 변화가 찾아올 전망이다. 2025/26시즌엔 슬롯 감독이 주문할 새로운 역할에 어떻게 적응할 수 있을지가 관건이다.

2024/25시즌

	36 GAMES	2,496 MINUTES	6 GOALS	6 ASSISTS	
6	1.9 경기당슛	23 유효슛	추정가치: 80,000,000€	43.1 경기당패스	85.80 패스성공률	0

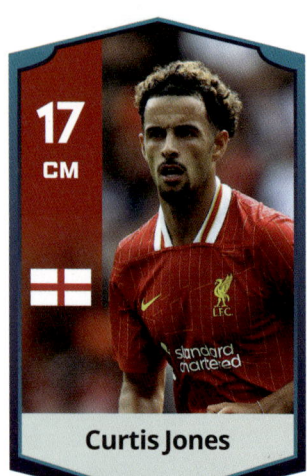

17 CM
Curtis Jones

커티스 존스

국적 잉글랜드 | **나이** 24 | **신장** 185 | **체중** 72 | **평점** 6.75

성골 유스이기 때문에 팬들의 주목도가 상당하다. 커티스 존스의 리버풀에 대한 애정과 충성심에 대해서는 의심의 여지가 없지만, 다수의 팬들은 그의 더딘 성장에 대해 아쉬움을 표하고 있다. 리버풀 유스 출신의 커티스 존스는 안정적인 기술과 뛰어난 볼 소유 능력으로 중원에 기여했다. 특히 좁은 공간에서의 탈압박과 높은 패스 성공률은 팀이 경기를 통제하는 데 중요한 역할을 했다. 그러나 공격적인 기여도 부족과 때때로 경기 템포를 늦추는 경향은 그의 한계로 지적되었다. 지나치게 안전한 플레이를 선호하여, 공격적인 패스나 라인 브레이킹 시도에 소극적인 모습을 보였다.

2024/25시즌

	33 GAMES	1,711 MINUTES	3 GOALS	3 ASSISTS	
1	1.8 경기당슛	13 유효슛	추정가치: 45,000,000€	57.7 경기당패스	93.10 패스성공률	0

3 DM
Wataru Endo

엔도 와타루

국적 일본 | **나이** 32 | **신장** 178 | **체중** 74 | **평점** 6.41

일본 국가대표팀 주장이기도 한 엔도 와타루는 풍부한 경험과 높은 프로 의식을 바탕으로 팀에 기여했다. 그의 역할은 주로 경기 막판에 투입되어 수비를 강화하고 승리를 지키는 것에 국한되었는데, 그는 늘 묵묵히 제 역할을 다하며 팀을 뒷받침했다. 사우샘프턴과의 카라바오컵 경기에서는 백3의 가운데 센터백 역할을 맡아 굳은일을 도맡으며 팀을 위해 헌신하였다. 뛰어난 위치 선정과 영리한 태클로 상대 공격의 맥을 끊는 데 탁월한 능력을 보였지만, 주전으로 뛰기에는 창의성과 기동성이 부족하다는 평가가 주를 이룬다.

2024/25시즌

	20 GAMES	273 MINUTES	0 GOALS	0 ASSISTS	
0	0 경기당슛	0 유효슛	추정가치: 10,000,000€	64 경기당패스	93.80 패스성공률	0

PLAYERS

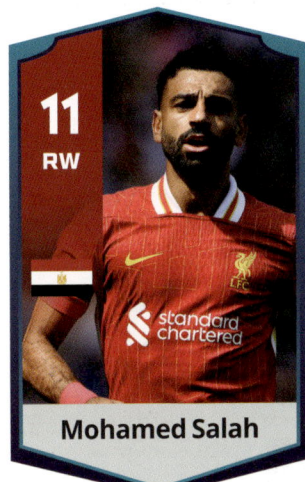

11 RW
Mohamed Salah

모하메드 살라
국적 이집트 | **나이** 33 | **신장** 175 | **체중** 71 | **평점** 8

모하메드 살라는 축구 역사에 길이 남을 위대한 시즌을 보냈다. 프리미어리그 득점왕(골든 부트), 도움왕(플레이메이커상), 그리고 시즌의 선수상을 모두 석권하며 공격수로서 보여 줄 수 있는 모든 것을 보여 주었다. 29골 18도움으로 38라운드 기준 프리미어리그 단일 시즌 최다 공격 포인트 기록(47개)을 세웠다. 득점과 창조성을 겸비한 그의 능력은 새로운 경지에 이르렀지만, 시즌 막판에는 32세의 나이에 따른 약간의 기동력 저하가 관찰되기도 했다. 다가오는 시즌은 2025년 12월부터 2026년 1월까지 열릴 아프리카 네이션스컵 일정으로 인해 후반기 체력 저하가 더 강하게 찾아올 수 있다.

2024/25시즌

	38 GAMES	3,377 MINUTES	29 GOALS	18 ASSISTS	
1	3.4 경기당슈팅	61 유효슈팅	추정가치: 50,000,000€	34.6 경기당패스	73.90 패스성공률	0

7 AM LW
Florian Wirtz

플로리안 비르츠
국적 독일 | **나이** 22 | **신장** 177 | **체중** 71 | **평점** 7.5

거액의 이적료로 합류한 플로리안 비르츠는 '세대 최고의 재능'이라는 명성에 걸맞은 선수다. 공격형 미드필더와 측면을 오가며 천재적인 시야와 공간 활용 능력, 그리고 완벽한 기술을 보유했다. 기존 리버풀 공격에 부족했던 창의성을 책임져 줄 선수다. 프리시즌을 통해 비르츠는 리버풀 팬들에게 강렬한 첫 인상을 남겼다. 퍼스트 터치부터 넓은 시야, 동료를 향한 양질의 연계, 공격 마무리 능력까지 독보적인 활약을 펼쳤다. 프리미어리그 특유의 강한 신체적 도전에만 무난히 적응한다면 2025/26시즌 프리미어리그 최고의 선수가 될 가능성이 충분하다.

2024/25시즌

	31 GAMES	2,356 MINUTES	10 GOALS	13 ASSISTS	
3	2.5 경기당슈팅	39 유효슈팅	추정가치: 140,000,000€	56.2 경기당패스	78.30 패스성공률	0

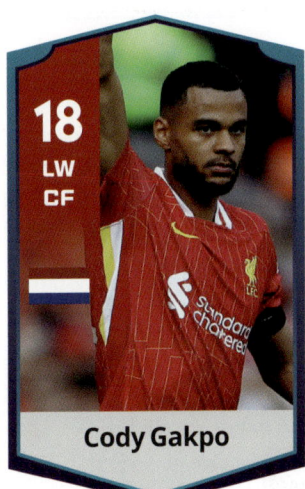

18 LW CF
Cody Gakpo

코디 각포
국적 네덜란드 | **나이** 26 | **신장** 193 | **체중** 78 | **평점** 7.11

코디 각포는 아르네 슬롯 감독 부임 후 한층 발전된 모습으로 많은 스탯을 기록했다. 특히 2024/25시즌 중요한 순간마다 한 방을 터트리며 존재감을 알렸다. 슬롯 감독 부임 이후엔 주로 왼쪽 윙어로만 출전 중이다. 특유의 안쪽으로 들어오는 확고한 드리블 패턴과 그 이후 시도되는 강력한 오른발 슈팅 능력은 그를 신뢰할 수 있는 2차 득점원으로 만들었다. 특히 모하메드 살라와의 뛰어난 호흡 덕에 각포가 올려 주고 살라가 마무리 짓는 그림이 공격 상황에 자주 연출됐다. 하지만 풀백 활용 능력이 부족하고 볼을 자주 끄는 편이라 새로 합류한 케르케즈와의 조합이 어떨지는 변수다.

2024/25시즌

	35 GAMES	1,940 MINUTES	10 GOALS	4 ASSISTS	
5	2.6 경기당슈팅	23 유효슈팅	추정가치: 70,000,000€	29.7 경기당패스	75.10 패스성공률	0

LIVERPOOL

위고 에키티케

22 CF
Hugo Ekitike

국적 프랑스 | **나이** 23 | **신장** 190 | **체중** 75 | **평점** 7.3

리버풀의 또 다른 대형 영입생인 위고 에키티케는 현대 축구가 요구하는 스트라이커의 모든 덕목을 갖춘 선수로 평가받는다. 큰 키와 기술, 드리블, 그리고 뛰어난 연계 플레이 능력을 겸비하여 공격의 중심축 역할을 수행할 수 있다. 전 소속팀 프랑크푸르트 시절부터 강한 전방 압박, 수비 가담에 대한 훈련이 잘 되어있어 슬롯 감독이 요구하는 적극성을 충분히 탑재한 공격수다. 다만, 그의 뛰어난 경기력과 높은 기대 득점 수치에 비해 실제 득점력이 다소 부족했던 점은 아쉬움으로 남았다. 코칭을 통해 그의 득점력이 나아질 수 있을지가 변수다.

2024/25시즌

	GAMES	MINUTES		GOALS	ASSISTS	
	33	2,583		15	8	
1	3.5 경기당슈팅	48 유효슈팅	추정가치: 75,000,000€	22.9 경기당패스	75.30 패스성공률	0

리오 은구모하

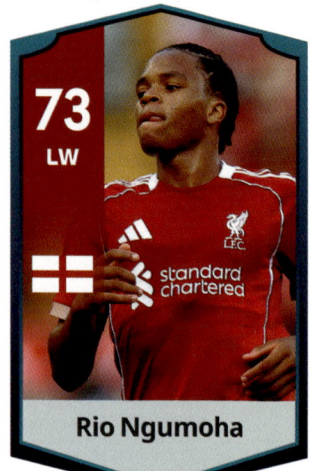

73 LW
Rio Ngumoha

국적 잉글랜드 | **나이** 16 | **신장** 170 | **체중** 75 | **평점** -

만 16세의 어린 나이로 첼시 아카데미에서 이적해 온 리오 은구모하는 리버풀의 미래를 엿볼 수 있는 재능이다. FA컵에서 16세 135일의 나이로 구단 최연소 데뷔 기록을 경신하며 강렬한 인상을 남겼다. 뛰어난 기술과 일대일 돌파 능력을 바탕으로 한 창의적인 플레이는 그의 밝은 미래를 예고했다. 2025/26시즌을 앞두고 프리시즌 경기마다 기용된 은구모하는 상대 수비 두세 명을 가볍게 제치는 훌륭한 드리블 능력을 통해 팬들의 마음을 사로잡았다. 경험과 신체적 성장이 더해진다면, 그는 팀의 중요한 자산이 될 것이다.

2024/25시즌

	GAMES	MINUTES		GOALS	ASSISTS	
	-	-		-	-	
	- 경기당슈팅	- 유효슈팅	추정가치: -€	- 경기당패스	- 패스성공률	

페데리코 키에사

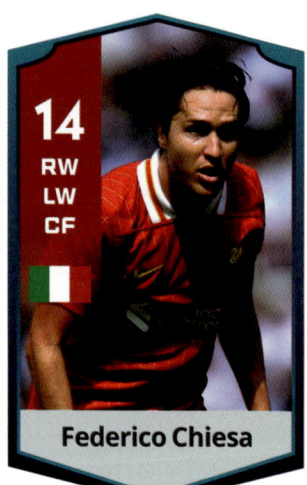

14 RW LW CF
Federico Chiesa

국적 이탈리아 | **나이** 27 | **신장** 175 | **체중** 70 | **평점** 6.35

2024년 8월, 리버풀은 단 1,000만 파운드의 이적료로 유벤투스에서 페데리코 키에사를 영입했다. 등번호 14번을 부여받은 그는 주로 교체 선수로 뛰었지만, 생각보다 많은 경기에 출전하지 않았다. 잦은 부상 여파로 인해 몸 상태가 좋지 않았고, 거의 대부분을 회복에만 전념했기 때문이다. 시즌 동안 프리미어리그 6경기를 포함해 총 14경기에 출전했으며, 그래도 FA컵과 EFL컵에서는 각각 1골씩 기록하며 중요한 순간에 득점력을 과시했다. 폭발적인 속도와 드리블을 바탕으로 한 그의 직선적인 플레이 스타일은 리버풀 공격진에 새로운 차원을 더한다.

2024/25시즌

	GAMES	MINUTES		GOALS	ASSISTS	
	6	104		0	0	
0	0.83 경기당슈팅	0.33 유효슈팅	추정가치: 14,000,000€	4.66 경기당패스	92.9 패스성공률	0

전지적 작가 시점

영원한 챔피언을 기리며
디오구 조타

28세의 나이, 이제 막 결혼식을 올리고 새로운 삶을 시작하려던 순간, 디오구 조타는 갑작스러운 교통사고로 세상을 떠났다. 그의 비보는 리버풀의 20번째 리그 우승의 환희를 깊은 슬픔으로 바꿔 놓았다. 그는 단순한 선수가 아니었다. 2024/25시즌 리버풀의 우승 서사에 마침표를 찍은 결정적인 영웅이었다.

그의 활약이 가장 빛났던 순간은 2024년 12월 14일 풀럼과의 홈 경기였다. 10명이 싸우는 수적 열세 속에서 팀이 1-2로 끌려가던 후반 86분, 조타는 수비수들 사이를 헤집고 들어가 극적인 동점골을 터뜨렸다. 당시 안필드는 마치 우승이 확정된 것처럼 열광했고, 이 골은 시즌 내내 리버풀의 끈질긴 우승 DNA를 상징하는 장면으로 남았다.

그라운드 위에서 조타는 '포식자의 본능'을 가진 공격수였다. 지칠 줄 모르는 압박으로 전방 수비를 이끌었고, 양발을 자유자재로 사용하며 어떤 상황에서도 침착하게 골을 만들어 냈다. 팬들이 붙여 준 "Jota the Slotter"라는 별명처럼, 그는 득점이 필요한 순간 반드시 해결해 주는 해결사였다. 리버풀에서 182경기에 출전해 65골을 기록한 그의 발자취는 안필드의 역사에 깊이 새겨졌다.

디오구 조타는 단순한 골잡이가 아니었다. 그는 승리가 가장 절실한 순간, 가장 극적인 방식으로 골망을 흔드는 해결사였다. 아스널과의 데뷔전 데뷔골, 아탈란타 원정에서의 해트트릭, 그리고 토트넘을 상대로 경기 종료 직전 터뜨린 결승골은 그의 클러치 능력을 증명하는 순간들이었다. 하지만 그의 진정한 가치는 동료를 향한 따뜻한 마음에서 더욱 빛났다. 팀 동료 루이스 디아스의 가족이 힘든 시간을 겪고 있을 때, 그는 득점 후 디아스의 유니폼을 들어 보이며 경기장을 넘어선 연대와 위로의 메시지를 전했다. 이는 조타가 어떤 인격의 소유자였는지를 보여 주는 가장 상징적인 장면이었다.

그의 갑작스러운 죽음에 포르투갈 대표팀 동료였던 크리스티아누 호날두를 비롯한 전 세계 축구계가 애도를 표했다. 라이벌 관계를 넘어선 슬픔의 연대는 조타가 얼마나 사랑받는 선수였는지를 증명했다. 리버풀의 20번째 우승 트로피는 이제 그를 기리는 상징이 되었다. 안필드는 그의 이름을 영원히 기억할 것이며, "You'll Never Walk Alone"의 멜로디와 함께 그의 정신은 언제나 팀과 함께할 것이다.

'리버풀 전지적작가시점 페이지는 올여름 큰 슬픔을 겪은 리버풀 팬들을 위로하고, 디오구 조타 선수를 기리는 뜻으로 임형철 해설위원의 추모 메시지로 대신합니다.'

DAVID RAYA
WILLIAM SALIBA
GABRIEL MAGALHAES
CRISTHIAN MOSQUERA
MYLES LEWIS-SKELLY
RICCARDO CALAFIORI
JURRIEN TIMBER
BEN WHITE
MARTIN ZUBIMENDI
CHRISTIAN NORGAARD
DECLAN RICE
MIKEL MERINO
MARTIN ODEGAARD
LEANDRO TROSSARD
GABRIEL MARTINELLI
BUKAYO SAKA
ETHAN NWANERI
NONI MADUEKE
KAI HAVERTZ
GABRIEL JESUS
VIKTOR GYOKERES
EBERECHI EZE

ARSENAL

아스날 Arsenal

창단 년도	1886년
최고 성적	우승 (1930/31, 1932/33, 1933/34, 1934/35, 1937/38, 1947/48, 1952/53, 1970/71, 1988/89, 1990/91, 1997/98, 2001/02, 2003/04)
경기장	에미레이츠 스타디움 (Emirates Stadium)
경기장 수용 인원	60,704명
지난 시즌 성적	2위
별칭	The Gunners (거너스)
상징색	레드, 화이트
레전드	티에리 앙리, 데니스 베르캄프, 패트릭 비에이라, 질베르투 실바, 이안 라이트, 토니 아담스 등

히스토리

잉글랜드 수도 런던의 북쪽을 연고로 한 구단이다. 프리미어리그 내에서도 국내외를 가릴 것 없이 맨체스터 유나이티드, 리버풀과 더불어 최고의 인기 팀 중 한 팀으로 자리매김하고 있다. 특히 100시즌 연속 1부 리그 잔류, 2003/04시즌에는 무패 우승이라는 엄청난 기록도 가지고 있을 정도로 1부 리그에서 꾸준한 강팀으로서의 면모를 과시하기도 했다. 아르센 벵거가 팀을 떠난 이후로 약간의 침체기를 겪었지만, 아르테타가 지휘봉을 잡으면서 이제는 프리미어리그의 명실상부한 우승 후보 중 한 팀으로 다시 돌아왔다. 3시즌 연속 준우승이라는 아쉬움을 겪었던 아스날, 이번 시즌만큼은 그 어느 때보다 리그 우승이 절실한 시점이다.

최근 5시즌 리그 순위 변동

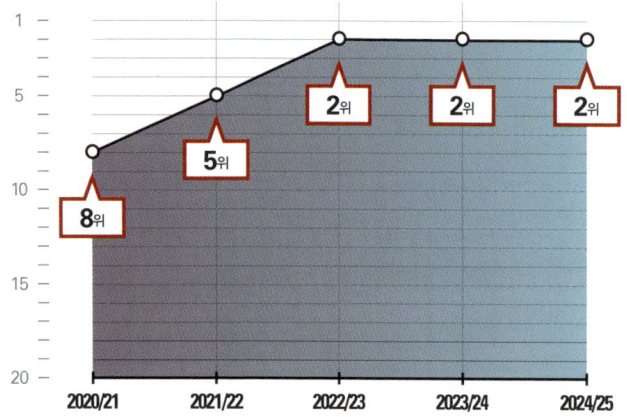

클럽레코드 IN & OUT

최고 이적료 영입 IN

데클런 라이스
1억 1,600만 유로
(2023년 7월, from 웨스트햄)

최고 이적료 판매 OUT

알렉스 옥슬레이드챔벌레인
3,800만 유로
(2018년 6월, to 리버풀)

CLUB & MANAGER

미켈 아르테타 Mikel Arteta　　1982년 3월 26일 | 43세 | 스페인

역사를 위한 중요 시즌, 타이틀 가져올 적기!

어느덧 아스날에서 7년 차를 보내고 있다. 처음 부임 당시 어려운 시기를 겪고 있던 아스날이었지만, 아르테타가 부임하자마자 바로 FA컵 우승을 일궈 냈고, 이후에는 팀을 서서히 발전시키면서 리그 우승에 지속적으로 도전하는 팀으로 변모시켰다. 아쉬운 점은 계속해서 한 끗 차이로 리그 우승을 놓쳤고, 지난 시즌은 여러 변수로 인해 선두와의 격차가 초반부터 벌어진 상태로 시즌을 치러야만 했다. 그러다 보니 팬들의 우승에 대한 갈증은 더욱 커지고 있다. 그래도 다가오는 시즌에는 기대해 볼 만한 포인트가 몇 가지 있다. 아스날은 지난 두 시즌 연속 PL 최소 실점 기록을 유지하면서 강력한 수비 조직을 꾸준하게 이어 오고 있고, 강팀과의 전적도 상당히 좋았으며 대대적인 보강과 확실한 스트라이커 영입까지 준비가 되어 있다. 이제는 아르테타가 전술적으로 리그 우승을 해 낼 수 있다는 것을 증명할 때이다.

감독 인터뷰

"계약 때부터 이 클럽의 목표는 우승이라고 분명히 얘기했다. 이제는 제대로 된 타이틀을 가져와야 할 시점."

감독 프로필

통산	선호 포메이션	승률
289 경기 **172** 승 **50** 무 **67** 패	**4-3-3**	**59.5%**

시즌 키워드

#리그우승　|　**#전력 보강**　|　**#마지막 기회**

우승 이력

- FA컵 (2019/20)
- 커뮤니티실드 (2020/21, 2023/24)

 경력

2019~

아스날

ARSENAL

IN

빅토르 요케레스
(스포르팅)

크리스티안 모스케라
(발렌시아)

노니 마두에케
(첼시)

크리스티안 노르가르드
(브렌트포드)

마르틴 수비멘디
(레알소시에다드)

케파 아리사발라가
(첼시)

에베레치 에제
(크리스탈팰리스)

OUT

토미야스 타케히로
(FA)

토마스 파티
(FA)

키어런 티어니
(셀틱)

조르지뉴
(플라멩구)

누노 타바레스
(라치오)

FW
- 7 사카
- 9 제주스
- 10 에제
- 11 마르티넬리
- 14 요케레스
- 19 트로사르
- 20 마두에케
- 22 은와네리
- 24 넬슨
- 29 하베르츠

MF
- 8 외데고르
- 16 노르가르드
- 21 파비우 비에이라
- 23 메리노
- 28 삼비
- 36 수비멘디
- 41 라이스

DF
- 2 살리바
- 3 모스케라
- 4 화이트
- 6 마갈량이스
- 12 팀버
- 15 키비오르
- 17 진첸코
- 33 칼라피오리
- 49 루이스 스켈리

GK
- 1 라야
- 13 아리사발라가
- 31 헤인

히든풋볼의 이적시장 평가

상당히 공격적인 투자를 보여 줬던 여름 행보였다. PL과 라리가 최고의 수비형 미드필더로 평가받는 선수들로 중원 뎁스를 늘렸고, 고민이었던 스트라이커에 대한 투자까지 확실하게 하며 새로운 선수들로 이번 시즌 팀의 전망을 밝혔다. 그 외 부족한 포지션에 대한 보강이나 뎁스까지 타이틀 경쟁력을 강화시킨 훌륭한 이적시장을 보낸 팀에 팬들의 기대 또한 자연스럽게 높아졌다.

히든풋볼 이적시장 평가단

SQUAD & BEST11

포메이션 (4-3-3)

- 10 에제 / 14 요케레스 / 7 사카
- 41 라이스 / 36 수비멘디 / 8 외데고르
- 33 칼라피오리 / 6 마갈량이스 / 2 살리바 / 12 팀버
- 1 라야

2024/25시즌 스탯 Top 3

득점 Top 3
- 카이 하베르츠 — 9골
- 가브리엘 마르티넬리 — 8골
- 레안드로 트로사르 — 8골

도움 Top 3
- 부카요 사카 — 10도움
- 마틴 외데고르 — 8도움
- 데클런 라이스 — 7도움

출전시간 Top 3
- 다비드 라야 — 3,420분
- 윌리엄 살리바 — 3,042분
- 데클런 라이스 — 2,833분

히든풋볼의 순위 예측

그 어느 때보다 우승에 대한 간절함이 있지 않을까? 드디어 스트라이커 요케레스를 영입했기 때문에 기대가 크다.

3년 연속 2위 후 우승했던 적이 있던 아스날. 그때의 기억을 되살려 본다.

지난 3시즌 연속 리그 2위. 적극적인 투자와 전력 보강, 안정적인 수비. 이번에는 우승할까?

안정된 시스템에 빅토르 요케레스를 영입하며 오랜 약점을 보강했다. 아르테타의 성과는 아직 검증되지 않았다.

요케레스와 에제, 수비멘디로 전력을 강화했다. 하지만 아르테타 감독이 공격 전술은 의문부호다.

두 시즌 연속 최강의 수비력을 보여 줬고, 올 시즌 이례 없는 대대적 보강도 해냈다. 어쩌면 우승도 가능할 듯.

1위 · 이주헌

1위 · 박종윤

2위 · 송영주

4위 · 임형철

3위 · 남윤성

1위 · 이완우

아르테타, 이제 우승으로 증명하라!

지난 시즌 아스날에 대한 기대치는 상당히 컸다. 아르테타가 감독으로 부임한 이후 시즌을 거듭할수록 경기력, 승점, 긍정적인 수치들이 계속 우상향하고 있었기 때문이다. 특히 2022/23시즌 맨시티와의 5점 차였던 승점 격차를 2023/24시즌에는 2점 차로 좁히는 데 성공했기 때문에 2024/25시즌 어쩌면 아스날이 맨시티를 제치고 우승을 차지할 수 있겠다는 기대감을 팬들이 갖기에 충분했다. 하지만 2024/25시즌, 맨시티가 비교적 부진했음에도 불구하고 아스날에게는 퇴장이나 주요 선수들의 부상 등 여러 변수가 따르며, 오히려 이전 시즌보다 리그에서 더 아쉬운 시즌을 보낼 수밖에 없었다.

챔피언스리그 4강의 훌륭한 성과가 있긴 했지만 여전히 아스날 팬들은 리그 우승에 목이 마른 상태다. 그래서 그럴까? 아스날은 다가오는 2025/26시즌 대대적인 보강을 시작했다. 온 유럽에서 최고의 수비형 미드필더 중 한 명으로 평가받는 마르틴 수비멘디를 영입했고, PL 내에서도 엄청난 수비 지표와 제공권 수치를 보여 줬던 브렌트포드의 핵심 미드필더인 노르가르드까지 영입하며 중원 보강을 탄탄하게 마쳤으며, 아스날에게 그동안 가장 큰 문제점으로 지적되었던 최전방 스트라이커 문제도 요케레스 영입을 통해 확실하게 보강했다. 마르티넬리 쪽의 측면에서의 파괴력도 아쉬움이 있었는데, 첼시에서 데려온 마두에케가 지난 시즌 막판 첼시에서 좌측에서 활약했을 때 폼이 괜찮았기 때문에 그 부분에 대한 보강도 어느 정도 잘 해낸 상태다. 여전히 몇몇 자리에 대한 보강이 더 이뤄질 수 있기 때문에 이번 여름 아스날의 행보는 계속해서 주목해 볼 만하며, 탄탄한 수비 조직력과 중원의 강력함을 기반으로 새롭게 합류하는 공격 자원들이 공격 쪽에서의 아쉬움을 털어 내 줄 수만 있다면 올 시즌 아스날의 대권 도전도 불가능한 일은 결코 아닐 것이다.

아르테타 역시 인터뷰를 통해 지난 시즌 몇 차례의 실수들에 대해 언급했으며, 대대적인 전력 보강과 함께 이번 시즌은 반드시 트로피를 팬들에게 안겨 주겠다는 입장을 공고히 했다. 과연 아스날 팬들이 그토록 원하던 리그 우승을 이번 시즌만큼은 아르테타가 안겨 줄 수 있을까? 올 시즌 만큼은 트로피를 들 수 있다는 것을 반드시 증명해 내야만 하는 아르테타이다.

ARSENAL

1 GK
David Raya

다비드 라야

국적 스페인 | **나이** 29 | **신장** 183 | **체중** 81 | **평점** 6.73

지난 시즌 리그 전 경기 출전, 리그 최다 클린시트를 달성하면서 아스날의 리그 최소 실점에 기여했다. 라야는 선방 능력뿐 아니라 발밑이나 킥과 관련된 기본기에도 상당한 강점이 있다. 상대의 슈팅을 안정적으로 캐치 후 즉각적인 역습 킥을 통해 팀의 역습을 단번에 이끄는 데 매우 능하다. 신장 또한 183cm로 골키퍼라는 포지션을 감안했을 때 비교적 작은 키 이지만, 오히려 공중볼에도 안정감을 자랑하는 게 라야의 특징이다. 특유의 안정감 있는 빌드업 능력과 선방 능력으로 지난 시즌 아스날의 리그 2위, 챔피언스 리그 4강 진출에 크게 공헌을 했고, 올 시즌 아스날이 대권을 달성하기 위해서는 라야가 또 한 번 든든하게 역할을 해 줘야만 할 것이다.

2024/25시즌

	38 GAMES	3,420 MINUTES	34 실점	74.20 선방률	
3	86 세이브	13 클린시트	추정가치 40,000,000€	34.20 클린시트 성공률	0/3 PK 방어 기록	0

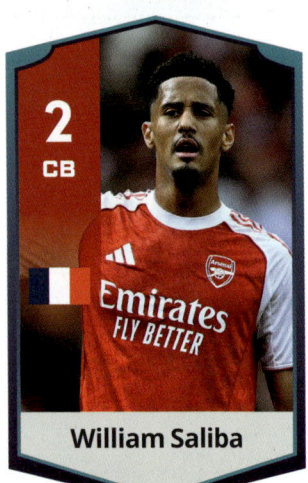

2 CB
William Saliba

윌리엄 살리바

국적 프랑스 | **나이** 24 | **신장** 192 | **체중** 92 | **평점** 6.82

최근 몇 년간 프리미어리그에서 가장 꾸준한 수비력과 빌드업 능력을 과시한 센터백 하면 살리바를 빼놓을 수 없다. 최근 아스날이 두 시즌 연속 최소 실점을 기록하는 데에 살리바의 퍼포먼스는 절대 빼놓고 얘기할 수 없을 정도다. 빠른 스피드를 활용한 넓은 커버 범위, 정확한 예측과 판단을 기반으로 한 도전적인 전진 수비, 높은 신장과 피지컬을 활용한 제공권 능력에 안정적인 빌드업까지 완성형 센터백의 면모를 과시했던 살리바였다. 2001년생 24세로 나이까지 한창이라 아스날에게는 든든한 수비의 믿을 만한 선수로 자리 잡고 있다. PL을 넘어 전 세계 최고의 센터백 중 한 명으로 이미 명성을 드높이고 있다.

2024/25시즌

	35 GAMES	3,042 MINUTES	2 GOALS	0 ASSISTS	
2	0.18 경기당슈팅	2 유효슈팅	추정가치 80,000,000€	72.8 경기당패스	94.60 패스성공률	1

6 CB
Gabriel Magalhaes

가브리엘 마갈량이스

국적 브라질 | **나이** 27 | **신장** 190 | **체중** 87 | **평점** 6.91

살리바와 함께 PL 최고의 센터백 듀오를 구축하고 있다. 아스날의 단단한 수비 조직력에 가장 크게 기여하고 있는 또 다른 센터백 중 한 명으로, 과감한 전진 수비와 넓은 수비 커버 범위, 일대일 대인 방어 능력과 제공권 등 살리바와 비슷한 장점들을 공유한다. 특히 왼발잡이 센터백이기 때문에 왼발 롱패스 빌드업에도 일가견이 있으며, 전진 수비의 과감성은 살리바보다 더 도전적인 모습까지도 보여 주기도 한다. 특히 마갈량이스의 가장 큰 강점은 세트피스에서의 위치 선정과 정확한 헤더 능력이다. 아스날에서 5시즌 동안 무려 20골을 터트렸을 정도로 압도적인 세트피스 득점력을 보여 주면서 팀의 득점력에도 크게 기여하고 있다.

2024/25시즌

	28 GAMES	2,366 MINUTES	3 GOALS	1 ASSISTS	
4	0.84 경기당슈팅	5 유효슈팅	추정가치 75,000,000€	58.1 경기당패스	90.70 패스성공률	0

PLAYERS

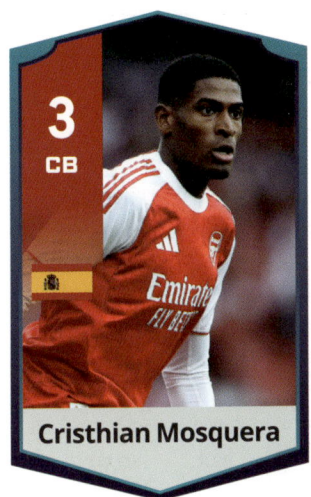

3 CB
Cristhian Mosquera

크리스티안 모스케라
국적 스페인 | **나이** 21 | **신장** 188 | **체중** 78 | **평점** 6.54

모스케라는 다양한 툴을 지닌 다재다능한 센터백인데, 높은 패스 성공률과 안정적인 빌드업 능력을 자랑한다. 특히 스피드가 빠르고 수비 커버 범위가 넓어서 라인이 높은 아스날의 특성상 좋은 수비 옵션이 될 수 있으며, 무엇보다 모스케라의 가장 큰 강점은 일대일 대인 방어 능력이다. 발렌시아 시절 50회 이상의 결정적 태클 중 76.7%를 성공시키며 리그 최고 수치를 기록했다. 정확한 태클 타이밍과 특유의 피지컬, 운동 능력을 기반으로 한 일대일 대인 방어는 라리가 최고 수준이었다. 신장에 비해 공중볼에 약하다는 단점이 있지만, 시즌을 거듭하면서 단점을 보완한다면 아스날의 수비진 뎁스에 훌륭한 옵션이 될 것이다.

2024/25시즌

	37 GAMES	3,320 MINUTES	1 GOALS	0 ASSISTS	
6	0.14 경기당슈팅	2 유효슈팅	추정가치: 30,000,000€	54 경기당패스	91.20 패스성공률	0

49 LB DM
Myles Lewis-Skelly

마일스 루이스스켈리
국적 잉글랜드 | **나이** 18 | **신장** 178 | **체중** 72 | **평점** 6.44

아스날 유스 출신의 촉망받는 재능으로 U-17 월드컵을 비롯한 잉글랜드 연령별 대표팀에서 꾸준히 활약해 온 유망주다. 아스날 유스에 있을 때부터 특유의 배짱 있는 플레이와 탈압박 능력은 이미 주목을 받아 왔는데, 1군 무대에서도 그러한 플레이를 자신감 있는 모습으로 완벽하게 펼쳐 보였다. 지난 시즌 혜성처럼 등장하여 공식전 39경기를 소화했고 챔피언스리그 같은 큰 무대에서도 전혀 주눅 들지 않고 본인의 기량을 마음껏 펼쳤다. 18세 같지 않은 여유와 노련함에 더해 특유의 볼 운반 능력, 타고난 밸런스, 패스 능력을 통해 이미 아스날의 주전급 선수로 자리잡았다. 아스날 팬들은 이미 루이스 스켈리의 성장을 지켜보는 기쁨을 느끼고 있다.

2024/25시즌

	23 GAMES	1,372 MINUTES	1 GOALS	0 ASSISTS	
3	0.2 경기당슈팅	1 유효슈팅	추정가치: 45,000,000€	29 경기당패스	93.60 패스성공률	2

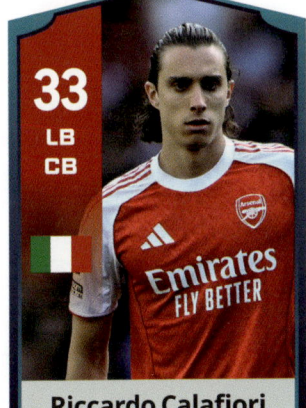

33 LB CB
Riccardo Calafiori

리카르도 칼라피오리
국적 이탈리아 | **나이** 23 | **신장** 188 | **체중** 86 | **평점** 6.65

볼로냐 시절 탄탄한 피지컬과 운동 능력, 과감한 전진성과 빌드업 능력으로 온 유럽의 주목을 받았던 센터백이다. 볼로냐에서의 뛰어난 활약을 바탕으로 아스날이 거액을 지불하며 데려왔지만, 지난 시즌 부상으로 제법 고생을 했다. 왼쪽 풀백으로 주로 출전하며 빌드업 시에는 인버티드 롤을 수행하며 팀의 후방 빌드업과 좌측 공격에 일조했는데, 중간중간 잦은 잔부상으로 전력에서 이탈하며 리그 19경기밖에 소화하지 못했다. 일대일 수비에 안정감이 다소 부족한 모습도 보였지만, 공격적인 측면에서는 확실히 기여도가 높은 모습이었기 때문에 다가오는 시즌 부상 없이 건강한 컨디션으로 더 많은 것을 보여 주기를 아스날 팬들은 기대하고 있다.

2024/25시즌

	19 GAMES	986 MINUTES	2 GOALS	1 ASSISTS	
4	0.92 경기당슈팅	6 유효슈팅	추정가치: 35,000,000€	25.2 경기당패스	87.90 패스성공률	0

ARSENAL

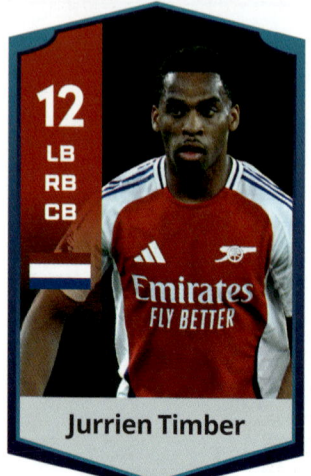

12 LB RB CB
Jurrien Timber

위리엔 팀버
국적 네덜란드 | **나이** 24 | **신장** 179 | **체중** 77 | **평점** 6.78

탄탄한 기본기와 빌드업 능력, 탁월한 축구 센스로 이미 온 유럽의 주목을 받았던 수비수였다. 공수 밸런스도 좋고, 공 다루는 기술이나 속도, 운동 능력까지 두루 갖추고 있으며, 좌우 풀백과 센터백 모두 소화할 수 있는 멀티성까지 지니고 있어 많은 팀들이 탐내기도 했다. 이적 첫 시즌에 심각한 십자인대 부상을 당하면서 대부분 경기를 소화하지 못하는 불운을 겪기도 했지만, 두 번째 시즌에 건강하게 돌아와 리그 30경기를 소화했으며, 수비 지역의 모든 포지션을 소화하며 안정감 있는 퍼포먼스를 선보였다. 부상만 없으면 어느 위치에서든 꾸준한 활약을 펼치는 선수라서 올 시즌도 팀버가 부상만 없기를 팬들은 바라고 있다.

2024/25시즌

	30 GAMES	2,423 MINUTES	1 GOALS	3 ASSISTS	
7	0.52 경기당슈팅	4 유효슈팅	추정가치: 55,000,000€	39.4 경기당패스	87.90 패스성공률	0

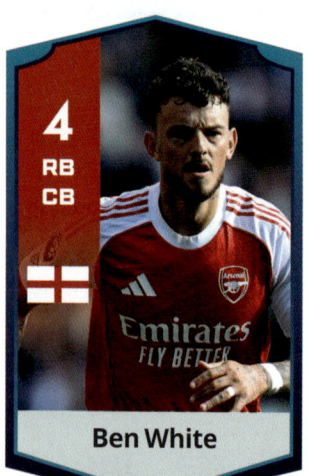

4 RB CB
Ben White

벤 화이트
국적 잉글랜드 | **나이** 27 | **신장** 186 | **체중** 76 | **평점** 6.67

지난 시즌 고질적인 무릎 부상으로 많은 경기에 결장하며 리그 17경기밖에 소화하지 못하는 불운을 겪었다. 벤 화이트는 리즈와 브라이튼에서 기술적인 발밑과 안정적인 빌드업 능력, 영리하고 지능적인 수비 센스를 선보여 수많은 빅클럽들이 탐냈던 자원이었다. 아스날에서는 풀백으로 주로 활약하며 적절한 오버래핑 타이밍과 영리한 공간 움직임으로 사카를 완벽하게 보조하기도 했다. 우측에서 팀버와 경쟁 체제에 돌입했지만 공격 가담 시 영리한 공간 움직임에 있어서는 팀버보다 나은 모습을 보여 주기도 한다. 각자의 장점으로 선의의 경쟁을 하고 있는데 올 시즌 누가 우측에서 주전으로 자리 잡게 될지는 뚜껑을 열어 봐야 알 수 있을 것 같다.

2024/25시즌

	17 GAMES	1,198 MINUTES	0 GOALS	2 ASSISTS	
2	0.68 경기당슈팅	2 유효슈팅	추정가치: 45,000,000€	34.7 경기당패스	86.40 패스성공률	0

36 DM
Martin Zubimendi

마르틴 수비멘디
국적 스페인 | **나이** 26 | **신장** 180 | **체중** 77 | **평점** 6.78

수비멘디는 지난 몇 년간 라리가 최고의 수비형 미드필더 중 한 명으로 손꼽히는 선수다. 소시에다드 1군 데뷔 후 확실한 주전으로 자리 잡은 2020/21시즌부터는 5시즌 연속 공식전 40경기 이상을 소화할 정도로 부상과도 거리가 먼 선수이며, 스페인의 데라푸엔테 감독은 수비멘디를 "또 다른 로드리"라고 평가하기도 했다. 후방 빌드업의 리더 역할을 하면서 안정적인 볼 배급과 조율, 간결한 탈압박과 패스 능력, 중원에서의 안정적인 수비력과 상대 패스 차단 능력에 더해 큰 키가 아님에도 제공권에서도 이점을 발휘한다. 수비멘디의 이러한 능력은 올 시즌 아스날 중원에 엄청난 안정감을 가져다 줄 것으로 기대를 모으고 있다.

2024/25시즌

	36 GAMES	2,962 MINUTES	2 GOALS	2 ASSISTS	
6	0.73 경기당슈팅	6 유효슈팅	추정가치: 60,000,000€	48.7 경기당패스	84.40 패스성공률	0

PLAYERS

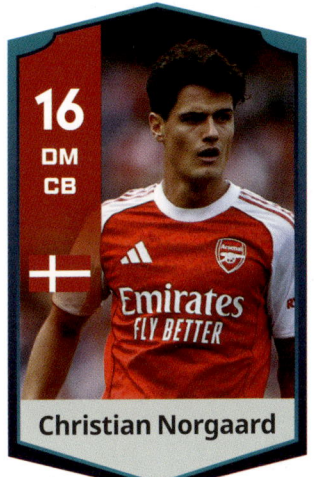

크리스티안 노르가르드

국적 덴마크 | **나이** 31 | **신장** 185 | **체중** 76 | **평점** 6.95

노르가르드는 덴마크 국가대표 출신의 베테랑 미드필더이다. 브렌트포드에서 6시즌간 196경기에 출전하며 꾸준한 활약을 펼쳤고, 브렌트포드의 승격 이후 최근 4시즌 동안 프리미어리그 최고의 수비형 미드필더 중 한 명으로 위상을 떨치기도 했다. 프리미어리그에서 매 시즌 왕성한 활동량을 바탕으로 한 태클 시도에 있어서 최상위 수치를 보여 준 선수이며, 중원에서의 강한 압박 능력, 상대 역습 차단, 제공권, 패스 연결고리 역할까지 다양한 옵션을 제공해 줄 수 있는 믿을맨이다. 유사시에는 센터백까지도 겸할 수 있는 자원이기 때문에 멀티 플레이어를 잘 활용하는 아르테타의 시스템에서는 아주 유용한 옵션으로 자리매김할 것으로 예상된다.

2024/25시즌

8	34 GAMES		2,831 MINUTES	5 GOALS	4 ASSISTS	1
	1.25 경기당슈팅	15 유효슈팅	추정가치: 11,000,000€	41 경기당패스	82.70 패스성공률	

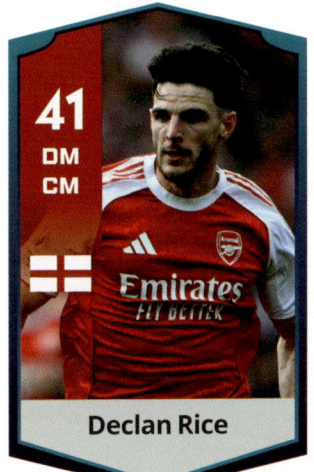

데클런 라이스

국적 잉글랜드 | **나이** 26 | **신장** 188 | **체중** 80 | **평점** 7.09

지난 시즌 아스날 최고의 선수를 뽑는다면 대부분의 팬들은 데클런 라이스를 뽑는다. 아스날 이적 후 두 시즌 연속 공식전 50경기 이상을 소화하고 있으며, 지난 시즌 아스날이 주축 선수들의 부상으로 힘겨운 시즌을 보낼 때 라이스만큼은 공식전 52경기 9골 10도움을 기록하며 팀의 버팀목이 되어 주었다. 엄청난 활동량을 기반으로 한 수비 커버 능력과 직접 박스에 침투하여 공격에 가담하는 부분까지 지난 시즌 최고의 모습을 보여 주었고, 특유의 날카로운 킥으로 많은 어시스트와 직접 프리킥 득점도 올렸다. 올 시즌 엄청난 전력 보강을 한 아스날이 우승이라는 목표를 달성하기 위해서는 라이스의 꾸준한 퍼포먼스가 올 시즌에도 이어져야 한다.

2024/25시즌

5	35 GAMES		2,833 MINUTES	4 GOALS	7 ASSISTS	1
	1.53 경기당슈팅	14 유효슈팅	추정가치: 120,000,000€	42.2 경기당패스	89.80 패스성공률	

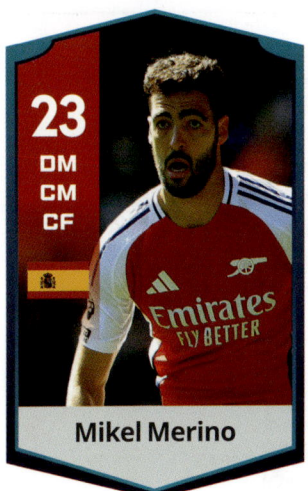

미켈 메리노

국적 스페인 | **나이** 29 | **신장** 188 | **체중** 78 | **평점** 6.8

소시에다드 시절 중원에서 특유의 피지컬과 압박 능력, 킥 능력 등 다양한 툴로 많은 주목을 받으며 아스날에 입단했다. 하지만 이적 후 중원에서 생각보다 무색무취한 모습을 보여 주면서 팬들에게 이렇다 할 임팩트를 남기지 못했는데, 지난 시즌 후반기 공격수들의 줄부상으로 인해 공격수로 깜짝 소방수 역할을 하며 예상외의 득점 능력과 함께 팬들에게 본인의 존재감을 각인시켰다. 순간적인 침투 움직임과 골 결정력, 높은 신장을 활용한 공중볼에서의 강점을 확실하게 보여 주며 9골을 터뜨려냈다. 올 시즌은 본인의 원래 자리인 미드필드 위치에서 경쟁력을 보여 줘야 하며, 메리노에게도 중요한 시즌이 될 것이다.

2024/25시즌

2	28 GAMES		1,582 MINUTES	7 GOALS	2 ASSISTS	1
	2.16 경기당슈팅	13 유효슈팅	추정가치: 35,000,000€	19.9 경기당패스	79.90 패스성공률	

ARSENAL

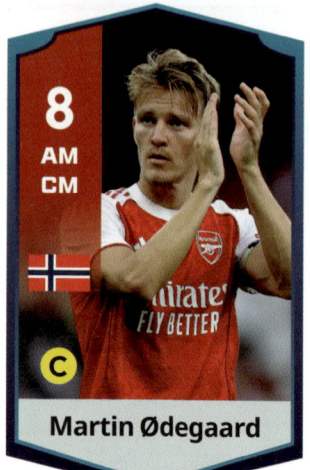

8 AM CM
Martin Ødegaard

마틴 외데고르
국적 노르웨이 | 나이 26 | 신장 179 | 체중 68 | 평점 6.9

지난 시즌 발목 부상으로 시즌 초 주요 경기에 결장하며 힘든 시기를 보내기도 했다. 복귀 후 특유의 영리한 압박과 볼 배급, 날카로운 패스를 보여 주며 아스날의 상승세를 이끌기도 했지만 이후에 급격히 폼이 떨어지며 후반기에는 기복 있는 모습과 기대에 못 미치는 활약을 보이기도 했다. 득점력도 이전 시즌에 비해 많이 떨어졌으며 결정적 상황에 슛을 너무 아낀다거나 패스 미스를 하면서 중요한 기회를 놓치는 장면들도 제법 발생했다. 올 시즌 아스날이 우승에 다시 도전하기 위해서는 이전에 팀의 에이스로서 많은 득점과 어시스트를 비롯한 수많은 키 패스를 뿌렸던 외데고르의 모습으로 반드시 되돌아올 필요가 있다.

2024/25시즌

4	30 GAMES	2,332 MINUTES	3 GOALS	8 ASSISTS	0
	1.86 경기당슛	15 유효슛	추정가치: 85,000,000€	46.3 경기당패스	86.90 패스성공률

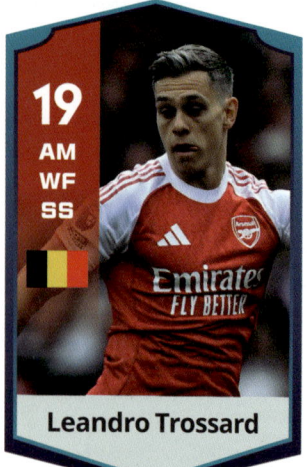

19 AM WF SS
Leandro Trossard

레안드로 트로사르
국적 벨기에 | 나이 30 | 신장 172 | 체중 67 | 평점 6.86

지난 시즌 아스날 공격진 대부분이 부상으로 신음할 때 유일하게 부상 없이 리그 전 경기에 출전한 트로사르이다. 지난 시즌 리그 38경기 8골 7도움을 기록하며 준수한 공격포인트를 기록했고, 공격포인트와 별개로 선수 개인의 퍼포먼스나 중요한 상황에서의 아쉬운 판단이나 빅찬스 미스는 팬들의 아쉬움을 사기도 했다. 하지만 부상 없이 어느 포지션에서나 역할을 해 준 트로사르의 공헌은 결코 무시할 수 없는 시즌이었다. 양발 활용에 능하고 좁은 공간에서의 순간적인 센스나 창의성, 마무리 능력은 다가오는 시즌에도 분명 아스날에게 유용한 옵션이 될 것이다.

2024/25시즌

2	38 GAMES	2,560 MINUTES	8 GOALS	7 ASSISTS	1
	2.55 경기당슛	21 유효슛	추정가치: 22,000,000€	22.4 경기당패스	80.50 패스성공률

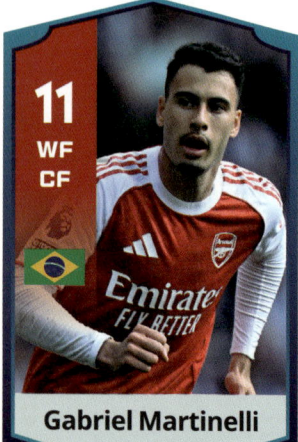

11 WF CF
Gabriel Martinelli

가브리엘 마르티넬리
국적 브라질 | 나이 24 | 신장 180 | 체중 74 | 평점 6.83

지난 시즌 공식전 51경기에서 10골 5도움을 기록했으며, 많은 경기에 출전하여 팀의 리그 준우승과 챔피언스리그 4강에 기여했다. 마르티넬리의 가장 큰 강점은 성실한 활동량과 부지런한 수비 가담, 측면에서의 과감한 드리블 돌파와 움직임이다. 측면에 폭을 넓게 벌리면서 좌측 중앙미필더나 풀백이 하프스페이스로 침투할 수 있는 공간을 제공해 주는 전술적인 역할을 수행하기도 하지만, 측면에서 일대일 상황으로 대치했을 때 돌파 성공률이 다소 떨어지는 단점과 마지막 패스나 마무리 판단이 아쉬운 점도 존재한다. 다가오는 시즌 더 경쟁력을 보여 주기 위해서는 더 간결한 선택과 날카로운 모습이 있어야 한다.

2024/25시즌

1	33 GAMES	2,302 MINUTES	8 GOALS	4 ASSISTS	0
	2.16 경기당슛	24 유효슛	추정가치: 55,000,000€	17.9 경기당패스	79.00 패스성공률

PLAYERS

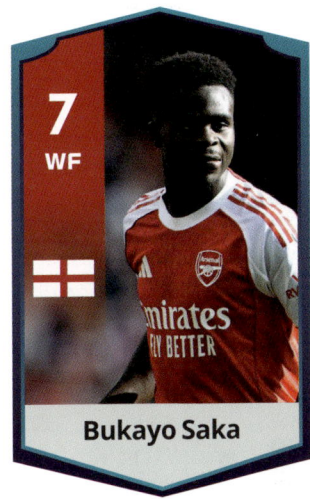

7 WF
Bukayo Saka

부카요 사카
국적 잉글랜드 | **나이** 23 | **신장** 178 | **체중** 64 | **평점** 7.37

지난 시즌 부상으로 많은 경기에 결장했음에도 불구하고 공식전 37경기 12골 13도움을 기록하며 명실상부한 아스날의 에이스로서의 역할을 톡톡히 해냈다. 오른쪽 측면에서 특유의 박스 외곽으로 드리블 이후 마무리 슈팅까지 날카롭게 연결짓는 부분에 있어서는 프리미어리그 최고 수준이며, 좁은 공간에서의 드리블 돌파 능력 또한 매우 위협적이다. 날카로운 왼발 킥으로 코너킥이나 오픈 플레이 크로스 상황에서 수많은 어시스트를 기록하기도 하며, 수비 시에는 성실한 수비 가담까지, 아스날에는 없어서는 안 될 확고한 에이스 카드이다. 다가오는 시즌 아스날의 우승 도전에 있어서 가장 확실한 공격 옵션이자 에이스라 불러도 손색이 없다.

2024/25시즌

3	25 GAMES	1,737 MINUTES	6 GOALS	10 ASSISTS	0
	3.44 경기당슈팅	22 유효슈팅	추정가치 150,000,000€	23.9 경기당패스	84.30 패스성공률

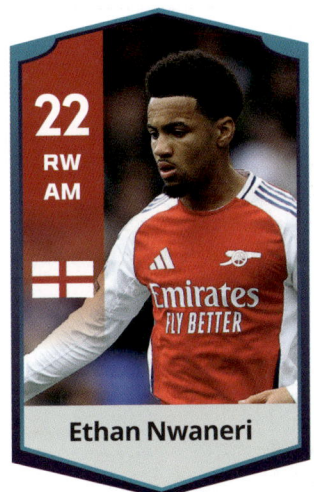

22 RW AM
Ethan Nwaneri

에단 은와네리
국적 잉글랜드 | **나이** 18 | **신장** 180 | **체중** 82 | **평점** 6.64

은와네리는 2022/23시즌 브렌트포드전 교체 투입을 통해 프리미어리그 최연소 출전 기록을 세웠을 정도로 아스날에서 많은 기대를 받고 있는 자원이다. 지난 시즌 본격적으로 1군 무대에서 많은 출전 기회를 부여받으면서 공식전 37경기 9골 2도움이라는 나이를 감안했을 때 상당히 인상적인 공격 포인트를 기록했다. 사카나 외데고르가 부상으로 빠져 있는 동안 그 자리에서 적재적소에 공백을 잘 매워 주었으며, 특유의 왼발 감아차기 시그니처 슈팅으로 놀라운 골들도 여럿 만들어 내었다. 좁은 공간에서의 창의성과 위력적인 왼발 슈팅 능력, 창의적인 패스까지 다양한 장점을 지니고 있기에 미래가 더욱 기대되는 선수이다.

2024/25시즌

1	26 GAMES	892 MINUTES	4 GOALS	3 ASSISTS	0
	2.41 경기당슈팅	9 유효슈팅	추정가치 55,000,000€	14 경기당패스	89.00 패스성공률

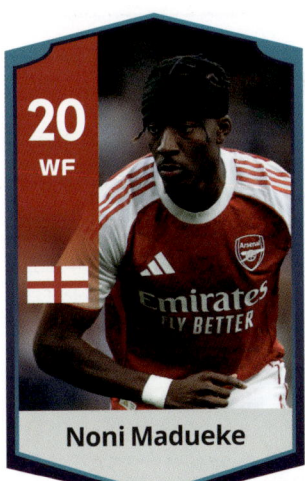

20 WF
Noni Madueke

노니 마두에케
국적 잉글랜드 | **나이** 23 | **신장** 182 | **체중** 72 | **평점** 6.82

지난 시즌 첼시에서 공식전 46경기 11골 4도움을 기록하며 첼시의 챔스 진출과 컨퍼런스리그 우승에 기여했다. 지난 시즌 첼시의 전술 특성상 측면 윙어들의 일대일 돌파 능력이나 과감성이 매우 중요했는데, 그 부분에서 중요한 역할을 하기도 했다. 마두에케는 매우 적극적이고 과감한 드리블 돌파가 특징이며, 빠른 스피드와 파워를 두루 갖추고 있다. 시즌 막판에는 좌측 윙어로도 활약하며 인상적인 퍼포먼스를 보여 줬기에 아스날에서는 좌측에서의 역할도 기대하고 있으며, 아스날은 시스템상 좌측 윙어에게는 측면 넓은 공간에서의 일대일을 맡기는 상황이 많기 때문에 그 부분에서 마두에케가 역할을 해 주길 기대하고 있다.

2024/25시즌

3	32 GAMES	2,049 MINUTES	7 GOALS	3 ASSISTS	0
	3.54 경기당슈팅	30 유효슈팅	추정가치 40,000,000€	18.7 경기당패스	83.60 패스성공률

ARSENAL

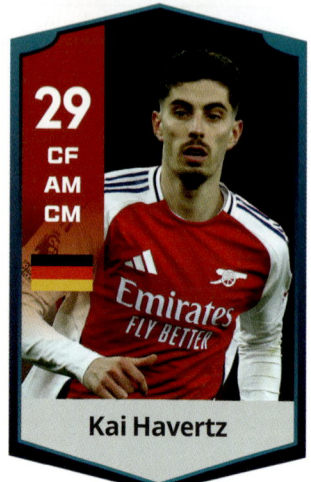

29 CF AM CM

Kai Havertz

카이 하베르츠
국적 독일 | **나이** 26 | **신장** 190 | **체중** 83 | **평점** 7

하베르츠는 지난 시즌 햄스트링 부상으로 후반기 대부분 경기에 결장하기 전까지 아스날 최고의 골 스코어러였다. 최전방과 중앙 미드필더 역할을 오가면서 많은 득점을 책임져 주었고, 공식전 36경기 15골 4도움이라는 훌륭한 공격 포인트를 생산해 냈다. 하베르츠는 성실한 활동량을 기반으로 동료의 움직임을 살려 주기 위한 오프 더볼 움직임, 공중볼 경합에서의 높은 승률, 안정적인 연계 플레이와 마무리 능력으로 팀에 다양한 옵션을 제공할 수 있는 선수였다. 올 시즌 요케레스가 영입되면서 주전 자리가 위태하다는 얘기도 나오고 있지만 하베르츠만의 장점이 있기 때문에 상황이 어떻게 될지는 뚜껑을 열어 봐야 알 수 있지 않을까 싶다.

2024/25시즌

	GAMES	MINUTES	GOALS	ASSISTS	
5	23	1,875	9	3	0
	2.54 경기당슈팅	21 유효슈팅	추정가치: 65,000,000€	21.8 경기당패스	79.80 패스성공률

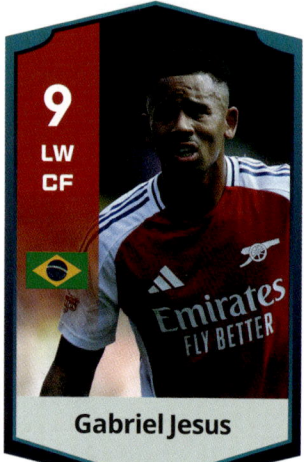

9 LW CF

Gabriel Jesus

가브리엘 제주스
국적 브라질 | **나이** 28 | **신장** 177 | **체중** 72 | **평점** 6.57

지난 시즌 하베르츠에게 주전 자리를 내주면서 초반 부진의 시기를 겪었던 제주스였다. 하지만 박싱데이를 기점으로 부활의 조짐을 보이면서 많은 골을 터트리기도 했는데, 폼이 오를 만한 시점에 십자인대 부상을 당하면서 안타깝게 시즌을 마감했다. 아스날 이적 후 첫 시즌을 제외하고는 아직까지 기대치만큼의 득점력을 보여주지 못하고 있지만, 제주스는 기본적으로 공을 다루는 테크닉이나 드리블, 좁은 공간에서의 순간적인 센스나 연계 플레이에 상당한 강점을 지니고 있는 선수이기에 언제든지 부활의 여지는 있다. 다가오는 시즌 건강한 컨디션으로 완벽하게 준비를 해서 절치부심하는 모습이 제주스에게는 필요해 보인다.

2024/25시즌

	GAMES	MINUTES	GOALS	ASSISTS	
3	17	604	3	0	0
	2.96 경기당슈팅	7 유효슈팅	추정가치: 32,000,000€	11.2 경기당패스	80.00 패스성공률

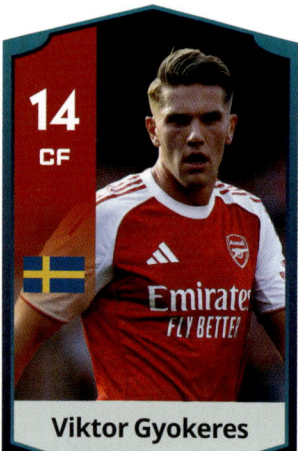

14 CF

Viktor Gyokeres

빅토르 요케레스
국적 스웨덴 | **나이** 27 | **신장** 189 | **체중** 94 | **평점** 8.08

지난 시즌 온 유럽을 통틀어 가장 뜨거운 스트라이커를 꼽으라면 요케레스를 빼놓고 얘기할 수 없다. 지난 시즌 스포르팅에서 공식전 52경기 54골 12도움을 기록했으며, 리그뿐 아니라 챔피언스리그에서 맨시티전 해트트릭을 포함한 센세이셔널한 활약을 펼쳤다. 요케레스는 두꺼운 체구에 탄탄한 피지컬을 지니고 있으며, 스피드와 힘을 두루 갖추었다. 특히 측면으로 빠지면서 직접 드리블 돌파를 통해 득점까지 마무리 짓는 데 능하며, 연계 플레이에서도 준수한 모습을 보인다. 그동안 아스날이 아쉬웠던 역습 상황에서 혼자의 힘으로 해결하는 능력까지 갖추고 있기 때문에 더욱 기대치가 크며, 아스날을 끝내 우승으로 이끌지 귀추가 주목된다.

2024/25시즌

	GAMES	MINUTES	GOALS	ASSISTS	
4	33	2,804	39	8	0
	4.08 경기당슈팅	66 유효슈팅	추정가치: 75,000,000€	20.5 경기당패스	71.4 패스성공률

전지적 작가 시점

이완우가 주목하는 아스날의 원픽!
빅토르 요케레스

아스날의 오랜 숙원이었던 공격수 문제가 드디어 해결됐다. 물론 요케레스가 팀에 잘 적응하고 기대하는 만큼의 득점력을 보여 줄지는 뚜껑을 열어 봐야 알 수 있다. 하지만 아스날이 모처럼만에 전문 공격수에게 거액을 투자했다는 점에는 분명 의미가 있다. 아스날은 최근 몇 년 동안 계속해서 리그 우승을 도전하는 팀이었지만 항상 한 끗 차이로 리그 우승에 실패했다. 그 부분에는 잡아야 할 경기를 비기거나 놓쳐 버리는 경우가 많았는데, 경기는 압도적으로 가져갔음에도 득점을 터트리지 못하면서 아쉽게 놓친 경기가 제법 많았다. 실제로 2019/20시즌 오바메양의 22골 이후 최근 5시즌 동안 단 한 번도 20골 이상을 터트린 아스날 선수가 없었다.

리그 우승을 거머쥐기 위해서는 리그에서 최소 20골 이상을 터트려줄 수 있는 공격수의 존재는 필수다. 꾸준한 득점과 지원을 해 줄 수 있는 사카와 외데고르가 건재하고 라이스와 메리노, 하베르츠도 적재적소에 득점을 지원해 줄 수 있다. 여기서 요케레스가 기대치만큼의 활약과 득점을 터트려 준다면 아스날의 리그 우승의 꿈도 결코 불가능이 아닐 것이다.

지금 아스날에 이 선수가 있다면!
티에리 앙리

현재 아스날 스쿼드의 밸런스는 완벽하다. 라야를 비롯한 후방 라인은 두 시즌 연속 리그 최소 실점을 만들어 낸 리그 최상의 수비진이다. 중원 라인업도 수비멘디와 노르가르드를 동시에 데려왔고, 기존의 라이스, 메리노, 외데고르, 때로는 하베르츠까지 메짤라 역할을 소화하기 때문에 중원도 상당히 훌륭한 라인업을 자랑한다. 사카와 마두에케, 마르티넬리 등이 버티는 측면 자원도 충분히 경쟁력이 있는 아스날인데, 여기에 전성기 티에리 앙리가 최전방 자리에서 뛴다면?

올 시즌 요케레스를 영입하긴 했지만 요케레스가 아스날의 시스템에서 얼마나 적응할지 여부는 뚜껑을 열어 봐야 알 수 있다. 그렇기 때문에 아스날의 상징 그 자체였던 티에리 앙리가 만약 전성기의 기량으로 현재 아스날에서 뛸 수만 있다면, 아스날 팬들은 그 어느 때보다도 우승을 할 수 있다는 희망을 크게 가질 수 있지 않을까? 전성기 앙리의 특유의 돌파, 스피드, 여유 있는 연계 플레이와 마무리, 때로는 직접 프리킥까지. 아스날에 부족한 모든 것을 채워 줄 수 있는, 상상만 해도 행복한 킹 앙리의 존재가 되지 않을까 싶다.

EDERSON MORAES
JAMES TRAFFORD
RUBEN DIAS
JOSKO GVARDIOL
JOHN STONES
ABDUKODIR KHUSANOV
MANUEL AKANJI
RAYAN AIT-NOURI
MATHEUS NUNES
RICO LEWIS
RODRI
TIJJANI REIJNDERS
BERNARDO SILVA
MATEO KOVACIC
ILKAY GUNDOGAN
KALVIN PHILLIPS
PHIL FODEN
RAYAN CHERKI
SAVINHO
JEREMY DOKU
ERLING HAALAND
OMAR MARMOUSH

Manchester City

MANCHESTER CITY

맨체스터시티 Manchester City

창단 년도	1894년
최고 성적	우승 (1936/37, 1967/68, 2011/12, 2013/14 2017/18, 2018/19, 2020/21, 2021/22, 2022/23, 2023/24)
경기장	에티하드 스타디움 (Etihad Stadium)
경기장 수용 인원	53,400명
지난 시즌 성적	3위
별칭	The Citizens (시티즌스), The Sky Blues (스카이블루스)
상징색	스카이블루
레전드	콜린 벨, 마이크 서머비, 뱅상 콤파니, 다비드 실바, 세르히오 아구에로, 케빈 더브라위너, 조 하트, 파블로 사발레타 등

히스토리

1894년 창단된 맨체스터시티는 2008년 아부다비 유나이티드 그룹의 인수 이후 막대한 투자와 체계적인 운영을 통해 잉글랜드 축구의 판도를 바꾼 클럽이다. 인수 이전에도 리그와 컵 대회 우승 기록이 있었지만, 펩 과르디올라 감독 부임 이후 전례 없는 국내 대회 지배력을 과시하며 여러 차례 프리미어리그 우승을 차지했고, 2023년 역사적인 트레블을 달성했다. 이외에도 펩과 함께한 맨시티는 프리미어리그 한 시즌 최다 승점(2017/18시즌 100점), 잉글랜드 최초의 도메스틱 트레블(2018/19시즌), 리그 4연패(2020/21시즌~2023/24시즌) 등 수많은 기록을 갈아치웠다. 맨시티는 기술적인 축구와 막강한 자금력을 바탕으로 현대 축구의 새로운 시대를 연 팀이다.

최근 5시즌 리그 순위 변동

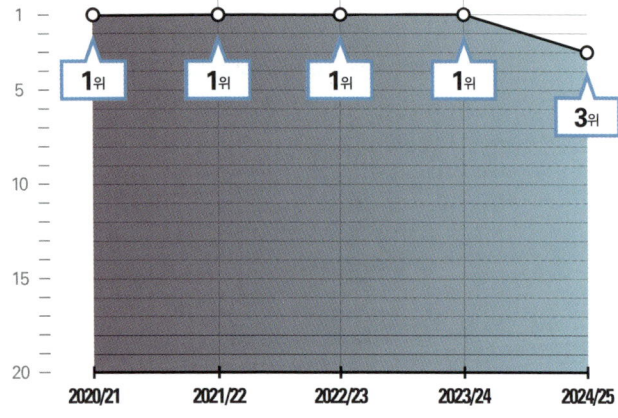

클럽레코드 IN & OUT

최고 이적료 영입 IN
잭 그릴리시
1억 1,750만 유로
(2021년 8월, from 애스턴빌라)

최고 이적료 판매 OUT
훌리안 알바레스
7,500만 유로
(2024년 8월, to 아틀레티코마드리드)

CLUB & MANAGER

펩 과르디올라 Pep Guardiola

1971년 1월 18일 | 54세 | 스페인

현대 축구의 혁명가, 펩 과르디올라

펩 과르디올라는 점유율 기반의 축구와 포지셔널 플레이를 맨시티에 완벽하게 이식한 전술적 혁신가다. 그는 선수들의 역할을 유연하게 변경하고, 풀백을 중앙 미드필더처럼 활용하는 등 끊임없이 새로운 전술을 시도한다. 2024/25시즌의 상대적 부진 이후, 그는 팀의 정신력을 회복하고 새로운 선수들을 통해 팀을 재건하여 다시 한번 정상에 도전하려는 강한 동기를 보이고 있다. 그의 동기 부여 방식은 독특한데, 그는 최근 인터뷰에서 "실패를 사랑한다"고 말하며 지난 시즌의 부진이 오히려 팀을 재정비하고 새로운 에너지를 불어넣는 계기가 되었음을 시사했다. 이는 수년간의 성공으로 인한 안주를 경계하고, '실패'라는 자극을 통해 팀의 진화를 이끌어 내려는 그의 심리적 전략을 보여 준다.

📋 **감독 인터뷰**

"지난 시즌의 부진을 '좋은 자극제'이자 새로운 성공 주기를 위한 '기반'으로 삼겠다. 2025/26시즌에는 결코 흔들리지 않을 것."

감독 프로필

통산
941 경기 **686** 승 **130** 무 **125** 패

선호 포메이션
4-3-3

승률
72.9%

우승 이력

- **테르세라 디비시온** (2007/08)
- **라리가** (2008/09, 2009/10, 2010/11)
- **코파 델 레이** (2008/09, 2011/12)
- **수페르코파 데 에스파냐** (2009, 2010, 2011)
- **분데스리가** (2013/14, 2014/15, 2015/16)
- **DFB 포칼** (2013/14, 2015/16)
- **프리미어리그** (2017/18, 2018/19, 2020/21, 2021/22, 2022/23, 2023/24)
- **FA컵** (2018/19, 2022/23)
- **EFL컵** (2017/18, 2018/19, 2019/20, 2020/21)
- **커뮤니티실드** (2018, 2019, 2024)
- **UEFA 챔피언스리그** (2008/09, 2010/11, 2022/23)
- **UEFA 슈퍼컵** (2009, 2011, 2013, 2023)
- **FIFA 클럽 월드컵** (2009, 2011, 2013, 2023)

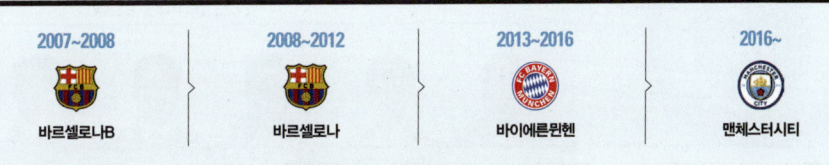

경력: 2007~2008 바르셀로나B | 2008~2012 바르셀로나 | 2013~2016 바이에른뮌헨 | 2016~ 맨체스터시티

MANCHESTER CITY

IN

- 티자니 라인더르스 (AC밀란)
- 라얀 아이트누리 (울버햄튼)
- 라얀 셰르키 (리옹)
- 제임스 트래포드 (번리)
- 스베레 뉘판 (로젠베리)
- 마커스 베티넬리 (첼시)

FW
- 7 마르무시
- 9 홀란드
- 11 도쿠
- 26 사비뉴
- 47 포든
- 52 보브

MF
- 4 라인더르스
- 8 코바치치
- 10 셰르키
- 14 곤살레스
- 16 로드리
- 19 귄도안
- 20 베르나르두
- 30 에체베리
- 41 뉘판
- 44 필립스

DF
- 3 디아스
- 5 스톤스
- 6 아케
- 21 아이트누리
- 24 그바르디올
- 25 아칸지
- 27 누네스
- 33 오라일리
- 45 후사노프
- 78 카보레
- 82 루이스
- 97 윌슨에스브랜드

GK
- 1 트래포드
- 13 베티넬리
- 18 오르테가
- 31 에데르송

OUT

- 얀 쿠토 (도르트문트)
- 막시모 페로네 (코모)
- 케빈 더브라위너 (나폴리)
- 카일 워커 (번리)
- 제임스 매카티 (노팅엄)
- 스콧 카슨 (계약 종료)
- 잭 그릴리시 (에버튼)

히든풋볼의 이적시장 평가

7리그 3위라는 충격적인 성적표를 받아 든 맨시티는 공격적이고 전략적인 스쿼드 개편으로 응수했다. 티자니 라인더르스와 라얀 셰르키의 영입은 케빈 더브라위너의 이탈로 생긴 창의성 공백을 메우려는 명확한 시도다. 공격적인 왼쪽 풀백 라얀 아이트누리의 보강도 반갑다. 얇은 스쿼드 뎁스로 인해 위기를 관리하지 못했던 2024/25시즌과 비교해 스쿼드의 뎁스가 눈에 띄게 두꺼워졌다.

히든풋볼 이적시장 평가단

SQUAD & BEST 11

포메이션

- 11 도쿠
- 9 홀란드
- 47 포든
- 10 셰르키
- 4 라인더르스
- 16 로드리
- 21 아이트누리
- 24 그바르디올
- 3 디아스
- 27 누네스
- 31 에데르송

2024/25시즌 스탯 Top 3

득점 Top 3
- 엘링 홀란드 — 22골
- 포든, 마르무쉬 — 7골
- 마테오 코바치치 — 6골

도움 Top 3
- 사비뉴 — 10도움
- 귄도안, 더브라위너 — 7도움
- 누네스, 도쿠 — 6도움

출전시간 Top 3
- 요슈코 그바르디올 — 3,280분
- 엘링 홀란드 — 2,743분
- 베르나르두 실바 — 2,668분

히든풋볼의 순위 예측

필 포든이 살아난다면 우승에 더욱더 근접할 수 있다. 가장 중심이 되는 선수는 로드리.

칼을 간 펩과 합류한 펩 레인더르스 코치의 조합이 강력해 보인다. 다만, 로드리의 잔부상이 우려되어 3위 예상.

스몰 스쿼드의 문제와 예상치 못한 부진 그러나 1월부터 선수를 영입해 다시 우승 후보로 부상했다.

케빈 더브라위너의 이탈로 대대적인 리빌딩에 돌입. 과도기적인 시즌을 보내며 4위권 수성에 만족해야 할 것.

로드리의 폼 회복이 필수다. 레인더르스라는 환상적인 선수를 영입했지만 펩의 스몰 스쿼드 운영이 우려된다.

지난 시즌 폼이 좋지 않았던 선수들이 얼마나 제 모습을 찾느냐, 영입생들의 호흡이 얼마나 잘 맞느냐가 관건.

 3위 이주헌

 3위 박종윤

 3위 송영주

 3위 임형철

 5위 남윤성

 4위 이완우

무관이라는 이변, 복원을 향한 길

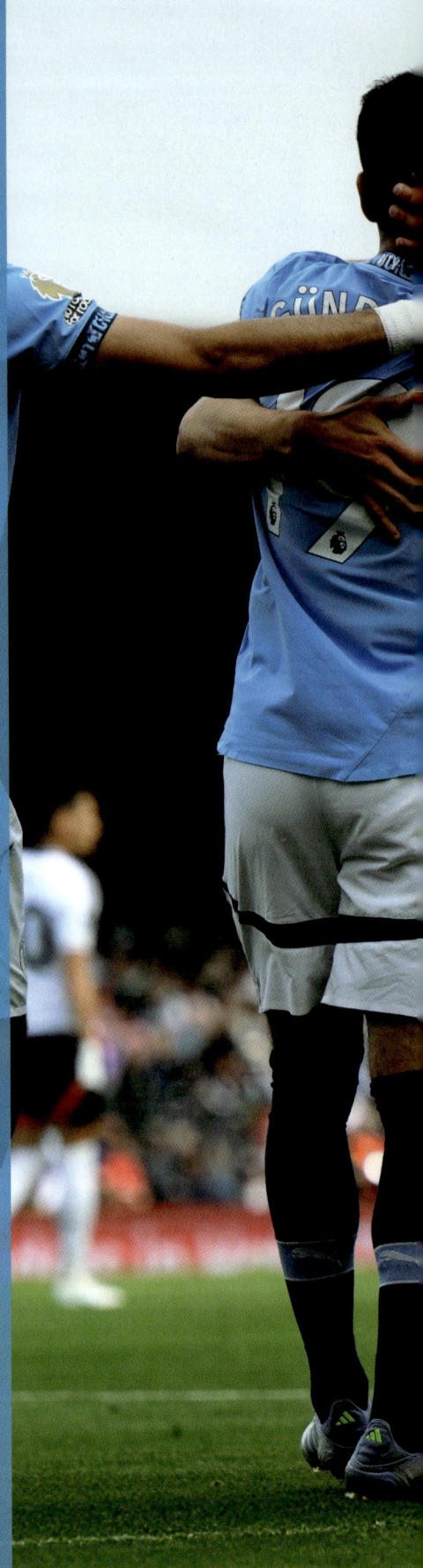

펩 과르디올라 감독 부임 이후 8년 만에 처음으로 '무관'이라는 낯선 성적표를 받아 든 맨체스터시티의 2024/25시즌은 실패로 규정된다. 프리미어리그에서는 4위로 시즌을 마감했고, FA컵 결승에서는 크리스탈팰리스에 패하며 자존심을 구겼다. UEFA 챔피언스리그에서는 녹아웃 플레이오프에서 레알 마드리드에 탈락하며 16강 진출에 실패했다. 새로운 영입생의 합류로 반등을 꿈꿨던 2025 피파 클럽월드컵에서도 16강에서 알 힐랄을 만나 역습에 고전한 끝에 조기 탈락했다.

이러한 부진의 가장 큰 원인은 주축 선수들의 연쇄 부상이었다. 팀의 척추 역할을 하던 로드리, 주포 엘링 홀란드, 수문장 에데르송의 장기 결장은 팀의 균형을 송두리째 흔들었다. 특히 로드리의 공백은 중원의 안정성을 무너뜨렸고, 이는 과르디올라 전술의 근간을 위협하는 치명적인 요소로 작용했다.

이에 대한 맨시티의 대응은 신속하고 단호했다. 당장의 실패에 연연하기보다 미래를 위한 과감한 '리셋'을 선택했다. 구단의 전설이자 창조성의 상징이었던 케빈 더 브라위너와의 결별을 택하며 한 시대를 마감했다. 이는 단순한 선수 판매가 아닌, 팀의 전술적 패러다임을 전환하겠다는 명확한 신호였다.

그리고 상당한 수의 선수를 보강했다. 2025년 겨울 이적시장부터 오마르 마르무시, 니코 곤살레스, 압두코디르 후사노프, 비토르 헤이스를 영입하며 부상 공백 최소화에 집중했던 맨시티는 이번 여름 이적시장을 통해 클럽 월드컵 개막 전부터 티자니 라인더르스, 라얀 아이트누리, 라얀 셰르키 영입을 발표했다. 클럽월드컵 종료 후에도 제임스 트래포드를 영입하며 에데르송 골키퍼의 불안함에 대처하고자 노력했고, 미래를 위한 유망주 스베르 뉘판의 영입도 발표했다.

이제 맨시티는 2024/25시즌과 비교해 여러 대회를 병행할 수 있는 확실한 준비를 마쳤다. 체력 저하, 부상 등의 악재가 발생하더라도 공백을 대체해 줄 수 있는 선수의 수가 상당하다. 관건은 펩 과르디올라의 선수 융화 능력, 신입생들의 펩 축구 적응의 여부다.

MANCHESTER CITY

에데르손

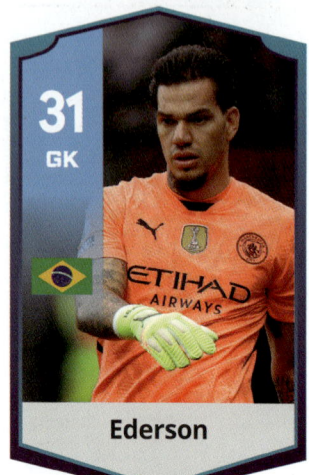

31 GK — Ederson

국적 브라질 | **나이** 31 | **신장** 188 | **체중** 86 | **평점** 7.11

세계 최고 수준의 발밑 기술을 지닌 골키퍼이자 맨시티 빌드업의 시발점이다. 양발을 자유자재로 사용한 정확한 장거리 패스는 그 어떤 골키퍼도 흉내 내기 힘든 그만의 무기다. 스위퍼 키퍼로서 넓은 수비 범위를 자랑하며, 높은 수준의 볼 컨트롤로 수비수처럼 플레이하고, 압박 속에서도 침착함을 잃지 않는다. 하지만 최근 잦은 부상으로 폼의 기복이 심해졌고, 중요한 경기에서 집중력 저하로 인한 실수가 늘어났다. 뛰어난 반사신경에도 불구하고 선방의 일관성이 부족하고, 무리하게 골문을 비우는 판단은 여전히 불안 요소로 지적된다.

2024/25시즌

	GAMES	MINUTES	실점	선방률		
4	26	2,321	26	67.50		0
	세이브 54	클린시트 10	추정가치: 20,000,000€	클린시트 성공률 38.40	PK 방어 기록 0/2	

제임스 트래포드

1 GK — James Trafford

국적 잉글랜드 | **나이** 22 | **신장** 198 | **체중** 90 | **평점** 7.51

맨체스터시티 아카데미가 배출한 차세대 잉글랜드 수문장이다. 197cm의 압도적인 신체조건과 뛰어난 반사신경을 바탕으로 한 선방 능력이 돋보인다. 특히, 펩 과르디올라의 축구에 완벽하게 부합하는 정확한 롱킥과 침착한 빌드업 전개 능력은 그의 최대 강점이다. 크로스 처리와 일대일 상황에서도 탁월한 판단력을 보여주며, 챔피언십에서 증명된 클린시트 능력과 안정감은 이미 최고 수준이다. 다만, 프리미어리그와 챔피언스리그라는 최상위 무대에서의 경험 부족은 아직 검증이 필요한 부분이며, 압박의 강도가 다른 환경에 빠르게 적응해야 한다.

2024/25시즌

	GAMES	MINUTES	실점	선방률		
7	45	4,050	16	84.60		0
	세이브 88	클린시트 29	추정가치: 22,000,000€	클린시트 성공률 64.40	PK 방어 기록 2/2.	

후벵 디아스

3 CB — Rúben Dias

국적 포르투갈 | **나이** 28 | **신장** 187 | **체중** 82 | **평점** 7.08

한때 프리미어리그를 지배했던 수비의 리더. 뛰어난 수비 지능과 위치 선정, 강력한 태클은 여전히 최고 수준이다. 리더십을 바탕으로 수비 라인을 조율하는 능력 또한 그의 가치를 높인다. 대각선 롱패스와 빌드업 시작 능력을 갖춰 높은 패스 정확도를 자랑한다. 하지만 잦은 부상 이후 신체 능력이 다소 저하되며, 특히 발 빠른 공격수를 상대로 한 뒷공간 수비에 약점을 노출하고 있다. 과거와 같은 압도적인 모습은 줄었지만, 시즌 막판 그바르디올과 보여 준 안정적인 파트너십은 새로운 희망을 제시한다. 여전히 팀의 안정성에 절대적인 기여를 하는 선수다.

2024/25시즌

	GAMES	MINUTES	GOALS	ASSISTS		
4	27	2,269	0	0		0
	경기당슈팅 0.77	유효슈팅 0.25	추정가치: 65,000,000€	경기당패스 81.22	패스성공률 93.80	

PLAYERS

요슈코 그바르디올
국적 크로아티아 | **나이** 23 | **신장** 186 | **체중** 80 | **평점** 7.36

맨시티의 현재이자 미래. 지난 시즌 팀 내 최다 경기에 출전하며 강철 같은 체력과 꾸준함을 증명했다. 센터백과 레프트백을 모두 소화하는 다재다능함, 강력한 피지컬과 빠른 스피드를 겸비했다. 특히 볼을 운반하는 능력과 공중볼 경합에서의 우위, 그리고 기습적인 공격 가담을 통한 득점력(전체 대회 6골)은 수비수 이상의 가치를 보여 준다. 안정적인 왼발 빌드업 능력이 돋보인다. 풀백으로 출전 시 크로스 정확도나 측면 수비 위치 선정은 발전이 필요하지만, 경기를 거듭하며 안정감을 더하고 있다. 아직 23세의 젊은 선수이기에 경험 부족으로 인한 판단 미스가 간혹 나온다.

2024/25시즌

	37 GAMES	3,279 MINUTES	5 GOALS	0 ASSISTS	
2	1.08 경기당슈팅	0.32 유효슈팅	추정가치: 75,000,000€	66.4 경기당패스	91.40 패스성공률	0

존 스톤스
국적 잉글랜드 | **나이** 31 | **신장** 188 | **체중** 80 | **평점** 6.64

건강하다면 대체 불가능한 전술적 핵심. 센터백과 수비형 미드필더를 오가며 빌드업을 주도하고 경기의 템포를 조절하는 능력은 타의 추종을 불허한다. 그만큼 팀은 그의 존재만으로도 큰 안정감을 얻는다. 정확한 패스와 넓은 시야, 뛰어난 수비 지능을 갖췄다. 압박 회피 능력과 볼 소유 시 침착함도 월드클래스 수준이다. 그러나 그의 가장 큰 적은 바로 자기 자신이다. 고질적인 부상 빈도로 인해 팀에 꾸준히 기여하지 못하고 있으며, 부상 복귀 후에는 경기 감각 저하로 기복을 보인다. 그의 존재 유무에 따라 팀 경기력이 달라지는 만큼, 건강 관리가 최대 과제다.

2024/25시즌

	11 GAMES	545 MINUTES	2 GOALS	0 ASSISTS	
1	0.18 경기당슈팅	0.18 유효슈팅	추정가치: 25,000,000€	36.18 경기당패스	91.30 패스성공률	0

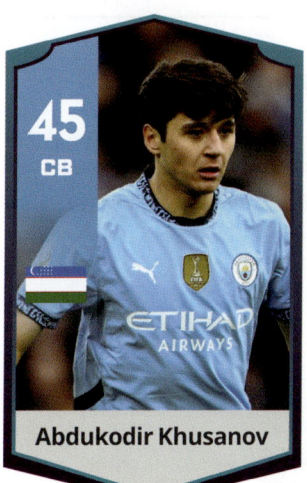

압두코디르 후사노프
국적 우즈베키스탄 | **나이** 21 | **신장** 186 | **체중** 84 | **평점** 6.7

겨울 이적 시장을 통해 합류한 우즈베키스탄 출신의 젊은 수비수. 빠른 발과 기동성을 바탕으로 넓은 수비 범위를 자랑하며, 적극적인 태클과 인터셉트 등 공격적인 수비 스타일을 가졌다. 발밑 기술과 패스 능력도 준수해 공중볼 경합에서도 신체 능력을 잘 활용하며 발전 가능성이 높다. 다만, 아직 경험이 부족하여 때때로 지나치게 충동적인 플레이를 보이며, 프리미어리그의 템포와 수비 조직력에 적응할 시간이 필요하다. 지난 시즌 막판으로 갈수록 출전 시간이 줄어들었다. 징계 관리와 동료들과의 소통 능력 개선도 과제다.

2024/25시즌

	6 GAMES	504 MINUTES	0 GOALS	0 ASSISTS	
1	0.16 경기당슈팅	0 유효슈팅	추정가치: 35,000,000€	89.16 경기당패스	91.30 패스성공률	0

MANCHESTER CITY

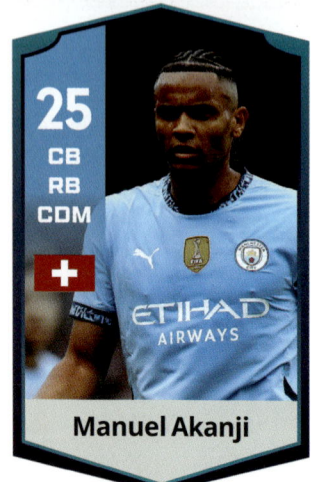

25
CB
RB
CDM

Manuel Akanji

마누엘 아칸지

국적 스위스 | **나이** 30 | **신장** 188 | **체중** 84 | **평점** 6.86

펩 과르디올라 감독의 신뢰를 받는 '만능 살림꾼'. 센터백, 풀백, 심지어 미드필더까지 소화하는 다재다능함과 높은 축구 지능이 최대 장점이다. 안정적인 발밑 기술과 정확한 패스로 빌드업에 기여하며, 수비 상황에서는 뛰어난 예측력과 커버 플레이로 팀의 균형을 잡아주고 위치를 미리 읽는 플레이가 돋보인다. 하지만 창의적인 플레이나 폭발적인 공격 가담은 부족하며, 공중볼 경합과 민첩성에서 약점을 보인다. 때때로 집중력 저하로 인한 실수가 발생한다. 주전급 선수라기보다는 스쿼드의 뎁스를 더하는 핵심적인 역할 선수에 가깝다.

2024/25시즌

	26 GAMES	2,014 MINUTES	0 GOALS	0 ASSISTS	
3	0.57 경기당슈팅	0.07 유효슈팅	추정가치: 28,000,000€	63.73 경기당패스	94.10 패스성공률	0

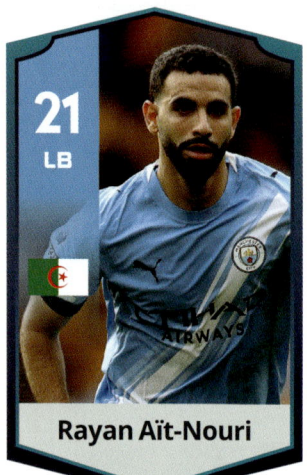

21
LB

Rayan Aït-Nouri

라얀 아이트누리

국적 알제리 | **나이** 24 | **신장** 180 | **체중** 70 | **평점** 7.14

오랫동안 맨시티가 찾아 헤맨 전문 공격형 레프트백. 폭발적인 스피드와 현란한 드리블로 왼쪽 측면에 파괴력을 더해 줄 자원이다. 침투 타이밍과 컷백 패스 능력이 뛰어나 상대 수비수를 끊임없이 공략한다. 좁은 공간에서의 기술적인 능력과 날카로운 오버래핑을 통한 크로스 위협은 팀에 새로운 공격 루트를 제공할 것이다. 일대일 수비 능력과 빠른 복귀 속도 또한 준수하다. 다만, 공격적인 성향 탓에 수비 위치 선정과 집중력에 기복이 있으며, 펩 과르디올라의 복잡한 전술에 녹아들기까지는 적응 기간이 필요할 수 있다.

2024/25시즌

	37 GAMES	3,127 MINUTES	4 GOALS	7 ASSISTS	
5	0.97 경기당슈팅	0.64 유효슈팅	추정가치: 35,000,000€	35.64 경기당패스	87.00 패스성공률	1

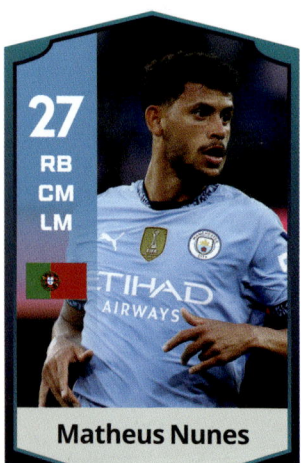

27
RB
CM
LM

Matheus Nunes

마테우스 누네스

국적 포르투갈 | **나이** 26 | **신장** 184 | **체중** 78 | **평점** 7.2

미드필더로서의 한계를 뒤로하고 오른쪽 측면에서 새로운 가능성을 연 선수. 폭발적인 스피드와 힘을 바탕으로 한 저돌적인 전진 드리블이 인상적이다. 오른쪽 풀백으로 기용되며 공격적인 재능을 만개했고, 박스 안으로 침투하는 움직임과 마무리 능력도 향상되어 많은 도움을 기록하며 팀의 중요한 공격 옵션으로 자리 잡았다. 긴 보폭을 활용한 성큼성큼 나아가는 드리블이 인상적이다. 하지만 여전히 압박 상황에서의 판단 미숙과 성급한 태클로 인한 수비 불안은 개선해야 할 점이다. 패스 선택이나 경기 조율 능력에서도 기복을 보인다.

2024/25시즌

	26 GAMES	1,673 MINUTES	1 GOALS	6 ASSISTS	
4	0.34 경기당슈팅	0.15 유효슈팅	추정가치: 35,000,000€	38.65 경기당패스	88.80 패스성공률	0

PLAYERS

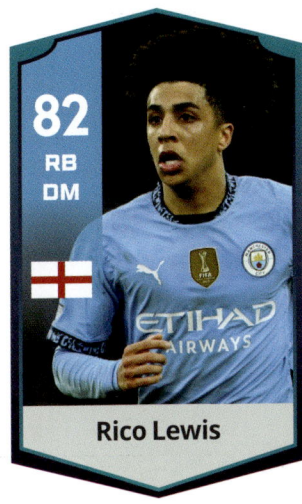

리코 루이스
국적 잉글랜드 | **나이** 20 | **신장** 170 | **체중** 64 | **평점** 6.92

오른쪽 풀백으로 출전하지만 중앙으로 좁혀 들어와 미드필더처럼 플레이하며 수적 우위를 만든다. 한때 혜성처럼 등장했지만, 데뷔 시즌 보여 줬던 번뜩임과 달리, 지난 시즌에는 자신감 저하와 함께 뚜렷한 한계를 노출했다. 높은 전술 이해도와 정확한 패스로 인버티드 풀백 역할을 소화하는 기술적인 안정감은 여전하지만, 작은 체구에서 오는 피지컬적인 약점과 일대일 수비 불안이 발목을 잡았다. 최고 수준의 무대에서 통하기에는 아직 부족하다는 평가가 지배적이다. 풀백과 미드필더 사이에서 자신의 명확한 포지션을 확립하는 것이 급선무다.

2024/25시즌

3	28 GAMES	1,891 MINUTES	1 GOALS	2 ASSISTS	1
	0.35 경기당슈팅	0.07 유효슈팅	추정가치: 40,000,000€	42.32 경기당패스	91.40 패스성공률	

로드리
국적 스페인 | **나이** 29 | **신장** 191 | **체중** 82 | **평점** 6.78

2024년 발롱도르 수상자. 맨체스터 시티 시스템의 알파이자 오메가. 그의 부재는 단순한 선수 한 명의 이탈이 아닌, 팀 전술의 붕괴를 의미할 수 있다. 완벽한 위치 선정과 태클 능력, 압도적인 공중볼 장악력으로 수비를 보호하는 동시에, 경기 흐름을 읽고 템포를 조절하는 능력은 세계 최고 수준이며, 넓은 시야와 정확한 패스로 공격의 기점이 된다. 강력한 중거리슛은 그의 또 다른 무기다. 그의 부상은 맨시티에게 2024/25시즌 최대의 시련이었고, 팀은 그 없이 승리하는 법을 증명하지 못해 위기를 겪고 말았다. 2025/26시즌은 로드리의 성공적인 복귀와 건강 유지가 관건이다.

2024/25시즌

0	3 GAMES	73 MINUTES	0 GOALS	0 ASSISTS	0
	0 경기당슈팅	0 유효슈팅	추정가치: 110,000,000€	22 경기당패스	94.10 패스성공률	

티자니 라인더르스
국적 네덜란드 | **나이** 27 | **신장** 185 | **체중** 73 | **평점** 7.23

역동적인 올라운드 박스투박스 미드필더. 로드리와는 다른 유형의 미드필더로, 왕성한 활동량과 역동적인 볼 운반 능력이 최대 강점이다. 세리에 A 최고 미드필더로 선정될 만큼 공격적인 재능이 뛰어나며, 창의적인 키패스와 위협적인 중거리슛으로 직접 경기를 바꿀 수 있다. 압박을 벗어나는 턴과 드리블, 그리고 오프더볼 움직임과 박스 안으로 침투하여 득점을 만들어 내는 능력이 뛰어나다. 다만, 수비적인 기여도나 피지컬적인 측면에서는 로드리에 미치지 못하며, 공격적인 8번 롤에 더 적합하다. 로드리의 수비적 지원에 의존할 가능성이 높다.

2024/25시즌

2	37 GAMES	3,132 MINUTES	10 GOALS	4 ASSISTS	1
	2.08 경기당슈팅	0.76 유효슈팅	추정가치: 60,000,000€	26.48 경기당패스	89.50 패스성공률	

MANCHESTER CITY

20
CM
RW

Bernardo Silva

베르나르두 실바

국적 포르투갈 | **나이** 31 | **신장** 173 | **체중** 65 | **평점** 7.27

팀의 새로운 주장으로 임명된 '살림꾼'이자 '아티스트'. 지치지 않는 활동량으로 경기장 전체를 누비며 압박의 선봉에 서고, 좁은 공간에서도 볼을 지켜내는 탈압박 능력은 세계 최고 수준이다. 정교한 터치와 빠른 판단력으로 경기 템포를 끌어올리며, 다재다능함을 바탕으로 중앙 미드필더, 공격형 미드필더, 윙어 등 어떤 포지션에서도 제 몫을 다한다. 펩 과르디올라의 축구를 가장 잘 이해하는 선수 중 한 명이다. 다만, 직접적인 득점이나 도움 생산 능력은 다른 최상급 공격 자원들에 비해 다소 아쉽다는 평가를 받는다. 그의 리더십이 시험대에 오르는 시즌이 될 것이다.

2024/25시즌

🟨	GAMES	MINUTES	GOALS	ASSISTS	🟥
7	33	2,667	4	4	0
	0.18 경기당슈팅	0.09 유효슈팅	추정가치: 45,000,000€	47.39 경기당패스	92.60 패스성공률

8
CM

Mateo Kovačić

마테오 코바치치

국적 크로아티아 | **나이** 31 | **신장** 178 | **체중** 77 | **평점** 7.33

한 단계 진화한 '볼 운반의 대가'. 압박을 파괴하는 드리블의 마술사다. 지난 시즌 득점력이 눈에 띄게 향상되며 단순한 볼 프로그레서 이상의 가치를 증명했다. 특유의 부드러운 드리블과 탈압박 능력은 상대 중원을 무력화시키고 공격 전환의 핵심 역할을 하며 맨시티 중원에 역동성을 더하며 뛰어난 활약으로 팀 전술을 더욱 다채롭게 만드는 선수다. 로드리의 부재 시 수비형 미드필더 역할을 수행했지만, 그의 진정한 가치는 전진된 중앙 미드필더로 뛸 때 발휘된다. 로드리만큼의 수비력을 기대하기는 어렵지만, 창의적인 패스와 전진성으로 공격에 활로를 여는 역할을 맡을 것이다.

2024/25시즌

🟨	GAMES	MINUTES	GOALS	ASSISTS	🟥
5	31	2,202	6	2	1
	1.45 경기당슈팅	0.38 유효슈팅	추정가치: 25,000,000€	60.19 경기당패스	92.80 패스성공률

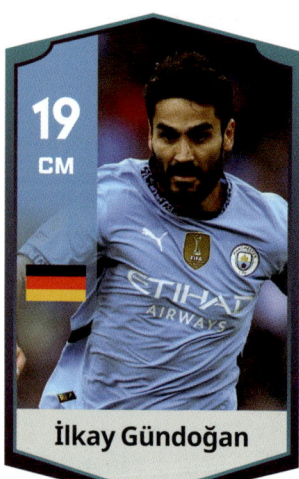

19
CM

İlkay Gündoğan

일카이 귄도안

국적 독일 | **나이** 34 | **신장** 180 | **체중** 80 | **평점** 7.24

2024년 8월, 친정팀으로 돌아온 '클러치맨'. 34세의 나이와 높은 주급에 대한 우려가 공존하지만, 그의 경험과 축구 지능은 돈으로 살 수 없는 가치다. 공간과 타이밍을 읽는 천부적인 능력, 그리고 결정적인 순간 침착한 마무리와 트레이드 마크인 박스 안으로의 지연 침투는 위력적이다. 전성기의 플레이는 후배 선수들에게도 큰 귀감이 되지만, 근래엔 체력 저하로 매 경기 선발 출전은 어렵고, 이전보다 더더욱 떨어진 스피드와 기동력으로 인해 실질적인 경기 영향력은 그렇게 많지 않다. 중요한 순간 경기의 흐름을 바꾸고 싶을 때 조커로 활용되는 빈도가 많을 것으로 점쳐진다.

2024/25시즌

🟨	GAMES	MINUTES	GOALS	ASSISTS	🟥
1	33	2,227	1	6	0
	0.81 경기당슈팅	0.21 유효슈팅	추정가치: 5,000,000€	47.42 경기당패스	92.40 패스성공률

PLAYERS

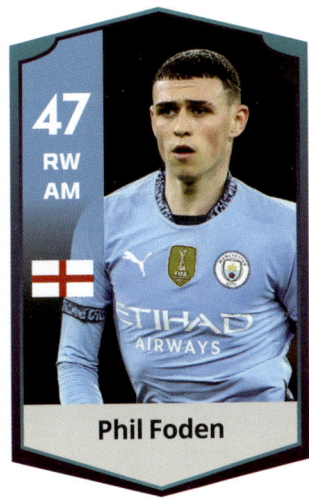

47 RW AM
Phil Foden

필 포든
국적 잉글랜드 | **나이** 25 | **신장** 171 | **체중** 70 | **평점** 6.98

맨체스터 시티의 '성골' 에이스. 좁은 공간에서의 환상적인 볼 컨트롤과 드리블, 날카로운 슈팅 능력은 그를 막기 어려운 선수로 만든다. 완발의 정교한 컬링슛과 예측 불가능한 움직임으로 공격형 미드필더와 윙어를 모두 소화하며 공격에 창의성을 더한다. 하지만 지난 시즌 발목 부상과 개인적인 사유 등으로 폼 저하를 겪으며 기복 있는 모습을 보였다. 경기의 흐름에서 벗어나 고립되는 경우가 많았다. 특히 팀의 핵심 플레이메이커 부재 시, 경기를 지배하는 영향력이 다소 부족하다는 점과 기복은 그가 극복해야 할 과제로 남아있다.

2024/25시즌

	28 GAMES	1,779 MINUTES	7 GOALS	2 ASSISTS	
2	1.93 경기당슈팅	0.57 유효슈팅	추정가치: 100,000,000€	29.75 경기당패스	88.60 패스성공률	0

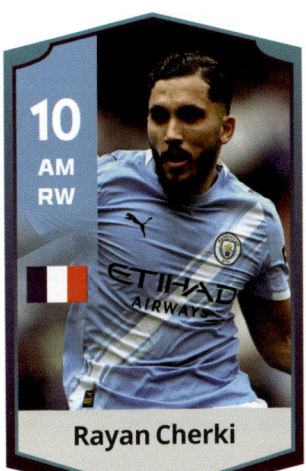

10 AM RW
Rayan Cherki

라얀 셰르키
국적 프랑스 | **나이** 22 | **신장** 177 | **체중** 71 | **평점** 7.5

맨시티의 공격진에 합류한 프랑스의 '새로운 보석'. 양발을 자유자재로 사용하며, 창의적인 플레이와 예측 불가능한 드리블로 상대 수비를 무너뜨리는 데 능하다. 공격형 미드필더와 윙어를 모두 소화하는 다재다능함과 순간적인 가속력, 정확한 스루패스를 통한 직접적인 골 결정력을 갖췄다. 놀라운 스탯이 증명하는 최상위권의 창조성과 드리블 능력을 기대할 수 있다. 다만, 수비 가담과 활동량 면에서는 약점을 보여 왔기에, 펩 과르디올라 감독의 강도 높은 오프더볼 움직임 요구에 얼마나 빨리 적응하느냐가 성공의 열쇠가 될 것이다.

2024/25시즌

	30 GAMES	2,046 MINUTES	8 GOALS	11 ASSISTS	
3	1.5 경기당슈팅	0.63 유효슈팅	추정가치: 45,000,000€	38.73 경기당패스	84.10 패스성공률	0

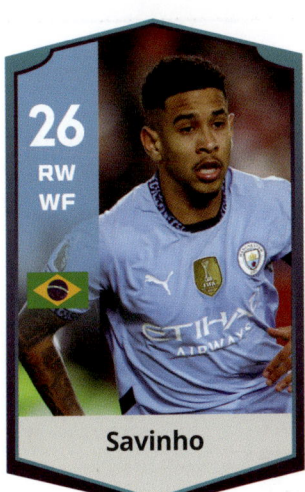

26 RW WF
Savinho

사비뉴
국적 브라질 | **나이** 21 | **신장** 176 | **체중** 66 | **평점** 7.35

폭발적인 재능과 아쉬운 일관성이 공존하는 윙어. 번개 같은 드리블 돌파와 창의적인 패스 기회를 창출하는 능력은 팀 내 최고 수준이다. 브라질리언 특유의 기술을 활용한 현란한 드리블과 빠른 방향 전환, 예리한 컷백 패스를 통한 이타적인 플레이로 공격에 활력을 불어넣는다. 하지만 경기마다 기복이 심해 영향력이 없는 날이 많고, 피지컬적인 약점과 단순한 공격 패턴이 약점으로 꼽힌다. 특히 마무리 상황에서의 판단력과 결정력은 시급히 개선되어야 할 부분이다. 아직은 선발보다는 경기 흐름을 바꾸는 조커 역할에 더 어울리는 선수다.

2024/25시즌

	29 GAMES	1,770 MINUTES	1 GOALS	8 ASSISTS	
3	1.89 경기당슈팅	0.72 유효슈팅	추정가치: 50,000,000€	26.1 경기당패스	87.30 패스성공률	0

MANCHESTER CITY

11 LW RW
Jérémy Doku

제레미 도쿠
국적 벨기에 | **나이** 23 | **신장** 173 | **체중** 66 | **평점** 7.33

그 누구도 막기 힘든 '혼돈의 파괴자'. 폭발적인 가속력과 힘, 예측 불가능한 방향 전환 드리블을 주 무기로 하는 클래식한 윙어다. 특히 밀집 수비를 뚫어야 할 때, 강력한 피지컬과 직선적인 돌파로 수비 라인을 붕괴시키며 그의 개인 능력은 팀에 강력한 무기가 된다. 고립된 상황에서도 혼자서 위협을 만들어 낼 수 있다. 그러나 공을 너무 오래 끄는 경향이 있고, 크로스나 슈팅 등 마지막 패스의 정확성과 일관성은 여전히 개선이 필요하다. 선발과 조커를 오가며 팀의 전술적 다양성을 더하는 역할을 맡는다. 플레이의 효율성과 수비 기여도를 높여야 한다.

2024/25시즌

	29 GAMES	1,513 MINUTES	3 GOALS	6 ASSISTS	
1	1 경기당슈팅	0.31 유효슈팅	추정가치: 55,000,000€	23.37 경기당패스	84.40 패스성공률	0

9 CF
Erling Haaland

엘링 홀란드
국적 노르웨이 | **나이** 25 | **신장** 195 | **체중** 88 | **평점** 7.48

이견이 없는 현존 최고의 골게터. 압도적인 피지컬과 스피드, 경이로운 골 결정력으로 상대 골문을 폭격한다. 특히 박스 안에서의 위치 선정과 오프사이드 트랩을 깨는 절묘한 침투 타이밍, 움직임은 엘리트 수준이다. 하지만 지난 시즌 후반기부터 연계 플레이에서의 약점과 다소 아쉬운 퍼스트 터치가 도마 위에 올랐다. 일반적인 빌드업 과정에서의 관여도는 제한적이다. 동료들의 지원에 대한 의존도가 높아 플레이메이커의 부재 시 위력이 반감되는 경향이 있으며, 중요한 결승전에서 침묵하는 징크스는 반드시 깨야 할 과제다.

2024/25시즌

	31 GAMES	2,741 MINUTES	22 GOALS	3 ASSISTS	
2	3.48 경기당슈팅	1.93 유효슈팅	추정가치: 180,000,000€	11.77 경기당패스	67.50 패스성공률	0

7 CF LW
Omar Marmoush

오마르 마르무시
국적 이집트 | **나이** 26 | **신장** 183 | **체중** 81 | **평점** 7.27

분데스리가를 폭격하고 겨울에 맨시티 이적을 통해 프리미어리그에 입성한 검증된 공격수. 폭발적인 스피드와 저돌적인 돌파, 강력한 슈팅을 바탕으로 한 마무리 능력이 돋보인다. 최전방과 측면을 모두 소화할 수 있으며, 양발을 모두 활용한 다양한 슈팅 각도와 뒷공간 침투에 능해 홀란과 함께 기용되는 그림도 그려볼 수 있다. 프리킥 능력 또한 뛰어나다. 다만, 볼 터치나 동료와의 연계 플레이는 아직 다듬을 필요가 있으며, 시티의 정교한 공격 패턴에 빠르게 녹아드는 것이 관건이다. 우승 경쟁팀에서 한 시즌 내내 꾸준한 활약을 펼칠 수 있음을 증명해야 한다.

2024/25시즌

	16 GAMES	1,182 MINUTES	7 GOALS	0 ASSISTS	
0	3.06 경기당슈팅	1.06 유효슈팅	추정가치: 75,000,000€	21.81 경기당패스	84.30 패스성공률	0

전지적 작가 시점

임형철이 주목하는 맨시티의 원픽!
필 포든

맨체스터시티의 2025/26시즌은 케빈 더브라위너의 시대가 물리적 한계에 부딪히면서 새로운 시대로의 전환을 맞이하는 시즌이다. 그 전환의 중심에는 필 포든이 서 있다. 2024/25시즌 맨시티가 보여 준 모습은 과거의 지배력과는 거리가 있었다. 팀의 경기당 스프린트 횟수는 리그 20위, 활동량은 9위에 그쳤다. 이는 팀의 에너지 레벨이 저하되었음을 보여 주는 증거다. 이러한 지표의 하락은 33세에 접어든 더브라위너의 신체적 쇠퇴와 연결된다. 더브라위너라는 엔진의 출력이 떨어지자, 맨시티의 시스템 전체가 삐걱거리기 시작했다. 팀의 기대 실점은 높아졌고, 슛 전환율은 하락하며 공수 양면에서 날카로움을 잃었다. 이러한 문제는 포든의 개인 기록 하락으로도 이어졌다. 2024/25시즌 그의 리그 기록은 7골 2도움에 그쳤다. 따라서 2025/26시즌 포든에게 주어진 과제는 단순히 더 많은 골과 도움을 기록하는 것을 넘어선다. 그는 맨시티의 새로운 공격 철학을 이끌어야 할 촉매제다. 전술적 진화는 더브라위너의 '패스'에서 포든의 '컨트롤'로 넘어가야 한다. 포든의 활약이 절실한 이유는 그가 맨시티가 다음 시대로 나아가기 위한 전술적 진화의 열쇠를 쥔 선수이기 때문이다.

지금 맨시티에 이 선수가 있다면!
호드리구

잭 그릴리시, 제임스 매카티, 사비뉴의 이탈이 임박한 상황에서 맨체스터시티가 레알 마드리드의 공격수 호드리구를 1억 유로에 영입할 수 있다는 소식은 단순한 선수 보강 이상의 의미를 담고 있다. 펩 과르디올라 감독이 '오랜 팬'임을 자처할 만큼 평가하는 호드리구는, 맨시티의 공격에 새로운 차원을 더해줄 잠재력을 지닌 선수다. 2024/25시즌 라리가에서 6골 5도움에 그치며 '기복이 심하다'는 평가를 받기도 했지만, 이는 그의 재능을 설명하지 못한다. 그의 경기력 변동은 레알 마드리드 시스템 내에서 다양한 포지션을 소화하며 '희생적인' 역할을 맡았던 환경적 요인이 크다. 호드리구의 가치는 움직임과 다재다능함, 그리고 결정적인 순간의 침착함에 있다. 그가 맨시티에 합류한다면, 기존의 잭 그릴리시나 제레미 도쿠와는 전혀 다른 유형의 공격 옵션을 제공하게 된다. 그는 측면에서 시작해 중앙으로 침투하며 직접 득점을 노리는 선수다. 맨시티의 현재 윙어들이 '템포 조절'과 '드리블 돌파'라는 두 가지 옵션을 제공한다면, 호드리구는 '득점 위협'이라는 세 번째 옵션을 추가한다. 이는 맨시티의 공격을 더 예측 불가능하고 위력적으로 만들 것이다.

ROBERT SANCHEZ
FILIP JORGENSEN
TOSIN ADARABIOYO
TREVOH CHALOBAH
MARC CUCURELLA
JORREL HATO
MALO GUSTO
REECE JAMES
MOISES CAICEDO
ENZO FERNANDEZ
COLE PALMER
ROMEO LAVIA
ANDREY SANTOS
DARIO ESSUGO
JAMIE GITTENS
ESTEVAO
PEDRO NETO
LIAM DELAP
JOAO PEDRO
NICOLAS JACKSON
WESLEY FOFANA
BENOIT BADIASHILE

Chelsea

CHELSEA

첼시 Chelsea FC

- **창단 년도** | 1905년
- **최고 성적** | 우승 (1954/55, 2004/05, 2005/06, 2009/10, 2014/15, 2016/17)
- **경기장** | 스탬포드 브릿지 (Stamford Bridge)
- **경기장 수용 인원** | 40,044명
- **지난 시즌 성적** | 4위
- **별칭** | The Blues (더 블루스)
- **상징색** | 블루
- **레전드** | 론 해리스, 캐리 딕슨, 루드 굴리트, 지안프랑코 졸라, 존 테리, 페트르 체흐, 디디에 드록바, 프랭크 램파드, 에슐리 콜, 에당 아자르, 세사르 아스필리쿠에타 등

히스토리

첼시가 PL을 넘어 세계적인 구단으로 올라설 수 있었던 계기는 2003년부터다. 로만 아브라모비치가 팀을 인수한 이후 리그 5회, 챔스 2회, 유로파 2회, FA컵 5회를 포함해 무려 21차례 트로피를 들어 올렸다. 하지만 전쟁의 여파로 2022년 여름 토드 보엘리가 이끄는 컨소시엄인 BlueCo로 소유주가 바뀌면서 급격한 변화를 맞았다. 특히 두 번째 빅이어를 안겨다 준 투헬을 경질하고 포터와 포체티노를 거치면서 정체성이 크게 흔들렸다. 하지만 2024/25시즌 확실한 축구 철학을 지닌 마레스카를 선임해 컨퍼런스리그에서 우승하면서 역사상 최초로 UEFA 주관대회 그랜드 슬램을 차지했고 여름에는 개편된 클럽월드컵에서 우승하며 안정기를 되찾았다. 런던을 연고지로 하는 구단 중 21세기 가장 성공적인 클럽이다.

최근 5시즌 리그 순위 변동

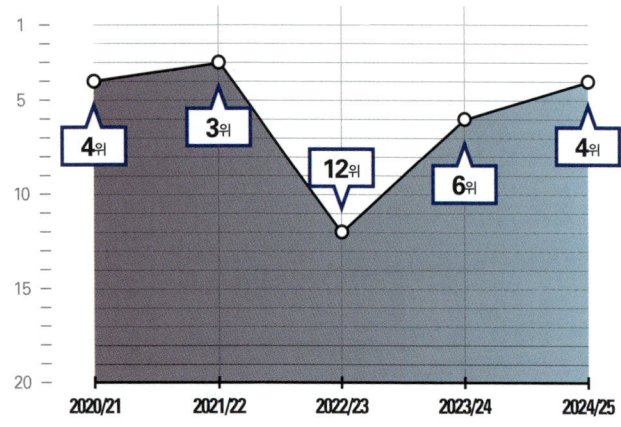

클럽레코드 IN & OUT

최고 이적료 영입 IN
엔소 페르난데스
1억 2,100만 유로
(2023년 1월, from 벤피카)

최고 이적료 판매 OUT
에당 아자르
1억 2,080만 유로
(2019년 7월, to 레알마드리드)

CLUB & MANAGER

엔초 마레스카 Enzo Maresca

1980년 2월 10일 | 45세 | 이탈리아

체크메이트, 첼시 정상화 이끈 지략가

마레스카 감독은 축구에 체스를 접목해 전술적 아이디어를 얻을 만큼 유명한 체스 마니아다. 그래서 포지셔닝 플레이와 상대 대응에 따른 전술적 수정을 중요하게 생각한다. 부임 후 3-2-4-1 기반의 빌드업 체계에 인버티드 풀백과 비대칭 측면 운영을 더해 다양성을 추구했다. 상대 전술과 대응에 따라 선발에 변화를 줬으며 좌우를 다르게 활용했고 중앙 삼미들의 포지셔닝을 수정했다. 비록 12월부터 1월까지, 리그 5경기에서 승리가 없었을 때 후방 빌드업이 흔들렸고 밀집수비 공략 실패라는 전술적 아쉬움도 있었지만 리그 4위로 UCL 복귀, UECL 우승으로 UEFA 최초의 그랜드슬램을 달성하며 성과를 냈다. 그리고 여름, 상대 맞춤형 전술로 2025 클럽월드컵 트로피를 들어 올리면서 첼시 정상화를 당당하게 외치고 있다. 마레스카 감독의 체크메이트, 본격적으로 시작한다.

감독 인터뷰

"선수들이 성장하면 팀도 발전한다. 결과가 좋지 못했을 때 변화를 줄 수 있었지만 선수들이 이 방향이 맞다고 했다. 팬들에게 즐거움을 주기 위해 승리하고 나아가야 한다. 그게 첼시의 목표다."

감독 프로필

통산	선호 포메이션	승률
159 경기 **100** 승 **23** 무 **36** 패	**4-2-3-1**	**62.9%**

시즌 키워드

#역습취약 | **#밀집수비공략** | **#공격효율필요**

우승 이력

- 챔피언십 (2023/24)
- UEFA 컨퍼런스리그 (2024/25)
- FIFA 클럽월드컵 (2025)

경력

2020~2021	2021	2023~2024	2024~

맨체스터시티 U-23	파르마	레스터시티	첼시

CHELSEA

IN

- 켄드리 파에스 (인디펜디엔테)
- 다리우 에수구 (스포르팅)
- 이스테방 (파우메이라스)
- 리암 델랍 (입스위치타운)
- 주앙 페드루 (브라이튼)
- 제이미 기튼스 (도르트문트)
- 조렐 하토 (아약스)

FW
- 7 네투
- 9 델랍
- 11 기튼스
- 15 잭슨
- 18 은쿤쿠
- 20 페드루
- 29 포파나
- 32 조지
- 41 이스테방

MF
- 8 엔소
- 10 파머
- 14 에수구
- 17 산투스
- 25 카이세도
- 45 라비아

DF
- 2 디사시
- 3 쿠쿠레야
- 4 토신
- 5 바디아실
- 6 콜윌
- 21 하토
- 23 찰로바
- 24 제임스
- 27 귀스토
- 29 포파나
- 30 안셀미노
- 34 아챔퐁
- 42 길크리스트

GK
- 1 산체스
- 12 요르겐센
- 44 슬로니나

OUT

- 노니 마두에케 (아스날)
- 주앙 펠릭스 (알나스르)
- 페트로비치 (본머스)
- 마티스 아무구 (스트라스부르)
- 바쉬르 험프리스 (번리)
- 케파 아리사발라가 (아스날)
- 마커스 베티넬리 (맨체스터시티)
- 레슬리 우고추쿠 (번리)
- 루카스 베르스트룀 (마요르카)
- 마마두 사르 (스트라스부르, 임대)
- 아르만도 브로야 (번리)
- 마르크 기우 (선덜랜드, 임대)
- 제이든 산초 (임대종료)
- 헤나투 베이가 (비야레알)
- 듀스버리홀 (에버튼)
- 마이크 펜더스 (스트라스부르, 임대)
- 켄드리 파에스 (스트라스부르, 임대)
- 벤 칠웰 (크리스탈팰리스, 임대)

히든풋볼의 이적시장 평가

다시 한번 대대적인 투자를 단행했다. 이번 이적 시장의 키워드는 적재적소다. 우선 향후 첼시의 미래를 이끌 대형 유망주 파에스와 이스테방을 영입했다. 공수에서 왼쪽에 고민이 컸는데 쿠쿠레야의 체력 부담을 덜어 줄 조렐 하토와 제이미 기튼스를 영입해 해결했다. 여기에 리암 델랍과 주앙 페드루로 첼시의 공격수 잔혹사에 마침표를 찍으려 한다.

히든풋볼 이적시장 평가단

SQUAD & BEST 11

포메이션

- 20 페드루
- 11 기튼스
- 10 파머
- 7 네투
- 8 엔소
- 25 카이세도
- 3 쿠쿠레야
- 23 찰로바
- 4 토신
- 24 제임스
- 1 산체스

2024/25시즌 스탯 Top 3

득점 Top 3
- 콜 파머 — 15골
- 니콜라 잭슨 — 10골
- 노니 마두에케 — 7골

도움 Top 3
- 콜 파머 — 8도움
- 엔소 페르난데스 — 7도움
- 페드루 네투 — 6도움

출전시간 Top 3
- 모이세스 카이세도 — 3,356분
- 콜 파머 — 3,200분
- 리바이 콜윌 — 3,150분

히든풋볼의 순위 예측

주요 수비수인 콜윌의 부상이 뼈아프다. 수비 라인에서 버텨 준다면 챔스 티켓을 따낼 수 있을 것이다.

거의 완벽한 이적시장을 보냈지만 콜윌의 공백, 바꾸지 않은 산체스 키퍼의 불안감이 시즌 전체에 영향을 끼칠 것.

리그 4위와 2개의 우승 트로피, 기대 이상의 성적. 하지만 눈높이는 높아졌고 갈 길은 여전히 멀다.

마레스카 감독 아래 재능 있는 젊은 스쿼드가 완전히 자리 잡았다. 챔피언스리그 진출권을 안정적으로 확보할 것.

수비 핵심 콜윌이 쓰러졌지만 첼시는 세계 챔피언이다. 리그 우승에 도전할 전력을 갖춰 나가는 중이다.

어린 선수들은 경기를 거듭할수록 성장하고 있으며 훌륭한 퀄리티의 선수 보강도 성공해 냈다.

 4위 이주헌
 4위 박종윤
 4위 송영주
 2위 임형철
 2위 남윤성
 3위 이완우

우리 첼시 정상 영업 합니다!

투헬이 떠날 때만 해도 팀 정체성 확보가 이렇게 힘든 작업일 줄 몰랐다. 포터는 시도는 다양했지만 확실한 콘셉트가 없었고 포체티노는 철학 없이 개인 능력에 의존했다. 철학과 시스템이 필요했다. 그렇게 레이더에 잡힌 마레스카는 부임 즉시 자신의 축구 철학을 첼시에 녹여 나갔다. 3-2 빌드업으로 후방에서 경기를 조립했고 인버티드 풀백으로 중원 숫자를 늘려 상대 압박을 유도했다. 하지만 실수가 잦았다. 시즌 초 제임스의 부상 이탈에 귀스토를 인버티드로 활용했지만 볼을 다루는 능력이 부족했다. 자신감을 잃으며 강점이던 수비마저 흔들렸다. 산체스도 여전히 불안했다. 선방은 나아졌지만 부정확한 패스로 위기를 자초했고 이해할 수 없는 판단까지 나오며 실점했다.

적극적인 압박 시도는 좋았지만 풀려나오는 경우가 발생하며 역습을 허용했다. 수비진의 개인 역량도 아쉬웠다. 포파나, 바디아실은 부상에 쓰러졌고 디사시는 수비가 불안했다. 토신은 그나마 안정적이었지만 수비 범위가 좁았고 그러면서 콜윌의 수비 부담이 커졌다. 공격력이 관건이었다. 하지만 시즌을 치르면서 상대 팀들이 내려앉았다. 좁은 공간에서 네투와 산초를 비롯한 윙어들의 영향력이 떨어졌고 잭슨도 치명적인 결정력 문제를 드러냈다. 마레스카 감독은 지공에서 해법을 찾지 못했고 결국 에이스인 파머마저 폼이 떨어지고 말았다. 막바지로 향할수록 전방에서 선수들의 움직임은 둔해졌고 수비 리스크가 부각되며 악순환이 반복됐다.

그럼에도 결과를 내서 다행이었다. 중요한 순간 득점하고 승리할 수 있었던 이유는 이전에 비해 동일한 철학과 시스템이 유지됐기 때문이었다. 그리고 이 효과는 클럽월드컵에서 진가를 발휘했다. 토너먼트 단계에 접어들면서 선수들의 호흡이 좋아졌고 마레스카의 상대 맞춤형 전술까지 통했다. 여기에 콜윌의 수비력이 개선됐고 빌드업도 안정감을 되찾아 상대를 확실하게 유인했다. 공간이 나오자 네투까지 최고의 폼이 됐다. 화룡점정은 영입생들이 찍었다. 델랍은 다른 유형의 공격수임을 증명했고 페드루는 다양한 움직임과 연계로 가치를 입증했다. 리그 개막을 앞두고 적재적소 영입이 진행됐다. 이스테방은 특별한 재능을 갖췄고 기튼스는 고민이었던 왼쪽 공격을 개선시켜 줄 수 있다. 하토 합류로 쿠쿠레야의 체력 부담도 줄어들 것이다. 원하는 스쿼드를 갖추면서 지난 시즌보다 조금 더 세밀하고 효율적인 축구를 구사할 수 있게 된 마레스카 감독이다.

CHELSEA

1 GK
Robert Sánchez

로베르트 산체스
국적 스페인 | **나이** 27 | **신장** 197 | **체중** 90 | **평점** 7.13

지난 시즌 선방률 73.6%로 PL 입성 후 가장 높은 수치를 보였다. 중요한 순간 결정적인 선방으로 첼시의 승점 확보도 도왔다. 그렇다면 산체스는 당연히 리그 최정상급 골키퍼다? 이 질문에 그렇다고 대답하기에는 무리가 있다. 이유로는 키퍼로서 안정감이 떨어지는 것이 가장 크다. 기복도 있고 실책성 플레이도 잦다. 특히 빌드업 과정에서 실수가 너무 많다. 실제로 첼시에서의 첫 시즌에 비해 숏패스는 14.3%, 롱패스는 무려 18.3%나 정확도가 떨어졌다. 상대의 압박을 유도하고 후방에서 패스로 풀어 나오는 마레스카 감독의 전술에서 산체스의 발밑은 너무나 불안했다. 산체스에게 가장 요구되는 능력은 키퍼로서 안정감이다.

2024/25시즌

5	32 GAMES	2,880 MINUTES	34 실점	73.60 선방률	0
	95 세이브	10 클린시트	추정가치: 25,500,000€	31.30 클린시트 성공률	1/5 PK 방어 기록

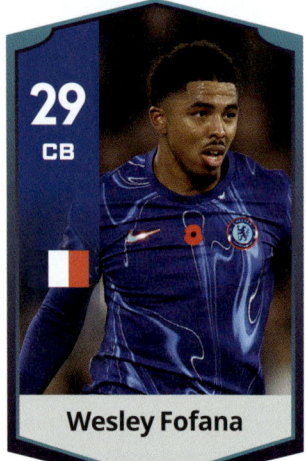

29 CB
Wesley Fofana

웨슬리 포파나
국적 프랑스 | **나이** 24 | **신장** 185 | **체중** 84 | **평점** 7.14

리바이 콜윌이 십자인대 파열로 수술대에 오르며 장기간 이탈이 예상된다. 걸출한 영입이 없다면 기존 선수들이 콜윌의 공백을 메워야 하는데, 바디아쉴과 디사시가 후방을 지키기에는 불안하다. 당분간은 찰로바와 토신이 주전일 가능성이 크다. 능력만 놓고 봤을 때 콜윌의 공백을 최소화할 적임자는 포파나다. 강력한 맨투맨 수비와 태클 능력을 갖췄고 수비 커버 범위도 넓다. 공을 달고 전진하는 능력과 빌드업까지 훌륭하다. 하지만 제임스와 마찬가지로 건강이 문제다. 첼시 입단 이후 3시즌간 무려 650일을 부상으로 뛰지 못했다. 지난 시즌도 주전으로 낙점됐지만 결국 부상으로 수술대에 올랐다. 한 번 더 다치면 첼시 커리어도 위기다.

2024/25시즌

7	14 GAMES	1,176 MINUTES	0 GOALS	0 ASSISTS	0
	0.21 경기당슈팅	0 유효슈팅	추정가치: 25,000,000€	57.4 경기당패스	90.8 패스성공률

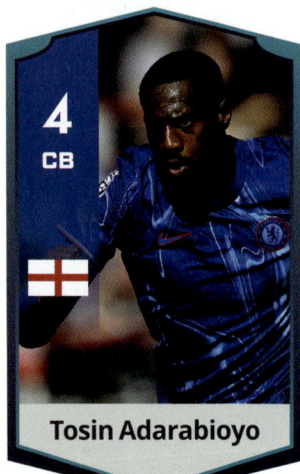

4 CB
Tosin Adarabioyo

토신 아다라비오요
국적 잉글랜드 | **나이** 27 | **신장** 197 | **체중** 90 | **평점** 7.12

디사시, 바디아쉴은 수비력이 불안하고 포파나는 부상이 많아 자유 계약으로 영입한 197cm 장신의 센터백이다. 볼을 다루는 발밑 능력이 준수하고 안정적인 플레이를 지향한다. 비록 몸을 돌려서 상대 공격수를 쫓아가야 하는 상황에서는 민첩성이 문제가 되곤 하지만 내려앉았을 때 수비력과 공중볼 처리 능력이 좋아 마레스카 감독도 믿고 토신을 활용한다. 콜윌이 수비력이 흔들릴 때 견고하게 수비 라인을 지켰으며 찰로바가 임대로부터 복귀한 뒤에는 경쟁하며 뛰었다. 기민하게 움직이며 공수를 연결하고 측면 빌드업까지 더 잘했다면 좋았겠지만 토신의 안정적인 수비만으로 경험이 적은 첼시 수비진에는 큰 도움이 됐다.

2024/25시즌

4	22 GAMES	1,404 MINUTES	1 GOALS	1 ASSISTS	0
	0.59 경기당슈팅	2 유효슈팅	추정가치: 23,000,000€	53.8 경기당패스	91.10 패스성공률

PLAYERS

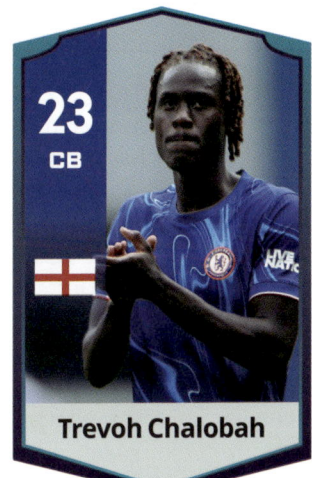

23 CB
Trevoh Chalobah

트레보 찰로바
국적 잉글랜드 | **나이** 26 | **신장** 192 | **체중** 82 | **평점** 7.05

2007년부터 첼시에서 뛰고 있는 구단 출신 센터백이다. 투헬과 포체티노 시절에는 잠시나마 폼을 끌어올리며 출전 시간이 늘어나기도 했지만 주전으로 뛰기에는 수비력이 불안했고 기복까지 심했다. 더군다나 지난여름에는 구단으로부터 프리시즌 참가 불가 통보를 받고 크리스탈팰리스로 눈물의 임대를 떠나야 했다. 하지만 후반기 바디아쉴과 포파나가 동시에 부상으로 쓰러지자 첼시는 찰로바를 임대에서 복귀시켰고 맹활약을 펼치며 기적과도 같은 반전을 만들었다. 콜윌이 중앙을 지키면서 찰로바의 수비 부담이 줄었고 측면을 넓게 커버하는 역할을 훌륭하게 소화하면서 가치를 인정받았다. 인간 승리의 표본 그 자체다.

2024/25시즌

3	25 GAMES	1,974 MINUTES	3 GOALS	1 ASSISTS	0
	0.72 경기당슈팅	6 유효슈팅	추정가치: 28,000,000€	44.8 경기당패스	85.60 패스성공률	

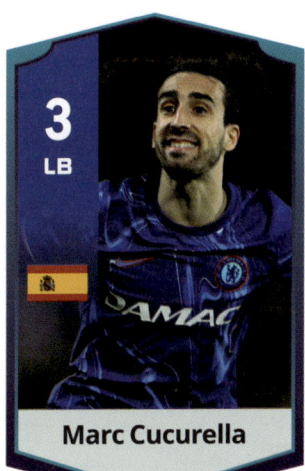

3 LB
Marc Cucurella

마르크 쿠쿠레야
국적 스페인 | **나이** 27 | **신장** 174 | **체중** 66 | **평점** 6.98

커리어 내내 주로 왼쪽 풀백으로 뛰었지만 지난 시즌 변화된 역할을 부여받아 마레스카 체제에서 핵심으로 성장했다. 3-2 빌드업에서 중앙으로 들어오는 인버티드 풀백부터 비대칭 왼쪽 스토퍼, 리스 제임스가 센터백처럼 뛸 때는 왼쪽 하프스페이스에서 공격적으로 움직였다. 이러한 대활약은 마레스카 감독이 쿠쿠레야의 특성을 정확히 파악했기 때문에 가능했다. 대인 수비가 발전했고 공수로 전환하는 움직임과 타이밍이 빠르며 경기 상황을 읽는 능력까지 갖추고 있어 왼쪽 측면에서 매 경기 다른 역할을 너무나 훌륭하게 150% 소화했다. 다만 출전 시간이 너무 많았는데 영입을 통해 쿠쿠레야의 체력을 관리할 필요가 있다.

2024/25시즌

8	36 GAMES	2,989 MINUTES	5 GOALS	1 ASSISTS	1
	0.67 경기당슈팅	11 유효슈팅	추정가치: 45,000,000€	53.2 경기당패스	87.70 패스성공률	

21 CB LB
Jorrel Hato

조렐 하토
국적 네덜란드 | **나이** 19 | **신장** 182 | **체중** 76 | **평점** 7.13

재능 넘치는 네덜란드 대표팀 수비수다. 16살 10개월이란 어린 나이에 아약스에서 데뷔전을 치른 하토는 바로 주전을 꿰차며 떡잎부터 다른 재능을 예고했다. 데뷔 초반에는 주로 센터백으로 뛰었지만 지난 시즌은 대부분 왼쪽 풀백으로 나서면서 멀티능력을 자랑했다. 여기서 하토의 최대 장점이 나온다. 공수 밸런스가 매우 좋다는 점이다. 특히 마레스카 시스템에서 왼쪽 수비수에게 요구되는 능력들을 완벽하게 갖췄다. 전진 능력과 하프스페이스 움직임, 공격 포인트 생산은 쿠쿠레야가 더 낫겠지만 비대칭 왼쪽 스토퍼로서의 역할은 하토가 더 안정적이다. 풀백과 센터백을 겸하는 이상적인 수비수. 첼시의 왼쪽 고민도 드디어 끝났다.

2024/25시즌

6	31 GAMES	2,592 MINUTES	2 GOALS	6 ASSISTS	0
	0.55 경기당슈팅	5 유효슈팅	추정가치: 35,000,000€	56.2 경기당패스	90.30 패스성공률	

CHELSEA

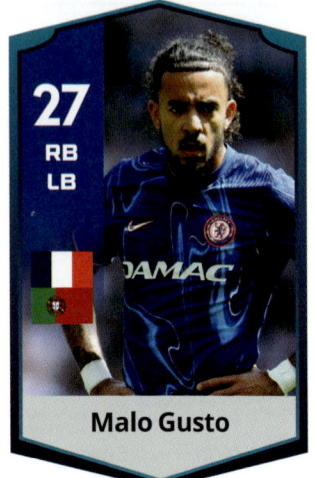

27 RB LB
Malo Gusto

말로 귀스토

국적 프랑스, 포르투갈 | **나이** 22 | **신장** 178 | **체중** 74 | **평점** 6.76

측면에서 직선적인 움직임과 대인 수비가 강점인 풀백이다. 2023/24시즌에는 전진 타이밍과 드리블 돌파에 강점을 보였고 크로스 정확도까지 점차 개선됐었다. 하지만 지난 시즌은 달랐다. 마레스카 시스템에서는 맞지 않는 옷을 입은 듯한 모습이었다. 인버티드 풀백 역할로 뛸 때는 중앙에서 볼 소유와 전개에 강점을 보이지 못했다. 수비로 전환하는 과정에서는 포지셔닝과 타이밍을 잡지 못하면서 강점이었던 대인 수비까지 흔들렸다. 전형적인 풀백으로는 여전히 가치가 크다. 하지만 마레스카 감독이 오롯이 귀스토만을 위해 전술을 수정할 가능성은 낮다. 방법은 하나다 마레스카 시스템에 적응해서 본인의 효용성을 키워야 한다.

2024/25시즌

4	32 GAMES	1,858 MINUTES	0 GOALS	1 ASSISTS	0
	0.69 경기당슈팅	4 유효슈팅	추정가치: 35,000,000€	43.3 경기당패스	86.50 패스성공률

24 RB CB DM
Reece James

리스 제임스

국적 잉글랜드 | **나이** 25 | **신장** 180 | **체중** 91 | **평점** 7.01

구단 출신이자 첼시의 주장. 오른쪽 풀백부터 센터백, 마레스카 체제에서는 중앙 미드필더로도 뛰었다. 투헬이 팀을 이끌던 시기에는 왼쪽 벤 칠웰이 첼, 오른쪽 리스 제임스가 시라는 말까지 있었을 정도로 막강한 풀백 화력을 이끌기도 했다. 크로스의 퀄리티, 대각선 롱패스, 피지컬을 활용한 전진과 대인 수비는 월드클래스에 가깝다. 하지만 고질적인 근육 부상이 문제다. 지난 시즌도 2차례 햄스트링 부상으로 쓰러졌다. 부상만 없다면 현대 축구에 가장 완벽하게 부합하는 풀백인데 말이다. 그래서 마레스카 감독도 제임스의 몸에 부담이 가지 않게 신줏단지 모시듯 활용했다. 제임스가 건강하면 마레스카 축구도 완성된다.

2024/25시즌

1	19 GAMES	1,064 MINUTES	1 GOALS	1 ASSISTS	0
	0.58 경기당슈팅	3 유효슈팅	추정가치: 36,000,000€	44.9 경기당패스	88.40 패스성공률

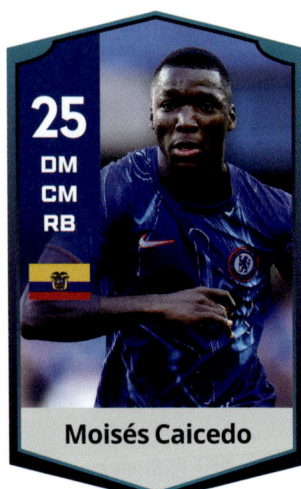

25 DM CM RB
Moisés Caicedo

모이세스 카이세도

국적 에콰도르 | **나이** 23 | **신장** 178 | **체중** 73 | **평점** 7.42

지난 시즌을 기점으로 월드클래스 미드필더로 성장했다. 영입된 2023/24시즌에는 불명확한 시스템에서 고군분투했다. 그럼에도 엄청난 활동량과 태클 능력으로 공간을 커버했고 돌파를 허용하지 않았다. 그러다 마레스카가 부임하면서 날개를 펼쳤다. 안정된 빌드업 시스템 속에서 영리한 움직임으로 공을 받아 공격과 수비를 연결했다. 몇 차례 역습을 허용하더라도 카이세도의 수비력 하나로 위기를 벗어났다. 공격 시에는 과감한 돌파로 중앙을 뚫어내면서 수비에 균열을 일으켰고 2선으로 간결하게 패스를 전달했다. 중원에 카이세도가 있어 마레스카의 첼시는 시스템을 완성할 수 있었다. 마켈렐레와 캉테 그리고 이제 첼시는 카이세도의 시대다.

2024/25시즌

11	38 GAMES	3,356 MINUTES	1 GOALS	2 ASSISTS	0
	0.53 경기당슈팅	3 유효슈팅	추정가치: 90,000,000€	57.7 경기당패스	90.20 패스성공률

PLAYERS

엔소 페르난데스
국적 아르헨티나 | **나이** 24 | **신장** 178 | **체중** 76 | **평점** 7.3

첼시 중원의 현재이자 미래. 포터 체제에선 6번, 포체티노 체제에선 조금 더 공격적으로 뛰었다. 그리고 마레스카 체제에선 두 역할을 모두 소화했다. 그러면서 활약이 훨씬 더 좋아졌다. 3선이 압박받을 땐 한 칸 내려와 빌드업을 돕고 위쪽에선 공격 방향을 설정한다. 압박으로부터 공을 지켜내는 볼 키핑, 볼을 운반하는 프로그레시브, 창의적인 찬스 메이킹 그리고 공격 포인트 생산 능력까지. 마레스카 부임 후 적극적인 전방 압박과 원터치 플레이로 상대 압박을 풀어내는 능력이 크게 좋아졌다. 내려섰을 때 수비력은 개선이 필요하지만 이것까지 바라는 건 양심에 어긋난다. 램파드와 다른 스타일 하지만 램파드 만큼 절대적인 선수다.

2024/25시즌

	36 GAMES	2,946 MINUTES	6 GOALS	7 ASSISTS	
8	1.47 경기당슈팅	20 유효슈팅	추정가치: 75,000,000€	52.8 경기당패스	83.70 패스성공률	0

콜 파머
국적 잉글랜드 | **나이** 23 | **신장** 185 | **체중** 76 | **평점** 7.64

첼시 공격의 핵심이다. 지난 시즌 전반기에만 12골 6도움으로 첫 시즌보다 더 센세이션한 활약을 예고했다. 하지만 후반기 3골 2도움에 그치며 아쉬움을 샀다. 상대팀들이 수비 시 내려앉으며 공간을 내주지 않았고 파머를 향한 압박이 더욱 거셌던 점도 이유겠지만 무엇보다 파머의 폼과 판단력도 떨어졌다. 그럼에도 공격 상황에서 파머의 영향력은 절대적이었다. 쉽게 뺏기지 않는 드리블로 수비를 몰고 다녔고 그렇게 공간을 만든 뒤에는 창의적인 패스를 투입했다. 전방에 확실한 골잡이가 있었다면 파머의 부담도 줄었을 것이다. 다가오는 시즌부터 팀의 상징적인 번호인 10번을 달고 뛴다. 부담에 맞서는 에이스, 그것이 바로 콜 파머다.

2024/25시즌

	37 GAMES	3,200 MINUTES	15 GOALS	8 ASSISTS	
7	3.27 경기당슈팅	44 유효슈팅	추정가치: 120,000,000€	40 경기당패스	83.10 패스성공률	0

로메오 라비아
국적 벨기에 | **나이** 21 | **신장** 181 | **체중** 76 | **평점** 6.89

맨시티에서 성장해 사우샘프턴에서 잠재력을 증명했고 2023/24시즌 첼시에 합류했다. 라비아는 보는 이들로 하여금 입이 떡하고 벌어지게 만드는 플레이 스타일을 갖췄다. 하지만 이내 부상으로 쓰러져 첼시팬들의 이마를 탁 치게 만든다. 중앙에서 볼을 다루는 능력과 화려한 탈압박 그리고 한 박자 빠르고 과감한 전진 패스는 카이세도와 엔소보다 뛰어날 때가 있다. 그렇지만 부상이 너무 잦다. 특히 첼시 입단 후 부상 빈도가 급격하게 늘어났다. 두 시즌 간 부상으로 뛰지 못한 경기가 69경기니 말 다 했다. 첼시팬들 그리고 마레스카의 소원은 거창하지 않다. 리스 제임스 그리고 라비아 둘 중 하나만 건강해도 첼시는 걱정이 없다.

2024/25시즌

	16 GAMES	801 MINUTES	0 GOALS	1 ASSISTS	
4	0.13 경기당슈팅	0 유효슈팅	추정가치: 40,000,000€	26.5 경기당패스	92.20 패스성공률	0

CHELSEA

17 DM CM
Andrey Santos

안드레이 산투스
국적 브라질 | **나이** 21 | **신장** 180 | **체중** 75 | **평점** 7.75

브라질산 유망한 미드필더. 어린 나이에 바스쿠 다가마에서 뛰며 첼시의 레이더에 잡혔고 18살이던 2023년엔 브라질 대표팀까지 합류하며 재능임을 증명했다. 첼시 합류 후 노팅엄과 스트라스부르로 임대 갔고 2023/24시즌 핵심 미드필더로 뛰면서 크게 성장했다. 주로 후방에서 경기를 조율하고 볼을 배급하는 역할을 맡는다. 수비라인 앞을 지키는 수비에 능하고 볼을 탈취하는 리커버리, 태클 수치도 뛰어나다. 그러다가도 어느 순간 박스로 침투해 득점을 기록한다. 다만 후방에서 공을 받기 위한 포지셔닝과 압박을 벗어나기 위한 기민한 움직임은 떨어지는 편이다. 마레스카 시스템에서 성장해 1군에서 뛸 수 있음을 증명해야 한다.

2024/25시즌

	32 GAMES	2,857 MINUTES	10 GOALS	3 ASSISTS		
8	1.44 경기당슈팅	16 유효슈팅	추정가치 49,800,000€	49.6 경기당패스	88.60 패스성공률	0

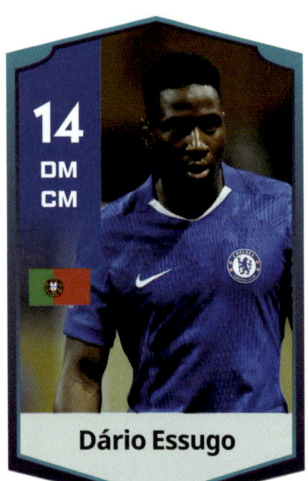

14 DM CM
Dário Essugo

다리우 에수구
국적 포르투갈 | **나이** 20 | **신장** 178 | **체중** 83 | **평점** 6.8

스포르팅에서 영입한 05년생의 어린 미드필더. 지난 시즌 임대로 떠난 라리가 라스팔마스에서 주전으로 뛰며 능력을 입증했다. 팀 특성상 낮은 위치에서 주로 뛰었는데 타이트한 대인 수비와 넓은 수비 범위, 강력한 태클로 수비라인을 보호했다. 에수구의 최대 강점은 볼을 탈취한 뒤 피지컬을 활용해 순간적으로 전진하는 볼 운반 능력이다. 다만 그 피지컬을 과하게 활용하려는 습관이 있다. 볼의 흐름을 살려 돌아서는 동작도 좋지만 상대의 조직적인 압박에는 볼을 탈취당할 우려가 있다. 그리고 짧은 패스보단 굵직한 패스를 선호하는데, 후방에서부터 차근차근 풀어가는 능력을 발전시켜야 마레스카 감독의 선택을 받을 수 있다.

2024/25시즌

	27 GAMES	1,952 MINUTES	1 GOALS	0 ASSISTS		
7	0.85 경기당슈팅	4 유효슈팅	추정가치 20,000,000€	35.2 경기당패스	85.40 패스성공률	2

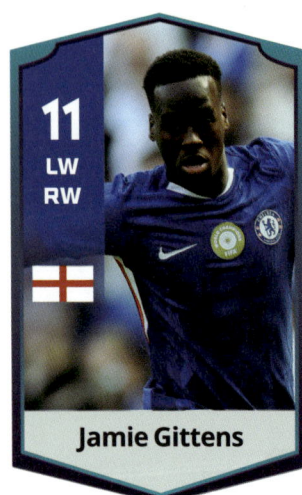

11 LW RW
Jamie Gittens

제이미 기튼스
국적 잉글랜드 | **나이** 20 | **신장** 177 | **체중** 70 | **평점** 7.18

첼시와 레딩, 맨시티 유스를 거쳐 도르트문트에서 1군에 데뷔했다. 도르트문트에서는 주로 왼쪽 윙어로 뛰었는데, 넓은 공간에서 스피드를 활용한 과감한 일대일 돌파에 강점을 지녔다. 특히 지난 시즌 슈팅력이 보완되면서 공격 포인트 생산이 크게 늘었다. 첼시가 기튼스를 영입한 이유는 간단하다. 무드리크의 도핑 징계 이탈 그리고 지난 시즌 제이든 산초와 마두에케를 활용했지만 끝내 해결하지 못한 왼쪽 공격력 고민을 기튼스로 덜어내려는 것이다. 그만큼 측면에서 개인의 능력으로 변수를 만들어낼 수 있는 기튼스다. 다만 왼발 활용은 보완이 필요하다. 슈팅은 가능하지만 컷백과 크로스는 빈도가 낮고 정확도마저 떨어진다.

2024/25시즌

	32 GAMES	1,785 MINUTES	8 GOALS	3 ASSISTS		
4	1.63 경기당슈팅	24 유효슈팅	추정가치 50,000,000€	17.4 경기당패스	82.50 패스성공률	0

PLAYERS

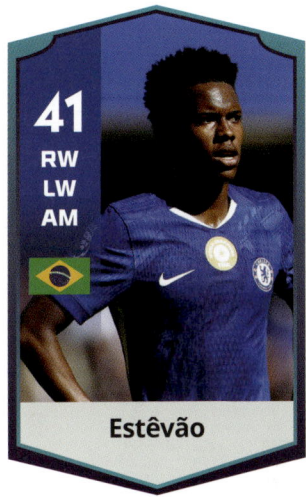

이스테방
국적 브라질 | **나이** 18 | **신장** 176 | **체중** 62 | **평점** 7.49

엔드릭, 켄드리 파에즈와 함께 남미 유망주 3대장으로 주목받았다. 주로 오른쪽 측면에서 경기를 시작하지만 자연스럽게 중앙과 하프스페이스를 오가며 다양하게 경기에 영향력을 행사한다. 스피드가 아주 빠른 편은 아니지만 신체적으로 유연하며 좁은 공간에서 움직임이 민첩하다. 측면과 중앙에서 돌파와 연계, 기회 창출 때로는 직접 득점까지 시도한다. 파우메이라스에서는 왼쪽에서도 고르게 활약했다. 파워는 더 키울 필요가 있지만 킥 능력은 이미 완성에 가까우며 수비적으로도 성실하다. 플레이메이킹까지 가능해 여러모로 콜 파머와 비슷한 점이 많다. 마레스카 전술에 따라 다르겠지만 파머와 중앙과 오른쪽에서 함께 뛸 수도 있다.

2024/25시즌

	31 GAMES	2,114 MINUTES	13 GOALS	9 ASSISTS	
4	2.74 경기당슈팅	38 유효슈팅	추정가치: 60,000,000€	24.2 경기당패스	82.70 패스성공률	0

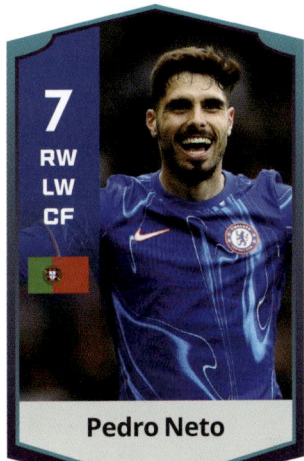

페드루 네투
국적 포르투갈 | **나이** 25 | **신장** 174 | **체중** 62 | **평점** 6.98

울버햄튼 시절의 돌격대장 폼은 아니었다. 좌우 측면과 최전방을 오갔지만 꾸준함이 부족했다. 특히 지난 시즌 3-2-4-1 대형에서 쿠쿠렐라가 인버티드 풀백으로 뛰었을 때 공격 부담을 크게 느꼈고 세밀함까지 떨어지며 고전했다. 내려앉은 팀을 상대로는 오히려 마두에케가 번뜩였다. 하지만 33R 풀럼 원정에서 추가시간 역전골을 기록했고 챔피언스리그 진출권이 걸린 38R 노팅엄 원정에선 콜윌의 결승골을 어시스트하며 강렬한 임팩트를 남겼다. 거기에 역습 우려가 큰 마레스카 전술에서 엄청난 수비 리커버리로 최종 수비수 역할까지 소화했다. 그만큼 전술적으로는 가치가 크다. 다가오는 시즌에는 측면 영향력 그리고 꾸준함이 필수다.

2024/25시즌

	35 GAMES	2,268 MINUTES	4 GOALS	6 ASSISTS	
8	1.69 경기당슈팅	17 유효슈팅	추정가치: 50,000,000€	25.6 경기당패스	78.40 패스성공률	0

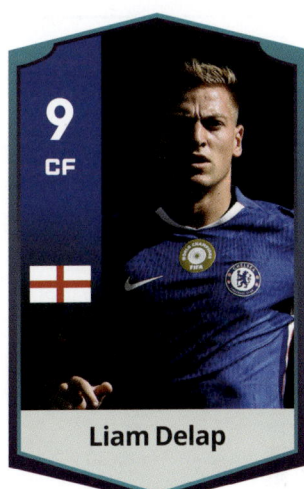

리암 델랍
국적 잉글랜드 | **나이** 22 | **신장** 186 | **체중** 80 | **평점** 6.73

피지컬 활용과 공간 창출을 돕는 9번 공격수다. 올여름 첼시는 델랍에 이어 주앙 페드루까지 품었다. 전술과 상황에 따른 원톱 경쟁 그리고 공존까지 염두에 둔 영입이다. 첼시는 지난 시즌 내려앉는 팀을 상대로 고전했다. 이럴 때 전방에서 델랍의 피지컬과 높이는 수비라인의 균열과 공간 확보로 이어질 수 있다. 내려와 볼을 받는 움직임도 좋아 네투와 기튼스의 공간 침투까지 기대된다. 공간으로 돌아 뛰는 움직임을 통한 역습 상황 마무리까지 가능하다. 다만 투박한 볼 터치는 다듬어야 하고 결정력도 키워야 하지만 저돌적인 움직임과 시원시원한 슈팅은 첼시 팬들의 환호로 이어질 가능성이 크다.

2024/25시즌

	37 GAMES	2,612 MINUTES	12 GOALS	2 ASSISTS	
12	1.84 경기당슈팅	32 유효슈팅	추정가치: 40,000,000€	9.65 경기당패스	62.10 패스성공률	0

CHELSEA

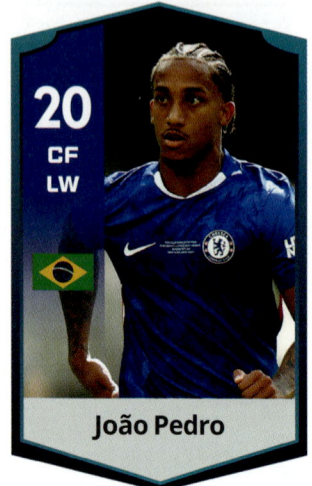

20 CF LW
João Pedro

주앙 페드루
국적 브라질 | **나이** 23 | **신장** 188 | **체중** 82 | **평점** 7.17

브라질 특유의 개인 능력과 기민한 오프더볼 움직임, 다양한 슈팅 기술까지 갖춘 다재다능한 공격수다. 드록바, 디에고 코스타 이후 원톱 문제가 심각했던 첼시에게 그리고 전술적 다양성을 추구하는 마레스카 감독에게 주앙 페드루는 해결책이 될 수 있다. 우선 전방에서 움직임이 굉장히 좋다. 수비 라인을 무너뜨리는 움직임부터 상대 수비를 끌어당기고 동료의 침투를 돕는 움직임 여기에 동료들과 패스 연계를 가능하게 만드는 포지셔닝을 할 줄 아는 선수다. 이를 통해 콜 파머와 엔소, 측면 공격수와의 유기적인 플레이를 비로소 원톱에게 기대할 수 있는 첼시다. 결정력과 꾸준함에서 이슈가 있지만 동료들의 퀄리티로 충분히 극복할 수 있다.

2024/25시즌

4	27 GAMES	1,953 MINUTES	10 GOALS	6 ASSISTS	1
	1.74 경기당슈팅	20 유효슈팅	추정가치: 50,000,000€	24.5 경기당패스	74.60 패스성공률

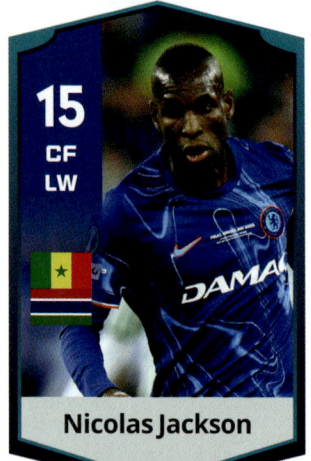

15 CF LW
Nicolas Jackson

니콜라 잭슨
국적 세네갈, 감비아 | **나이** 24 | **신장** 187 | **체중** 78 | **평점** 7.05

첼시의 공격수 잔혹사를 끝내지 못했다. 첫 시즌 최전방 스트라이커로서 부족함이 많았지만 리그에서 14골을 기록했고 후반기엔 발전하는 모습이 있었기에 다음 시즌까지 지켜볼 필요가 있다는 평가를 받았다. 하지만 더 큰 실망감을 안겼다. 전방에서 움직임과 볼 운반은 개선됐지만 결정력 부족이 치명적이었다. 반드시 마무리해야 하는 빅 찬스를 득점하지 못하면서 탄성을 자아냈다. 33R 뉴캐슬전 전반전 퇴장, 클럽월드컵에서는 교체 투입 4분 만에 퇴장을 당하면서 완전히 신뢰를 잃고 말았다. 리암 델랍, 주앙 페드루 영입으로 경쟁이 불가피하다. 경쟁을 통해 증명하느냐 주전으로 뛰기 위해 이적하느냐. 모든 건 잭슨의 선택에 달렸다.

2024/25시즌

7	30 GAMES	2,238 MINUTES	10 GOALS	5 ASSISTS	1
	3.08 경기당슈팅	35 유효슈팅	추정가치: 50,000,000€	13.3 경기당패스	75.90 패스성공률

5 CB
Benoît Badiashile

브누아 바디아실
국적 프랑스 | **나이** 24 | **신장** 194 | **체중** 75 | **평점** 6.85

패스의 구질이 좋고 빌드업이 강점인 왼발잡이 센터백이다. 첼시에 입성한 2022/23시즌 후반기, 후방에서 티아구 실바와 좋은 호흡을 자랑했다. 하지만 흔들리기 시작하자 단점들이 드러났다. 특히 센터백임에도 수비력이 문제가 됐다. 194cm의 장신이지만 공중볼 처리가 불안했고 무게 중심이 높아 돌아서는 동작이 늦었으며 소극적인 수비로 실점의 빌미가 됐다. 포터와 램파드를 거치면서 보여 줬던 듬직한 모습은 사라진 지 오래였다. 결국 새롭게 부임한 마레스카 감독도 바디아실을 신뢰하지 않았고 지난 시즌은 주로 컵대회에 출전했다. 그래도 디사시에 비해서는 나은 점이 있다. 무리한 역할이 아니라면 1인분은 할 수 있다.

2024/25시즌

0	5 GAMES	333 MINUTES	0 GOALS	0 ASSISTS	0
	0 경기당슈팅	0 유효슈팅	추정가치: 22,000,000€	60.8 경기당패스	90.1 패스성공률

전지적 작가 시점

남윤성이 주목하는 첼시의 원픽!
주앙 페드루

지금 첼시에 이 선수가 있다면!
마누엘 노이어

이번 여름, 리암 델랍이라는 파괴적인 공격수를 영입한 첼시이지만 필자는 주앙 페드루에 더 주목하고 싶다. 페드루는 전형적인 9번은 아니다. 하지만 전술적 가치가 큰 공격수다. 마레스카 시스템에선 더욱 그럴 것이다. 최대 장점은 움직임이다. 측면으로 빠져나오며 상대 수비를 끌어당기는데, 이렇게 발생한 공간에서 득점을 책임질 파머가 있다. 엔소와의 호흡도 기대된다. 파이널 서드에서 항상 패스를 받을 공간에 미리 이동해있기 때문에, 엔소도 비로소 공격수를 믿고 패스할 수 있다.

중앙에서 피지컬을 활용해 득점하는 능력과 결정력은 키워야 한다. 대신 다양한 슈팅 스킬을 갖췄다. 측면에서 안으로 들어오면서 시도하는 슈팅은 날카로운 궤적을 그리는 경우가 많다. 기본기가 좋아 좁은 공간에서 동료와 원투 이후 슈팅 타이밍도 빠르게 가져간다. 페널티 박스 밖에서 슈팅, 키퍼의 키를 넘기는 칩슛까지 가능하다. 움직임과 슈팅 기술이 좋은 공격수. 이것만으로도 차이를 만들어 낼 수 있는 주앙 페드루다. 첼시의 스트라이커 기근 해소, 그 가능성은 어느 때보다 크다! 프리미어리그에서 그가 보여줄 활약이 벌써부터 기대되는 이유다.

체흐 이후 첼시의 후방은 불안함의 연속이었다. 멘디, 케파, 페트로비치, 산체스 모두 발기술, 공중볼, 수비 리딩, 선방 등 여러 면에서 부족함을 드러냈다. 특히 골키퍼에게 선방과 빌드업 모두를 요구하는 마레스카 체제에서, 첼시의 No.1을 산체스에 맡겨도 되는 것인지에 대해선 끊임없는 갑론을박이 이어지고 있다. 게다가 라인을 올려서 경기를 운영하는 마레스카 전술 특성상, 골키퍼가 넓은 공간을 커버하지 못하면 역습을 허용하거나 체력 부담이 커지는 우려도 있다.

그런데, 노이어가 첼시의 골문을 지킨다? 모든 논란은 하루아침에 사라질 것이다. 세이빙은 말할 필요도 없다. 세컨드 볼조차 허용하지 않는 핸들링, 안정적인 공중볼 캐칭, 수비 라인 리딩까지 완벽하다. 여기에 발기술은 웬만한 필드플레이어보다 낫다. 하프라인을 넘기는 스로인, 정확한 롱패스와 넓은 공간을 커버하는 스위핑까지 갖췄다. 물론 전성기 체흐만으로도 후방 불안은 해결될 가능성이 크고 첼시에서의 상징성도 무시할 수 없지만 노이어는 마레스카 시스템에 가장 완벽하게 부합하는 골키퍼다. 현대 축구가 요구하는 모든 것을 갖춘 그야말로 완성형 골키퍼인 셈이다.

NICK POPE
AARON RAMSDALE
SVEN BOTMAN
FABIAN SCHAR
DAN BURN
TINO LIVRAMENTO
KIERAN TRIPPIER
LEWIS HALL
EMIL KRAFTH
BRUNO GUIMARAES
SANDRO TONALI
JOELINTON
LEWIS MILEY
JOE WILLOCK
ALEXANDER ISAK
ANTHONY GORDON
HARVEY BARNES
ANTHONY ELANGA
JACOB MURPHY
WILLIAM OSULA
ALEX MURPHY
PARK SEUNG-SOO

Newcastle United

NEWCASTLE UNITED

뉴캐슬 Newcastle United

- **창단 년도** | 1892년
- **최고 성적** | 우승 (1904/05, 1906/07, 1908/09, 1926/27)
- **경기장** | 세인트 제임스 파크 (St James' Park)
- **경기장 수용 인원** | 52,305명
- **지난 시즌 성적** | 5위
- **별칭** | The Toon Army (툰 아미), The Magpies (맥파이스),
- **상징색** | 화이트, 블랙
- **레전드** | 앨런 시어러, 재키 밀번, 케빈 키건, 피터 비어슬리, 다비드 지놀라, 레스 퍼디난드 등

히스토리

1892년 창단된 뉴캐슬 유나이티드는 '툰 아미'로 알려진 열정적인 팬덤을 자랑하는 유서 깊은 클럽이다. 20세기 초 리그를 4차례 제패하고 1950년대 FA컵 3회 우승을 차지한 전통의 강호다. 1990년대 케빈 키건 감독의 '엔터테이너'라 불리는 공격 축구 시절 리그를 뒤흔들었으며, 앨런 시어러라는 전설적인 스트라이커를 배출했다. 마이크 애슐리 구단주 시절 긴 침체기를 겪으며 2000년대 두 번의 챔피언십 강등을 경험하기도 했다. 2021년 사우디아라비아 국부펀드에 인수된 후, 에디 하우 감독 아래에서 다시 강팀으로 부상하며 70년 만에 국내 트로피(2024/25 카라바오컵)를 차지했다. 2023/24시즌 챔피언스리그에 모처럼 복귀했던 뉴캐슬은 다가오는 2025/26시즌도 본선 진출 티켓을 확보했다.

최근 5시즌 리그 순위 변동

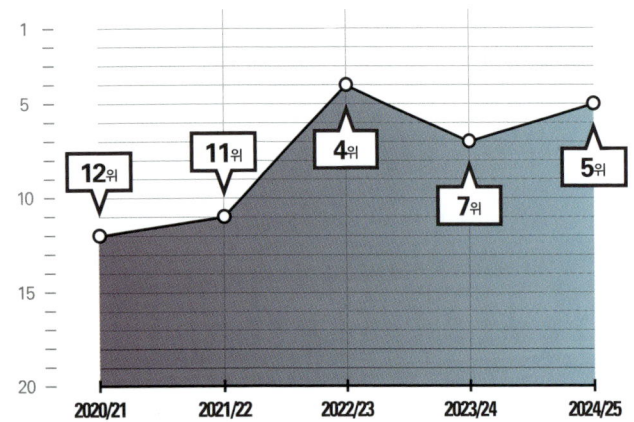

클럽레코드 IN & OUT

>>>>>>>>>>>>>>>>>>>>>> 최고 이적료 영입 IN

알렉산더 이사크
7,000만 유로
(2022년 8월, from 레알소시에다드)

최고 이적료 판매 OUT >>>>>>>>>>>>>>>>>>>>>>

엘리엇 앤더슨
4,120만 유로
(2024년 7월, to 노팅엄)

CLUB & MANAGER

에디 하우 Eddie Howe

1977년 11월 29일 | 47세 | 잉글랜드

부활을 이끄는 전략가, 에디 하우

에디 하우는 뉴캐슬의 부활을 이끈 설계자다. 그는 강도 높은 전방 압박과 빠른 공수 전환을 중시하는 현대적인 감독이다. 그는 4-3-3 포메이션을 기반으로 선수들의 조직적인 움직임을 극대화하며, 자신의 공격적인 축구 철학을 팀에 성공적으로 이식했다. 그리고 뉴캐슬을 챔피언스리그 경쟁팀으로 변모시켰으며, 그의 리더십 아래 팀은 홈경기에서 강력한 모습을 보이며 팬들의 전폭적인 지지를 받고 있다.

2024/25시즌 카라바오컵 우승으로 클럽의 오랜 무관을 끊어냈으며, 세밀한 전술적 지도와 뛰어난 선수단 관리를 통해 클럽의 높은 야망을 현실로 만들고 있다. 그 결과 뉴캐슬은 구단 역사에서 새로운 전환점을 맞이했다. 그는 2024/25 카라바오컵 결승전 승리 후 "우리는 이 경기를 위해 2주 동안 세트피스를 집중적으로 훈련했다"고 밝히며 그의 철저한 준비성을 보여 주었다.

감독 인터뷰

"선수 영입은 늘 복잡한 과정입니다. 우리는 항상 올바른 방식으로 하려고 노력합니다. 우리는 그저 우리가 옳다고 생각하는 길을 따를 뿐입니다."

감독 프로필

통산	선호 포메이션	승률
717 경기 **321** 승 **142** 무 **254** 패	**4-3-3**	**44.7%**

시즌 키워드

#성장통 | **#두번째챔스도전** | **#로테이션필수**

우승 이력

- EFL 챔피언십 (2014/15)
- 카라바오컵 (2024/25)

경력

2008~2011	2011~2012	2012~2020	2021~

AFC본머스	번리	AFC본머스	뉴캐슬유나이티드

NEWCASTLE UNITED

IN

앤서니 엘랑가
(노팅엄포레스트)

박승수
(수원삼성블루윙즈)

안토니오 코르데로
(말라가)

아론 램스데일
(사우샘프턴, 임대)

말리크 차우
(AC밀란)

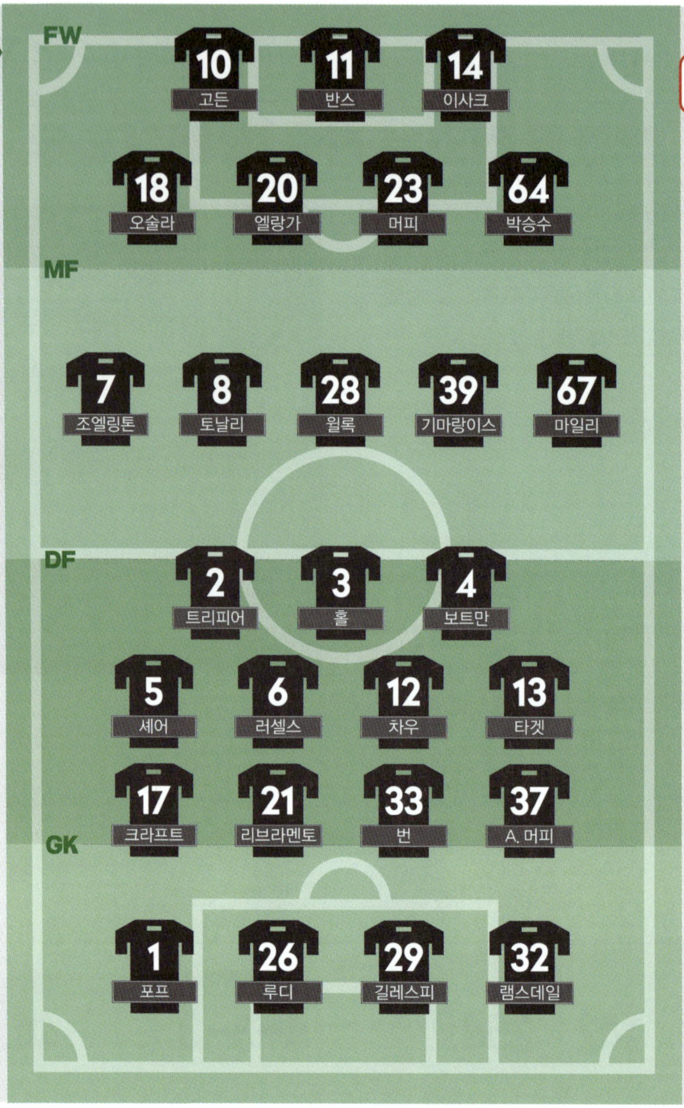

FW
- 10 고든
- 11 반스
- 14 이사크
- 18 오술라
- 20 엘랑가
- 23 머피
- 64 박승수

MF
- 7 조엘링톤
- 8 토날리
- 28 윌록
- 39 기마랑이스
- 67 마일리

DF
- 2 트리피어
- 3 홀
- 4 보트만
- 5 셰어
- 6 러셀스
- 12 차우
- 13 타겟
- 17 크라프트
- 21 리브라멘토
- 33 번
- 37 A.머피

GK
- 1 포프
- 26 루디
- 29 길레스피
- 32 램스데일

OUT

로이드 켈리
(유벤투스)

션 롱스태프
(리즈)

칼럼 윌슨
(웨스트햄)

자말 루이스
(FA)

마틴 두브라프카
(번리)

블라호디모스
(세비야, 임대)

히든풋볼의 이적시장 평가

70년 만의 국내 트로피 우승으로 자신감을 얻은 뉴캐슬의 야망은 최고조에 달했다. 앤서니 엘랑가 영입에 £55m을 투자해 공격진에 속도와 직선적인 움직임을 더했다. 하지만 이외 영입은 지지부진했다. 주앙 페드루, 위고 에키티케 등 메인 타깃 영입에 실패하며 전력 보강은 늦어졌다. 시즌의 최대 변수는 스타 공격수 알렉산더 이사크의 거취다. 그의 잔류는 팀의 단기 목표 달성에 필수적이다.

SQUAD & BEST11

포메이션

- 14 이사크
- 10 고든
- 20 엘랑가
- 39 기마랑이스
- 7 조엘링톤
- 8 토날리
- 3 홀
- 4 보트만
- 5 셰어
- 21 리브라멘토
- 1 포프

2024/25시즌 스탯 Top 3

득점 Top 3
- 알렉산더 이사크 — 23골
- 하비 반스 — 9골
- 제이콥 머피 — 8골

도움 Top 3
- 제이콥 머피 — 12도움
- 가마랑이스, 이사크, 고든 — 6도움
- 반스, 홀 — 5도움

출전시간 Top 3
- 댄 번 — 3,330분
- 브루노 기마랑이스 — 3,287분
- 앤서니 고든 — 2,938분

히든풋볼의 순위 예측

시즌 초반부터 안정적으로 시작할 수 없는 상태다. 이사크의 이적 건을 깔끔하게 처리하는 게 중요하다.

엘랑가-치아우-램스데일-제이콥 램지까지 추가한 스쿼드는 유럽대항전 진출까지 충분해 보인다.

이사크의 이적설과 UCL 병행은 뉴캐슬과 에디 하우 감독의 발목을 잡을 가능성이 농후하다.

감독의 안정적인 지도력은 여전하지만, 챔스 병행과 주축 선수 이탈 가능성이 변수. 지난 시즌보다 하락할 것.

이사크는 팀 전력에 절대적인 공격수지만, 에디 하우 감독은 흔들리는 뉴캐슬을 지탱해 낼 저력을 갖춘 명장이다.

많은 활동량을 강조하는 에디 하우의 전술에서 이 정도의 보강으로는 챔스 병행이 쉽지 않을 것이다.

9위 · 이주헌 ·

6위 · 박종윤 ·

8위 · 송영주 ·

8위 · 임형철 ·

7위 · 남윤성 ·

9위 · 이완우 ·

재정 규제 넘어 성장통 속 나가는 뉴캐슬

뉴캐슬 유나이티드는 2024/25시즌, 리버풀을 꺾고 카라바오컵 우승을 차지하며 오랜 무관의 역사를 마감했다. 또한 프리미어리그 5위라는 성적으로 UEFA 챔피언스리그 진출권까지 확보하며 에디 하우 감독 체제에서 성공 신화를 썼다. 알렉산더 이사크가 27골을 터뜨리며 팀 공격을 이끌었고, 팀 전체가 높은 에너지 레벨과 전술적 완성도를 자랑했다.

하지만 영광의 이면에는 '수익 및 지속가능성 규정(PSR)'이라는 차가운 현실이 존재한다. 뉴캐슬은 이 규정을 준수하기 위해 야쿠바 민테, 엘리엇 앤더슨 같은 유망한 선수들을 매각할 수밖에 없었다. 이는 구단이 처한 재정적 역설을 명확히 보여 준다. 즉, 우승과 챔피언스리그 진출이라는 성공은 더 높은 수준의 경쟁을 위해 더 깊고 질 좋은 스쿼드를 요구하지만, 구단의 재정 모델은 이러한 야망을 지속적으로 뒷받침하기 어려운 구조인 것이다.

결국 뉴캐슬은 '선수 판매 후 영입(sell-to-buy)'이라는 제한된 모델 안에서 움직여야 했다. 유럽 최고의 클럽들과 경쟁하려는 야망과 재정적 긴축이라는 현실 사이에서 아슬아슬한 줄타기를 해야 했다. 부유한 경쟁자들보다 더 현명하고 효율적인 이적 시장 전략을 구사하지 못한다면, 어렵게 쌓아 올린 성공의 탑이 흔들릴 수도 있었다. 이 재정적 압박이야말로 뉴캐슬의 다가오는 시즌을 정의하는 가장 중요한 서사가 될 것이다.

그로 인해 뉴캐슬은 2025년 겨울까지 이렇다 할 투자를 하지 못한 채 선수 판매에만 급급했다. 다행히 PSR 여유가 생긴 2025년 여름 이적시장부터는 어느 정도 선수를 지출할 수 있게 됐지만, 아직 뉴캐슬이 지역적으로, 팀적으로 다른 선수들에게 매력적인 행선지로 여겨지지 않아 선수를 영입하는 데 있어 어려움을 겪고 말았다. 사우디 자본의 인수 후 야심차게 프로젝트를 시작했던 뉴캐슬이지만, 정작 재정 규제와 명문 구단으로 가는 성장통을 겪으며 생각보다 여러 변수를 맞고 말았다.

그래도 2024/25시즌 리그에서 챔피언스리그 진출 티켓을 확보했고 카라바오컵 우승 후 팀의 결속력까지 다졌기 때문에 흐름은 좋은 편이다. 여름 이적시장 동안 알렉산더 이사크의 이적 파동 등으로 어수선한 분위기를 잘 수습한다면 한 걸음 더 성장한 뉴캐슬을 볼 수 있지 않을까 싶다.

NEWCASTLE UNITED

1 GK
Nick Pope

닉 포프
국적 잉글랜드 | **나이** 33 | **신장** 198 | **체중** 76 | **평점** 6.8

에디 하우 감독의 높은 수비 라인 전술의 핵심이다. 세계적인 수준의 반사신경과 넓은 수비 범위를 자랑하며, 특히 스위퍼 키퍼 역할 수행 능력은 리그 최상급이다. 스루패스를 처리하는 그의 능력은 뉴캐슬의 높은 수비 라인에 필수적이다. 페널티킥 선방 능력도 준수해 팀에 귀중한 승점을 안겨 줄 수 있다. 시즌 중반 무릎 부상으로 공백이 있었다. 다만, 발밑 기술과 패스 정확도는 그의 명성에 미치지 못하며, 강팀의 전방 압박에 고전하는 경향이 있다. 또한 2024/25시즌에 실점으로 이어진 두 번의 실수를 기록하는 등, 간혹 실수를 범하는 경향이 있다.

2024/25시즌

2	28 GAMES	2,520 MINUTES	35 실점	71.70 선방률	0
	88 세이브	8 클린시트	추정가치: 8,000,000€	28.50 클린시트 성공률	1/2 PK 방어 기록	

32 GK
Aaron Ramsdale

아론 램스데일
국적 잉글랜드 | **나이** 27 | **신장** 190 | **체중** 88 | **평점** 6.62

아론 램스데일 영입은 영리한 도박이다. 이는 트래포드 영입 실패에서 비롯된 타협이지만, 단기적으로는 오히려 더 유익할 수 있는 타협이다. 즉각적인 스쿼드 뎁스 문제를 해결하고, 건강하고 수준 높은 닉 포프와의 주전 경쟁을 유도하며, 에디 하우 감독에게 결정적인 새로운 전술적 옵션을 제공하기 때문이다. 램스데일의 뛰어난 볼 배급 능력은 전술적 우위를 제공하며, 특히 뉴캐슬이 점유율을 지배할 것으로 예상되는 경기에서 상당한 출전 시간을 확보하게 할 것이다. 하지만 아스날 말미부터 장기였던 빌드업 능력을 포함해 전체적인 폼이 떨어진 모습은 우려스럽다.

2024/25시즌

2	30 GAMES	2,700 MINUTES	66 실점	65.4 선방률	0
	125 세이브	3 클린시트	추정가치: 16,000,000€	10 클린시트 성공률	2/7 PK 방어 기록	

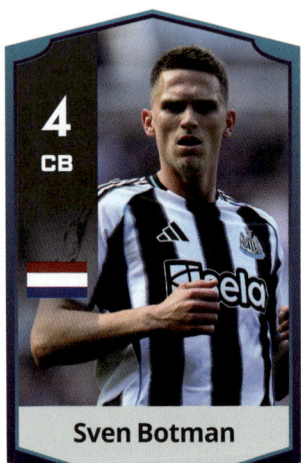

4 CB
Sven Botman

스벤 보트만
국적 네덜란드 | **나이** 25 | **신장** 193 | **체중** 81 | **평점** 6.77

193cm의 장신에서 나오는 압도적인 제공권과 피지컬을 바탕으로 상대 공격수를 제압하는 센터백이다. 수비 라인을 조율하는 리더십과 준수한 왼발 빌드업 능력도 갖추고 있어 뉴캐슬 수비의 핵심으로 평가받는다. 위치 선정이 뛰어나며 공중볼 처리 능력, 힘, 수비 지능을 갖추고 있다. 그러나 최근 잦은 무릎 부상으로 경기 출전이 불규칙했으며, 이로 인한 경기력 저하와 기동성 문제가 약점으로 지적된다. 가속력이 부족해 위치를 놓쳤을 때 빠른 공격수와의 일대일 상황에서 취약할 수 있다. 때로는 압박하기보다 뒤로 물러서는 경향이 있다.

2024/25시즌

1	8 GAMES	416 MINUTES	0 GOALS	0 ASSISTS	0
	0.6 경기당슈팅	2 유효슈팅	추정가치: 42,000,000€	30.6 경기당패스	89.40 패스성공률	

PLAYERS

파비안 셰어

국적 스위스 | **나이** 33 | **신장** 186 | **체중** 84 | **평점** 6.79

수비수임에도 불구하고 강력한 중거리 슛과 과감한 장거리 패스, 수비 진영에서의 드리블 돌파 능력을 갖춘 '골 넣는 수비수'다. 스위스 국가대표팀에서 쌓은 풍부한 경험을 바탕으로 한 지능적인 수비 위치 선정과 예측력이 돋보인다. 뛰어난 기술과 패스 범위를 자랑하며 후방에서 공격의 시발점 역할을 한다. 다만, 주력이 눈에 띄게 느려 발이 빠른 공격수와의 일대일 경합에서 약점을 보인다. 때때로 무리한 전진으로 뒷공간을 노출하는 경향도 있다. 그의 공격성은 때때로 무모한 도전으로 이어져 많은 카드를 받는 결과가 나온다.

2024/25시즌

9	34 GAMES	2,938 MINUTES	4 GOALS	0 ASSISTS	1
	1.2 경기당슈팅	11 유효슈팅	추정가치: 7,000,000€	56.6 경기당패스	84.50 패스성공률	

댄 번

국적 잉글랜드 | **나이** 33 | **신장** 198 | **체중** 87 | **평점** 6.84

198cm의 거대한 신장을 활용한 제공권 장악과 몸을 사리지 않는 투지 넘치는 수비가 장점이다. 센터백과 레프트백을 모두 소화할 수 있는 다재다능함과 팀에 대한 헌신적인 태도는 감독에게 높은 평가를 받는다. 그러나 절대적인 스피드가 느려 발 빠른 윙어에게 측면 공간을 쉽게 허용하는 치명적인 약점을 안고 있다. 이로 인해 수비 시 팀 전체의 전술적 균형에 부담을 주기도 한다. 볼을 다루는 능력이 제한적이어서 공격적인 패스나 드리블을 기대하기는 어렵다. 2024/25시즌 카라바오컵 결승전에서 리버풀을 상대로 중요한 세트피스 득점을 터트려 팀 우승에 기여했다.

2024/25시즌

11	37 GAMES	3,330 MINUTES	1 GOALS	1 ASSISTS	0
	0.6 경기당슈팅	7 유효슈팅	추정가치: 6,000,000€	53.89 경기당패스	88.60 패스성공률	

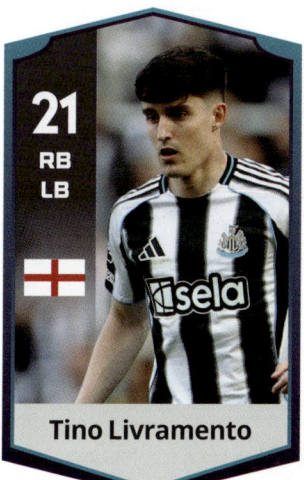

티노 리브라멘토

국적 잉글랜드 | **나이** 22 | **신장** 182 | **체중** 71 | **평점** 6.68

폭발적인 스피드와 지치지 않는 체력을 바탕으로 공수 양면에서 엄청난 영향력을 발휘하는 현대적인 풀백이다. 주 포지션인 라이트백뿐만 아니라 레프트백까지 소화 가능하며, 폭발적인 속도와 뛰어난 드리블 돌파, 수비 복귀 능력이 최대 장점이다. 경기 내내 활발한 움직임으로 활력을 불어넣는다. 볼을 운반하며 전진하는 데 있어 끊임없는 위협이 된다. 수비적으로는 끈질기며, 강력한 태클과 빠른 회복 속도를 자랑한다. 다만, 아직 경험이 부족해 최종 결정, 특히 크로스의 정확성과 판단력에서 기복을 보인다. 어린 선수로서 최종 결과물의 일관성은 개선이 필요하다.

2024/25시즌

1	37 GAMES	2,842 MINUTES	0 GOALS	1 ASSISTS	0
	0.2 경기당슈팅	2 유효슈팅	추정가치: 40,000,000€	36.5 경기당패스	87.40 패스성공률	

NEWCASTLE UNITED

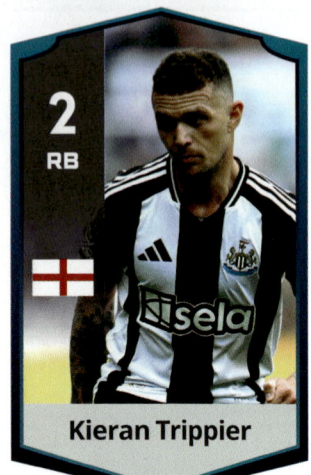

2 RB
Kieran Trippier

키어런 트리피어
국적 잉글랜드 | **나이** 34 | **신장** 173 | **체중** 71 | **평점** 6.7

세계적인 수준의 킥 정확도를 자랑하는 베테랑 풀백. 오른발 크로스와 세트피스는 팀의 가장 강력한 공격 무기 중 하나이며, 풍부한 경험에서 나오는 리더십 또한 팀에 큰 힘이 된다. 공격 상황에서의 판단력은 여전히 빛을 발한다. 그의 경기는 뛰어난 크로스 능력, 시야, 그리고 패스 범위로 정의된다. 오른쪽 측면 깊은 위치의 플레이메이커처럼 경기를 조율하며 수많은 기회를 창출한다. 하지만 30대 중반에 접어들면서 신체 능력이 하락해, 빠른 윙어와의 1대1 상황에서 어려움을 겪는 모습이 잦아졌다. 수비 시 뒷공간 노출 문제도 꾸준히 지적된다.

2024/25시즌

1	25 GAMES	1,310 MINUTES	0 GOALS	3 ASSISTS	
	0.2 경기당슈팅	0 유효슈팅	추정가치: 4,000,000€	41.52 경기당패스	85.40 패스성공률	0

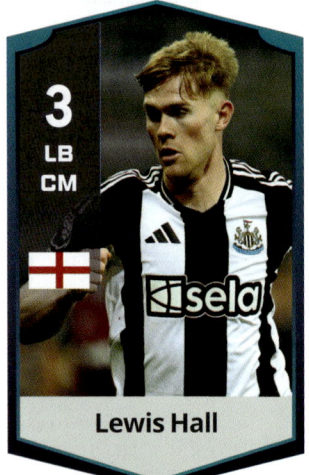

3 LB CM
Lewis Hall

루이스 홀
국적 잉글랜드 | **나이** 20 | **신장** 179 | **체중** 73 | **평점** 6.93

어린 나이에도 불구하고 뛰어난 축구 지능과 기술을 갖춘 유망주다. 본래 중앙 미드필더 출신으로, 레프트백 위치에서 안정적인 볼 컨트롤과 정확한 패스 능력을 보여 준다. 그의 플레이는 뛰어난 패스 범위, 드리블, 그리고 공격적인 의지를 기반으로 한다. 중앙으로 이동해 경기에 영향력을 행사하는 데 능숙하며 왼쪽 측면에서 기회 창출자 역할을 한다. 그러나 전문 수비수가 아니기에 수비 상황에서의 위치 선정과 대인 방어 능력은 아직 보완이 필요하다. 피지컬한 성장도 더 요구되는 선수다. 지난 2월에 발 부상을 당해 2024/25시즌을 조기에 마감했다.

2024/25시즌

3	27 GAMES	2,193 MINUTES	0 GOALS	4 ASSISTS	
	0.4 경기당슈팅	1 유효슈팅	추정가치: 32,000,000€	48.62 경기당패스	85.40 패스성공률	0

17 RB CB
Emil Krafth

에밀 크라프트
국적 스웨덴 | **나이** 31 | **신장** 184 | **체중** 72 | **평점** 6.19

수비적인 역할에 충실한 라이트백으로, 건실한 대인 방어와 수비 집중력, 위치 선정이 돋보인다. 센터백까지 소화할 수 있는 멀티 능력을 갖춰 수비진의 뎁스를 더해 주는 믿음직한 자원이다. 그의 프로 정신과 경험은 팀 내에서 높이 평가받아 계약 연장으로 이어졌다. 그러나 공격적인 재능이 부족하고 패스의 질이 떨어져, 팀의 공격 작업에 기여하는 바가 적다. 속도, 크로스 능력, 창의성이 부족하다. 트리피어와 리브라멘토와 비교해 주전으로 활용하기에는 한계가 뚜렷하다. 주전 경쟁보다는 스쿼드 뎁스를 강화하는 역할을 맡는다.

2024/25시즌

2	12 GAMES	335 MINUTES	0 GOALS	0 ASSISTS	
	0.1 경기당슈팅	0 유효슈팅	추정가치: 2,000,000€	11.66 경기당패스	79.30 패스성공률	0

PLAYERS

브루노 기마랑이스

국적 브라질 | **나이** 27 | **신장** 182 | **체중** 74 | **평점** 6.98

뉴캐슬 중원의 사령관이자 플레이메이커. 브라질리언 특유의 정교한 기술, 넓은 시야, 창의적인 패스와 탈압박 능력으로 경기의 흐름을 조율한다. 수비형 미드필더 위치에서 경기를 넓게 보며 찔러주는 킬패스가 일품이며, 때로는 직접 볼을 운반해 공격의 활로를 연다. 수비 시에는 끈질긴 태클과 압박 능력을 보여준다. 그는 패스와 드리블 모두를 통해 상대 라인을 무너뜨릴 수 있는 팀의 후방 창의력의 중심이다. 다만, 수비 시 다소 공격적인 위치 선정으로 인해 뒷공간을 노출하거나, 징계를 받거나 공중볼 경합에서 약점을 보일 때가 있다.

2024/25시즌

7	38 GAMES	3,286 MINUTES	5 GOALS	6 ASSISTS	0
	1.2 경기당슈팅	15 유효슈팅	추정가치: 80,000,000€	46.26 경기당패스	83.70 패스성공률	

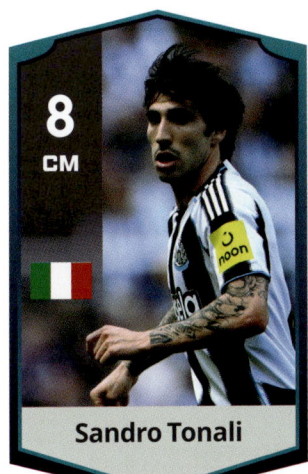

산드로 토날리

국적 이탈리아 | **나이** 25 | **신장** 181 | **체중** 79 | **평점** 6.83

징계에서 복귀한 후 핵심 선수로 활약했다. 6번 또는 8번 역할에 모두 능한 역동적이고 지능적인 중앙 미드필더. 엄청난 활동량과 지능적인 수비 위치 선정을 자랑하며 특히 상대의 공격을 태클로 조기에 차단하는 능력이 탁월하다. 정확한 킥을 바탕으로 한 롱패스와 세트피스 처리 능력, 효과적인 볼 순환 능력도 갖추고 있다. 높은 활동량과 체력은 압박을 중시하는 팀에 완벽하게 부합한다. 다만, 때때로 불필요한 파울을 범해 경고를 받는 경우가 잦은 점은 개선이 필요하다. 공격 지역에서의 창의성이나 날카로움은 기마랑이스에 비해 다소 부족하다.

2024/25시즌

5	36 GAMES	2,632 MINUTES	4 GOALS	2 ASSISTS	0
	1 경기당슈팅	12 유효슈팅	추정가치: 60,000,000€	40.63 경기당패스	85.90 패스성공률	

조엘링톤

국적 브라질 | **나이** 28 | **신장** 186 | **체중** 86 | **평점** 6.93

공격수에서 중앙 미드필더로 성공적으로 변신한 독특한 사례다. 강력한 피지컬과 저돌적인 볼 운반 능력을 활용해 상대 중원을 파괴하는 '불도저 스타일'의 선수다. 그는 힘과 체력을 활용하여 공수 양면에서 중원 경합을 지배한다. 수비 가담 능력과 태클 성공률 또한 매우 뛰어나 팀의 궂은일을 도맡는다. 그러나 패스의 정교함이나 창의성이 부족해 공격 지역에서의 패스와 최종 결정이 일관되지 않을 때가 있다. 여전히 공격수 시절의 투박한 볼터치가 나올 때가 있다. 그로 인해 압박 상황에서의 기술적인 정교함이 때때로 그를 실망시킨다.

2024/25시즌

10	29 GAMES	2,405 MINUTES	4 GOALS	3 ASSISTS	0
	1.6 경기당슈팅	14 유효슈팅	추정가치: 35,000,000€	34.82 경기당패스	83.80 패스성공률	

NEWCASTLE UNITED

67 CM
Lewis Miley

루이스 마일리

국적 잉글랜드 | **나이** 19 | **신장** 189 | **체중** 68 | **평점** 6.24

10대의 나이라고는 믿기지 않는 침착함과 축구 지능을 소유한 특급 유망주. 뛰어난 기술과 넓은 시야를 바탕으로 안정적인 경기 운영 능력을 보여주며, 동료를 활용하는 오프더볼 움직임이 매우 영리하다. 그의 패스는 정확하고 효율적이어서 팀에 도움이 되는 데다가, 실전에서 이미 득점력을 보여주었고, 큰 무대에서 주눅 들지 않는다. 하지만 그의 나이에 예상되듯 아직 피지컬적으로 완성되지 않았고, 수비 상황에서의 경험 부족으로 인해 경합 상황에서 약점을 보일 수 있다. 프리미어리그에서 풀타임 박스투박스 미드필더로 뛰기 위한 체력을 기르는 중이다.

2024/25시즌

	GAMES	MINUTES	GOALS	ASSISTS	
0	14	313	1	0	0
	0.2 경기당슈팅	2 유효슈팅	추정가치: 22,000,000€	13.57 경기당패스	88.40 패스성공률

28 CM
Joe Willock

조 윌록

국적 잉글랜드 | **나이** 25 | **신장** 186 | **체중** 71 | **평점** 6.25

폭발적인 스피드와 저돌적인 드리블 돌파가 장점인 공격적인 미드필더. 페널티 박스로 침투하는 예측 불가능한 움직임으로 유명한 역동적인 득점형 중앙 미드필더다. 순간적인 침투를 통해 득점 기회를 만드는 능력이 뛰어나며, 왕성한 활동량으로 팀에 에너지를 불어넣는다. 하지만 경기력의 기복이 심하고, 패스나 슈팅의 일관성이 부족하다. 빌드업 플레이에 대한 전반적인 영향력은 주전 트리오에 비해 덜하며, 수비적인 기여도 또한 꾸준하지 못하다. 최근의 부상 이력은 큰 우려 사항이다. 지난 시즌 부상으로 인해 힘든 시즌을 보냈다.

2024/25시즌

	GAMES	MINUTES	GOALS	ASSISTS	
4	32	1,077	0	2	0
	0.6 경기당슈팅	3 유효슈팅	추정가치: 22,000,000€	10.56 경기당패스	87.00 패스성공률

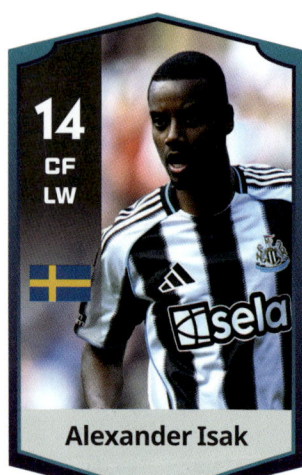

14 CF LW
Alexander Isak

알렉산더 이사크

국적 스웨덴 | **나이** 25 | **신장** 192 | **체중** 77 | **평점** 7.3

192cm의 장신임에도 불구하고 부드러운 볼 컨트롤과 빠른 스피드, 드리블 능력을 겸비한 완성형 스트라이커. 양발을 자유자재로 사용하며, 페널티 에어리어 안팎 어디서든 득점을 만들어 낼 수 있는 결정력을 갖췄다. 그는 깊게 내려와 연계 플레이를 하거나, 측면 공간으로 침투하거나, 박스 안에서 득점을 노리는 역할을 모두 수행할 수 있다. 현대 축구가 요구하는 다기능 공격수의 면모를 잘 보여 주는 그의 다재다능함은 수비하기 매우 어렵게 만든다. 다만, 상대적으로 마른 체형으로 인해 거친 몸싸움에 고전하는 경우가 있으며, 커리어 내내 잔부상이 잦았다는 점이 우려된다.

2024/25시즌

	GAMES	MINUTES	GOALS	ASSISTS	
1	34	2,774	23	6	0
	2.9 경기당슈팅	41 유효슈팅	추정가치: 120,000,000€	20.2 경기당패스	77.10 패스성공률

PLAYERS

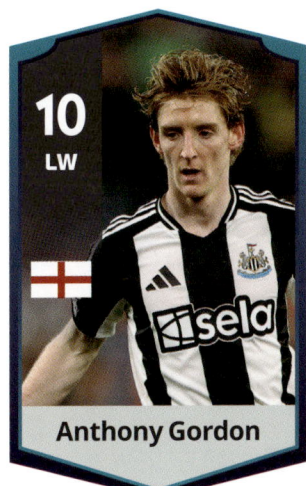

10 LW
Anthony Gordon

앤서니 고든
국적 잉글랜드 | **나이** 24 | **신장** 183 | **체중** 72 | **평점** 6.84

폭발적인 스피드와 저돌적인 드리블 돌파로 상대 측면을 허무는 윙어다. 주로 왼쪽에서 활약하며 중앙으로 자주 들어온다. 지치지 않는 활동량으로 전방 압박과 수비 가담에도 적극적이다. 영리한 오프더볼 움직임으로 득점 기회를 포착하는 능력도 뛰어나다. 그는 공을 가졌을 때와 없을 때 모두 공격적이고 헌신적인 선수이며, 꾸준한 득점과 도움을 기록하는 선수로 발전했다. 그러나 때때로 무리한 돌파를 시도하거나, 최종 결정 단계에서 아쉬운 판단을 내리는 등 플레이의 기복이 있는 편이다. 옐로카드를 쉽게 받고 판정에 감정적으로 반응하는 경향이 있다.

2024/25시즌

2	34 GAMES	2,447 MINUTES	6 GOALS	5 ASSISTS	0
	1.7 경기당슈팅	19 유효슈팅	추정가치: 65,000,000€	28.9 경기당패스	81.00 패스성공률	

11 LW
Harvey Barnes

하비 반스
국적 잉글랜드 | **나이** 27 | **신장** 182 | **체중** 72 | **평점** 6.72

측면에서 중앙으로 파고들며 시도하는 오른발 감아차기 슈팅이 주 무기인 윙어다. 그의 좋은 폼은 때때로 앤서니 고든을 벤치로 밀어냈다. 간결한 볼터치와 빠른 주력을 활용한 돌파에 능하며, 꾸준한 득점을 자랑한다. 낮은 무게 중심을 가졌고, 적절한 타이밍에 박스로 침투하는 재능이 있다. 하지만 앤서니 고든과 비교해 수비 가담이 부족하고, 플레이 패턴이 다소 단조로워 상대 수비에 쉽게 예측당하는 경향이 있다. 때때로 안쪽으로 파고드는 것에 지나치게 의존하는 편이다. 다른 선수들에게 기회를 만들어주는 유형의 선수는 아니다.

2024/25시즌

0	33 GAMES	1,756 MINUTES	9 GOALS	4 ASSISTS	0
	1.9 경기당슈팅	21 유효슈팅	추정가치: 35,000,000€	16.6 경기당패스	82.10 패스성공률	

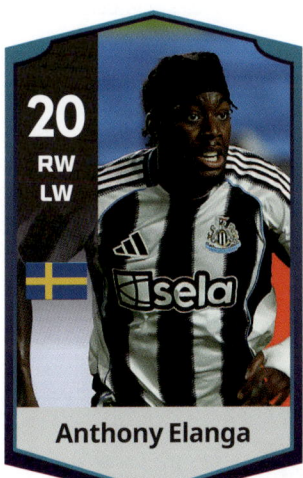

20 RW LW
Anthony Elanga

앤서니 엘랑가
국적 스웨덴 | **나이** 23 | **신장** 178 | **체중** 64 | **평점** 7.01

노팅엄에서 이적한 신입생이다. 엄청난 주력을 바탕으로 한 직선적인 질주로 역습 상황에서 파괴적인 모습을 보여 주는 윙어다. 양발을 모두 잘 사용해 좌우 측면 어디에서든 위협적이며, 역습 상황 땐 수비 뒷공간을 공략할 수 있는 파괴적인 무기가 된다. 주로 자신의 속도를 이용해 크로스 위치를 확보하는 창조자 역할을 한다. 그러나 볼터치가 다소 투박하고, 세밀한 플레이나 동료와의 연계 플레이에서 약점을 보인다. 그의 마무리는 일관성이 부족하며, 타고난 골잡이는 아니다. 아직 최종 결과물을 만들어내는 능력이 부족하다.

2024/25시즌

1	38 GAMES	2,501 MINUTES	6 GOALS	11 ASSISTS	0
	2 경기당슈팅	24 유효슈팅	추정가치: 42,000,000€	26.3 경기당패스	69.90 패스성공률	

NEWCASTLE UNITED

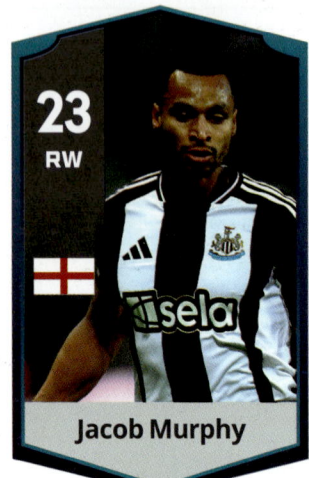

23 RW
Jacob Murphy

제이콥 머피
국적 잉글랜드 | **나이** 30 | **신장** 179 | **체중** 74 | **평점** 7.01

자신의 커리어 최고의 시즌을 보냈다. 성실한 플레이와 왕성한 활동량이 돋보이는 윙어. 지난 시즌 이사크와의 환상적인 호흡을 통해 팀 내 도움 1위를 기록하며 공격의 핵심으로 떠올랐다. 강력한 오른발 킥을 바탕으로 한 크로스와 슈팅이 위협적이다. 윙백으로도 뛸 수 있는 근면하고 직선적인 오른쪽 윙어다. 그의 플레이는 속도, 많은 양의 크로스, 지치지 않는 활동량을 기반으로 한다. 하지만 기술적인 섬세함이 부족하고, 경기별 경기력 편차가 크다는 단점이 있다. 좁은 공간에서의 기술적인 질과 의사 결정은 다른 최상급 윙어들에 비해 여전히 일관성이 부족할 수 있다.

2024/25시즌

4	35 GAMES	2,382 MINUTES	8 GOALS	12 ASSISTS	0
	1.2 경기당슈팅	15 유효슈팅	추정가치: 16,000,000€	24.11 경기당패스	75.50 패스성공률	

18 CF
William Osula

윌리엄 오술라
국적 덴마크 | **나이** 22 | **신장** 191 | **체중** 81 | **평점** 6.15

191cm의 뛰어난 피지컬과 운동 능력을 갖춘 유망주 공격수. 큰 키와 빠른 스피드를 활용한 공간 침투가 위협적이며, 전방에서의 성실한 압박도 장점이다. 자신의 신장과 스피드를 이용해 수비수들을 괴롭힌다. 이사크와는 다른 유형의 피지컬적인 옵션을 제공하며 팀과 팬들에게 많은 기대를 모으고 있다. 그러나 아직 1군 무대에서의 경험이 부족하고, 골 결정력과 세밀한 볼 컨트롤 능력은 많은 개선이 필요하다. 이사크의 백업 역할을 수행하기에는 아직 무게감이 떨어진다. 피지컬이 좋지만, 기술적인 완성도가 부족해 즉시 전력감보다는 미래를 위한 투자에 가깝다.

2024/25시즌

0	14 GAMES	124 MINUTES	1 GOALS	0 ASSISTS	0
	0.3 경기당슈팅	1 유효슈팅	추정가치: 7,000,000€	1.78 경기당패스	72.00 패스성공률	

64 LW
Park Seung-Soo

박승수
국적 대한민국 | **나이** 18 | **신장** 184 | **체중** 62 | **평점** 7

수원삼성블루윙즈의 유스 매탄고 출신으로 빠른 스피드와 드리블 능력을 갖춘 윙어. K리그 2에서 어린 나이에 프로 데뷔를 하며 잠재력을 보여주었다. 2025 쿠팡플레이 시리즈를 통해 팀 K리그와 뉴캐슬을 상대로 출전하며 인상적인 활약을 남겼다. 경험 많은 수비수를 앞에 두고도 주눅 들지 않고 당돌한 플레이를 하는 편으로 도전적인 플레이가 자주 나온다. 아직 프로 경험이 적고 피지컬적으로 미완성이지만, 아카데미에서 체계적인 훈련을 통해 성장한다면 미래에 팀의 공격 옵션이 될 수 있다. 뉴캐슬로의 이적이 그에게 많은 배움의 기회가 될 것이다.

2024/25시즌

0	11 GAMES	384 MINUTES	0 GOALS	0 ASSISTS	0
	0 경기당슈팅	0 유효슈팅	추정가치: -€	0 경기당패스	0 패스성공률	

전지적 작가 시점

임형철이 주목하는 뉴캐슬의 원픽!
말릭 티아우

뉴캐슬 유나이티드는 2024/25시즌, 리그 5위라는 성적에도 불구하고 수비에서는 아쉬움을 남겼다. 38경기에서 47실점을 기록했는데, 이는 기대 실점 45.5보다 높은 수치로, 결정적인 순간의 집중력 부족이나 개인 실수가 실점으로 이어졌음을 시사한다. 이러한 배경 속에서 AC 밀란으로부터 영입한 24세의 센터백 말릭 티아우는 뉴캐슬 수비의 고민을 해결해 줄 해답으로 기대를 모은다. 티아우는 프리미어리그의 몸싸움에 부합하는 피지컬과 주력을 겸비한 수비수다. 뉴캐슬의 약점은 압박 상황에서의 침착성 부족과 높은 수비 라인의 뒷공간 노출이었다. 티아우는 이 두 가지 문제에 대한 해법을 제시한다. 그의 장점은 '침착함'과 '규율'이다. 그는 무모한 태클 대신 예측 능력과 피지컬을 활용해 상대 공격수를 압박하고 실수를 유도하는 수비를 펼친다. 이탈리아에서 3시즌 동안 단 한 번의 퇴장만을 기록했을 정도로 카드 관리에 능하다. 하지만 그의 약점도 존재한다. 민첩한 공격수를 상대로 방향을 전환할 때 어려움을 겪으며, 전진 수비를 시도하다 뒷공간을 노출하는 위험도 존재한다. 말릭 티아우는 뉴캐슬이 더 높은 곳으로 나아가기 위해 반드시 풀어야 할 전술적 숙제다.

지금 뉴캐슬에 이 선수가 있다면!
요안 위사

뉴캐슬이 브렌트포드의 공격수 요안 위사 영입에 관심을 보이고 있다는 소식은 알렉산더 이사크의 거취 문제와 맞물려 주목을 받고 있다. 칼럼 윌슨의 대체자 혹은 이사크의 이적에 대비한 영입이라는 해석이 나오는 가운데, 위사의 합류가 뉴캐슬의 공격진에 어떤 전술적 변화를 가져올지 분석할 필요가 있다. 위사는 2024/25시즌 프리미어리그 35경기에 출전해 페널티킥 없이 19골 4도움을 기록하며 자신의 가치를 증명했다. 그의 득점력은 27.54%라는 슛 전환율, 리그 6위에 해당하는 43개의 유효 슈팅, 그리고 리그 2위 기록인 4개의 헤더 골 등으로 뒷받침된다. 위사의 플레이 스타일을 정의하자면 '페널티 박스 포식자'다. 2024/25시즌에 기록한 19골 모두가 페널티 박스 안에서 터져 나왔다는 사실은 그의 활동 반경과 득점 공식을 설명해 준다. 그는 동료와의 연계 플레이보다는 박스 안에서 결정적인 기회를 기다리며 득점을 마무리하는 데 특화된 선수다. 이는 27골을 기록했지만 미드필드까지 내려와 공격을 전개하는 데 능한 이사크와는 차이를 보인다. 만약 뉴캐슬이 이사크를 대체하기 위해 위사를 영입한다면, 이는 팀의 공격 철학에 변화를 예고하는 것이다.

EMILIANO MARTINEZ
MARCO BIZOT
EZRI KONSA
PAU TORRES
TYRONE MINGS
LAMARE BOGARDE
IAN MAATSEN
LUCAS DIGNE
MATTY CASH
ANDRES GARCIA
AMADOU ONANA
BOUBACAR KAMARA
YOURI TIELEMANS
JOHN MCGINN
ROSS BARKLEY
EMILIANO BUENDIA
MORGAN ROGERS
DONYELL MALEN
OLLIE WATKINS
EVANN GUESSAND
SAMUEL ILING-JUNIOR
TRISTON ROWE

Aston Villa

ASTON VILLA

애스턴빌라 Aston Villa

창단 년도	1874년
최고 성적	우승 (1893/94, 1895/96, 1896/97, 1898/99, 1899/00, 1909/10, 1980/81)
경기장	빌라 파크 (Villa Park)
경기장 수용 인원	43,205명
지난 시즌 성적	6위
별칭	The Villans (빌란스), The Lions (사자)
상징색	클라렛, 블루
레전드	조 바쉬, 빌리 워커, 찰리 에이켄, 고든 코완스, 알란 에반스, 나이젤 스핑크 데니스 모티머, 폴 맥그라스, 가브리엘 아그본라허, 가레스 배리 등

히스토리

국내에서는 인기가 덜하지만 애스턴빌라는 프리미어리그에서 깊은 역사와 전통을 지닌 클럽이다. 웨일스 공 윌리엄과 유명 배우 톰 행크스는 빌라의 열렬한 서포터로 유명하다. 빌라는 1890년대에만 리그 타이틀을 5회 차지하며 가장 많은 트로피를 따낸 구단이었다. 맨체스터 유나이티드, 리버풀, 노팅엄에 이어 잉글랜드 클럽 역사상 네 번째로 빅이어 트로피를 들어 올리기도 했다. 비록 1980년대 짧았던 두 번째 전성기 이후 이렇다 할 트로피가 없고 2015/16시즌에는 챔피언십으로 강등되는 아픔도 겪어야 했지만, 2022년 11월 우나이 에메리 감독이 부임하면서 2023/24시즌 리그 4위 그리고 41년 만에 챔피언스리그 무대에 복귀하며 다시 한번 전성기를 맞을 준비를 하고 있다.

최근 5시즌 리그 순위 변동

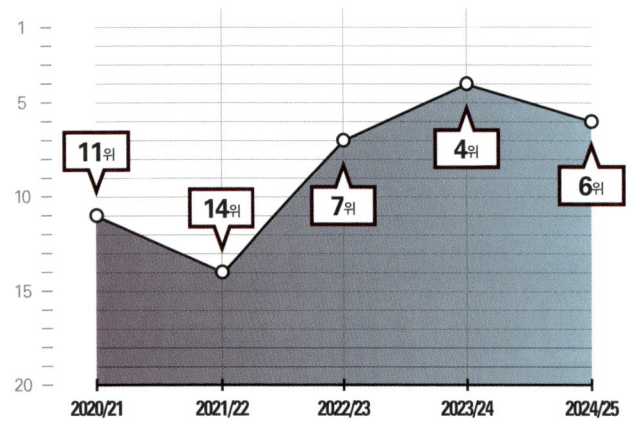

클럽레코드 IN & OUT

최고 이적료 영입 IN
아마두 오나나
5,935만 유로
(2024년 7월, from 에버튼)

최고 이적료 판매 OUT
잭 그릴리시
1억 1,750만 유로
(2021년 8월, to 맨체스터시티)

CLUB & MANAGER

우나이 에메리 Unai Emery

1971년 11월 3일 | 53세 | 스페인

리그와 유럽대항전, 두 마리 토끼 모두 잡아야

애스턴빌라에 세 번째 전성기가 찾아왔다. 비록 챔피언스리그 진출에는 실패했지만 세 시즌 연속해서 유럽대항전에 나선다. 불과 3년 전만 해도 상상조차 할 수 없던 일이다. 하지만 우나이 에메리 감독이 부임하면서 애스턴빌라는 리그 내 강팀 반열에 올라섰다. 2025/26시즌이 더욱 기대되는 이유가 있다. 에메리의 무대, 유로파리그로 향하기 때문이다. 하지만 챔피언스리그 진출을 위해선 리그에서의 성적도 중요하다. 지난 시즌 플랜B의 부재로 위기를 극복하지 못하는 경우가 있었기에 전술적으로 다양해질 수 있어야 한다. 이적 시장 규제도 애스턴빌라를 덮쳤다. 모두가 위기라 말한다. 하지만 에메리 감독은 기대가 없을 때 트로피를 들어 올렸다. 애스턴빌라의 마지막 트로피는 1995/96시즌이다. 30년 만에 트로피, 동기부여는 충분하다.

감독 인터뷰

"훈련하면서, 경기를 치르면서 우리만의 스타일을 갖춰야 한다. 그리고 단계적으로 지도자로서의 역량, 선수들의 수준, 클럽의 위상, 구단의 목표를 상승시키고 싶다. 세 시즌 연속 유럽대항전 진출은 자랑스러운 일이다."

감독 프로필

통산
1021 경기 | 545 승 | 217 무 | 259 패

선호 포메이션
4-2-3-1

승률
53.4%

우승 이력

- 프랑스 리그1 (2017/18)
- 프랑스 컵 (2016/17, 2017/18)
- 프랑스 슈퍼컵 (2016, 2017)
- 프랑스 리그컵 (2016/17, 2017/18)
- UEFA 유로파리그 (2013/14, 2014/15, 2015/16, 2020/21)

2004~2006	2006~2008	2008~2012	2012
로르카데포르티바	알메리아	발렌시아	스파르타크모스크바

2013~2016	2016~2018	2018~2019	2020~2022	2022~
세비야	파리생제르맹	아스날	비야레알	애스턴빌라

ASTON VILLA

IN

- 마르코 비조트 (브레스투아)
- 에반 게상 (니스)

포메이션

FW
- 11 왓킨스
- 17 말런
- 19 일링 JR
- 29 게상

MF
- 6 바클리
- 7 맥긴
- 8 틸레만스
- 10 부엔디아
- 24 오나나
- 27 로저스
- 44 카마라

DF
- 2 캐시
- 4 콘사
- 5 밍스
- 12 디뉴
- 14 토레스
- 16 A. 가르시아
- 22 마트센
- 26 보하르더

GK
- 23 마르티네스
- 40 비조트

OUT

- 케인 케슬러헤이든 (코번트리)
- 필립 마샬 (스테버니지)
- 필리페 쿠티뉴 (계약종료)
- 로빈 올센 (계약종료)
- 코트니 하우스 (계약종료)
- 악셀 디사시 (임대종료)
- 마커스 래시포드 (임대종료)
- 마르코 아센시오 (임대종료)
- 엔조 바르네체아 (벤피카, 임대)
- 야신 외즈잔 (안데르헤흐트, 임대)
- 조 가우치 (포트베일, 임대)
- 제이콥 램지 (뉴캐슬)
- 레안데르 덴동커르 (레알오비에도)
- 알렉스 모레노 (지로나)
- 리온 베일리 (로마, 임대)
- 루이스 도빈 (프레스턴, 임대)

히든풋볼의 이적시장 평가

보강해야 하는 포지션이 많지만 잇따른 재정 규제로 제한적인 이적시장을 보내야 하는 상황이다. 프랑스 리그앙의 수준급 공격수 게상 그리고 에밀리아노 마르티네스의 백업 또는 경쟁자로 마르코 비조트를 영입한 점은 다행스럽지만 넓은 공간을 커버할 수 있는 오른발잡이 센터백, 매티 캐시와 경쟁할 우풀백, 패스와 돌파가 모두 가능한 왼발 측면 자원 영입이 필요하다.

SQUAD & BEST11

2024/25시즌 스탯 TOP 3

포메이션
- 11 왓킨스
- 29 게상
- 8 틸레만스
- 27 로저스
- 44 카마라
- 24 오나나
- 12 디뉴
- 14 토레스
- 4 콘사
- 2 캐시
- 23 마르티네스

득점 Top 3
- ⚽ 올리 왓킨스 — 16골
- ⚽ 모건 로저스 — 8골
- ⚽ 존 듀란 — 7골

도움 Top 3
- 🅰 모건 로저스 — 10도움
- 🅰 올리 왓킨스 — 8도움
- 🅰 유리 틸레만스 — 7도움

출전시간 Top 3
- ⏱ 마르티네스 — 3,195분
- ⏱ 모건 로저스 — 3,129분
- ⏱ 유리 틸레만스 — 3,032분

히든풋볼의 순위 예측

유로파리그에 참가하는 에메리의 애스턴빌라다. 에메리기 때문에 유로파리그에서의 선전을 기대해 본다.

PSR을 피해 여자팀을 매각한 건 좋지만 보강의 강도가 아쉽다. 유럽 대항전 선전과 별개로 리그에선 고전할 것.

이적시장에서 소극적인 태도로 일관했음에도 에메리 감독은 리그와 UEL을 병행하는 법을 알고 있다.

우나이 에메리 감독의 지휘 아래 여전히 견고한 팀이지만, 경쟁팀들의 막대한 투자로 순위 유지가 어려울 것.

이적시장 규제로 영입 작업이 어렵지만 올 시즌의 다크호스는 빌라 뿐이다. 수비 라인에 부상은 피해야 한다.

유로파에서의 높은 성적을 기대해 볼 수 있지만 챔스권에 진입하기에는 다소 아쉬운 여름 이적시장 행보다.

5위 이주헌

9위 박종윤

5위 송영주

9위 임형철

8위 남윤성

8위 이완우

재정 규제, UCL 진출이 정답!

빌라에 부임한 이후 에메리 감독은 프리미어리그에 돌풍을 일으켰다. 백5와 백6을 오가며 공간을 내주지 않았고 오프사이드 트랩도 적극적으로 활용하면서 수비 조직력을 강화했다. 선수들의 세세한 위치를 조정해 후방 빌드업의 위력을 키웠고 빠른 공격 전환으로 역습의 위력을 증가시켰다. 그 결과 2023/24시즌 빌라를 리그 4위에 안착시켰으며 41년 만에 챔피언스리그로 복귀시켰다. 하지만 지난 시즌은 아쉬움이 컸다. 재정 규제로 이적시장에서 제한된 금액만 사용할 수 있었으며 그 과정에서 심지어 팀의 핵심 더글라스 루이스를 판매해야 했다. 시즌을 치르면서는 주전 선수단의 부상까지 이어졌다. 특히 중원 핵심자원들의 부상 이탈에 에메리 감독도 머리를 감싸 쥘 수밖에 없었다.

그렇게 전반기를 9위로 마쳤다. 그리고는 후반기 반등을 노렸다. 몬치 단장과 비다가니 단장의 주도 아래 현실적으로 데려올 수 있는 선수들을 모색했다. 그 결과 마커스 래시포드와 마르코 아센시오를 임대로, 도니얼 말런을 도르트문트에서 영입할 수 있었다. 그러자 경기력이 달라졌다. 높은 위치에서 플레이할 수 있었고 공격 유닛들의 득점포가 터져 나왔다. 세밀함이 요구되는 부분 전술에서는 여전히 아쉬움이 있었고 그로 인해 FA컵 4강에서 탈락하기도 했지만 경기 운영의 형태를 바꿨고, 반전을 이끌었다는 점에서 에메리는 다시 한번 높은 평가를 받을 수 있었다. 하지만 높은 위치에서 플레이하려는 시도는 수비의 부담으로 이어졌다. 특히 파우 토레스가 크게 흔들렸다. 피지컬 경합에서 밀렸고 빌드업 실수가 잇따르며 실점으로 이어지기도 했다.

개선할 사항이 많다. 그런데 이적시장 규제가 빌라를 괴롭히고 있다. 그렇다면 방법은 하나다. 에메리 감독이 묘수를 생각해야 한다. 다행히 에메리 전술의 핵심인 중원은 부상만 없다면 퀄리티가 괜찮다. 맥긴과 틸레만스도 3선에서 뛸 수 있고 토레스가 계속 흔들린다면 카마라를 센터백으로 내리는 것도 고려해 볼 만하다. 다만 왓킨스는 살려 내야 한다. 게상을 영입했지만 낯선 프리미어리그에서 왓킨스처럼 두 자릿수 득점은 어려울 수 있다. 부엔디아와 램지까지 살려 낸다면 사실상 고민 해결이다. 없는 살림에 자급자족해야 하는 것처럼 보이지만, 부상자들과 폼이 떨어진 선수들이 돌아온다면 그땐 누굴 써야 하나 하는 행복한 고민에 빠질 것이다. 빌라를 감싸고 있는 재정 규제, 반드시 챔피언스리그에 진출해야 하는 이유다.

ASTON VILLA

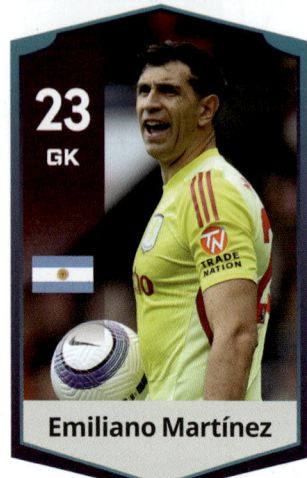

Emiliano Martínez | 23 GK

에밀리아노 마르티네스
국적 아르헨티나 | **나이** 32 | **신장** 195 | **체중** 88 | **평점** 7.01

빌라 스쿼드에서 유일하게 그리고 여전히 월드 클래스 기량을 갖춘 선수다. 딘 스미스, 스티븐 제라드, 우나이 에메리 감독을 거치는 동안 단 한 번도 자리를 위협받지 않았을 만큼 절대적이다. 동물적인 반사 신경으로 펼치는 선방 쇼, 공격수와 일대일 상황에서의 침착함, PK 스페셜리스트, 경기 흐름을 읽는 수비 조율 능력 등 골키퍼에게 요구되는 모든 자질을 두루 갖췄다. 에메리 체제에서 체계적인 빌드업 훈련을 소화하며 발밑 기술도 크게 향상됐다. 비록 지난 시즌은 선방에서 다소 기복이 있었고 불안한 숏패스도 이어졌지만 입지는 여전히 견고하다. 다음 시즌도 빌라의 No.1은 에밀리아노 마르티네스다.

2024/25시즌

5	37 GAMES	3,195 MINUTES	45 실점	69.00 선방률	1
	100 세이브	8 클린시트	추정가치: 20,000,000€	21.60 클린시트 성공률	1/2 PK 방어 기록	

Marco Bizot | 40 GK

마르코 비조트
국적 네덜란드 | **나이** 34 | **신장** 193 | **체중** 88 | **평점** 6.87

마르티네스와 달리, 동물적인 반사 신경이나 민첩함이 주 무기인 골키퍼는 아니다. 대신 안정적인 자세와 스텝, 뛰어난 판단력을 활용해 선방한다. 과거 맨유에서 뛰었던 판 데르 사르와 스타일이 유사하다고 볼 수 있다. 지난 8년간 알크마르와 브레스트에서 안정감을 인정받아 주전 자리를 놓치지 않았고 챔피언스리그와 유로파리그 등 유럽대항전 경험도 풍부하다. 특히 지난 시즌, 마르티네스는 이전과 달리 선방에서 기복을 보였고 안정감도 떨어지는 모습을 보였다. 게다가 빌라에는 믿을 만한 세컨드 골키퍼가 없었기에, 에메리 감독도 비조트 영입을 주저할 이유가 없었다. No.1 자리를 두고 경쟁할 역량을 지닌 골키퍼다.

2024/25시즌

4	32 GAMES	2,880 MINUTES	54 실점	64.10 선방률	0
	77 세이브	10 클린시트	추정가치: 3,000,000€	31.10 클린시트 성공률	1/9 PK 방어 기록	

Ezri Konsa | 4 CB RB

에즈리 콘사
국적 잉글랜드 | **나이** 27 | **신장** 183 | **체중** 77 | **평점** 6.84

빌라의 수비 핵심이다. 공을 다루는 능력도 준수하고 간결하고 타이밍 빠르게 볼을 3선에게 전달한다. 이를 통해 빌라는 빠른 공격 전개가 가능해진다. 에즈리 콘사의 가장 큰 강점은 안정적인 수비력이다. 중앙과 측면을 모두 소화하는 멀티성, 내려앉았을 때 영리한 수비 위치선정, 덤벼들지 않고 기다리면서 안전하게 볼만 걷어내는 침착성을 갖췄다. 에메리 부임 후 성장세가 더 도드라졌다. 프리미어리그 정상급 수비수로 주목받았고, 그 결과 생애 첫 잉글랜드 대표팀 발탁으로 이어졌다. 지난 시즌은 중요한 순간 득점하는 클러치 능력까지 장착하면서 빌라의 챔피언스리그 선전을 이끌었다. 더 큰 주목을 받을 자격이 있는 콘사다.

2024/25시즌

1	34 GAMES	2,937 MINUTES	2 GOALS	0 ASSISTS	0
	0.32 경기당슈팅	5 유효슈팅	추정가치: 35,000,000€	49.2 경기당패스	93.30 패스성공률	

PLAYERS

14 CB
Pau Torres

파우 토레스
국적 스페인 | **나이** 28 | **신장** 192 | **체중** 80 | **평점** 6.61

발밑 기술이 좋은 왼발 센터백. 비야레알 시절 에메리 감독의 총애를 받으며 선수로서 한 단계 성장했다. 에메리 감독은 빌라 부임 후 토레스의 영입을 추진했고 그렇게 애제자를 품으며 후방을 완성했다. 프리미어리그로 이적한 토레스는 안정적인 왼발 빌드업과 롱패스로 빌라의 공격 전환을 이끌면서 한 시즌 만에 두각을 드러냈다. 하지만 지난 시즌 활약은 아쉬웠다. 특히 강점인 빌드업에서 안정감이 떨어졌다. 상대도 빌라의 1차 빌드업을 방해하고자 토레스를 강하게 압박했고 그 과정에서 발생한 패스 미스와 턴오버는 치명적인 결과로 이어졌다. 다가오는 시즌은 에메리만의 페르소나가 아닌 빌라의 핵심임을 증명해야 한다.

2024/25시즌

	GAMES	MINUTES		GOALS	ASSISTS	
2	24	2,020		0	0	0
	0.33 경기당슈팅	3 유효슈팅	추정가치 32,000,000€	57.1 경기당패스	88.90 패스성공률	

5 CB LB
Tyrone Mings

타이론 밍스
국적 잉글랜드 | **나이** 32 | **신장** 196 | **체중** 77 | **평점** 7.02

196cm 장신의 높이를 앞세워 공중볼을 처리하고 긴 다리와 강력한 태클로 후방을 사수한다. 빌라에서 밍스의 존재감은 언제나 컸다. 처음에는 안 좋은 쪽이었다. 무게 중심이 높다 보니 대인 수비에서 쉽게 벗겨졌고 볼을 처리하는 과정에서 실수하면서 실점으로 이어졌다. 하지만 에메리 부임 후 긍정적인 존재감으로 바뀌었다. 공간을 주지 않는 수비를 하면서 안정감이 생겼고 실수가 줄면서 자신감도 커졌다. 하지만 중요한 순간 십자인대 부상으로 쓰러졌고 장기간 재활에 집중한 끝에 지난 시즌 후반기 복귀했다. 비록 정상적인 폼은 아니었지만 토레스가 흔들렸기 때문에 폼을 되찾아 빌라의 챔피언스리그 복귀를 이끌어야 한다.

2024/25시즌

	GAMES	MINUTES		GOALS	ASSISTS	
1	14	1,121		0	0	0
	0.64 경기당슈팅	1 유효슈팅	추정가치 5,000,000€	48.3 경기당패스	88.20 패스성공률	

26 CB RB DM
Lamare Bogarde

라마어 보하르더
국적 네덜란드 | **나이** 21 | **신장** 185 | **체중** 76 | **평점** 6.3

네덜란드 국적의 다재다능한 수비수. 2020년 빌라 유스팀에 입단해 차근차근 성장 중이다. 아직 존재감이 크지 않지만 이번 시즌에는 두각을 드러낼 가능성이 크다. 보가드의 강점은 다양한 포지션을 소화할 수 있다는 점이다. 센터백과 오른쪽 풀백으로 뛸 때는 안정적인 수비와 간결한 플레이를 지향한다. 미드필더로 6번과 8번에서도 뛸 수 있는데, 이때는 준수한 발밑과 수비력을 바탕으로 공수 밸런스를 잡는 역할을 수행한다. 콘사의 존재가 워낙 커 존재감을 드러내기 쉽지 않은 상황이지만 이번 시즌 유럽대항전까지 병행하기 때문에 기회는 늘어날 것이다. 04년생이라 급할 필요도 없다. 다져온 기량을 뽐내기만 하면 된다.

2024/25시즌

	GAMES	MINUTES		GOALS	ASSISTS	
2	8	475		0	0	0
	0.13 경기당슈팅	1 유효슈팅	추정가치 6,000,000€	34 경기당패스	88.20 패스성공률	

ASTON VILLA

22
LB
DM
CM

Ian Maatsen

이안 마트센
국적 네덜란드 | **나이** 23 | **신장** 178 | **체중** 63 | **평점** 6.74

페예노르트와 PSV를 거치며 성장했고 첼시 유스팀에 입단하며 잉글랜드로 넘어왔다. 이후 리그 원에 속한 찰튼과 챔피언십 팀인 코번트리, 번리에서 임대를 거치며 좌풀백과 미드필더로서 역량을 키운 마트센은 2023/24시즌 후반기 임대로 떠난 도르트문트에서 크게 성장하며 주목받았다. 인버티드 풀백 역할을 맡아 빠른 스피드를 활용한 침투로 주목 받았고 에메리 감독의 눈에 들면서 빌라에 입단했다. 하지만 지난 시즌은 절정의 폼을 보인 뤼카 디뉴가 있어 기회가 많지 않았다. 마트센 입장에서도 크로스의 정교함과 확실한 공격 능력을 보일 필요가 있었던 시즌이었다. 수비적으로도 단단함을 보인다면 기회는 찾아올 것이다.

2024/25시즌

2	29 GAMES	1,128 MINUTES	1 GOALS	2 ASSISTS	0
	0.66 경기당슈팅	5 유효슈팅	추정가치: 28,000,000€	25.7 경기당패스	86.90 패스성공률	

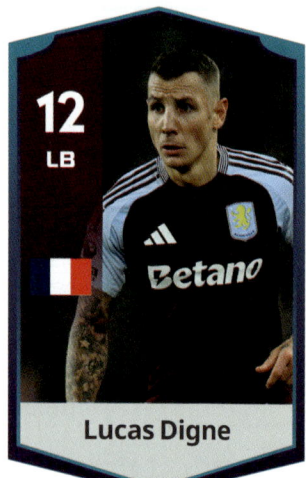

12
LB

Lucas Digne

뤼카 디뉴
국적 프랑스 | **나이** 32 | **신장** 178 | **체중** 74 | **평점** 6.94

빌라의 왼쪽 측면을 굳건하게 지키고 있다. 매 시즌 조금씩 기복이 있어 변화가 필요하다는 이야기가 나오지만 금방 기량을 되찾으며 불신론을 잠재운다. 특히 지난 시즌 절정의 퍼포먼스를 보였다. 센터백과 골키퍼 사이로 날카로운 크로스를 전달했고 수비 시에는 빠른 전환과 타이트한 대인 마크로 왼쪽에서 대체할 수 없는 폼을 자랑했다. 정교한 왼발 킥력을 갖고 있어 세트피스 키커로서 위력도 상당하다. 하지만 적지 않은 나이가 관건이다. 지난 시즌은 건강했지만 발목과 햄스트링에 우려가 없는 건 아니다. 그래서 마트센의 성장이 필요하다. 에메리 감독도 적절한 로테이션을 통해 디뉴의 체력 관리와 마트센의 성장을 이끌어야 한다.

2024/25시즌

4	32 GAMES	2,358 MINUTES	0 GOALS	4 ASSISTS	0
	0.41 경기당슈팅	3 유효슈팅	추정가치: 10,000,000€	39.9 경기당패스	82.80 패스성공률	

2
RB

Matty Cash

매티 캐시
국적 폴란드 | **나이** 28 | **신장** 185 | **체중** 74 | **평점** 6.94

언더래핑과 오버래핑 등 직선적인 움직임이 강점인 우측 풀백이다. 어느덧 빌라에서 6번째 시즌을 맞았다. 캐시의 공격력은 확실한 강점이다. 신체 조건도 좋고 운동 능력도 좋아 한번 속도가 붙으면 막아 내기 어렵다. 다만 전체적으로 세밀함과 영리함이 부족해 결정적인 판단 미스가 나올 때가 있다. 크로스는 시도하는 빈도에 비해 퀄리티가 떨어져 아쉽고 대인 수비력은 상승했지만 위치를 잡을 때나 볼 처리에서 종종 불안하다. 특히 지난 시즌 리그 마지막 경기에서 저지른 치명적인 백패스 미스는 결국 빌라의 2년 연속 챔피언스리그 진출을 물거품으로 만들었다. 절치부심해서 꾸준하고 안정감 있는 플레이를 펼쳐야 한다.

2024/25시즌

7	27 GAMES	2,077 MINUTES	1 GOALS	1 ASSISTS	0
	0.48 경기당슈팅	6 유효슈팅	추정가치: 25,000,000€	35 경기당패스	77.50 패스성공률	

PLAYERS

안드레스 가르시아

국적 스페인 | **나이** 22 | **신장** 185 | **체중** 77 | **평점** 6.18

스페인 2부에 속했던 레반테에서 뛰면서 성장한 우풀백 자원. 매티 캐시만큼 빠른 건 아니지만 대신 기술을 갖췄다. 특히 왼발 활용 빈도가 상당하다. 오른발 크로스를 예측하던 수비수를 속이고 중앙으로 들어가 정교한 왼발 슈팅으로 득점을 터뜨리곤 한다. 크로스의 퀄리티도 부족함이 없다. 다만 컷백과 낮은 크로스 등 다양성은 키워야 한다. 수비력도 준수하지만 조직적으로 움직이고 영리하게 위치를 잡는 부분에서는 성장이 필요하다. 개인의 수비력을 키워내는 능력이 좋은 에메리 아래에서 성장할 가능성이 크다. 캐시가 부족한 낮은 위치에서 패스로 풀어 나오는 능력을 입증한다면 주전 도약도 충분히 가능하다.

2024/25시즌

	7 GAMES		317 MINUTES	0 GOALS	0 ASSISTS	
0	0.29 경기당슈팅	0 유효슈팅	추정가치: 7,000,000€	28.7 경기당패스	92.40 패스성공률	0

아마두 오나나

국적 벨기에 | **나이** 23 | **신장** 195 | **체중** 76 | **평점** 6.96

에버튼에서 피지컬과 활동량, 수비력까지 입증하며 빌라에 입성했고 시즌 초 결장한 부바카르 카마라의 공백을 메우며 기대를 샀다. 중요한 순간 제공권을 활용한 득점까지 터뜨리며 순조롭게 적응해 나갔다. 하지만 중요한 순간 쓰러졌다. 오나나가 부상 없이 초반의 활약을 이어 갔다면 빌라의 중원은 더 탄탄했을 만큼 기세가 좋았기에 아쉬움이 컸다. 틸레만스가 빌라에 완벽하게 적응했고 카마라의 경기 조율 능력을 활용하기 위해서 오나나의 수비력이 필수적으로 요구되는 빌라. 넓은 커버 범위와 공중볼 장악 능력도 좋기 때문에 오나나가 건강하다면 수비라인도 안정화될 수 있고 틸레만스를 활용한 공격력도 더 강화될 수 있다.

2024/25시즌

	26 GAMES		1,624 MINUTES	3 GOALS	0 ASSISTS	
4	0.65 경기당슈팅	6 유효슈팅	추정가치: 50,000,000€	30.8 경기당패스	87.70 패스성공률	0

부바카르 카마라

국적 프랑스 | **나이** 25 | **신장** 184 | **체중** 68 | **평점** 6.85

기량에 비해 주목도가 적은 만능 미드필더. 빌라 팬들은 더 주목받지 않기를 바랄 만큼 핵심적인 선수다. 마르세유에서는 센터백과 수비형 미드필더로 성장했다. 하지만 프리미어리그 입성 후 볼을 지켜내는 능력과 패스 전개, 볼 운반에서도 강점을 보였다. 간결하고 빠른 전진패스로 공격 전환을 돕고 수비 시에는 패스 차단부터 공간 커버, 센터백 역할까지 소화한다. 지난 시즌 십자인대 파열 부상에서 복귀했지만 여파에서 완전히 벗어나지 못했는지 기복 있는 모습을 보여 아쉬움을 샀다. 중원에서 다시 안정적인 모습을 되찾아야 에메리 감독도 카마라를 중심으로 하는 수비 전술을 다양하게 펼칠 수 있다. 키워드는 부상 관리다.

2024/25시즌

	26 GAMES		1,725 MINUTES	1 GOALS	0 ASSISTS	
2	0.38 경기당슈팅	3 유효슈팅	추정가치: 40,000,000€	35.8 경기당패스	88.70 패스성공률	0

ASTON VILLA

Youri Tielemans
8 AM CM DM

유리 틸레만스
국적 벨기에 | **나이** 28 | **신장** 177 | **체중** 72 | **평점** 7.39

첫 시즌엔 더글라스 루이스, 부바카르 카마라 라인이 너무 막강했고 존 맥긴도 중앙을 볼 수 있어서 완전한 주전급으로는 뛰지 못했다. 그로 인해 출전 시간에 대한 불만도 있었는데 후반기 카마라가 무릎 부상으로 빠진 사이 3선에 서서히 적응하더니 2024/25 시즌은 '어나더 클래스'임을 입증했다. 시즌 막판 종아리 부상 전까지 52경기 연속해서 선발로 나섰을 만큼 빌라 중원의 핵심이었다. 특히 중원에서 탈압박, 전진 패스, 찬스 메이킹까지 요구되는 역할을 훌륭하게 수행했고 모든 대회에서 5골 10도움을 기록하면서 공격 포인트도 책임졌다. 빌라의 3선만 건강하다면 틸레만스는 한 칸 위에서 공격수의 고립을 해결해 줄 카드다.

2024/25시즌

4	36 GAMES	3,032 MINUTES	3 GOALS	7 ASSISTS	0
	1.14 경기당슈팅	13 유효슈팅	추정가치: 38,000,000€	57.3 경기당패스	86.00 패스성공률

John McGinn
7 CM AM RW ⓒ

존 맥긴
국적 스코틀랜드 | **나이** 30 | **신장** 178 | **체중** 68 | **평점** 6.81

빌라의 최근 흥망성쇠를 함께하고 있는 든든한 주장이다. 2018/19시즌 합류해 중원의 핵심으로 등극하며 승격을 이끌었고 이후 주장으로 변신해 궂은일을 수행한 끝에 빌라의 41년 만에 챔피언스리그 복귀를 이끌었다. 센터백을 제외한 모든 포지션을 소화할 만큼 멀티성이 대단하고 활동량을 바탕으로 중원과 측면을 오가며 팀에 필요한 역할을 100% 수행한다. PSG와의 16강 2차전에서 환상적인 슈팅으로 동점 골을 기록하며 빌라 파크를 더욱 뜨겁게 만들기도 했을 만큼 슈팅력이 좋아 먼 거리에서도 자주 득점한다. 다만 지난 시즌은 부상 빈도가 살짝 늘었는데, 전술적으로 존 맥긴의 부하를 줄여 줄 필요가 있다.

2024/25시즌

7	34 GAMES	2,230 MINUTES	1 GOALS	4 ASSISTS	0
	0.91 경기당슈팅	5 유효슈팅	추정가치: 16,000,000€	25.1 경기당패스	81.90 패스성공률

Ross Barkley
6 CM

로스 바클리
국적 잉글랜드 | **나이** 31 | **신장** 189 | **체중** 76 | **평점** 6.86

루턴타운에서 부활한 뒤 에메리 감독의 부름을 받아 2024/25시즌 빌라에 합류했다. 루턴 시절 템포 조율, 드리블 전진, 탈압박, 볼운반에서 좋은 모습을 보였기에 든든한 백업으로 활약이 기대됐다. 실제로 2선과 3선을 오가며 간결한 패스로 공을 전달했고 과감한 턴 동작으로 공격의 속도를 끌어올렸다. 전반기에만 3골을 기록했는데, 그중 2골이 승점을 안겨 주는 귀중한 동점골이었다. 그러나 우려했던 부상이 재발했다. 이번엔 종아리가 문제였다. 커리어 동안 무릎 인대, 햄스트링, 발목, 종아리 부상 등으로 무려 123경기를 결장했다. 빌라와의 계약도 2026년 여름 종료된다. 1년 연장 옵션이 있지만 무엇보다 건강이 우선이다.

2024/25시즌

3	20 GAMES	569 MINUTES	3 GOALS	1 ASSISTS	0
	0.8 경기당슈팅	6 유효슈팅	추정가치: 6,000,000€	19.8 경기당패스	85.30 패스성공률

PLAYERS

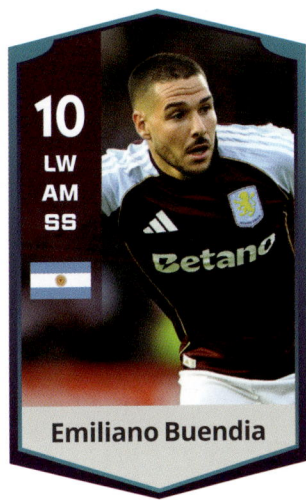

10 LW AM SS
Emiliano Buendia

에밀리아노 부엔디아
국적 아르헨티나 | **나이** 28 | **신장** 172 | **체중** 72 | **평점** 6.12

절정의 기량을 뽐내던 순간 십자인대 파열로 쓰러졌다. 기술적인 드리블과 창의적인 패스 그리고 측면과 하프스페이스를 오가며 빌라 공격에 활력을 불어넣어 줬기에 부엔디아의 이탈은 너무나 뼈아팠다. 비록 부엔디아의 부재에서도 빌라는 역사적인 챔피언스리그 복귀에 성공했지만 공격 창의성 부재는 에메리 감독의 주요 고민 중 하나였다. 1년간 재활한 끝에 부상에서 복귀했지만 부엔디아의 자리에는 영입생 모건 로저스가 맹활약을 펼치고 있었다. 출전 시간이 필요해진 부엔디아는 레버쿠젠으로 임대를 떠났다. 하지만 낯선 분데스리가에서 적응에 어려움을 겪으며 이렇다 할 활약을 하지 못한 채 돌아왔다. 건재함을 증명해야 한다.

2024/25시즌

	GAMES	MINUTES	GOALS	ASSISTS	
0	11	252	2	0	0
	0.64 경기당슈팅	4 유효슈팅	추정가치: 15,000,000€	14.3 경기당패스	78.30 패스성공률

27 LW AM RW
Morgan Rogers

모건 로저스
국적 잉글랜드 | **나이** 23 | **신장** 187 | **체중** 80 | **평점** 7.04

여러 차례 협상 끝에 챔피언십 미들즈브러에서 어렵게 영입했다. 이적 직후, 큰 임팩트를 보이지 못해 프리미어리그에 적응할 시간이 필요하다고 봤는데 보란 듯이 맹활약하며 우려를 불식시켰다. 2024/25시즌 측면과 중앙을 오가며 미친 활약을 펼쳤는데, 빌라팬들에게 모저스는 주드 벨링엄이나 다름없을 정도였다. 특유의 탱크처럼 전진하는 드리블은 전성기 웨인 루니를 연상시켰고 박스 안 침착한 마무리 능력은 올리 왓킨스의 부진을 잊게 했다. 빌라 공격의 크랙이었으며 모든 대회 14골 13도움을 기록하며 공격포인트까지 완벽한 시즌을 보냈다. 02년생으로 더 성장할 가능성도 크다. 빌라는 핵심 로저스를 지키는 것이 최우선 과제다.

2024/25시즌

	GAMES	MINUTES	GOALS	ASSISTS	
10	37	3,129	8	10	0
	1.49 경기당슈팅	20 유효슈팅	추정가치: 55,000,000€	24.5 경기당패스	75.30 패스성공률

19 LB LW
Samuel Iling-Junior

사무엘 일링주니어
국적 잉글랜드 | **나이** 21 | **신장** 182 | **체중** 75 | **평점** 7.08

첼시 유스로 성장하다가 유벤투스에서 1군에 데뷔한 젊은 측면 자원이다. 과거 알레그리의 백쓰리 체제에서 왼쪽 윙백과 윙어를 오갔는데, 유연한 드리블과 성실한 수비 가담으로 기대를 모았다. 2024/25시즌 빌라에 합류했지만 꾸준한 출전을 위해 전반기에는 볼로냐, 후반기에는 챔피언십 미들즈브러에서 임대로 활약했다. 특히 미들즈브러에서 본격적으로 왼쪽 풀백으로 뛰면서 장점을 발휘했다. 넓은 공간에서 과감한 드리블 돌파와 전진으로 측면에 활력을 불어넣었고, 낮게 깔리는 정교한 크로스로 공격진을 지원했다. 올 시즌 공격 스쿼드가 얇은 빌라에서는 윙어로 기용될 가능성이 큰데, 온더볼 능력만큼은 확실한 무기다.

2024/25시즌

	GAMES	MINUTES	GOALS	ASSISTS	
2	16	1,058	1	2	0
	0.81 경기당슈팅	3 유효슈팅	추정가치: 10,000,000€	35.9 경기당패스	79.5 패스성공률

ASTON VILLA

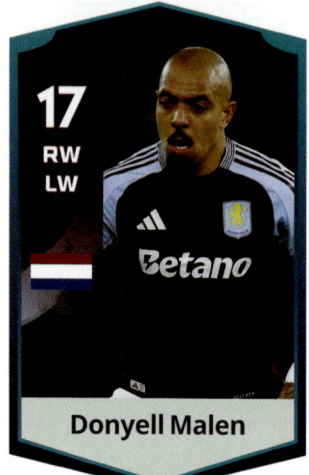

17
RW
LW

Donyell Malen

도니얼 말런

| 국적 네덜란드 | 나이 26 | 신장 176 | 체중 68 | 평점 6.58 |

프리미어리그 클럽들과 링크가 끊이지 않았던 측면 공격수 도니얼 말런의 행선지는 빌라였다. 베일리와 왓킨스의 동반 부진에 로저스의 공격 부담이 커지면서 에메리 감독은 측면에 새로운 선수를 원했고 그렇게 말런이 영입됐다. 정교함은 키워야 하지만 좁은 공간에서 저돌적인 돌파로 공간을 만드는 능력이 좋으며 각이 없어도 과감한 슈팅으로 득점을 기록하는 유형의 윙어다. 비록 후반기 아센시오와 래시포드가 동시에 임대로 합류하면서 기회가 적었다. 하지만 이번 시즌은 다르다. 말런의 우직한 돌파와 공격력은 빌라의 오른쪽 공격에 활기를 되찾게 해 줄 것이다. 다만 연계에서의 세밀함과 창의적인 플레이는 성장이 필요하다.

2024/25시즌

	14 GAMES	298 MINUTES	3 GOALS	0 ASSISTS	
0	1.07 경기당슈팅	9 유효슈팅	추정가치: 25,000,000€	5.5 경기당패스	77.60 패스성공률	0

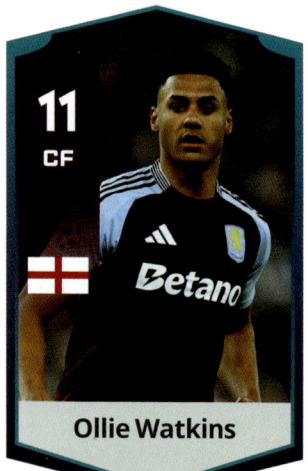

11
CF

Ollie Watkins

올리 왓킨스

| 국적 잉글랜드 | 나이 29 | 신장 180 | 체중 70 | 평점 6.89 |

2023/24시즌 모든 대회 27골 13도움을 기록하며 전성기를 맞이했고 공격수로서 모든 재능을 펼쳤다. 하지만 지난 시즌은 아쉬움이 컸다. 특히 전년도에 비해 빅찬스 미스가 5회나 늘어났고 박스 안에서의 움직임도 적극성이 떨어졌다. 그럼에도 모든 대회 17골 14도움으로 빌라 선수 중 가장 많은 공격 포인트를 기록했다. 하지만 공격 영향력이 줄어든 것이 아쉬웠다. 에메리 감독도 후반기 영입으로 스쿼드 퀄리티를 높였고 전술 변화까지 시도했지만 결국 왓킨스의 박스 안 날카로움은 살려내지 못했다. 그렇다고 대중의 평가처럼 완전히 폼을 잃은 건 아니다. 빌라의 최전방 주인은 여전히 왓킨스다. 영향력만 회복하면 된다.

2024/25시즌

	38 GAMES	2,610 MINUTES	16 GOALS	8 ASSISTS	
2	2.21 경기당슈팅	40 유효슈팅	추정가치: 40,000,000€	11.2 경기당패스	74.20 패스성공률	0

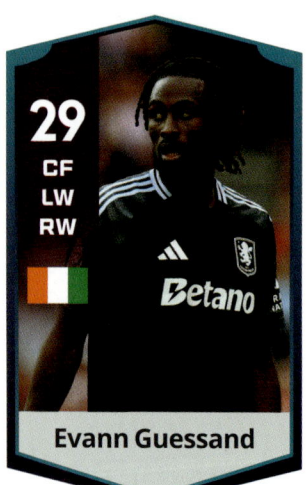

29
CF
LW
RW

Evann Guessand

에반 게상

| 국적 코트디부아르 | 나이 24 | 신장 188 | 체중 79 | 평점 7.31 |

측면과 중앙에서 모두 뛸 수 있다. 지난 시즌 리그앙 니스에서 주로 최전방 공격수로 나서 모든 대회 13골 9도움을 기록하며 크게 성장했다. 화려하지는 않지만 간결하고 유연한 동작으로 드리블 돌파를 하고 볼을 운반한다. 스피드도 빠른 편이고 탄력이 좋아 박스 안에서 헤더 득점도 자주 기록한다. 동료들과 연계도 문제없다. 게상의 가장 큰 장점은 박스 안에서 드러난다. 등을 질 때나, 몸을 열었을 때나 언제나 위협적이다. 왓킨스를 대신해 최전방에 투입될 경우 빌라의 공격이 더 다양해질 수 있고 측면에서 뛸 때는 돌파 후 왓킨스에게 기회를 만들어 줄 수도 있다. 로저스에게 집중됐던 공격 부담도 게상 합류로 분산될 수 있다.

2024/25시즌

	33 GAMES	2,572 MINUTES	12 GOALS	8 ASSISTS	
2	1.91 경기당슈팅	27 유효슈팅	추정가치: 25,000,000€	17.4 경기당패스	77.20 패스성공률	0

전지적 작가 시점

남윤성이 주목하는 애스턴빌라의 원픽!
모건 로저스

그릴리시 이후 빌라에는 크랙이 없었다. 제이콥 램지에게 기대를 걸었지만 중족골 골절 이후 폼을 잃었고 쿠티뉴는 잠깐 반짝한 뒤 임대를 전전하다 팀을 떠났다. 부엔디아가 가장 가능성이 컸지만 십자인대 파열 이후 폼을 찾지 못하고 있다. 절망하던 찰나 로저스가 등장했다. 2023/24시즌 겨울, 미들즈브러에서 영입할 당시만 해도 큰 기대가 없었다. 후반기 활약을 보고 1군에 안착만 해도 다행이라 생각했다. 하지만 로저스의 플레이가 통하기 시작했다. 정확하게는 로저스가 프리미어리그를 접수했다.

최고 속력 33.40km/h로 엄청나게 빠르지는 않다. 하지만 로저스 같은 체형의 선수가 저돌적으로 달려오면 생각이 달라진다. 마치 전성기 시절의 웨인 루니를 연상시키는 로저스의 절굿통 드리블에 수비수들은 나가떨어졌다. 자신감이 생겼고 박스 안으로 진입하는 횟수가 늘어났다. 그러면서 공격 포인트까지 따라왔다. 리그 8골 10도움, 모든 대회 14골 13도움을 기록하면서 빌라의 새로운 크랙으로 등극했다. 로저스의 부담을 덜어 줄 수 있는 공격 유닛이 한 명만 더 있으면 된다.

지금 애스턴빌라에 이 선수가 있다면!
이강인

에메리 감독의 치명적인 약점은 바로 공격 세부 전술이다. 플레이메이커 성향의 선수가 없다면 기회 창출에 큰 어려움을 겪는다. 비야레알에서는 로 셀소와 파레호, 빌라에서 첫 2시즌은 부엔디아와 루이스가 있어 괜찮았다. 하지만 지난 시즌은 달랐다. 공격 창의성이 부족했고 지공에서 빈공이 이어졌다. 실제로 에메리는 이강인을 원했다. 비록 PSG로 향했지만 엔리케 감독의 전술에 어울리지 않는다는 평가를 받고 있다. 천문학적인 액수도 요구되지 않는다. 이강인이 영입된다면 빌라 공격은 완성된다. 왼쪽에 게상, 중앙에 로저스, 오른쪽에 이강인, 3선에 틸레만스와 카마라. 설명이 필요 없다.

이강인이 드리블 돌파와 창의적인 패스 그리고 크로스로 지공에서 변수를 만들면 틸레만스는 후방에서 경기 조율, 로저스와 왓킨스는 득점에 집중하면 된다. 역습은 더 쉽다. PSG에서 음바페와 뛰면서 정교한 패스로 역습을 이끌었다. 이강인의 탈압박과 스킬 그 자체가 공격 패턴이다. 베일리를 보면서 속이 탔고 오른쪽에서 뛰는 로저스를 보면서 답답했을 빌라 팬들에게 이강인 합류는 새로운 희망이 될 수 있다.

MATZ SELS
ANGUS GUNN
MURILLO
NIKOLA MILENKOVIC
NECO WILLIAMS
OLA AINA
JAIR CUNHA
MORATO
MORGAN GIBBS-WHITE
ELLIOT ANDERSON
NICOLAS DOMINGUEZ
RYAN YATES
IBRAHIM SANGARE
ERIC DA SILVA MOREIRA
WILLY BOLY
CHRIS WOOD
DAN NDOYE
CALLUM HUDSON-ODOI
IGOR JESUS
TAIWO AWONIYI
JOTA SILVA
JAMES MCATEE

Nottingham Forest

NOTTINGHAM FOREST

노팅엄포레스트
Nottingham Forest FC

창단 년도	1865년
최고 성적	우승 (1877/78)
경기장	시티 그라운드 (The City Ground)
경기장 수용 인원	30,455명
지난 시즌 성적	7위
별칭	Forest (포레스트), The Tricky Trees (트리키 트리즈)
상징색	레드, 화이트
레전드	브라이언 클러프, 피터 테일러, 스튜어트 피어스, 존 로버트슨, 피터 쉴튼 등

히스토리

1865년 창단된 노팅엄은 프리미어리그에서 가장 오래된 역사를 자랑하는 클럽이다. 그들의 역사는 두 번의 전성기로 요약된다. 초창기 FA컵 우승과, 축구 역사상 가장 위대한 기적 중 하나로 꼽히는 브라이언 클러프 감독 시절이다. 클러프 감독 아래 노팅엄은 1부 리그 승격 직후 우승을 차지하고, 연이어 유러피언컵 (현 챔피언스리그) 2연패라는 믿기지 않는 업적을 달성했다. 오랜 침체기를 겪은 후 프리미어리그로 복귀했으며, 2024/25시즌 선수비, 후 역습 전술을 통해 이변을 연출하며 한때 챔피언스리그 진출권 경쟁까지 했었다. 누누 산투 감독 아래에서 다시 유럽 대항전에 진출한 노팅엄은 과거 영광의 시대를 재현하기 위해 노력하고 있다.

최근 5시즌 리그 순위 변동

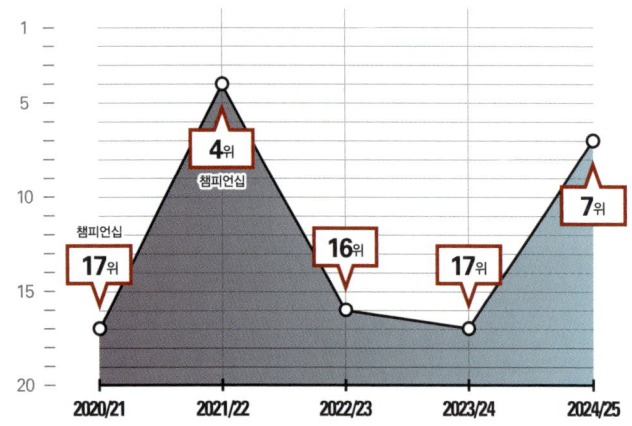

클럽레코드 IN & OUT

최고 이적료 영입 IN

오마리 허친슨
4,340만 유로
(2025년 8월, from 첼시)

최고 이적료 판매 OUT

앤서니 엘랑가
6,140만 유로
(2025년 7월, to 뉴캐슬)

CLUB & MANAGER

누누 산투 Nuno Santo | 1974년 1월 25일 | 51세 | 포르투갈

실용주의의 승부사, 누누 산투

누누 산투는 수비적 안정성을 기반으로 한 실용적인 전술가다. 그는 3백과 4백을 유연하게 사용하며, '공 없이 지배하는' 축구를 추구한다. 그의 팀은 낮은 점유율에도 불구하고 빠른 역습과 효율적인 공격으로 상대를 위협한다. 선수단과의 강한 유대감을 형성하고, 뛰어난 전술적 유연성을 통해 노팅엄을 유럽 대항전으로 이끌었다. 그는 "경기를 지배한다는 것이 반드시 공을 소유하는 것을 의미하지는 않는다"고 말하며 자신의 독특한 축구 철학을 드러냈다. 그는 인터뷰에서 "매일매일"의 과정과 팀의 단결력을 강조하며, 유럽 대항전 진출을 "큰 성과"로 평가하고 이를 발판 삼아 더 높은 곳으로 나아가겠다는 포부를 밝혔다. 그의 목표는 유럽 대항전 병행이라는 험난한 일정 속에서 리그 순위를 유지하고 팀의 입지를 다지는 것이다.

📋 감독 인터뷰

"우리만의 정체성이 있다. 후방에서 버티고, 위협적인 속공으로 기회를 만든다. 더 많은 특별한 추억을 만들기 위해 그 어느 때보다 열심히 노력해야 할 때다."

감독 프로필

통산	선호 포메이션	승률
529 경기 **262** 승 **118** 무 **149** 패	**4-2-3-1**	**49.5%**

우승 이력

- EFL 챔피언십 (2017/18)
- 사우디 프로페셔널 리그 (2022/23)
- 사우디 슈퍼컵 (2022)

경력

2010	2010~2012	2012~2014	2014~2015
말라가CF	파나티나이코스FC	히우아브FC	발렌시아 CF

2016~2017	2017~2021	2021	2022~2023	2023~
FC포르투	울버햄튼원더러스	토트넘홋스퍼	알이티하드	노팅엄포레스트

NOTTINGHAM FOREST

IN

- 단 은도이 (볼로냐)
- 이고르 제주스 (보타포구)
- 자이르 쿠냐 (보타포구)
- 앵거스 건 (노리치)
- 제임스 매카티 (맨체스터시티)
- 아르노 칼리무엔도 (스타드렌)

OUT

- 앤서니 엘랑가 (뉴캐슬)
- 다닐루 (보타포구)
- 라몬 소사 (파우메이라스)
- 앤드류 오모바미델레 (스트라스부르)
- 맷 터너 (리옹)
- 루이스 오브라이언 (렉섬)
- 해리 토폴로 (샬럿)
- 조나단 판조 (히우 아베)
- 웨인 헤네시 (은퇴)
- 카를로스 미켈 (팔메이라스)

FW
- 7 허드슨오도이
- 9 아워니이
- 11 우드
- 14 은도이
- 15 칼리무엔도
- 17 모레이라
- 19 이고르 제주스
- 20 조타
- 25 데니스
- 38 보울러

MF
- 6 상가레
- 8 앤더슨
- 10 깁스화이트
- 16 도밍게스
- 22 예이츠
- 24 매카티
- 32 스타메닉

DF
- 3 N. 윌리엄스
- 4 모라투
- 5 무릴로
- 23 자이르
- 27 리차즈
- 30 볼리
- 31 밀렌코비치
- 34 아이나

GK
- 18 건
- 26 셀스

히든풋볼의 이적시장 평가

2025년 여름 이적 시장에서 노팅엄은 명확한 전략과 야망을 드러냈다. 핵심 윙어 엘랑가를 뉴캐슬로 이적시키며 확보한 €61.40m를 바탕으로, 은도이, 제주스 등 등 공격진에 과감한 투자를 단행했다. 이는 단순한 스쿼드 보강이 아닌, 팀 체질을 바꾸려는 누누 감독의 의지를 보여 준다. 은도이와 허드슨오도이의 스피드가 공격의 핵심이 될 수 있을지, 브라질 유망주들이 유럽 무대에 빠르게 적응할지가 중요한 관전 포인트다.

히든풋볼 이적시장 평가단

SQUAD & BEST11

2024/25시즌 스탯 Top 3

포메이션

- 11 우드
- 7 허드슨오도이
- 10 깁스화이트
- 14 은도이
- 8 앤더슨
- 6 상가레
- 3 N. 윌리엄스
- 5 무릴로
- 31 밀렌코비치
- 34 아이나
- 26 셀스

득점 Top 3
- 크리스 우드 — 20골
- 모건 깁스화이트 — 7골
- 앤서니 엘랑가 — 6골

도움 Top 3
- 앤서니 엘랑가 — 11도움
- 모건 깁스화이트 — 10도움
- 엘리엇 앤더슨 — 6도움

출전시간 Top 3
- 마츠 셀스 — 3,420분
- 니콜라 밀렌코비치 — 3,330분
- 무릴로 — 3,191분

히든풋볼의 순위 예측

환상적인 시즌을 보낸 노팅엄이지만, 유럽대항전-리그 병행은 부담스럽기만 하다. 높은 순위를 기대하기 힘들다.	모건 깁스화이트를 지켜 낸 것이 신의 한 수. 지난 시즌의 단순하지만 강도있는 전술이 탑텐 자리를 지켜 줄 것	환상적인 지난 시즌에도 UEL 병행은 부담스럽다. 하물며 시즌 초반부터 감독과 구단주의 불화설이 터졌다.	핵심 선수 엘랑가의 이적과 빡빡한 일정이 부담될 것이다. 누누 감독의 철학이 유지된다면 좋은 결과가 기대된다.	지난 시즌 엄청난 반전을 일궈 냈다. 29년 만에 유럽대항전에 진출이지만 병행에 따른 어려움이 예상된다.	역습 축구의 확실한 색깔을 갖춘 노팅엄이지만, 유럽대항전 병행으로 지난 시즌만큼의 리그 성적은 어려울 것.
 15위 이주헌	 10위 박종윤	 14위 송영주	 5위 임형철	 10위 남윤성	 14위 이완우

다국적 구단주 모델, 효율적 선수 수급

2024/25시즌, 노팅엄은 모두의 예상을 뒤엎고 리그 7위를 차지하며 UEFA 컨퍼런스리그 진출이라는 쾌거를 이뤘다. 이러한 성공은 '늪 축구'로 불리는 끈끈한 수비 조직력과 한 점 차 승부를 지켜 내는 집중력으로 이루어졌다. 최전방에서는 크리스 우드가 20골을 터뜨리며 팀의 상승세를 이끌었다. 노팅엄은 유럽 대항전이라는 새로운 도전을 앞두고 공격적인 이적 시장 행보를 이어 갔다. 빠른 발이 장점이었던 윙어 엘랑가를 매각한 반면, 자이르 쿠냐와 이고르 제주스 같은 브라질의 어린 재능들을 영입하는 데 집중했다. 이번 이적 시장에서는 에반겔로스 마리나키스 구단주가 소유한 올림피아코스와의 기존 협력 관계를 넘어, 존 텍스터가 대주주로 있는 브라질의 보타포구와의 새로운 선수 수급 파이프라인이 구축된 점이 주목할 만하다. 과거 올림피아코스를 통해 데이비드 카르무, 마르코 스타메니치 등이 합류했던 것처럼, 이번에는 보타포구로부터 이고르 제주스와 자이르 쿠냐가 영입되었다. 이는 노팅엄이 다국적 구단주 모델의 시너지를 적극적으로 활용하고 있음을 보여 준다. 특히 팀 내 브라질 선수단의 증가는 중요한 전략적 의미를 지닌다. 기존의 무릴로, 모라투에 더해 카를로스 미겔, 자이르 쿠냐, 이고르 제주스가 합류하면서 브라질 커넥션이 강화되었다. 이는 단순히 같은 국적의 선수를 모으는 것을 넘어, 남미의 젊은 재능들이 프리미어리그라는 낯선 환경에 빠르게 적응하도록 돕는 촉매제 역할을 한다. 실제로 신입생 자이르 쿠냐는 인터뷰에서 "무릴로는 롤모델이자 기준점"이라고 언급하며, 기존 브라질 선수들의 존재가 이적 결정에 긍정적인 영향을 미쳤음을 시사했다. 이러한 전략은 선수들의 잠재력을 조기에 끌어올릴 수 있는 장점이 있지만, 동시에 특정 문화권 그룹의 형성이 팀 전체의 화합을 저해하지 않도록 세심한 관리가 필요하다는 과제도 남긴다. 지난 시즌 17위에서 7위로 도약하는 데 성공했지만, 끊임없는 선수 교체는 조직력과 전술적 안정성을 해칠 수 있는 위험 요소를 내포한다. 특히 국내 리그와 유럽 대항전을 병행해야 하는 2025/26시즌에는 이러한 부담이 더욱 가중될 것이다. 누누 에스피리투 산투 감독이 계속해서 변화하는 선수단을 하나의 팀으로 묶는 데 성공할 수 있을지, 아니면 두 개의 전선에서 싸워야 하는 압박감에 이 섬세한 구조가 무너질지, 다가오는 시즌은 노팅엄이 상위권 경쟁 위치를 지속할 수 있을지를 판가름하는 중요한 시험대가 될 것이다.

NOTTINGHAM FOREST

26 GK
Matz Sels

마츠 셀스
국적 벨기에 | **나이** 33 | **신장** 188 | **체중** 75 | **평점** 7.09

2024/25시즌 프리미어리그 클린시트 1위를 기록하며 골든 글러브를 공동 수상한 명실상부한 주전 수문장이다. 안정적인 선방 능력과 뛰어난 반사 신경, 120개 이상의 많은 세이브 횟수는 팀의 든든한 버팀목이다. 특히 위기 상황에서의 침착함이 인상적인 선수다. 다만, 46.5%에 불과한 낮은 패스 성공률은 아쉬움이 있다. 긴 패스의 정확도 아쉬운 부분으로 지적된다. 이는 누누 감독의 전술에는 부합하지만, 때로는 쉽게 공격권을 내주는 원인이 되기도 한다. 그럼에도 마츠 셀스는 팀의 유럽 대항전 진출에 결정적인 역할을 한 주역이다. 그는 팀 수비의 가장 중요한 버팀목이다.

2024/25시즌

	38 GAMES	3,420 MINUTES	46 실점	72.30 선방률	
4	120 세이브	13 클린시트	추정가치: 7,000,000€	34.20 클린시트 성공률	0/3 PK 방어 기록	0

30 CB
Willy Boly

윌리 볼리
국적 코트디부아르 | **나이** 34 | **신장** 195 | **체중** 97 | **평점** 6.52

풍부한 프리미어리그 경험을 갖춘 베테랑 센터백이다. 195cm의 압도적인 피지컬을 바탕으로 한 대인 방어와 공중볼 경합 능력이 여전히 건재하다. 베테랑인 만큼 경기 운영에 대한 이해도 뛰어나다. 나이가 들면서 기동력 저하가 눈에 띄었고, 그로 인해 주전 경쟁에서는 밀린 상태다. 하지만 위기 상황에서는 믿음직한 모습을 보이는 선수로, 중요한 순간 투입되어 팀의 수비를 굳건히 지키는 역할을 수행한다. 노련한 위치 선정과 리더십으로 수비 라인을 조율하는데 영향을 미치고 있다. 팀의 수비 뎁스를 강화하고 젊은 선수들에게 경험을 전수하는 중요한 자원이다.

2024/25시즌

	6 GAMES	146 MINUTES	0 GOALS	0 ASSISTS	
1	0.16 경기당슈팅	0.16 유효슈팅	추정가치: 1,500,000€	11.33 경기당패스	78.60 패스성공률	0

5 CB
Murillo

무릴로
국적 브라질 | **나이** 23 | **신장** 180 | **체중** 75 | **평점** 7.16

2024년 올해의 선수로 선정된 팀의 수비진의 보석 같은 존재다. 센터백임에도 불구하고 매우 뛰어난 발기술과 볼 컨트롤, 전진 드리블과 볼 운반 능력을 갖추고 있으며, 공격의 시발점 역할을 한다. 후방에서 뿌리는 환상적인 롱패스가 일품이다. 태클, 블록, 클리어링 등 수비 지표 전반에서 최상위권의 기량을 보여 준다. 중요한 순간 득점력까지 갖추고 있다. 다만 공격적인 수비 스타일로 인해 때때로 뒷 공간을 노출하는 단점이 있다. 공중볼 경합 능력과 때때로 보여주는 오프 더볼 상황에서의 위치 선정은 개선이 필요한 약점으로 지적된다.

2024/25시즌

	36 GAMES	3,191 MINUTES	2 GOALS	0 ASSISTS	
6	0.69 경기당슈팅	0.16 유효슈팅	추정가치: 55,000,000€	39.4 경기당패스	79.50 패스성공률	0

PLAYERS

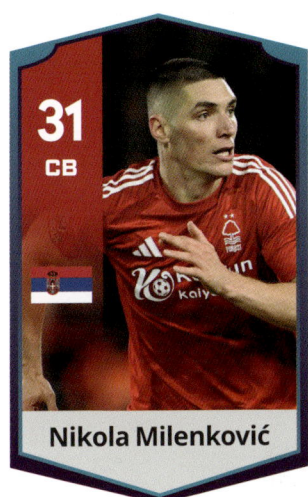

니콜라 밀렌코비치

국적 세르비아 | **나이** 27 | **신장** 195 | **체중** 90 | **평점** 7.03

무릴로와는 정반대 스타일의 수비수로, 팀 수비에 피지컬적인 균형을 더해줄 선수다. 2024/25시즌 팬들이 선정한 '올해의 선수'다. 195cm의 장신을 활용한 제공권 장악 능력은 리그 최상급이며, 세트피스 상황에서 공격적으로도 큰 위협이 된다. 그의 존재만으로도 수비 라인이 한층 안정된다. 무릴로와 함께 철벽 수비 라인을 구축하며 13번의 클린시트를 이끌었다. 특히 중요한 경기에서 보여준 집중력이 인상적이었다. 강력하고 공격적인 태클이 장점이지만, 발이 느려 빠른 공격수에게 뒷공간을 내줄 위험이 있고, 패스 능력이 다소 투박해 후방 빌드업 시에는 약점을 보인다.

2024/25시즌

4	37 GAMES		3,330 MINUTES	5 GOALS		2 ASSISTS	0
	0.78 경기당슈팅	0.22 유효슈팅	추정가치: 35,000,000€		26.24 경기당패스	82.80 패스성공률	

네코 윌리엄스

국적 웨일스 | **나이** 24 | **신장** 183 | **체중** 72 | **평점** 7.1

현대 축구가 요구하는 풀백의 모든 것을 갖춘 선수다. 누누 감독의 공격적인 풀백 활용 전술 아래에서 잠재력이 만개했다. 지치지 않는 활동량과 폭발적인 스피드, 날카로운 크로스와 패스 능력이 최대 강점이다. 수비수임에도 불구하고 많은 슈팅을 시도한다. 그리고 안정적인 태클과 인터셉트 능력까지 공수 양면에서 완벽한 모습을 보여 준다. 좌우 측면을 모두 소화할 수 있는 다재다능함은 팀에 큰 힘이 된다. 이번 시즌 등번호를 3번으로 변경하며 확고한 주전으로서의 입지를 다졌다. 하지만 때때로 공격에 집중한 나머지 수비 뒷공간을 노출하는 경향이 있다.

2024/25시즌

7	35 GAMES		2,590 MINUTES	1 GOALS		3 ASSISTS	0
	1.05 경기당슈팅	0.2 유효슈팅	추정가치: 20,000,000€		23.4 경기당패스	81.40 패스성공률	

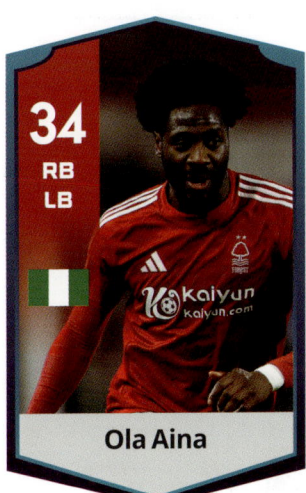

올라 아이나

국적 나이지리아 | **나이** 28 | **신장** 184 | **체중** 82 | **평점** 7.07

안정적인 수비력과 영리한 공격 가담이 돋보이는 풀백이다. 공수 양면에서 다재다능하다. 경기 흐름을 읽는 능력도 수준급이다. 뛰어난 위치 선정과 정확한 태클 타이밍을 바탕으로 한 일대일 수비에 강점을 보인다. 유럽 5대 리그 선수 중 수비 지역 볼 획득 1위를 기록할 만큼 수비력이 뛰어나다. 공격 시에는 지능적인 오버래핑과 날카로운 크로스, 저돌적인 드리블 돌파로 팀에 활기를 불어넣는다. 좌우 풀백을 모두 소화할 수 있어 스쿼드 운영에 유연성을 더해 주는 핵심 자원이다. 다만 기복이 있는 플레이와 패스 정확도는 개선이 필요하다.

2024/25시즌

5	35 GAMES		3,003 MINUTES	2 GOALS		1 ASSISTS	0
	0.31 경기당슈팅	0.05 유효슈팅	추정가치: 22,000,000€		28.2 경기당패스	80.00 패스성공률	

NOTTINGHAM FOREST

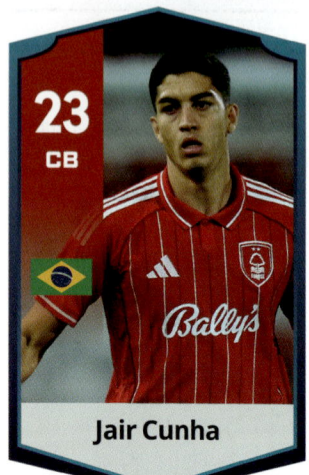

23 CB
Jair Cunha

자이르 쿠냐
국적 브라질 | **나이** 20 | **신장** 198 | **체중** 87 | **평점** 7.27

제2의 무릴로를 꿈꾸는 높은 잠재력의 유망주다. 2025년 여름 보타포구에서 영입된 브라질 출신의 젊은 센터백이다. 198cm의 압도적인 신체조건을 갖췄으며, 브라질 U-20 대표팀과 클럽 월드컵 무대에서 PSG를 상대로 클린시트를 기록하는 등 이미 큰 경기 경험도 쌓았다. 성장세가 가파르다는 평가도 나온다. 뛰어난 잠재력을 인정받고 있으며, 장기적인 관점에서 팀의 미래를 책임질 자원으로 평가받는다. 훈련 태도도 매우 성실하고 프로페셔널하다. 다만 유럽 무대 경험이 전무하기 때문에 프리미어리그의 빠른 템포와 거친 몸싸움에 적응하는 데 시간이 필요할 것이다.

2024/25시즌

	11 GAMES	990 MINUTES	0 GOALS	1 ASSISTS	
0	0.73 경기당슈팅	0.09 유효슈팅	추정가치: 13,000,000€	56.09 경기당패스	87.30 패스성공률	0

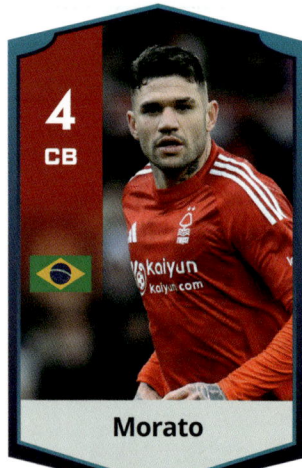

4 CB
Morato

모라투
국적 브라질 | **나이** 24 | **신장** 192 | **체중** 88 | **평점** 6.44

브라질 출신의 또 다른 장신 센터백으로, 피지컬을 활용한 수비에 능하다. 주로 교체 자원으로 활약하며 수비 뎁스에 깊이를 더했다. 수비 상황에서의 집중력도 안정적이다. 192cm의 키와 89kg의 다부진 체격에서 나오는 힘을 바탕으로 상대 공격수와의 몸싸움에서 우위를 점한다. 특히 스탠딩 태클과 헤딩 능력이 준수해 세트피스 수비 시 안정감을 더해 준다. 다만, 민첩성이 다소 떨어져 발 빠른 공격수를 상대할 때 약점을 보일 수 있다. 주전으로 도약하기 위해서는 패스 전개 능력과 경기 운영 능력을 더 발전시킬 필요가 있다.

2024/25시즌

	26 GAMES	893 MINUTES	0 GOALS	0 ASSISTS	
5	0.07 경기당슈팅	0.03 유효슈팅	추정가치: 14,000,000€	11.69 경기당패스	77.60 패스성공률	0

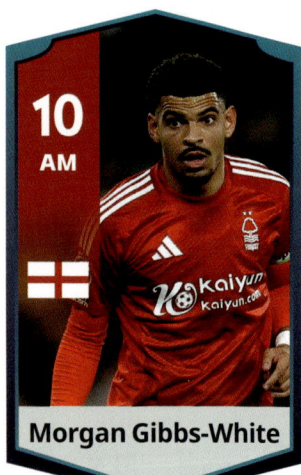

10 AM
Morgan Gibbs-White

모건 깁스화이트
국적 잉글랜드 | **나이** 25 | **신장** 171 | **체중** 72 | **평점** 7.25

이견이 없는 팀의 에이스이자 공격의 심장이다. 공격형 미드필더 위치에서 창의적인 패스와 드리블로 공격을 이끈다. 2024/25시즌 7골 8도움을 기록하며 팀 내 최다 공격 포인트를 올렸다. 수비 라인을 무너뜨리는 창의적인 전진 패스와 넓은 시야는 타의 추종을 불허한다. 그의 높은 이적료 가치는 팀 내에서의 절대적인 중요성을 방증한다. 2025년 여름에 토트넘이 영입을 원했고 이적이 유력했지만, 잔류를 원했던 노팅엄이 극적으로 재계약에 성공하며 선수의 잔류를 이끌었다. 때때로 무리한 플레이로 공격의 흐름을 끊는 경향이 있고 감정 조절에 미숙한 모습을 보이기도 한다.

2024/25시즌

	34 GAMES	2,822 MINUTES	7 GOALS	8 ASSISTS	
9	1.79 경기당슈팅	0.64 유효슈팅	추정가치: 50,000,000€	34.5 경기당패스	80.70 패스성공률	1

PLAYERS

엘리엇 앤더슨
국적 잉글랜드 | **나이** 22 | **신장** 179 | **체중** 76 | **평점** 7.18

2024년 여름, 뉴캐슬로부터 거액의 이적료로 합류한 새로운 창의성의 원천이다. 부드러운 볼 컨트롤과 좁은 공간을 헤집는 드리블 능력이 탁월하며, 뛰어난 패스 시야와 강력한 중거리 슛까지 겸비했다. 6개의 도움을 기록하며 공격에서 번뜩이는 모습을 보였다. 왕성한 활동량과 높은 수준의 태클, 클리어링 등 수비 기여도도 높다. 공격형 미드필더는 물론 측면과 중앙 미드필더까지 소화 가능한 다재다능함이 큰 장점이다. 다만, 아직 피지컬적인 성장이 더 필요해 풀 시즌을 소화할 수 있는 힘과 체력을 증명해야 한다. 때때로 너무 많은 경고를 받는 점은 개선이 필요하다.

2024/25시즌

	37 GAMES	2,742 MINUTES	2 GOALS	6 ASSISTS	
10	1.08 경기당슈팅	0.18 유효슈팅	추정가치: 32,000,000€	33.16 경기당패스	82.30 패스성공률	0

니콜라스 도밍게스
국적 아르헨티나 | **나이** 27 | **신장** 179 | **체중** 73 | **평점** 6.79

아르헨티나 출신의 투지 넘치는 중앙 미드필더다. 지치지 않는 체력을 바탕으로 경기장 전체를 누비는 박스투박스 미드필더다. 몸을 아끼지 않는 헌신적인 플레이가 인상적이다. 경기장 전체를 누비는 뛰어난 활동량과 높은 수비 가담, 그리고 정확한 패스 능력을 겸비했다. 리그 최상위권 태클 능력을 바탕으로 중원을 장악하며 상대의 공격 흐름을 끊는 데 탁월한 능력을 보여 준다. 이런 능력은 빅매치에서 더욱 빛을 발한다. 공격 기여도는 아쉬운 편으로 지난 시즌 대부분을 수비적인 역할에 치중했다. 팀의 살림꾼 역할을 묵묵히 수행한다.

2024/25시즌

	34 GAMES	1,970 MINUTES	0 GOALS	1 ASSISTS	
9	0.61 경기당슈팅	0.26 유효슈팅	추정가치: 18,000,000€	25.26 경기당패스	87.70 패스성공률	0

라이언 예이츠
국적 잉글랜드 | **나이** 27 | **신장** 190 | **체중** 87 | **평점** 6.76

포레스트 유스 출신으로 팀의 심장이자 정신적 지주 역할을 하는 존재다. 투지 넘치는 플레이와 헌신적인 수비 가담으로 중원에 활력을 불어넣는다. 강력한 피지컬과 뛰어난 제공권, 몸을 아끼지 않는 플레이로 중원에서 궂은일을 도맡아 한다. 팬들의 절대적인 지지를 받고 있다. 수비 상황에서의 블록과 클리어링 능력이 뛰어나며, 세트피스 상황에서 득점력도 갖추고 있다. 패스 전개나 창의성 면에서는 다소 투박한 모습을 보인다. 화려하지는 않지만 팀에 반드시 필요한 살림꾼 역할을 묵묵히 수행하며, 팀의 구심점 역할을 한다.

2024/25시즌

	35 GAMES	1,904 MINUTES	2 GOALS	1 ASSISTS	
10	0.94 경기당슈팅	0.25 유효슈팅	추정가치: 12,000,000€	20.31 경기당패스	82.70 패스성공률	0

NOTTINGHAM FOREST

6 DM
Ibrahim Sangaré

이브라힘 상가레
국적 코트디부아르 | 나이 27 | 신장 191 | 체중 77 | 평점 6.76

포레스트 중원의 방패 역할을 수행하는 수비형 미드필더다. 191cm의 장신에서 나오는 압도적인 피지컬을 바탕으로 상대 공격을 일차적으로 저지한다. 경합 상황에서의 강인함이 돋보인다. 왕성한 활동량과 리그 최상급의 태클 능력으로 포백을 보호하는 데 탁월한 능력을 보인다. 중원 싸움에서 우위를 점하며 수비 기여도는 확실한 반면, 기술이 투박해 공격 전개나 볼 운반, 창의적인 패스 능력은 다소 부족한 편이다. 2024/25시즌에는 이로 인해 제한적인 출전 기회를 받았다. 수비에 집중하는 역할로 활용될 때 선수의 가치가 더 극대화되는 편이다.

2024/25시즌

	GAMES	MINUTES		GOALS	ASSISTS	
	13	590		0	1	
3	0.07 경기당슈팅	0.07 유효슈팅	추정가치: 24,000,000€	25.53 경기당패스	85.30 패스성공률	0

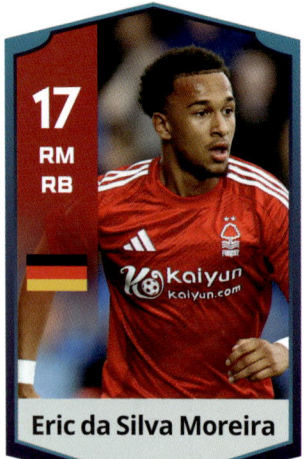

17 RM/RB
Eric da Silva Moreira

에릭 다실바 모레이라
국적 독일 | 나이 19 | 신장 185 | 체중 82 | 평점 6.29

독일의 명문 장크트 파울리에서 2024년 여름에 이적한 19세의 어린 유망주다. 오른쪽 미드필더와 윙어, 풀백까지 소화할 수 있는 다재다능함을 갖췄다. 2024/25시즌 주로 컵 대회에 출전하며 1군 무대를 경험했다. 전술 이해도 좋은 편이고, 훈련에도 적극적으로 참여한다. 빠른 스피드와 준수한 드리블 능력을 보유하고 있어 미래가 기대되는 선수다. 아직 1군 무대 경험이 부족하기 때문에, 이번 시즌에는 주로 컵 대회나 교체 출전을 통해 경험을 쌓을 것으로 보인다. 꾸준한 성장을 통해 팀의 중요한 자원으로 자리매김할 잠재력을 충분히 가지고 있다.

2024/25시즌

	GAMES	MINUTES		GOALS	ASSISTS	
	2	28		0	0	
0	0 경기당슈팅	0 유효슈팅	추정가치: 1,000,000€	3 경기당패스	83.00 패스성공률	0

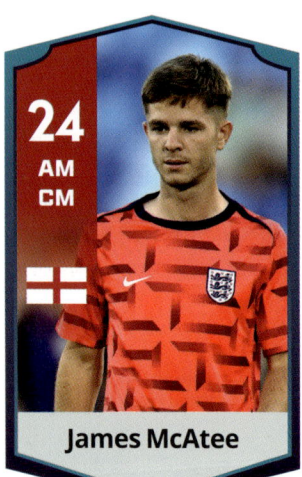

24 AM/CM
James McAtee

제임스 매카티
국적 잉글랜드 | 나이 22 | 신장 180 | 체중 72 | 평점 6.6

맨시티가 배출한 유망주 제임스 매카티가 노팅엄의 새로운 공격 선봉장으로 나선다. 약 3,000만 파운드의 이적료로 5년 계약을 맺은 그는 맨시티의 쟁쟁한 주전 경쟁을 뒤로하고 새로운 도전을 선택했다. 2002년생의 왼발잡이인 매카티는 펩 감독으로부터 '좁은 공간에서 가장 위력적이며, 천부적인 골 감각을 지녔다'는 극찬을 받은 바 있다. 그의 스타일은 단순한 찬스 메이커를 넘어 직접 득점을 노리는 '골 넣는 미드필더'에 가깝다. 통계적으로도 도움이나 기회 창출보다 득점과 슈팅 시도 관련 지표에서 월등히 높은 수치를 기록하는 것이 이를 증명한다.

2024/25시즌

	GAMES	MINUTES		GOALS	ASSISTS	
	15	342		3	0	
1	3.09 경기당슈팅	1.03 유효슈팅	추정가치: 4,000,000€	32.1 경기당패스	80.0 패스성공률	0

PLAYERS

크리스 우드

국적 뉴질랜드 | **나이** 33 | **신장** 191 | **체중** 85 | **평점** 7.06

프리미어리그에서 검증된 베테랑 타겟형 스트라이커다. 33세의 나이로 커리어 하이 시즌을 보냈다. 20골을 터트리며 팀 내 득점 1위에 올랐다. 리그 최상급의 제공권을 바탕으로 한 헤더 능력은 상대 수비에게 공포의 대상이며, 페널티 박스 안에서의 위치 선정과 골 결정력이 매우 뛰어나다. 전형적인 타겟형 스트라이커로, 방점을 찍는 역할을 담당하며 제2의 전성기를 맞았다. 다만, 스피드가 느려 역습 상황에서는 위력이 반감되는 단점이 있다. 나이가 주는 압박이 상당한 가운데, 지난 시즌과 비슷한 활약을 펼칠 수 있을지 주목된다.

2024/25시즌

	GAMES	MINUTES	GOALS	ASSISTS	
1	36	2,976	20	3	0
	1.88 경기당슈팅	0.97 유효슈팅	추정가치: 10,000,000€	13.05 경기당패스	64.90 패스성공률

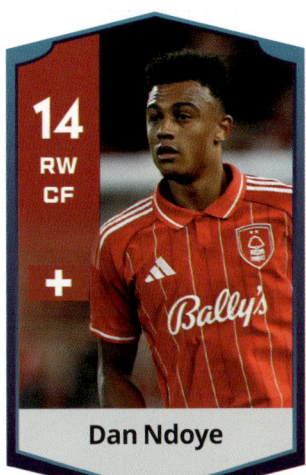

단 은도이

국적 스위스 | **나이** 24 | **신장** 184 | **체중** 79 | **평점** 7.13

구단 역대 최고 이적료를 경신하며 볼로냐에서 합류한 스위스 특급 윙어다. 2025년 7월 31일 이적 후 팀에 적응 중인 단 은도이는, 폭발적인 스피드와 저돌적인 드리블 돌파가 주무기이며, 뛰어난 볼 운반 능력이 최대 강점이다. 수비를 등지는 상황에서도 흔들림이 없다. 세리에A와 유로 2024 무대에서 득점력과 창의성을 모두 증명했다. 지난 시즌 노팅엄의 최다 도움을 기록하고 뉴캐슬로 이적한 앤서니 엘랑가의 공백을 메워 줄 핵심 자원으로 평가받는다. 다만, 프리미어리그의 거친 몸싸움과 빠른 템포에 얼마나 빨리 적응하느냐가 성공의 관건이 될 것이다. 그의 활약이 팀의 공격 성패를 좌우할 것이다.

2024/25시즌

	GAMES	MINUTES	GOALS	ASSISTS	
4	30	2,151	8	4	0
	1.73 경기당슈팅	0.66 유효슈팅	추정가치: 35,000,000€	15.4 경기당패스	78.50 패스성공률

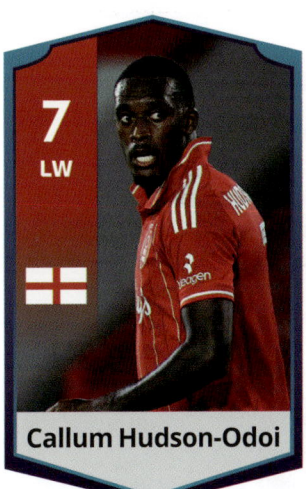

칼럼 허드슨오도이

국적 잉글랜드 | **나이** 24 | **신장** 178 | **체중** 76 | **평점** 7.19

폭발적인 스피드와 화려한 드리블을 갖춘 재능 있는 주전 윙어다. 특히 볼을 몰고 전진하는 능력이 뛰어나 역습 상황에서 큰 위협이 된다. 순간적으로 수비 라인을 무너뜨리는 움직임이 강점이다. 일대일 돌파 능력과 찬스 메이킹 능력이 좋다. 2024/25시즌 5골 2도움을 기록하며 준수한 활약을 펼쳤다. 다만, 결정적인 순간에서 침착함이 아쉬울 때가 있으며, 기복이 심한 것이 단점이다. 마무리 능력과 수비 가담은 꾸준히 약점으로 지적받는다. 이번 시즌 14번의 등번호 대신 에이스의 상징인 7번을 물려받은 만큼, 그 기대에 부응하는 꾸준한 활약을 보여 줄 필요가 있다.

2024/25시즌

	GAMES	MINUTES	GOALS	ASSISTS	
2	31	2,201	5	2	0
	1.19 경기당슈팅	0.54 유효슈팅	추정가치: 25,000,000€	23.06 경기당패스	88.60 패스성공률

NOTTINGHAM FOREST

이고르 제주스

국적 브라질 | **나이** 24 | **신장** 179 | **체중** 75 | **평점** 7.17

2025년 여름 보타포구에서 영입된 브라질 출신 공격수다. 전형적인 9번 공격수라기보다 현대적인 스트라이커에 가깝다. 공간을 활용하는 센스가 돋보일 만큼 지능적인 움직임과 뛰어난 연계 플레이가 장점이며, 깊숙이 내려와 공격을 풀어주는 역할을 훌륭히 소화한다. 오프더볼 움직임과 기술적인 마무리 능력도 갖췄다. 다만, 제공권 장악 능력은 보완이 필요한 약점으로 꼽힌다. 그의 합류로 포레스트는 상대에 따라 다양한 공격 전술을 구사할 수 있게 되었다. 프리미어리그의 빠른 템포와 강한 몸싸움에 적응하는 것이 그의 성공을 위한 첫 번째 관문이다.

2024/25시즌

	GAMES	MINUTES	GOALS	ASSISTS	
0	10	877	3	1	0
	3.5 경기당슈팅	1.4 유효슈팅	추정가치: 15,000,000€	19.7 경기당패스	72.10 패스성공률

타이워 아워니이

국적 나이지리아 | **나이** 28 | **신장** 183 | **체중** 84 | **평점** 6.02

건강할 때의 파괴력은 리그 정상급이지만, 잦은 부상이 발목을 잡는 유리몸 공격수다. 강력한 피지컬과 스피드를 이용한 저돌적인 돌파가 장점이며, 수비 뒷공간을 공략하는 데 능하며, 전방 압박 시에도 충분히 위협적인 존재다. 하지만 지난 시즌에도 부상으로 많은 경기에 결장하며 꾸준한 활약을 보여주지 못했다. 2024/25시즌은 1골에 그쳤다. 재활과 컨디션 관리가 절실한 상황이다. 건강을 회복한다면 크리스 우드와는 다른 유형의 공격 옵션을 제공할 수 있다. 그의 가장 큰 과제는 부상 없이 한 시즌을 온전히 소화하는 것이다.

2024/25시즌

	GAMES	MINUTES	GOALS	ASSISTS	
0	26	400	1	0	0
	2.6 경기당슈팅	0.15 유효슈팅	추정가치: 16,000,000€	3.61 경기당패스	64.90 패스성공률

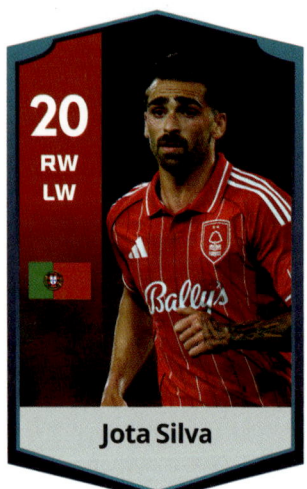

조타 실바

국적 포르투갈 | **나이** 26 | **신장** 179 | **체중** 72 | **평점** 6.58

포르투갈 리그에서 15골을 기록하며 기대를 모았지만, 프리미어리그에서는 아직 일관성 있는 모습을 보여 주지 못하고 있다. 주로 교체 선수로 투입되어 경기의 흐름을 바꾸는 역할을 맡은 포르투갈 출신 윙어다. 빠른 속도를 활용한 공간 침투가 위협적이며, 폭발적인 드리블과 높은 수준의 기회 창출 능력이 장점이다. 감각적인 패스 터치도 눈에 띈다. 낮은 패스 정확도와 부족한 골 결정력, 피지컬적인 약점은 개선이 필요하다. 누누 감독의 역습 전술에는 부합하지만, 주전 경쟁에서 살아남기 위해서는 공수 양면에서 더 발전된 모습을 보여야 한다.

2024/25시즌

	GAMES	MINUTES	GOALS	ASSISTS	
5	31	840	3	1	0
	0.74 경기당슈팅	0.22 유효슈팅	추정가치: 15,000,000€	5.516 경기당패스	66.10 패스성공률

전지적 작가 시점

임형철이 주목하는 노팅엄의 원픽!
제임스 매카티

노팅엄포레스트는 2024/25시즌, 구단 역사에 남을 7위라는 성적으로 유럽 대항전 진출권을 획득하는 쾌거를 이뤘다. 하지만 이 성공의 이면에는 통계적 이례라는 불편한 진실이 숨어 있다. 노팅엄의 성적은 기대 득점(xG)과 기대 실점(xGA) 같은 지표를 크게 상회하는, 즉 지속되기 어려운 '오버퍼포먼스'에 기반했다. 2024/25시즌 노팅엄은 45.5의 xG 값으로 58골을 넣었고, 48.9의 xGA 값으로 46골만을 실점했다. 이러한 '행운'에만 의존해서는 강팀으로 자리매김할 수 없다. 누누 이스피리투 산투 감독 체제에서 노팅엄의 전술적 색깔은 명확했다. 리그 19위의 평균 점유율(40.9%)과 20위의 패스 성공률(75.8%)이 증명하듯, 수비에 집중하다가 빠른 전환을 통해 상대의 뒷공간을 공략하는 '선수비 후역습' 전략이었다. 이러한 배경 속에서 맨체스터시티로부터 영입한 제임스 매카티는 노팅엄의 미래를 바꿀 변수다. 잉글랜드 U-21 대표팀 주장이자 공격형 미드필더인 그는, 노팅엄의 기존 스타일과는 정반대인 '점유율 축구'에 특화된 선수다. 매카티의 영입은 단순한 전력 보강을 넘어, 노팅엄의 전술적 정체성을 진화시키겠다는 의지의 표명이다.

지금 노팅엄에 이 선수가 있다면!
애덤 워튼

제임스 매카티라는 엔진을 장착한 노팅엄포레스트. 이제 그들의 다음 과제는 리그와 유럽 대항전을 병행하며 스쿼드의 마지막 약점을 보강하는 것이다. 2024/25시즌 노팅엄의 중원은 모건 깁스화이트(7골 8도움)와 엘리엇 앤더슨(2골 6도움)이라는 두 명의 미드필더가 이끌었지만, 팀 전체적으로는 점유율을 포기하고 수비에 집중하는 경향이 뚜렷했다. 이제 깁스화이트와 매카티라는 두 명의 공격형 미드필더를 보유하게 된 만큼, 이들의 공격 재능을 극대화하고 팀이 점유율 축구로 발전하기 위해서는 후방을 든든하게 받쳐 줄 수비형 미드필더가 절실하다. 이러한 조건에 부합하는 선수로 크리스탈팰리스의 애덤 워튼을 추천한다. 19세의 잉글랜드 출신 수비형 미드필더인 그는, '빅6' 클럽 소속이 아니기에 유럽 대항전에 진출하는 노팅엄에게는 현실적인 영입 목표가 될 수 있다. 워튼의 영입은 노팅엄에 전술적 혁명을 가져올 수 있다. 그는 깁스화이트와 매카티가 수비 부담을 덜고 공격에만 집중할 수 있도록 후방에 안정감을 제공할 것이다. 동시에, 후방에서부터 시작되는 빌드업을 통해 팀이 경기를 지배하고, 공격을 전개할 수 있는 기반을 마련해 줄 것이다.

BART VERBRUGGEN
JAN PAUL VAN HECKE
OLIVIER BOSCAGLI
DIEGO COPPOLA
LEWIS DUNK
FERDI KADIOGLU
MAXIM DE CUYPER
CARLOS BALEBA
MATS WIEFFER
YASIN AYARI
MATT O'RILEY
FACUNDO BUONANOTTE
DIEGO GOMEZ
JAMES MILNER
BRAJAN GRUDA
KAORU MITOMA
YANKUBA MINTEH
SOLLY MARCH
GEORGINIO RUTTER
DANNY WELBECK
STEFANOS TZIMAS
CHARALAMPOS KOSTOULAS

Brighton and Hove Albion

BRIGHTON AND HOVE ALBION

브라이튼 & 호브알비온
Brighton and Hove Albion

창단 년도	1901년
최고 성적	6위 (2022/23)
경기장	아메리칸 익스프레스 커뮤니티 스타디움 (The American Express-Community Stadium)
경기장 수용 인원	30,750명
지난 시즌 성적	8위
별칭	The Seagulls (시걸스), Albion (알비온)
상징색	블루, 화이트
레전드	미셸 쿠니퍼스, 캐리 마요, 보비 자모라, 글렌 머레이, 토미쿡, 터그 윌슨 등

히스토리

잉글랜드 남동부에 있는 이스트서식스주 브라이튼앤드호브를 연고로 한 팀이다. 창단 후 대부분을 하부 리그에 머무르면서 1부 리그에서 뚜렷한 족적을 남기지 못했던 브라이튼이었다. 하지만 2017년 PL 승격 후 좋은 감독들을 연달아 데려오면서 브라이튼만의 독특한 팀 컬러를 만들어 냈고 PL의 강력한 다크호스로 급부상했다. 크리스 휴턴을 시작으로 그레이엄 포터-로베르토 데제르비-파비안 휘르첼러로 이어지는 젊은 감독들이 바통을 이어받으면서 꾸준히 좋은 성적을 이어 오고 있으며, 지난 시즌 휘르첼러가 PL 역대 최연소 감독이라는 타이틀을 가지고 첫 시즌 무려 8위의 성적을 이끌어 낸 만큼, 데이터 기반의 스마트한 운영과 유망주 발굴 능력을 바탕으로 앞으로도 브라이튼의 발전 가능성은 무궁무진할 것으로 전망된다.

최근 5시즌 리그 순위 변동

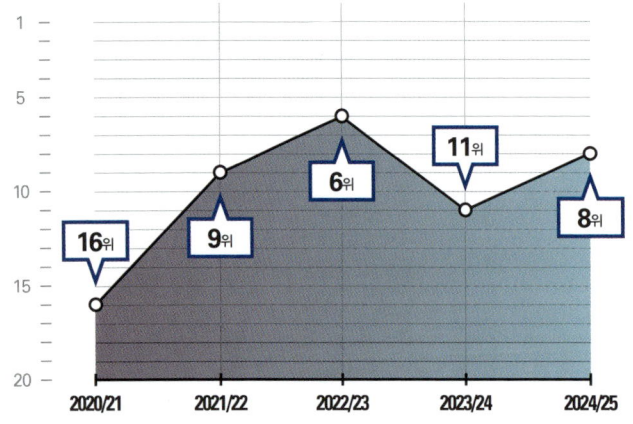

클럽레코드 IN & OUT

>>>>>>>>>>>>>>>>>> **최고 이적료 영입 IN**

조르지니오 뤼테르
4,670만 유로
(2024년 8월, from 리즈)

최고 이적료 판매 OUT >>>>>>>>>>>>>>>>>>

모이세스 카이세도
1억 1,600만 유로
(2023년 8월, to 첼시)

CLUB & MANAGER

파비안 휘르첼러 Fabian Hürzeler

1993년 2월 26일 | 32세 | 독일

성공적이었던 첫 시즌, 2년 차 징크스 조심!

지난 시즌 PL 역사상 최연소 감독이라는 타이틀을 받으며 수많은 기대를 모았던 휘르첼러 감독이었다. 그 결과 리그 8위라는 놀라운 성적을 거두며 그 기대에 완벽하게 부응하는 모습을 보여 주었고, 그동안 브라이튼이 꾸준히 이어 왔던 체계적인 빌드업과 압박 체계에 더해 본인의 색채인 측면 부분 전술 또한 잘 녹여 냈다. 상대에 따른 맞춤 전술이나 경기 중간중간 변화를 가져다주는 전술의 유연성도 보여 주었다. 인상적인 첫 시즌을 보냈던 휘르첼러였으나, 다른 경쟁팀들도 여러 부분에서 꾸준하게 발전하고 있는 흐름이기 때문에 이 성적을 꾸준히 유지하는 것은 좀처럼 쉽지가 않다. 이러한 어려움 속에서 오히려 더 나은 성적, 혹은 첫 시즌 때만큼의 성과를 다시 한번 만들어 낼 수 있다면 휘르첼러는 앞으로 PL을 이끌어 갈 또 다른 젊은 명장으로 명성을 떨칠 수 있을 것이다.

📋 감독 인터뷰

"가장 체력적으로 강도 높은 팀을 만들고자 할 것이며, 유럽대항전 진출이 다음 시즌 목표다."

감독 프로필

통산				선호 포메이션	승률
100 경기	**57** 승	**24** 무	**19** 패	**3-4-3**	**57**%

시즌 키워드

#2년차징크스? | **#유럽대항전도전** | **#다크호스**

우승 이력

- 독일 2부리그 (2023/24)

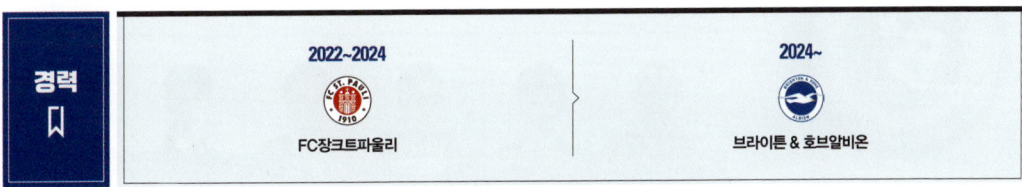

경력: 2022~2024 FC장크트파울리 | 2024~ 브라이튼 & 호브알비온

BRIGHTON AND HOVE ALBION

IN

막심 더카위퍼르
(클럽브뤼헤)

올리비에 보스칼리
(PSV)

디에고 코폴라
(베로나)

카라람포스 코스툴라스
(올림피아코스)

톰 왓슨
(선덜랜드)

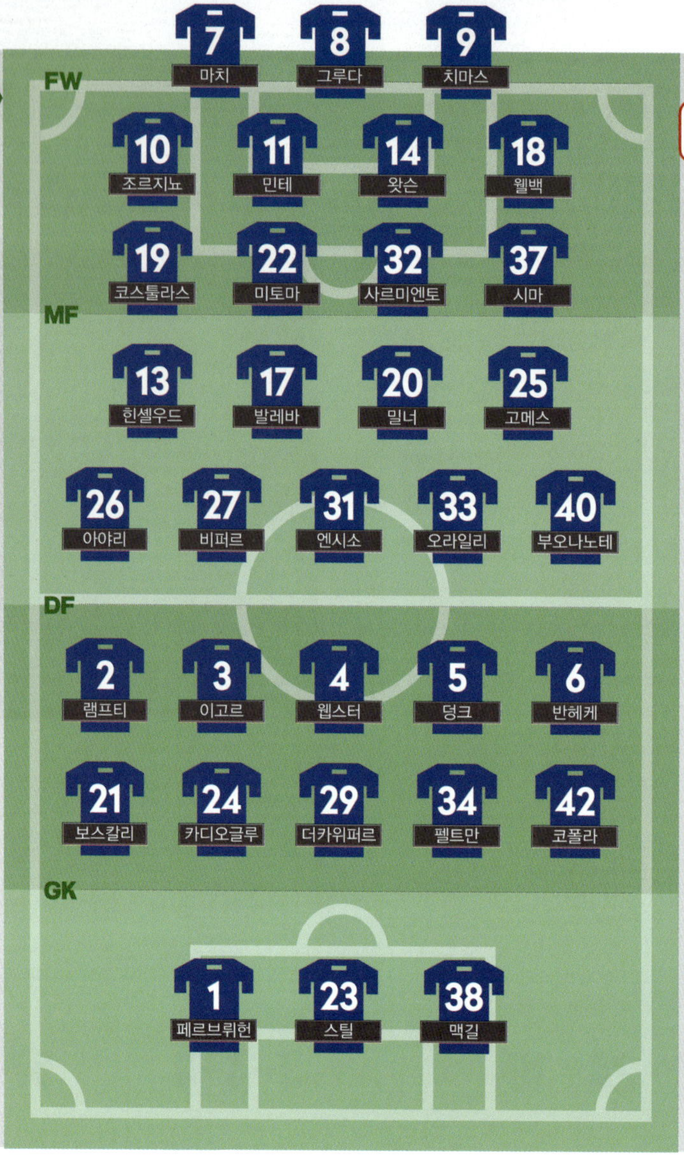

FW
- 7 마치
- 8 그루다
- 9 치마스
- 10 조르지뉴
- 11 민테
- 14 왓슨
- 18 웰벡

MF
- 19 코스툴라스
- 22 미토마
- 32 샤르미엔토
- 37 시마
- 13 힌셀우드
- 17 발레바
- 20 밀너
- 25 고메스
- 26 아야리
- 27 비퍼르
- 31 엔시소
- 33 오라일리
- 40 부오나노테

DF
- 2 램프티
- 3 이고르
- 4 웹스터
- 5 덩크
- 6 반헤케
- 21 보스칼리
- 24 카디오글루
- 29 더카위퍼르
- 34 펠트만
- 42 코폴라

GK
- 1 페르브뤼헌
- 23 스틸
- 38 맥길

OUT

페르비스 에스투피냔
(AC밀란)

에반 퍼거슨
(AS로마, 임대)

윤도영
(엑셀시오르)

시몬 아딩그라
(선덜랜드)

주앙 페드루
(첼시)

발렌틴 바르코
(스트라스부르)

말릭 얄쿠예
(스완지시티)

히든풋볼의 이적시장 평가

올 시즌도 특유의 데이터베이스를 활용하여 각국의 재능 있는 선수들을 상당히 잘 데려왔다. 부족한 포지션에 대한 보강과 더불어 수비 포지션에 대한 스쿼드 뎁스를 더 탄탄하게 늘렸다. 영입이 많은 만큼 새로운 선수들의 적응 속도도 중요한 변수다. 그리스 출신의 공격 듀오가 터져 준다면 A까지도 가능한 이적시장이라고 여겨진다.

SQUAD & BEST 11

BEST 11

- 22 미토마
- 18 웰백
- 10 조르지뇨
- 27 비페르
- 17 발레바
- 33 오라일리
- 29 더카위퍼르
- 6 반헤케
- 5 덩크
- 24 카디오글루
- 1 페르브뤼헌

2024/25시즌 스탯 Top 3

득점 Top 3
- 대니 웰백 — 10골
- 주앙 페드루 — 10골
- 미토마 카오루 — 10골

도움 Top 3
- 주앙 페드루 — 6도움
- 대니 웰백 — 4도움
- 미토마 카오루 — 4도움

출전시간 Top 3
- 바르트 페르브뤼헌 — 3,240분
- 얀 폴 반헤케 — 2,961분
- 카를로스 발레바 — 2,674분

히든풋볼의 순위 예측

상승세에 있는 팀 분위기를 끝까지 가지고 간다면 브라이튼의 선전을 이번 시즌에도 기대해도 좋을 것이다.

브라이튼이 찍고 데려온 생소한 선수들은 높은 확률로 터진다. 감독-선수가 아닌 시스템 자체가 강한 팀이다.

브라이튼은 시스템을 잘 갖춘 팀으로 쉽게 무너지지 않는다. 그럼에도 유럽대항전 진출 경쟁은 어려운 임무다.

핵심 선수를 비싸게 팔고 유망주에 재투자하는 성공적인 모델을 유지하며 안정적인 중상위권 성적을 이어갈 것.

휘르첼러는 분명 능력 있는 감독이다. 하지만 주앙 페드루의 이탈에 따른 공격력 약화가 우려된다.

각 국가의 내로라하는 유망주와 즉시전력감을 훌륭하게 보강해 냈다. 올 시즌도 브라이튼의 행보는 기대가 된다.

 6위 이주헌

 8위 박종윤

 9위 송영주

 10위 임형철

 12위 남윤성

 7위 이완우

훌륭했던 지난 시즌, 유럽대항전을 향해!

지난 시즌 브라이튼은 데제르비라는 명장이 팀을 떠나면서 그의 후임자가 과연 데제르비 만큼의 조직력이나 결과물들을 안겨 줄 수 있을 것인가에 대한 갑론을박이 있었다. 실제로 브라이튼은 지난 몇 년간 프리미어리그에서 가장 아름다운 축구를 해 왔던 팀 중 하나였다. 특유의 체계적인 압박 시스템과 골키퍼와 센터백으로부터 시작되는 조직적인 후방 빌드업은 브라이튼의 트레이드 마크 중 하나였다.

그런데 지난 시즌, 이 어려운 일을 휘르첼러가 해냈다. 93년생의 역대 PL 최연소 감독이라는 타이틀을 부여받으며 당당하게 입성한 PL 무대였는데 전혀 주눅 들지 않고 기존의 브라이튼의 색깔에 본인의 철학과 전술, 유연성까지 추가하며 팀의 성적을 더 끌어올리고 발전시키는 데 성공해 냈다. 지난 시즌 리그 8위로 유럽 대항전 진출 목전까지 순위를 끌어올렸으며, 시즌 동안 내로라하는 강팀들을 상대로도 좋은 경기력, 좋은 결과, 전술적으로도 더 날카롭게 맞대응하는 모습을 보이면서 그 누구도 무시할 수 없는 팀으로 팀을 잘 다져 놨다. 그 과정 동안 얀 폴 반헤케를 팀의 핵심 수비수이자 이제는 네덜란드 대표팀에서도 판 다이크의 당당한 주전급 파트너 센터백으로 성장시켰으며, 그 외에 카를로스 발레바, 야신 아야리, 힌셀우드 같은 선수들의 성장세도 눈에 띄었다.

주앙 페드루와 같은 핵심 자원의 이탈은 아쉬움이 크지만, 브라이튼 특유의 데이터 기반 영입 시스템은 25/26시즌에도 훌륭한 대체 자원을 찾아낼 것이라는 기대를 모으고 있다. 지난 시즌 다른 부분에 비해 유독 아쉬웠던 수비력만 어느 정도 보완되고, 휘르첼러 감독이 2년 차 징크스에 빠지지 않은 채 자신의 스타일을 바탕으로 팀을 한 단계 더 발전시킨다면, 브라이튼은 올 시즌 더 높은 순위도 충분히 노려볼 만한 전력과 조직력을 갖춘 팀이라 평가할 수 있다.

실제로 휘르첼러 감독 또한 훌륭한 선수단 관리 능력에 더해서 새 시즌 전술에 대한 구상도 이미 끝마쳤으며, 본인 스스로 전술 변화에 대한 유연성도 갖추고 있다며 강한 자신감을 내비치기도 했다. 과연 이러한 자신감이 다가오는 시즌 브라이튼을 유럽으로 이끌 수 있을지도 그 행보를 주목해 보자.

BRIGHTON AND HOVE ALBION

1 GK
Bart Verbruggen

바르트 페르브뤼헌
| 국적 네덜란드 | 나이 22 | 신장 193 | 체중 82 | 평점 6.46 |

브라이튼 이적 첫 시즌에는 제이슨 스틸과 주전 경쟁을 펼치면서 리그에서 21경기에 출전했지만, 지난 시즌은 확고한 주전으로 자리잡으면서 리그 36경기에 출전했다. 페르브뤼헌은 2002년 생으로 상당히 젊은 나이지만, 이미 네덜란드 대표팀 부동의 주전 자리를 차지하고 있을 정도로 재능은 검증을 마친 상태이다. 안더레흐트 시절부터 압도적인 발밑과 킥 능력을 과시했으며, 반사 신경까지 뛰어난 골키퍼였다. 브라이튼에서도 특유의 발밑이 브라이튼의 빌드업에 큰 이점을 제공하고 있으며, 지난 시즌 유로 2024에서 네덜란드의 4강을 이끌고 브라이튼의 리그 8위를 이끈 주역이기도 했다.

2024/25시즌

	36 GAMES	3,240 MINUTES	58 실점	65.70 선방률	
6	87 세이브	7 클린시트	추정가치: 30,000,000€	19.40 클린시트 성공률	0/9 PK 방어	0

6 CB
Jan Paul van Hecke

얀 폴 반헤케
| 국적 네덜란드 | 나이 25 | 신장 189 | 체중 78 | 평점 6.72 |

지난 시즌 얀 폴 반헤케는 프리미어리그 최고의 센터백 중 한 명이라 해도 과언이 아니었다. 리그 34경기에 출전하며 기복 없이 꾸준한 활약을 펼쳤고, 네덜란드 대표팀에서도 반다이크의 새로운 센터백 파트너로서의 입지를 넓혀 가고 있다. 얀 폴 반헤케는 지난 시즌 프리미어리그에서 탑 4에 위치한 팀을 제외한 나머지 팀의 센터백들 중에서도 가장 많은 패스 시도를 할 정도로 빌드업 능력이 출중하다. 특히 프리미어리그 센터백 키패스 수치에서도 타코우스키, 막스킬먼에 이어 3번째로 높은 수치를 기록하기도 했다. 발밑과 수비력 모든 것을 갖춘 반헤케가 과연 어디까지 성장할지 앞으로도 쭉 이선수를 주목할 필요가 있다.

2024/25시즌

	34 GAMES	2,961 MINUTES	1 GOALS	0 ASSISTS	
6	0.52 경기당슈팅	5 유효슈팅	추정가치: 32,000,000€	66.6 경기당패스	88.50 패스성공률	1

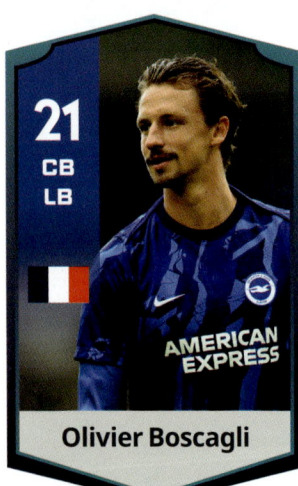

21 CB LB
Olivier Boscagli

올리비에 보스칼리
| 국적 프랑스 | 나이 27 | 신장 181 | 체중 68 | 평점 7.17 |

브라이튼의 데이터를 활용한 영입 시스템이 여름 이적 시장 초반부터 훌륭한 영입을 성사해 냈다. 바로 올리비에 보스칼리를 FA로 데려왔다는 점이다. 올리비에 보스칼리는 니스 유스 출신의 프랑스 센터백으로, PSV에서 6시즌간 200경기 이상 출전하면서 네덜란드 리그 최고의 센터백 중 한 명으로 위상을 떨쳤다. 181cm로 그렇게 신장이 좋은 센터백은 아니지만, 특유의 완발을 활용한 정확한 전진 패스와 롱 패스를 통해 팀의 후방 빌드업을 주도했던 센터백이다. 완발 킥이 워낙 좋다 보니 풀백도 소화가 가능하며 날카로운 패스와 킥으로 어시스트를 만들어 내기도 한다. PL에 빠르게 적응만 한다면 금방 주전자리로도 우뚝 설 만한 카드다.

2024/25시즌

	30 GAMES	2,573 MINUTES	1 GOALS	6 ASSISTS	
2	0.63 경기당슈팅	4 유효슈팅	추정가치: 20,000,000€	92.9 경기당패스	88.20 패스성공률	0

PLAYERS

디에고 코폴라

국적 이탈리아 | **나이** 21 | **신장** 192 | **체중** 82 | **평점** 6.88

디에고 코폴라는 이탈리아 내에서도 상당히 기대하고 있는 젊은 센터백이다. 베로나 유스 출신의 센터백으로 지난 시즌 리그 34경기에 출전하면서 어린 나이부터 일찌감치 주전 센터백으로 자리매김했다. 베로나의 1부 리그 잔류에 있어서도 중요한 역할을 했는데, 상당히 전투적이고 과감한 수비 스타일을 자랑한다. 지난 시즌 유럽 5대 리그 센터백 중 인터셉트 1위, 무려 72회의 인터셉트를 기록하면서 과감한 전진 수비와 예측 수비에 능한 모습을 보여주었고, 공중볼 경합이나 태클, 도전적인 수비에도 매우 능하다. 빌드업 능력은 다소 아쉬울 수 있지만 또 다른 유형의 센터백으로 올 시즌 브라이튼에 다른 옵션을 제공해줄 수 있다.

2024/25시즌

	34 GAMES	2,927 MINUTES	2 GOALS	0 ASSISTS	
10	0.31 경기당슈팅	4 유효슈팅	추정가치: 10,000,000€	33.2 경기당패스	81.40 패스성공률	1

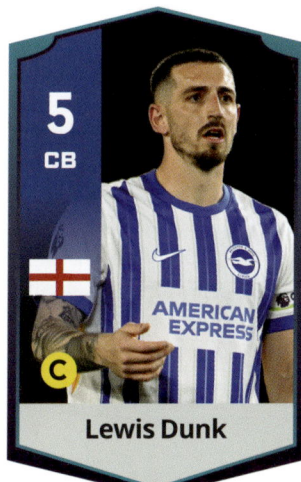

루이스 덩크

국적 잉글랜드 | **나이** 33 | **신장** 192 | **체중** 87 | **평점** 6.39

브라이튼 유스 출신의 프랜차이즈 스타이자 팀의 캡틴. 어느덧 브라이튼에서 17시즌 차를 맞이하고 있다. 어릴 적 임대 시절을 제외하고는 오직 브라이튼 한 클럽에서 활약했을 정도로 팀에 대한 애정이나 충성심이 뛰어나며, 브라이튼 소속으로 꿈에 그리던 잉글랜드 대표팀에까지 승선하기도 했다. 루이스 덩크의 강점은 탄탄한 피지컬과 높은 신장에서 나타나는 압도적인 제공권, 그리고 그 무엇보다 과감한 전진 패스와 빌드업 능력이 매우 뛰어나다. 실제로 그러한 능력으로 데제르비 감독을 완전히 매료시키기도 했다. 지난 시즌은 약간의 폼 저하와 잔부상이 겹치면서 출전 시간이 줄어들었지만 여전히 팀의 기둥과도 같은 존재이다.

2024/25시즌

	25 GAMES	2,083 MINUTES	0 GOALS	0 ASSISTS	
5	0.52 경기당슈팅	3 유효슈팅	추정가치: 6,000,000€	77.4 경기당패스	91.40 패스성공률	0

페르디 카디오글루

국적 튀르키예 | **나이** 25 | **신장** 173 | **체중** 63 | **평점** 6.73

카디오글루는 지난 시즌 큰 기대를 모으고 거액의 이적료를 지불하며 데려온 굉장히 공격적인 유형의 유틸리티 풀백 자원이다. 지칠 줄 모르는 활동량과 공격성, 과감한 드리블을 통해 어느 팀에서나 측면 공격에 활기를 불어넣어 주었던 자원이고, 브라이튼에서도 이적 초반 꾸준히 출전하면서 리버풀이라는 강팀을 상대로 빠르게 데뷔골을 터트리기도 했었다. 하지만 이후 치명적인 발가락 부상을 당하면서 리그에서 고작 6경기 출전에 그쳤다. 측면을 적극적으로 활용하는 휘르첼러의 전술 특성상 카디오글루는 건강하기만 하면 핵심적인 역할을 수행해 줄 수 있는 자원이다.

2024/25시즌

	6 GAMES	389 MINUTES	1 GOALS	0 ASSISTS	
1	0.94 경기당슈팅	1 유효슈팅	추정가치: 25,000,000€	25 경기당패스	85.30 패스성공률	0

BRIGHTON AND HOVE ALBION

29 LB
Maxim De Cuyper

막심 더카위퍼르

국적 벨기에 | **나이** 24 | **신장** 186 | **체중** 66 | **평점** 7.22

막심 더카위퍼르는 벨기에 국가대표 출신 왼발잡이 풀백이다. 지난 몇 년간 벨기에 리그 최고의 좌측 풀백이라 불러도 손색이 없을 정도로 꾸준히 활약했으며, 최근 두 시즌 동안 공식전 109경기에 9골 17도움을 기록하기도 했다. 벨기에 대표팀에서도 최근 주전으로 나오는 횟수가 늘어나며 최고의 시기를 보내고 있다. 막심 더카위퍼르는 좌측면에서 왼발 킥을 활용한 빌드업이나 패스 전개가 상당히 좋고, 수비력도 괜찮으며 공격에 가담했을 때의 영리한 움직임, 크로스 퀄리티나 질이 상당히 좋다. 특히 강력한 왼발 한 방은 직접 프리킥이나 먼 거리에서 득점으로 연결되기도 한다. 에스투피냔의 확실한 대체자로 올 시즌 큰 역할을 할 것으로 기대된다.

2024/25시즌

	37 GAMES		3,093 MINUTES	3 GOALS		5 ASSISTS	
4	1.06 경기당슈팅	7 유효슈팅	추정가치: 16,000,000€		53.2 경기당패스	83.40 패스성공률	0

17 DM
Carlos Baleba

카를로스 발레바

국적 카메룬 | **나이** 21 | **신장** 179 | **체중** 75 | **평점** 6.87

발레바는 지난 시즌 브라이튼뿐만 아니라 PL 전체를 통틀어도 최고의 퍼포먼스를 보여 줬던 수비형 미드필더 중 한 명이다. 수비라인 앞선에서 수비를 적재적소에 보호하고 빈공간을 커버하기도 하지만, 공을 받아서 후방 빌드업을 다양한 방식으로 이끌기도 한다. 날카로운 패스를 통해 볼을 전진시키기도 하고 직접 볼을 운반해서 위험 지역까지 공을 배달하기도 할 정도로 운동 능력이나 드리블 능력도 뛰어나다. 나이에 비해 노련한 경기 운영과 공 다루는 기술, 유연한 탈압박과 날카로운 왼발 패스까지 장점이 무수히 많다. 수비 시 침착성만 조금 더 보완하면 훨씬 훌륭한 수비형 미드필더로 성장할 수 있을 것이다.

2024/25시즌

	34 GAMES		2,674 MINUTES	3 GOALS		1 ASSISTS	
6	1.49 경기당슈팅	11 유효슈팅	추정가치: 40,000,000€		38.2 경기당패스	87.90 패스성공률	1

27 DM CM
Mats Wieffer

마츠 비퍼르

국적 네덜란드 | **나이** 25 | **신장** 188 | **체중** 84 | **평점** 6.58

지난 시즌 페예노르트에서 기대를 모으고 야심차게 영입했던 미드필더다. 마츠 비퍼르는 수비적으로도, 공격적으로도 활용할 수 있는 유틸리티 미드필더이다. 높은 신장과 탄탄한 피지컬을 활용한 중원 힘싸움에 아주 능하며, 공격 상황에 자주 관여할 때는 하프 스페이스 침투 움직임이라든지 공격적인 전진성도 꽤나 돋보인다. 볼 배급이나 피지컬을 활용한 키핑 능력에도 장점이 있으며, 왕성한 활동량을 기반으로 한 볼 리커버리 능력도 굉장히 우수하다. 다만 지난 시즌 몸값 대비 기대에 못 미치는 활약을 펼쳤고, 시즌 막판에는 풀백으로 뛰기도 했었다. 올 시즌 다시 한번 영입 당시 기대치에 걸맞은 모습을 보여 주며 반등할 필요가 있다.

2024/25시즌

	25 GAMES		1,008 MINUTES	1 GOALS		4 ASSISTS	
6	0.8 경기당슈팅	4 유효슈팅	추정가치: 25,000,000€		25.9 경기당패스	86.40 패스성공률	0

PLAYERS

26 CM
Yasin Ayari

야신 아야리
국적 스웨덴 | **나이** 21 | **신장** 172 | **체중** 69 | **평점** 6.59

스웨덴 국적의 AIK 솔나 유스 출신의 미드필더이다. 2022/23시즌 후반기 아야리의 재능을 눈여겨본 브라이튼은 400만 유로라는 비교적 저렴한 값에 아야리를 영입했고, 이후 챔피언십 팀에 임대를 보내면서 잉글랜드 무대에 적응하게끔 했다. 그리고 2024/25시즌부터 본격적으로 팀의 스쿼드 자원으로 합류했는데, 아야리가 보여 준 활약은 기대 이상이었다. 어린 선수고 PL에서의 첫 시즌인 것을 감안했을 때 상당히 안정적이고 영리한 경기 운영 능력을 보여 주었다. 볼 운반이나 키핑에 강점이 있고 넓은 시야를 바탕으로 한 전진 패스나 볼 배급 능력도 기대 이상이었다. 전 시즌 성장 가능성을 보여 줬기에 이번 시즌이 더욱 기대가 된다.

2024/25시즌

4	34 GAMES	1,971 MINUTES	2 GOALS	1 ASSISTS	0
	1.28 경기당슈팅	8 유효슈팅	추정가치: 22,000,000€	26.5 경기당패스	85.40 패스성공률

33 CM
Matt O'Riley

맷 오라일리
국적 덴마크 | **나이** 24 | **신장** 187 | **체중** 77 | **평점** 6.51

2023/24시즌 셀틱에서 미드필더임에도 19골 18도움이라는 괴랄한 스탯을 기록하며 브라이튼에 합류했다. 브라이튼 합류 후 초반 발목 부상을 크게 당하면서 시즌 초 경기에 출전하지 못하는 불운이 따르기도 했다. PL 데뷔전에서 맨시티라는 강팀을 상대로 결승골을 터트리며 본인의 복귀를 화려하게 알리기도 했었는데, 이후에는 스타일적으로 휘르첼러의 전술과 약간 안 맞는 모습도 나타나면서 기대치에 미치지 못하는 활약을 보이기도 했다. 박스투박스 미드필더로 높은 활동량과 하프 스페이스 침투 움직임, 날카로운 왼발 킥 등 가진 툴이 워낙 좋기 때문에 새 시즌 더 스텝업하는 모습을 기대해 봐도 좋을 것 같다.

2024/25시즌

1	21 GAMES	939 MINUTES	2 GOALS	2 ASSISTS	0
	2.01 경기당슈팅	6 유효슈팅	추정가치: 22,000,000€	17.1 경기당패스	83.10 패스성공률

25 CM DM WF
Diego Gomez

디에고 고메즈
국적 파라과이 | **나이** 22 | **신장** 183 | **체중** 73 | **평점** 6.47

인터마이애미에서 지난 시즌 후반기 영입한 파라과이 국가대표 출신 미드필더이다. 디에고 고메즈는 수비형 미드필더와 중앙 미드필더, 때로는 측면 윙어까지 소화할 정도로 다양한 포지션을 소화할 수 있는 유틸리티 자원이다. 특히 브라이튼 합류 전 인터마이애미 시절에는 측면과 중앙을 오가면서 메시와 수아레즈를 보조했던 게 디에고 고메즈이기도 했다. 디에고 고메즈의 장점은 엄청난 활동량과 성실함인데, 메시와 수아레즈에게서 부족했던 기동성을 디에고 고메즈의 엄청난 활동량과 압박 능력으로 보완하기도 했을 정도였다. 브라이튼의 휘르첼러도 체계적인 압박을 중시하는 만큼 앞으로 전술적 활용도가 큰 선수가 될 것으로 예상된다.

2024/25시즌

0	16 GAMES	511 MINUTES	1 GOALS	0 ASSISTS	0
	1.57 경기당슈팅	1.57 유효슈팅	추정가치: 14,000,000€	18.1 경기당패스	82.40 패스성공률

BRIGHTON AND HOVE ALBION

제임스 밀너

국적 잉글랜드 | **나이** 39 | **신장** 176 | **체중** 69 | **평점** 6.5

제임스 밀너는 프리미어리그 638경기에 출전하여 역대 PL 출전 2위에 해당될 정도로 경험이 풍부한 베테랑 미드필더이다. 지난 시즌 심각한 허벅지 부상으로 시즌 대부분을 날리면서 리그에서 단 4경기밖에 출전하지 못했음에도 브라이튼은 제임스 밀너와 1년 재계약에 서명했다. 휘르첼러 감독은 "팀과 젊은 선수들에게 밀너의 경험과 리더십은 크게 작용할 것"이라고 언급하기도 했고, 실제로 라커룸이나 훈련장에서도 여러 선수들의 모범이 되는 모습을 보여 준다고 한다. 또한 가레스 배리의 PL 653경기 출전 기록에도 거의 가까워진 만큼 어쩌면 올 시즌 밀너의 PL 역대 최다 출전 1위로 올라서는 모습을 볼 수도 있을 것이다.

2024/25시즌

	4 GAMES	173 MINUTES	0 GOALS	0 ASSISTS	
1	1.06 경기당슈팅	0 유효슈팅	추정가치: 1,000,000€	16.5 경기당패스	78.80 패스성공률	0

브라얀 그루다

국적 독일 | **나이** 21 | **신장** 178 | **체중** 70 | **평점** 6.43

마인츠 시절 수준급 드리블 실력과 테크닉으로 어린 나이부터 에이스 역할을 톡톡히 하며 재능을 뽐냈다. 분데스리가 시절에는 드리블뿐 아니라 날카로운 왼발 킥을 활용한 플레이메이킹 능력과 패스 능력 또한 상당히 돋보였는데, PL 이적 후 초반에는 PL의 압박 강도나 템포에 적응하는 데 시간이 좀 걸리는 듯했다. 리그 막바지에는 데뷔골과 어시스트도 곧잘 기록하면서 어느 정도 PL 템포나 휘르첼러의 시스템에 적응하는 듯한 모습을 보여 줬다. 브라이튼이 초기 영입 당시에도 상당한 기대치를 가지고 영입한 선수인 만큼 올 시즌도 많은 기회가 주어질 것으로 보이며, 지난 시즌보다 훨씬 더 스텝업한 모습을 팬들은 기대하고 있다.

2024/25시즌

	21 GAMES	683 MINUTES	1 GOALS	4 ASSISTS	
0	1.44 경기당슈팅	5 유효슈팅	추정가치: 25,000,000€	10.1 경기당패스	78.30 패스성공률	0

미토마 카오루

국적 일본 | **나이** 28 | **신장** 178 | **체중** 71 | **평점** 6.92

이제는 명실상부한 브라이튼 최고의 에이스로 자리매김했다. 어느덧 브라이튼에서의 4시즌 차를 맞이하고 있으며, 특히 지난 시즌은 리그 36경기 출전 10골 4도움을 기록하면서 본인 커리어에서 첫 PL 두 자리수 득점을 기록한 시즌을 만들기도 했다. 특유의 엇박자 타이밍의 드리블은 여전히 상대 수비수들을 당황하게 만들고 있으며, 이제는 박스 침투 능력과 득점력까지 겸비해 더욱 더 막기 어려운 선수로 성장했다. 다가오는 시즌 브라이튼이 전력 보강도 탄탄하게 잘 다지고 있기 때문에 에이스 미토마가 다시 한 번 선봉장으로서 팀의 돌풍을 이끌 필요가 있다.

2024/25시즌

	36 GAMES	2,612 MINUTES	10 GOALS	4 ASSISTS	
1	1.97 경기당슈팅	27 유효슈팅	추정가치: 40,000,000€	24.7 경기당패스	80.80 패스성공률	0

PLAYERS

얀쿠바 민테

국적 감비아 | **나이** 21 | **신장** 180 | **체중** 65 | **평점** 6.84

얀쿠바 민테는 역동적인 드리블이 돋보이는 윙어이다. 지난 시즌 뉴캐슬로부터 거액의 이적료를 지불하고 영입했는데, 훌륭한 활약으로 그에 화답했다. 리그 32경기에 출전하여 6골 4도움을 기록하며 좋은 성과를 올렸고, 측면에서 특유의 빠른 속도와 드리블을 통해 옵션을 제공할 뿐만 아니라 주변 동료의 움직임도 잘 활용하며 전방에서의 압박도 매우 성실한 모습을 보여 주었다. 전방에서의 부지런한 압박과 측면 활용을 중시하는 휘르첼러의 시스템에서는 그야말로 최고의 임무 수행을 해 주었다. 더군다나 민테는 21세의 어린 선수이기 때문에 지난 시즌의 활약상보다도 앞으로의 활약상이 더욱 기대되는 선수이기도 하다.

2024/25시즌

6	32 GAMES	1,846 MINUTES	6 GOALS	4 ASSISTS	0
	1.66 경기당슈팅	16 유효슈팅	추정가치 30,000,000€	13.9 경기당패스	68.70 패스성공률

솔리 마치

국적 잉글랜드 | **나이** 31 | **신장** 180 | **체중** 72 | **평점** 6.14

2011년부터 브라이튼 유스팀에 합류해 팀의 원클럽맨으로 활약하고 있는 프랜차이즈 스타이다. 어느덧 13시즌 차를 맞이하고 있으며, 건강한 컨디션으로 시즌을 치르는 것이 우선적으로 가장 중요하다. 2022/23시즌 커리어 하이 시즌을 보낸 이후 심각한 무릎 부상으로 최근 두 시즌 동안 리그에서 15경기밖에 출전하지 못했다. 지난 시즌도 오랜 부상에서 복귀한 이후 계속해서 잔부상에 시달리며 모습을 거의 비치지 못했는데, 브라이튼 팬들이 가장 애정하는 선수 중 한 명인 만큼 건강한 컨디션을 되찾는 게 최우선 과제이며, 영리한 전술 수행 능력, 기술적인 드리블과 날카로운 킥력 등 많은 것을 팀에 가져다 줄 수 있는 자원이다.

2024/25시즌

2	8 GAMES	162 MINUTES	0 GOALS	0 ASSISTS	0
	1.07 경기당슈팅	0 유효슈팅	추정가치 6,000,000€	8.6 경기당패스	71.00 패스성공률

조르지뇨 뤼테르

국적 프랑스 | **나이** 23 | **신장** 182 | **체중** 83 | **평점** 6.6

앞으로 브라이튼의 에이스 역할을 톡톡히 할 것으로 기대를 모으고 있는 선수가 바로 조르지뇨 뤼테르다. 지난 시즌 리그 28경기 5골 3도움. 어쩌면 공격 포인트는 기대 이하일 수 있지만 뤼테르가 팀에 제공해 주는 옵션은 상당히 많다. 공격 지역 모든 포지션을 소화할 수 있으며, 탄탄한 피지컬에 더해서 특유의 드리블이나 터치, 키핑 능력을 통해 볼을 소유하고 직접 슈팅을 하거나 주변 동료에게 연계 플레이를 해 주는 데 매우 능하다. 문전 앞에서 마지막 골 결정력이나 판단에서 아쉬운 모습을 드러내기도 하지만 워낙 다양한 툴을 지닌 선수이기 때문에 브라이튼의 핵심 공격 옵션으로 올 시즌도 활약을 이어갈 것으로 기대를 모은다.

2024/25시즌

2	28 GAMES	1,667 MINUTES	5 GOALS	3 ASSISTS	0
	2.72 경기당슈팅	12 유효슈팅	추정가치 32,000,000€	12.3 경기당패스	68.60 패스성공률

BRIGHTON AND HOVE ALBION

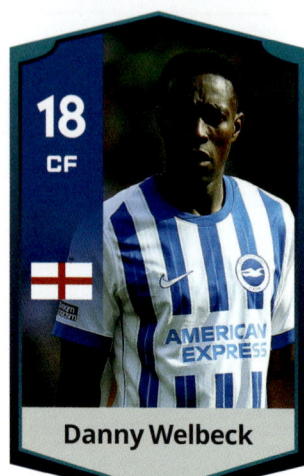

대니 웰백
국적 잉글랜드 | **나이** 34 | **신장** 185 | **체중** 72 | **평점** 6.8

지난 시즌 본인의 커리어 하이 시즌을 만들어낸 대니 웰백이다. 프로 데뷔 후 처음으로 PL에서 한 시즌 두 자리 수 득점을 달성했다. 리그 30경기 출전 10골 4도움을 기록했으며, 시즌을 거듭할수록 오히려 더 노련해지고 간결하게 플레이하며 연계 플레이에 있어서는 최고 수준의 안정감을 자랑하기도 한다. 어느덧 34세가 된 대니 웰백이지만, 오히려 대기만성형으로 그의 전성기가 시작되고 있다. 올 시즌 젊은 공격수들이 많이 영입되었지만, 대니 웰백은 여전히 베테랑으로서 팀에 많은 옵션을 제공할 것으로 기대되며, 특유의 피지컬, 연계, 전방에서의 노련한 움직임은 팀이 필요할 때 큰 도움을 가져다 줄 것이다.

2024/25시즌

5	30 GAMES	2,123 MINUTES	10 GOALS	4 ASSISTS	
	2.51 경기당슈팅	23 유효슈팅	추정가치: 5,000,000€	16.2 경기당패스	85.60 패스성공률	0

스테파노스 치마스
국적 그리스 | **나이** 19 | **신장** 186 | **체중** 77 | **평점** 6.99

그리스의 떠오르는 재능인 치마스는 문전 앞에서 탁월한 골 결정력을 지닌 스트라이커이다. 그리스의 각 급 연령별 대표를 모두 거치면서 엄청난 결정력을 꾸준히 보여 주었고, 문전에서의 마무리 능력뿐 아니라 직접적인 드리블 돌파 능력과 상대 수비를 앞에 두고도 일대일로 제칠 수 있는 기술도 보유하고 있다. 지난 시즌 뉘른베르크로 임대가서 23경기에서 12골을 터뜨리는 결정력을 보여 주었고, 휘르첼러 감독 역시 "천부적인 득점 감각을 지닌 스트라이커"라고 평가하기도 했다. 어린 시절부터 프리미어리그에서 뛰는 것을 꿈꿔 왔던 치마스인데, 올 시즌 프리미어리그에서 과연 어느 정도의 퍼포먼스를 보여줄지 이 선수를 주목해 보자.

2024/25시즌

4	23 GAMES	1,723 MINUTES	12 GOALS	2 ASSISTS	
	3.2 경기당슈팅	38 유효슈팅	추정가치: 22,000,000€	11.2 경기당패스	65.80 패스성공률	1

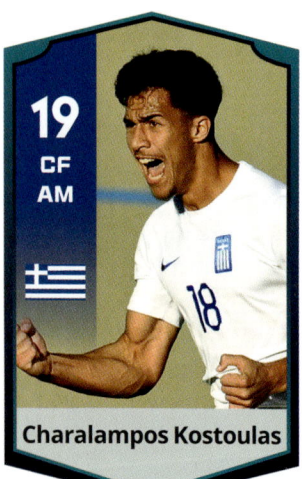

카라람포스 코스툴라스
국적 그리스 | **나이** 18 | **신장** 185 | **체중** 75 | **평점** 6.57

올림피아코스 유스 출신의 촉망받는 재능이다. 그리스 각 급 연령별 대표팀을 모두 거치며 활약했고, 지난 시즌 17세의 어린 나이에 올림피아코스의 주축 선수로 뛰어난 활약을 펼쳤다. 빠른 스피드와 드리블 능력, 상대 압박 속에서 공을 소유하는 능력까지 상당히 많은 장점을 보유하고 있다. 흡사 첼시로 떠난 주앙 페드루와 비슷한 장점을 지니고 있기도 한데, 이 어린 선수에게 3,500만 유로라는 엄청난 이적료를 투자한 데에는 분명한 이유가 있다. 피지컬적으로도 훌륭하고 기술과 결정력을 두루 갖춘 선수라 앞으로의 성장이 더욱 기대되는 인재다. 치마스와는 연령별 대표팀 때부터 친한 사이였어서 함께 뛰는 날을 고대하고 있다고 한다.

2024/25시즌

2	22 GAMES	1,200 MINUTES	7 GOALS	0 ASSISTS	
	3.6 경기당슈팅	1.65 유효슈팅	추정가치: 12,000,000€	20.5 경기당패스	73.3 패스성공률	0

전지적 작가 시점

이완우가 주목하는 브라이튼의 원픽!
얀 폴 반헤케

지금 브라이튼에 이 선수가 있다면!
베냐민 세슈코

지난 시즌 브라이튼 최고의 선수를 꼽으라면 단연코 얀 폴 반헤케였다. 주전 센터백으로 활약하면서 엄청난 성장세를 보여 줬고 팀의 리그 8위를 이끈 데다가 네덜란드 대표팀에서도 판다이크의 파트너로 자리 잡으면서 선수 개인에게 있어 완벽했던 한 시즌을 보냈다.

반헤케의 성장세는 굉장히 탄탄대로였다. 블랙번 임대 시절에도 임대 신분임에도 불구하고 당시 블랙번 최고의 선수로 평가받기도 했었고, 브라이튼 복귀 후 꾸준히 출전 기회를 늘려 가더니 데제르비 감독 시절 맨시티와의 경기에서 엘링 홀란드를 완벽하게 틀어막은 경기가 화제가 되기도 했다. 이후 휘르첼러 체제에서는 완벽한 팀 내 No.1 센터백으로 자리 잡으면서 본인의 기량을 마음껏 과시했던 지난 시즌이었다.

특유의 발밑과 빌드업 능력, 정확한 판단의 전진 수비, 상대 공격수를 상당히 힘들게 만드는 악착같은 대인 방어 능력, 제공권까지도 안정적인 모습을 보여 주면서 무결점 센터백으로서의 모습을 입증해 냈다. 브라이튼뿐만 아니라 네덜란드 대표팀에서도 오랫동안 중심이 될 얀 폴 반헤케의 성장을 앞으로도 주목해 보면 좋을 것 같다.

지난 시즌 브라이튼은 리그에서 무려 66골을 기록하며 팀 득점 5위에 오를 만큼 뛰어난 공격력을 보여 줬다. 그럼에도 팀 내 최다 득점자가 기록한 골은 단 10골에 불과했다. 여러 선수에게 득점이 고르게 분산되었다는 장점이 있지만, 최다 득점자의 골 수가 10골이라는 점은 아쉬움이 남는다.

현재 브라이튼의 스쿼드는 탄탄하다. 수비진도 훌륭하게 보강되었고 중원이나 측면 자원도 재능 있는 선수들이 즐비하다. 다만 최전방 스트라이커 쪽에는 여전히 아쉬움이 따른다. 대니 웰백이 지난 시즌 커리어 하이인 리그 10골을 기록하며 선방했지만, 유럽 대항전 진출을 노리는 팀으로서는 다소 부족한 수치다.

그런 면에서 최근 유럽에서 떠오르는 스트라이커 중 한 명인 베냐민 세슈코를 선택해 봤다. 195cm의 장신이지만 폭발적인 스피드와 탄력을 지녔고 공 다루는 기술이나 드리블, 제공권도 탁월하다. 웰백과 비교했을 때 연계 플레이나 좁은 지역에서의 노련함은 다소 떨어질 수 있지만, 가지고 있는 툴 자체가 워낙 좋기 때문에 브라이튼의 다른 젊은 재능들과의 시너지를 충분히 기대해 볼 수 있다.

DJORDJE PETROVIC
WILL DENNIS
JAMES HILL
CHRIS MEPHAM
BAFODE DIAKITE
JULIO SOLER
AMINE ADLI
JULIAN ARAUJO
ADRIEN TRUFFERT
MARCOS SENESI
ADAM SMITH
LEWIS COOK
DAVID BROOKS
RYAN CHRISTIE
TYLER ADAMS
MARCUS TAVERNIER
EVANILSON
JUSTIN KLUIVERT
ANTOINE SEMENYO
MATAI AKINMBONI
ENES UNAL
ALEX SCOTT

AFC Bournemouth

AFC BOURNEMOUTH

본머스 AFC Bournemouth

- 창단 년도 | 1899년
- 최고 성적 | 9위 (2016/17, 2024/25)
- 경기장 | 바이탈리티 스타디움 (Vitality Stadium)
- 경기장 수용 인원 | 11,307명
- 지난 시즌 성적 | 9위
- 별칭 | The Cherries (체리스), Boscombe (보스콤)
- 상징색 | 레드, 블랙
- 레전드 | 스티브 플레처, 브렛 피트먼, 제임스 헤이터, 스티브 쿡, 사이먼 프란시스, 마크 퓨, 찰리 대니얼스, 앤드류 서먼, 애덤 스미스 등

히스토리

본머스는 잉글랜드 남해안의 휴양도시 본머스를 연고지로 하는 축구 클럽이다. 1899년 보스콤FC로 창단해 본머스 & 보스콤 애슬레틱을 거쳐 1971년 AFC 본머스라는 간판을 갖추게 되었다. 오랜 역사와 달리 하부 리그에서 방황하던 본머스는 1994년 에디 하우 감독이 부임하면서 새로운 역사를 쓰기 시작했다. 에디 하우 감독 밑에서 리그2와 리그1, 챔피언십 등으로 차례로 승격하더니 2015년 클럽 역사상 처음으로 프리미어리그 승격에도 성공한 것이다. 물론, 2019/20시즌 강등의 아픔을 겪었지만 두 시즌 만인 2021/22시즌 재승격에 성공하며 건재함을 과시했고 현재 프리미어리그에서 경쟁력을 보여 주고 있다. 이라올라 감독 밑에서 '제2의 전성기'를 구가하는 본머스는 이제 클럽 최고 성적에 도전한다.

최근 5시즌 리그 순위 변동

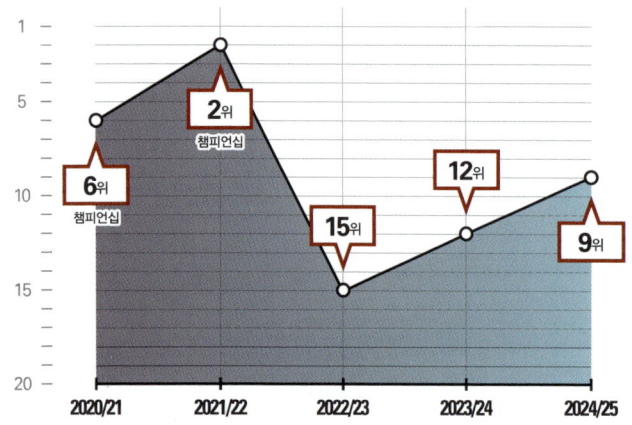

클럽레코드 IN & OUT

최고 이적료 영입 IN

에바니우송
3,700만 유로
(2024년 8월, from 포르투)

최고 이적료 판매 OUT

도미닉 솔란케
6,430만 유로
(2024년 8월, to 토트넘)

CLUB & MANAGER

안도니 이라올라 Andoni Iraola

1982년 6월 22일 | 43세 스페인

본머스 역사상 최고의 성적을 원한다!

안도니 이라올라는 선수 시절, 라이트백으로 아틀레틱 클루브와 스페인 대표팀에서 사랑을 받았다. 전투적이고 역동적이며 헌신적인 플레이는 팬들의 시선을 사로잡기에 충분했다. 하지만 지금 이 순간 '선수' 이라올라보다 '감독' 이라올라가 더 유명하다. 라르니카에서 감독으로 데뷔해 1시즌도 채우지 못하고 경질됐지만 미란데스를 코파 델 레이 준결승으로 이끌며 가능성을 입증하더니 라요 바예카노에서 2시즌 동안 놀라운 성적을 거뒀다. 그리고 2023년 6월 게리 오닐의 후임으로 본머스 감독으로 부임했다. 2024/25시즌 프리미어리그 데뷔 시즌임에도 4-2-3-1 바탕의 전방 압박과 빠른 공수 전환, 직선적인 측면 활용, 영리한 하프스페이스 공략 등 공격 축구를 구사했고 지난 시즌 9위라는 성적을 거뒀다. 하지만 이는 그에게 끝이 아니라 시작일 뿐이다.

📋 감독 인터뷰

"나에게 프리미어리그에서 경쟁하는 것은 큰 도전이다. 우리는 경험이 없어도 빠르게 성장하고 빅 클럽을 상대하는 법을 배워야 한다. 우린 최고의 팀을 상대로도 승리할 줄 알아야 한다."

감독 프로필

통산	선호 포메이션	승률
301 경기 **122** 승 **75** 무 **104** 패	**4-2-3-1**	**40.53%**

시즌 키워드

#클럽최고성적　　**#이라올라전술**　　**#공격축구**

경력

2018~2019	2019~2020	2020~2023	2023~

AEK라르나카	CD미란데스	라요바예카노	본머스

AFC BOURNEMOUTH

IN

조르제 페트로비치
(첼시)

아드리앵 트뤼페르
(스타드렌)

바포데 디아키테
(릴)

덴 도크
(리버풀)

아민 아들리
(레버쿠젠)

OUT

딘 하위선
(레알마드리드)

밀로시 케르케즈
(리버풀)

제이든 앤서니
(번리)

마크 트래버스
(에버튼)

조 로스웰
(레인저스)

맥스 에런스
(레인저스)

다니엘 제비슨
(프레스턴)

네투 무라라
(보타포구)

일리야 자바르니
(파리생제르망)

당고 와타라
(브렌트포드)

루이스 시니스테라
(크루제이루)

FW
- 7 브룩스
- 9 에바니우송
- 11 도크

MF
- 19 클라위버르트
- 22 크루피
- 24 세메뇨
- 26 에네스 위날
- 8 스콧
- 10 크리스티
- 12 아담스
- 16 태버니어
- 17 아들리
- 21 패브르
- 25 트라오레
- 29 필립

DF
- 2 아라우호
- 3 트뤼페르
- 4 L. 쿡
- 5 세네시
- 6 메펌
- 15 스미스
- 18 디아키테
- 20 솔레르
- 23 힐
- 35 베번
- 45 아킨보니

GK
- 1 페트로비치
- 40 데니스
- 46 매케나

히든풋볼의 이적시장 평가

본머스는 지난 시즌 리그 9위로 약진했지만 여름 이적시장에서 그 대가를 치렀다. 딘과 자바르니, 케르케즈 등 수비수들이 떠났다. 그나마 기존의 공격수들을 잔류시키며 공격력을 유지한 것이 천만다행. 페트로비치를 영입하며 확실한 골키퍼를 보유하게 됐고, 트뤼페르를 영입해 케르케즈의 빈자리를 최소화했다. 하지만 떠나간 센터백들의 빈자리는 매우 크다. 클럽 최고 성적을 원하는 이라올라 감독의 고민이 깊을 것.

SQUAD & BEST11

포메이션:

- 9 에바니우 송
- 17 아들리
- 19 클라위버르트
- 24 세메뇨
- 12 아담스
- 4 L.쿡
- 3 트뤼페르
- 5 세네시
- 18 디아키테
- 2 아라우호
- 1 페트로비치

2024/25시즌 스탯 Top 3

득점 Top 3
- ⚽ 저스틴 클라위버르트 — 12골
- ⚽ 앙투안 세메뇨 — 11골
- ⚽ 에바니우 송 — 10골

도움 Top 3
- 🅰️ 저스틴 클라위버르트 — 6도움
- 🅰️ 앙투안 세메뇨 — 5도움
- 🅰️ 마커스 태버니어 — 5도움

출전시간 Top 3
- ⏱ 밀로시 케르케즈 — 3,341분
- ⏱ 앙투안 세메뇨 — 3,210분
- ⏱ 일리야 자바르니 — 3,113분

히든풋볼의 순위 예측

이라올라의 능력을 의심하는 건 아니다. 그러나 레알마드리드로 떠난 하위선이 그리울 것이다.

14위 · 이주헌

세메뇨가 잔류한 것 외에는 주축 자원들이 너무나 많이 빠져나갔다. 감독의 과격한 압박전술이 오히려 해가 될 것

15위 · 박종윤

이적시장에서의 전력누수. 이라올라 감독이 매력적인 축구를 구사하더라도 성적을 도출하긴 어렵지 않을까?

11위 · 송영주

핵심 수비수들을 대거 매각한 리스크로 지난 성적을 재현하기 어려울 듯. 이라올라 감독이 다시 시험대에 오를 것.

12위 · 임형철

하위선, 자바르니, 케르케즈 이탈은 치명적이다. 이라올라 감독의 전술이 조금 더 세밀해질 필요가 있다.

13위 · 남윤성

주축 자원들이 빠졌지만 여전히 재능 있는 선수들이 많다. 이라올라의 전술이 여러 고춧가루를 뿌릴 것으로 기대.

10위 · 이완우

이라올라의 본머스, 오직 전진뿐

본머스의 2024/25시즌은 "성공"이라고 평하기에 부족함이 없다. 본머스는 지난 시즌 리그 9위를 기록하며 2016/17시즌 기록한 클럽 최고의 성적을 다시 달성했다. 에디 하우 감독이 떠난 후, 휘청거리던 본머스가 2023년 여름 안도니 이라올라 감독의 등장으로 환골탈태했다. 이라올라 감독 밑에서 2시즌 동안 12위, 9위라는 기대 이상의 성적을 연이어 기록, 매 시즌 향상된 모습을 보여 준 것이다.

본머스는 상대 진영부터 압박해 가장 많은 볼을 탈취했고 빠르게 공격으로 전환하며 파괴력을 과시했다. 리그 38경기에서 58골을 넣었고, 저스틴 클라위버르트(12골), 앙투완 세메뇨(11골), 에바니우송(10골) 등 무려 3명의 선수가 10골 이상을 넣었다. 이에 더해 추가 시간에 무려 9골을 넣기도 했다. 따라서 본머스 팬들의 눈높이는 당연히 높아졌다. 이제 '공격 축구'라는 간판 아래 클럽 최고의 성적을 다시 쓰기 원하는 것이다.

물론, 본머스의 여름은 잔인했다. 수비의 중심인 딘 하위선과 일라야 자브라니, 왼쪽 측면을 책임졌던 밀로시 케르케즈가 이적을 단행한 것이다. 하위선과 자바르니는 환상 호흡을 보여주면서 중앙 수비를 단단하게 만들었고, 케르케즈도 왼쪽 측면을 지배하면서 2골 5도움을 기록했다. 또한 공격의 한 축이었던 당고 와타라마저 팀을 떠났다. 이들의 이탈은 당연히 본머스에게 타격일 수밖에 없다. 이라올라 감독은 우선 조르제 페트로비치와 아드리앵 트뤼페르, 바포데 디아카테, 아민 아들리, 덴 도크 등을 영입해 급한 불을 껐다. 골키퍼인 페트로비치를 영입해 골문을 단단하게 만들었고, 리그1 최고의 레프트백인 트뤼페르를 영입해 케르케즈의 빈자리를 나름대로 메운 것. 또한, 디아카테를 영입해 수비를 유지하고 아민 아들리와 덴 도크를 영입해 공격의 손실을 최소화했다. 2024년 도미닉 솔란케의 이적을 에바니우송 영입으로 효과적으로 대체했듯 신입생들이 제 역할을 하길 바랄 뿐이다. 하지만 공격 라인에 변화가 크지 않다는 사실은 주목해야 한다. 이적설이 난무했던 세메뇨가 잔류하면서 에바니우송과 클라위버르트, 세메뇨, 태버니어, 데이비드 브룩스, 아민 아들리, 덴 도크 등을 활용한 공격라인을 유지했다. 다시 말해 본머스의 공격력은 여전히 유효하다. 오히려 임대 생활을 마치고 복귀한 필립 빌링이나 엘리 주니어 크루피 등의 존재까지 고려하면 향상될 여지가 존재한다. 따라서 이라올라 감독이 수비의 안정감만 유지할 수 있다면 본머스는 새로울 역사를 쓸 준비를 마쳤다고 봐도 무방하다. 과연 본머스는 2025/26시즌 클럽 역사상 최고의 성적을 거둘 수 있을까? 가능성은 충분하다.

AFC BOURNEMOUTH

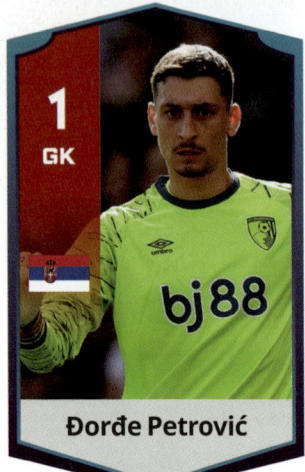

1 GK
Đorđe Petrović

조르제 페트로비치

국적 세르비아 | **나이** 25 | **신장** 194 | **체중** 88 | **평점** 6.99

본머스의 새로운 수문장. 빠른 반사신경, 놀라운 예측력, 1 대 1 상황에서의 선방, 안정된 볼처리 등으로 골문을 단단하게 만든다. 또한, 페널티킥 선방에도 일가견이 있는 모습을 보여 준다. 다만 194cm의 신장에도 공중볼 처리에서 종종 실수를 범하곤 한다. 추카리치키, 잉글랜드 레볼루션, 첼시를 거쳐 2025년 7월 2,500만 파운드의 이적료에 본머스로 이적했다. 2023/24시즌 첼시에서의 무난한 활약과 지난 시즌 스트라스부르로 임대되어 보여준 훌륭한 활약을 볼 때, 크리스탈 팰리스의 선택은 원하는 결과로 이어질 가능성이 농후하다. 참고로 그는 2021년부터 세르비아 대표팀의 골문을 지키고 있다.

2024/25시즌

	31 GAMES	2,790 MINUTES	8 실점	78.90 선방률	
2	110 세이브	10 클린시트	추정가치: 20,000,000€	32.30 클린시트 성공률	1/8 PK 방어 기록	0

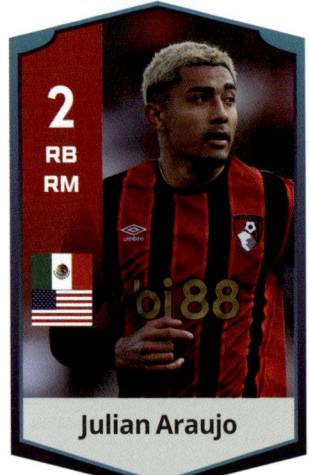

2 RB RM
Julian Araujo

훌리안 아라우호

국적 멕시코, 미국 | **나이** 23 | **신장** 177 | **체중** 72 | **평점** 6.11

전 미국 대표팀, 현 멕시코 대표팀 소속의 공격적인 라이트백으로 엄청난 기동력과 스피드, 날카로운 크로스, 공격수들과 연계 플레이 등을 과시하며 공격에 기여한다. 그러나 수비 복귀 타이밍과 집중력에 문제를 노출해 실점의 빌미를 제공하기도 한다. LA갤럭시, 바르셀로나를 거쳐 2024년 8월 1,000만 유로의 이적료에 본머스로 이적했다. 비록 바르셀로나에서 기대만큼의 기회를 받지 못했지만 2023/24시즌 라스 팔마스에 임대되어 공식 29경기에서 2골을 넣으며 실력을 입증했다. 그 후 본머스로 이적했지만 안정감이 떨어져 아담 스미스와의 주전 경쟁에서 밀린 모습이다. 주전으로 도약하기 위해선 더 많은 것을 보여 줘야 한다.

2024/25시즌

	12 GAMES	499 MINUTES	0 GOALS	0 ASSISTS	
2	0 경기당슈팅	0 유효슈팅	추정가치: 10,000,000€	15.9 경기당패스	81.70 패스성공률	0

3 LB
Adrien Truffert

아드리앵 트뤼페르

국적 프랑스 | **나이** 23 | **신장** 173 | **체중** 60 | **평점** 6.79

리버풀로 떠난 밀로시 케르케즈의 대체자. 빠른 스피드와 수준급의 테크닉, 효과적인 드리블, 그리고 정확한 크로스 등을 통해 공격력을 과시한다. 수비력도 점차적으로 발전해 태클 성공률과 위치 선정도 향상됐다. 다만 피지컬이 약하다는 평이 있어 프리미어리그에서 어느 정도의 모습을 보여 줄지 미지수인 상황. 스타드렌 유스 출신으로 2020년 9월 데뷔한 후 5시즌 동안 공식 191경기에서 9골 23도움을 기록했다. 2025년 6월 1,350만 유로의 이적료에 본머스로 이적했다. 프랑스 각급 청소년 대표를 거쳐 2022년 9월부터 프랑스 대표팀에서 활약하고 있다. 2024 파리 올림픽에선 프랑스 대표로 출전해 은메달을 차지하기도 했다.

2024/25시즌

	33 GAMES	2,755 MINUTES	2 GOALS	2 ASSISTS	
3	0.7 경기당슈팅	10 유효슈팅	추정가치: 15,000,000€	37.3 경기당패스	84.90 패스성공률	0

PLAYERS

마르코스 세네시

국적 아르헨티나 | **나이** 28 | **신장** 184 | **체중** 78 | **평점** 6.62

투지 넘치는 파이터형 센터백으로 대인마크, 인터셉트, 공중볼 다툼, 위치 선정 등을 바탕으로 전체적으로 안정된 수비를 펼친다. 또한 희소성이 있는 왼발 센터백으로 후방에서 볼을 연결하며 빌드업에 관여한다. 그러나 거친 플레이로 카드를 많이 받고 종종 위험한 수비를 펼쳐 위기를 초래한다. 산 로렌소, 페예노르트를 거쳐 2022년 8월 1,800만 유로의 이적료에 본머스로 이적했고, 본머스에서 지난 3시즌 동안 89경기에 출전해 6골 5도움을 기록하며 꾸준히 출전 기회를 잡고 있다. 지난 시즌도 공식 18경기에 출전했다. 아르헨티나 U-20, U-23을 거쳐 2022년부터 아르헨티나 대표팀에서 활약하고 있다.

2024/25시즌

	17 GAMES	1,109 MINUTES	0 GOALS	0 ASSISTS	
5	0.2 경기당슈팅	0 유효슈팅	추정가치: 22,000,000€	41.9 경기당패스	77.40 패스성공률	0

아담 스미스

국적 잉글랜드 | **나이** 34 | **신장** 174 | **체중** 78 | **평점** 6.35

본머스의 주장이자 수비의 상징. 좌우 풀백을 소화하지만 주로 라이트백으로 뛰고 있다. 수준급의 드리블과 적극적인 공간 활용을 통해 공격에 기여하고 투지와 끈기를 바탕으로 수비를 펼치며 안정감을 높인다. 그러나 공격력에 비해 공격 포인트 생산 능력은 부족하다는 평을 듣는다. 토트넘 유스 출신으로 7팀에서 임대 생활을 하며 경험을 쌓았고, 2014년 1월 본머스로 이적했다. 2014/15시즌부터 11시즌 동안 주전으로 활약했고 본머스에서 공식 360경기에 넘게 출전하며 베테랑의 면모를 과시하고 있다. 잉글랜드 U-16부터 U-21 대표팀까지 엘리트 코스로 성장했지만 잉글랜드 대표팀에 차출된 적은 없다.

2024/25시즌

	25 GAMES	1,599 MINUTES	0 GOALS	0 ASSISTS	
7	0.1 경기당슈팅	0 유효슈팅	추정가치: 750,000€	21 경기당패스	78.70 패스성공률	0

바포데 디아키테

국적 프랑스 | **나이** 24 | **신장** 182 | **체중** 73 | **평점** 6.73

본머스의 새로운 센터백으로 딘 하위선과 자바르니의 공백을 메울 것으로 기대를 모으고 있다. 강력한 피지컬을 바탕으로 터프하며 끈질긴 수비를 보여 주고 공중볼 다툼과 볼 경합에서도 강력한 힘을 보여 준다. 주 발이 오른발로 뛰어난 기동력과 공간 커버 능력을 보여 줌에 따라 종종 라이트백으로 뛰기도 한다. 툴루즈 유스 출신으로 릴을 거쳐 2025년 8월 3,500만 유로의 이적료에 본머스로 이적했다. 프랑스 리그1에서 195경기에 출전해 2골을 넣으며 능력을 입증했고, 본머스 이적을 통해 프리미어리그에 도전장을 던졌다. 참고로 프랑스 연령별 청소년 대표팀을 거치며 성장했지만 아직 A팀에서 데뷔하지 못했다.

2024/25시즌

	31 GAMES	2,767 MINUTES	4 GOALS	1 ASSISTS	
6	0.5 경기당슈팅	7 유효슈팅	추정가치: 28,000,000€	71.8 경기당패스	93.4 패스성공률	1

AFC BOURNEMOUTH

4 DM CM
Lewis Cook

루이스 쿡
국적 잉글랜드 | **나이** 28 | **신장** 175 | **체중** 69 | **평점** 6.78

두 차례의 십자인대 부상에도 제 역할을 하는 미드필더. 과거 공격형 미드필더 역할도 종종 소화할 정도로 공격적이었지만 지금은 3선에서 박스 투 박스 유형의 플레이를 펼친다. 왕성한 활동량과 강한 압박, 효과적인 인터셉트, 거친 수비, 적절한 중거리 슈팅 등으로 공수에서 뛰어난 모습을 보여 준다. 비록 불필요한 반칙이 많고 카드를 수집하는 경향이 있지만 본머스의 엔진이라고 할 정도로 팀에서 차지하는 비중이 크다. 리즈 유스 출신으로 2016년 7월 본머스로 이적했다. 2016/17시즌 고전했지만 2017/18시즌부터 주전으로 활약하고 있다. 이를 바탕으로 2018년 잉글랜드 대표팀에서 A매치 데뷔전을 치르기도 했다.

2024/25시즌

8	36 GAMES	2,978 MINUTES	1 GOALS	3 ASSISTS	1
	0.4 경기당슈팅	4 유효슈팅	추정가치: 15,000,000€	38.3 경기당패스	81.90 패스성공률

7 AM RW
David Brooks

데이비드 브룩스
국적 웨일스 | **나이** 28 | **신장** 177 | **체중** 69 | **평점** 6.37

본머스의 공격형 미드필더이자 플레이메이커. 뛰어난 테크닉을 바탕으로 중앙과 우측에서 날카로운 전진 패스와 동료와의 연계, 뛰어난 기동력, 간결한 플레이로 득점 기회를 창출한다. 다만 볼 간수 능력에서 문제를 일으키며 기복이 심한 모습을 노출하곤 한다. 또한, 2021년 10월 호지킨 림프종 2기를 진단받으며 525일 동안 결장을 하기도 했다. 2018년 7월 셰필드 유나이티드에서 1,150만 파운드의 이적료에 본머스로 이적한 이후, 7시즌 동안 147경기에 출전해 22골을 넣었다. 지난 시즌에도 공식 33경기에 출전해 2골을 넣었다. 잉글랜드 태생이지만 부모님의 국적을 따라 웨일스 대표팀을 선택한 것으로 유명하다.

2024/25시즌

3	29 GAMES	952 MINUTES	2 GOALS	0 ASSISTS	0
	0.9 경기당슈팅	12 유효슈팅	추정가치: 10,000,000€	12 경기당패스	82.20 패스성공률

10 AM CM RW
Ryan Christie

라이언 크리스티
국적 스코틀랜드 | **나이** 30 | **신장** 178 | **체중** 72 | **평점** 6.92

중앙 미드필더, 공격형 미드필더, 윙어 등 다양한 포지션을 소화하는 선수. 인버네스 캘리도니언 시슬과 셀틱을 거쳐 2021년 8월 150만 파운드의 이적료에 본머스로 이적했다. 셀틱에선 2선에서 득점 기회를 창출하고 공격을 지휘하는 플레이메이커 역할을 소화했지만 본머스로 이적 후 2023/24시즌부터 3선에서 활약하고 있다. 주발인 왼발을 활용한 테크닉과 드리블, 그리고 공간 침투를 비롯한 영리한 플레이를 통해 공격을 지원한다. 왕성한 활동량과 적극적인 수비 자세를 보여 주며 수비력도 입증하고 있다. 2017년 11월 네덜란드전을 통해 A매치 데뷔전을 치른 후 스코틀랜드 대표팀의 중심으로 활약하고 있다.

2024/25시즌

9	29 GAMES	2,131 MINUTES	2 GOALS	3 ASSISTS	0
	1.1 경기당슈팅	12 유효슈팅	추정가치: 10,000,000€	34.4 경기당패스	82.10 패스성공률

PLAYERS

타일러 아담스
국적 미국 | **나이** 26 | **신장** 180 | **체중** 69 | **평점** 6.72

미국 국가대표 출신의 중앙 미드필더이자 수비형 미드필드. 지치지 않는 체력을 바탕으로 뛰어난 기동력을 보여 주고 타고난 축구 센스를 통해 경기를 읽고 공간을 효과적으로 이용한다. 탄탄한 기본기를 바탕으로 포백 앞에서 안정적인 수비를 펼치면서도 기동력을 이용해 전방으로 볼을 운반하며 공격을 지원한다. 다만, 몸싸움에 약한 면모를 노출했고, 이를 극복하고자 거친 플레이를 펼치다가 카드를 받곤 한다. 뉴욕 레드불스와 라이프치히, 리즈를 거쳐 2023년 8월 2,300만 파운드에 본머스로 이적했다. 참고로 2017년부터 미국대표팀의 중심으로 활약하며 2022 카타르월드컵에선 미국 대표팀 주장으로 뛰었다.

2024/25시즌

7	28 GAMES	1,966 MINUTES	0 GOALS	3 ASSISTS	0
	0.3 경기당슈팅	2 유효슈팅	추정가치: 18,000,000€	37.7 경기당패스	84.90 패스성공률

마커스 태버니어
국적 잉글랜드 | **나이** 26 | **신장** 178 | **체중** 68 | **평점** 6.84

본머스의 미드필더이자 윙어로 전술적 활용 가치가 매우 높은 선수다. 공격의 다양한 포지션을 소화하며 항상 1인분 이상의 역할을 해 주는 편이다. 커리어 초반 윙백으로 뛰었을 만큼 수비력을 보유했고, 왼발을 활용한 드리블과 패스, 침투 능력이 뛰어나다. 다만, 플레이의 위력에 비해 공격 포인트가 부족하다. 미들즈브러 유스 출신으로 2022년 8월 본머스로 이적했다. 이후 3시즌 동안 공식 90경기에 출전해 12골을 넣으며 기대에 부응했다. 지난 시즌에도 공식 32경기에서 3골을 넣었다. 참고로 형인 제임스 태버니어는 스코틀랜드 리그에서 라이트백으로 활약해 레인저스 명예의 전당에 헌액되기도 했다.

2024/25시즌

6	29 GAMES	1,940 MINUTES	3 GOALS	5 ASSISTS	0
	2 경기당슈팅	17 유효슈팅	추정가치: 18,000,000€	27.3 경기당패스	80.30 패스성공률

에바니우송
국적 브라질 | **나이** 25 | **신장** 183 | **체중** 79 | **평점** 6.78

본머스의 최전방 스트라이커. 2024년 여름 토트넘으로 떠난 도미닉 솔란케의 빈자리를 훌륭히 메웠다는 평을 듣는다. 지난 시즌 본머스 데뷔 시즌임에도 공식 34경기에서 12골을 넣었다. 최전방에서 뒷공간 침투, 폭이 넓은 움직임, 간결한 플레이를 통해 수비를 교란하고, 문전에서 원터치 또는 투터치로 마무리하며 높은 결정력을 보여 준다. 다만 브라질 출신임에도 드리블을 통해 돌파하는 능력이 떨어지고 전방에서의 압박 능력도 2% 부족하다. 플루미넨시, 톰벤시, 포르투를 거쳐 2024년 8월 3,700만 유로의 클럽 최고 이적료에 본머스로 이적했다. 참고로 2024년부터 브라질 대표팀에 차출되고 있다.

2024/25시즌

1	31 GAMES	2,337 MINUTES	10 GOALS	1 ASSISTS	1
	2.4 경기당슈팅	31 유효슈팅	추정가치: 35,000,000€	11 경기당패스	71.60 패스성공률

AFC BOURNEMOUTH

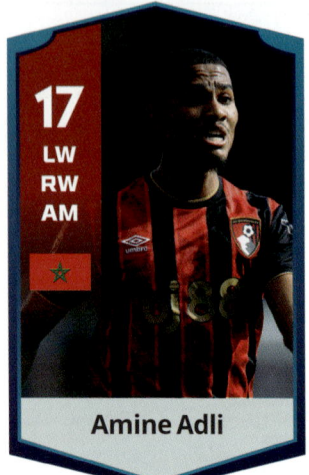

아민 아들리
국적 모로코 | **나이** 25 | **신장** 174 | **체중** 59 | **평점** 6.49

당고 와타라의 이적 공백을 메울 2선 자원으로 2025년 8월 레버쿠젠에서 약 2,510만 파운드의 이적료에 영입했다. 주로 왼쪽 윙어로 활약하지만 오른쪽 윙어와 공격형 미드필더 역할도 가능해 2선의 모든 포지션을 소화한다. 빠른 스피드와 탄탄한 기본기, 효과적인 드리블을 통해 공격을 주도하고, 주 발이 왼발이지만 오른발 활용에도 능숙하다. 특히, 중앙으로 이동해 공격포인트를 생산하곤 한다. 2021년부터 4시즌 동안 레버쿠젠에서 공식 143경기에 출전해 17골 22도움을 기록했다. 다만, 부상에서 자유롭지 못해 컨디션에 따라 기복을 보여 준다. 역시 그의 활약에 따라 본머스의 측면 공격 파괴력이 달라질 것이다.

2024/25시즌

3	1	20 GAMES	758 MINUTES	2 GOALS	0 ASSISTS	0
	1 경기당슈팅	20 유효슈팅	추정가치 18,000,000€	15.9 경기당패스	81.1 패스성공률	

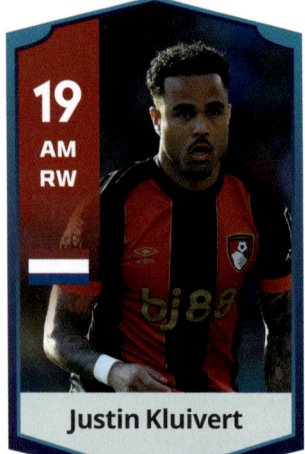

저스틴 클라위버르트
국적 네덜란드 | **나이** 26 | **신장** 171 | **체중** 68 | **평점** 6.86

주로 측면에서 뛰었지만 본머스에서 세컨 스트라이커로 기용되면서 재능을 꽃피우고 있는 공격수. 아약스, 로마를 거쳐 2023년 6월 1,120만 유로의 이적료에 본머스로 이적했다. 그는 1999년생에도 유럽 5대 리그를 모두 경험한 선수가 됐다. 사실 로마 시절, 엄청난 스피드와 현란한 드리블, 위력적인 마무리에도 기대만큼의 활약을 하지 못해 라이프치히, 니스, 발렌시아 등에서 임대 생활을 했다. 하지만 지난 시즌 공식 38경기에서 13골 7도움을 기록하며 득점에 눈을 뜬 모습을 보여 줬다. 참고로 아버지 패트릭 클라위버르트는 아약스와 바르셀로나, 네덜란드 대표팀에서 활약한 장신 스트라이커이다.

2024/25시즌

8		34 GAMES	2,360 MINUTES	12 GOALS	6 ASSISTS	0
	1.9 경기당슈팅	23 유효슈팅	추정가치 35,000,000€	20 경기당패스	81.00 패스성공률	

앙투안 세메뇨
국적 가나 | **나이** 25 | **신장** 185 | **체중** 79 | **평점** 7.2

공격의 모든 포지션을 소화하는 다재다능한 공격수. 주발이 오른발임에도 양발을 활용한 드리블, 패스, 슈팅 등이 위력을 발휘하고 뛰어난 축구 센스와 전술 이해 능력을 바탕으로 자신의 임무를 수행한다. 특히, 속도감 있는 직선적인 돌파와 침투를 통해 공격 포인트를 기록하곤 한다. 브리스톨시티 유스 출신으로 2023년 1월 본머스로 이적했다. 이후 본머스에서 2시즌 반 동안 주전으로 활약하며 125경기에 출전해 21골 21도움을 기록, 만점 활약을 펼쳤다. 2022년부터 가나 대표팀의 주축으로 활약하고 있다. 참고로 동생인 자이 세메뇨는 풀백으로 카디프와 이스트리에서 뛰었다.

2024/25시즌

9		37 GAMES	3,210 MINUTES	11 GOALS	5 ASSISTS	0
	3.4 경기당슈팅	40 유효슈팅	추정가치 40,000,000€	36.9 경기당패스	78.20 패스성공률	

전지적 작가 시점

송영주가 주목하는 본머스의 원픽!
저스틴 클라위버르트

저스틴 클라위버르트는 언제나 축구천재라는 칭호를 들었다. 그의 아버지 패트릭 클라위버르트처럼 큰 신장을 갖춘 최전방 스트라이커 유형은 아니지만 빠른 스피드와 현란한 드리블, 효과적인 동료와의 연계, 효율적인 공간 침투와 활용 등 다양한 능력을 보유했다. 한마디로 그의 DNA 속에 축구 천재성이 살아 숨쉬고 있는 것이다. 과거 아약스에서 모두의 기대 속에 등장했지만 로마에서 자리잡지 못하며 임대 생활을 할 수밖에 없었다. 그렇기에 2023년 6월 1,120만 파운드의 이적료에 본머스로 이적할 당시에 기대보다 걱정이 앞선 것이 사실이다. 하지만 이는 기우에 불과했다. 본머스에서 지난 2시즌 동안 공식 75경기에 출전해 22골 10도움을 기록한 것.

여전히 측면과 중앙에서 펼치는 플레이의 영향력에 비해 공격포인트가 부족하지만 득점력이 서서히 향상되고 있다. 특히, 팀 동료들과의 호흡도 점점 좋아지며, 지난 시즌 공식 39경기에서 13골 8도움을 기록하며 자신의 커리어에서 최고의 시즌을 보냈다는 사실은 간과할 수 없다. 이제 그 누구도 클라위버르트가 본머스 공격축구의 중심이라는 사실을 부인할 수 없을 것이다.

지금 본머스에 이 선수가 있다면!
안드레아스 크리스텐센

본머스가 2025/26시즌 프리미어리그에서 새로운 역사를 쓰기 위해선 수비가 중요하다. 대다수의 공격수를 잔류시킨 것과 달리 수비에선 전력 누수가 있기 때문. 수비의 중심이었던 딘 하위선이 레알 마드리드로, 일리야 자바르니가 PSG로 이적함에 따라 그의 빈 자리를 메워야 하는 처지다. 물론, 프랑스 리그1에서 입증된 센터백 바포데 디아키테를 릴에서 영입해 수비력을 유지하고자 힘썼다. 따라서 이라올라 감독은 디아키테와 기존의 센터백 마르코스 세네시를 최대한 활용해 중앙 수비를 구성할 것이 분명하다. 하지만 딘 하위선과 자바르니의 이탈은 이라올라 감독에게 고민거리일 수밖에 없다. 역시 본머스는 믿을 수 있는 센터백이 더 필요하다. 이런 의미에서 바르셀로나의 안드레아스 크리스텐센은 본머스에게 매력적인 선수다. 비록 최근 2시즌 부상으로 제 실력을 발휘하지 못했지만, 크리스텐센은 본래 묵묵히 제 몫을 해내는 믿음직한 수비수인 데다 뛰어난 패싱력과 효과적인 고공 장악력, 단단한 대인마크 능력 등을 보유하고 있다. 그리고 오랜 기간 첼시에서 활약해 프리미어리그 적응이 필요 없다. 이에 더해 여름 내내 이적설이 대두되었던 인물이기도 하다. 이만하면 좋은 궁합이 아닌가? 하지만 이는 발칙한 상상에 불과할 가능성이 농후하다.

CAOIMHIN KELLEHER
HAKON VALDIMARSSON
MATTHEW COX
NATHAN COLLINS
ETHAN PINNOCK
KRISTOFFER AJER
SEPP VAN DEN BERG
AARON HICKEY
RICO HENRY
MICHAEL KAYODE
KEANE LEWIS-POTTER
JORDAN HENDERSON
YEGOR YARMOLYUK
MATHIAS JENSEN
MIKKEL DAMSGAARD
KEVIN SCHADE
IGOR THIAGO
YUNUS EMRE KONAK
VITALY JANELT
FABIO CARVALHO
FRANK ONYEKA
ANTONI MILAMBO

Brentford

BRENTFORD

브렌트포드 Brentford

- 창단 년도 | 1889년
- 최고 성적 | 5위 (1935/36)
- 경기장 | 지테크 커뮤니티 스타디움 (Gtech Community Stadium)
- 경기장 수용 인원 | 17,250명
- 지난 시즌 성적 | 10위
- 별칭 | The Bees (비즈), The Reds (레즈)
- 상징색 | 레드, 화이트
- 레전드 | 이드리스 홉킨스, 켄 쿠트, 짐 타워스, 피터 젤슨, 케빈 오코너 등

히스토리

서런던을 연고로 하고 있는 클럽. 1947년 강등된 이후 2020년까지 무려 70년이 넘는 시간을 하부 리그에서 보냈다. 이후 74년 만의 1부 리그 승격을 이룬 후 현재 프리미어리그에서는 결코 무시할 수 없는 안정적인 중위권 팀으로 자리를 굳혔다. 그 중심에는 매튜 벤햄 구단주의 데이터 기반 구단 운영 방식, 토마스 프랭크 감독의 훌륭한 지도력이 크게 작용했는데, 특히 자금력에 한계가 있는 상황에서도 체계적인 스카우팅과 선수 육성으로 경쟁력을 갖췄다는 점에서 많은 축구 팬들의 주목을 받았다. 올 시즌은 팀의 큰 부분을 차지했던 토마스 프랭크 감독이 팀을 떠나고 말았다. 토마스 프랭크가 없는 첫 번째 시즌, 새롭게 선임된 케이스 앤드류스 감독이 팀의 철학을 얼마나 잘 이어 갈 수 있을지, 그의 역할이 여러모로 굉장히 중요하게 다가올 시즌이다.

최근 5시즌 리그 순위 변동

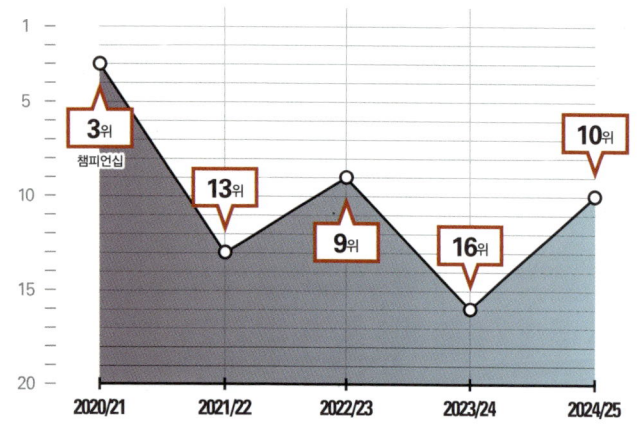

클럽레코드 IN & OUT

최고 이적료 영입 IN

당고 와타라
4,280만 유로
(2025년 8월, from 본머스)

최고 이적료 판매 OUT

브라이언 음뵈모
7,500만 유로
(2025년 7월, to 맨체스터유나이티드)

CLUB & MANAGER

케이스 앤드류스 Keith Andrews

1980년 9월 13일 | 44세 | 아일랜드

특명! 토마스 프랭크의 공백을 메워라!

케이스 앤드류스는 현역 시절 아일랜드 국가대표와 더불어 프리미어리그 블랙번에서도 주전으로 활약했던 경력이 있을 만큼 괜찮은 선수 커리어를 보냈던 인물이다. 은퇴 후 바로 선수 생활의 마지막을 보냈던 MK돈스에서 수석 코치로 지도자 커리어를 시작했고, 이후 아일랜드 U-21 팀과 아일랜드 국가대표팀 수석 코치, 세트피스 코치를 겸하면서 본인의 지도 능력을 어느 정도 입증해 나갔다. 특히 세트피스와 관련해서 항상 좋은 코치를 배출해 내는 브렌트포드의 세트피스 코치로 합류했던 지난 시즌 무려 13골을 세트피스에서 만들어 내면서 리그 5위에 해당하는 세트피스 득점력을 입증해 냈다. 그뿐만 아니라 지난 시즌 브렌트포드가 경기 시작 40초 이내에 3경기 연속 골을 기록하는 진귀한 모습을 보여 줬던 시기도 있었는데, 그때 당시 킥오프 루틴을 제시한 것도 케이스 앤드류스의 아이디어였다. 감독으로서의 첫 시즌, 토마스 프랭크의 기존 스타일을 유지하면서 본인의 색깔을 추가하여 팀을 발전시키겠다는 포부를 밝혔다.

감독 인터뷰

"3년 전부터 헤드코치를 준비해 왔다. 기존의 스타일에 나의 철학을 추가하여 팀을 이끌 것이며, 선수들의 강점과 개성을 살릴 수 있는 전술 운용을 하겠다."

감독 프로필

통산	선호 포메이션	승률
2025/26시즌 감독 데뷔	**4-3-3**	**-**

시즌 키워드

#첫감독도전 | **#새로운시작** | **#세트피스**

경력

2025~
브렌트포드

BRENTFORD

IN

조던 헨더슨
(FA)

안토니 밀람보
(페예노르트)

로멜레 도노반
(버밍엄)

퀴빈 켈러허
(리버풀)

마이클 카요데
(피오렌티나)

당고 와타라
(본머스)

OUT

김지수
(카이저슬라우테른, 임대)

브라이언 음뵈모
(맨유)

크리스티안 노르가르드
(아스날)

벤 미
(FA)

조쉬 다실바
(FA)

마르크 플레컨
(레버쿠젠)

마즈 뢰르슬레우
(사우샘프턴)

FW
- 7 샤데
- 9 치아구
- 19 와타라
- 25 퍼트해리스
- 39 구스타부
- 45 도노반

MF
- 6 헨더슨
- 8 옌센
- 14 카르발류
- 15 오니에카
- 17 밀람보
- 18 야르몰류크
- 24 담스가르드
- 26 코낙
- 27 야넬트

DF
- 2 히키
- 3 헨리
- 4 판덴베르흐
- 5 피노크
- 20 아예르
- 21 고마
- 22 콜린스
- 23 루이스포터
- 33 카요데

GK
- 1 켈러허
- 12 발디마르손
- 13 콕스

히든풋볼의 이적시장 평가

음뵈모 판매 수익과 더불어 베테랑 헨더슨을 FA로 영입했고, 밀람보나 켈러허 같은 각 포지션에 재능 있는 선수들로 전력 보강을 해냈다. 재정적으로 흑자를 거둔 이적 시장이었지만 아직 보강 면에서는 충분하지 않으며 불안함이 있는 이적시장이다. 기대와 우려가 교차하는 시즌 초반이지만, 결국 남은 과제를 어떻게 해결하느냐가 중요할 것이다.

SQUAD & BEST11

Best 11 (4-3-3)

- **7** 샤데
- **9** 치아구
- **19** 와타라
- **18** 야르몰류크
- **24** 담스가르드
- **6** 헨더슨
- **23** 루이스포터
- **5** 피노크
- **22** 콜린스
- **33** 카요데
- **1** 켈러허

2024/25시즌 스탯 Top 3

득점 Top 3
- 브라이언 음뵈모 — 20골
- 요아네 위사 — 19골
- 케빈 샤데 — 11골

도움 Top 3
- 미켈 담스가르드 — 10도움
- 브라이언 음뵈모 — 7도움
- 크리스티안 노르가르드 — 4도움

출전시간 Top 3
- 네이션 콜린스 — 3,420분
- 브라이언 음뵈모 — 3,417분
- 마르크 플레컨 — 3,276분

히든풋볼의 순위 예측

주요 선수들에 이어 프랭크 감독도 떠났다. 강등을 당하지 않기 위해서 버티는 축구를 보여줘야 한다.

16위 · 이주헌

주축 선수뿐 아니라 브렌트포드 성적의 근간이었던 프랭크 감독이 빠졌다. PL 잔류가 쉽지 않을 것.

20위 · 박종윤

프랭크 감독의 빈자리가 큰 가운데 주축 선수들의 이탈을 막지 못했다. 올 시즌 목표는 잔류가 될 듯.

18위 · 송영주

감독과 핵심 선수들이 대거 이탈하며 한 시대가 막을 내렸다. 전력 약화로 강등권 싸움을 피하기 어려울 것이다.

16위 · 임형철

토마스 프랭크 감독에 음뵈모까지 팀을 떠났다. 위사까지 지키지 못한다면 사실상 전력의 반을 잃는 셈이다.

18위 · 남윤성

팀의 핵심 공격 자원과 미드필더 자원들도 떠났다. 브렌트포드에게는 분명 어려운 시즌이 될 수 있다.

18위 · 이완우

버텨라!
견뎌라!
지금이 고비!

브렌트포드에서 8년간 팀을 이끌면서 PL 승격과 더불어 PL에서의 경쟁력을 확실하게 구축한 토마스 프랭크 감독이 올 시즌 토트넘으로 떠났다. 토마스 프랭크가 지휘하는 동안 브렌트포드는 PL에서도 본인들의 확고한 스타일과 색깔을 보여 줬던 팀이었다. 다이렉트한 롱볼을 많이 시도하지만, 토마스 프랭크의 브렌트포드는 롱볼 축구 속에서의 디테일한 세부 전술이 상당히 빛났던 팀이었다. 긴 패스를 시도한 이후 패스가 도착하는 그 찰나의 순간 동안 공 없는 선수들의 일사불란한 움직임이 브렌트포드 축구의 매력이자 가장 큰 포인트 중 하나였고, 체계적인 압박을 통해 상대의 실수를 유도하고 거기서 흘러나온 볼을 가져오기 위한 디테일한 움직임까지. 토마스 프랭크는 이미 팀에 많은 전술적 움직임과 시스템을 주입해 놓았다. 여기에 브렌트포드 하면 빼놓을 수 없는 훌륭한 세트피스까지. 팀에 많은 것을 가져다 준 토마스 프랭크의 공백은 올 시즌 브렌트포드의 가장 큰 공백 중 하나일 것이다. 그러한 토마스 프랭크의 공백을 메우기 위해 나타난 사나이는 아직까지 단 한 번의 감독 경험이 없는 지난 시즌 브렌트포드의 세트피스 코치 "케이스 앤드류스"이다. 케이스 앤드류스는 2015년 하부 리그 MK돈스의 수석 코치로 지도자 커리어를 처음 시작했고, 이후에 아일랜드 연령별 팀과 아일랜드 성인 대표팀 수석 코치를 거쳤다. 그 후에는 셰필드 유나이티드 수석 코치 경험을 쌓은 뒤 지난 시즌 브렌트포드 세트피스 코치까지. 이것이 케이스 앤드류스의 모든 커리어였는데, 코치 시절 평가가 매우 좋았던 모양이다. 실제로 아일랜드 시절에는 아일랜드 대표팀이 세트피스 득점력이 제법 괜찮았는데, 당시 케이스 앤드류스의 공이 굉장히 컸다고 알려져 있으며, 지난 시즌 브렌트포드에서도 세트피스 코치로 리그 5위에 해당하는 세트피스 득점, 무려 13골을 만들어 냈다. 또한 케이스 앤드류스의 장점 중 하나는 단순히 세트피스에만 관여하는 것이 아니고, 선수단과의 소통과 더불어 전술적으로도 많은 부분에 관여를 했다는 점이다. 지난 시즌 브렌트포드가 경기 시작 40초 이내에 3경기 연속골을 넣은 경기가 있었는데, 그때 당시 움직임을 세팅한 것도 모두 케이스 앤드류스의 전술 아이디어였다고 한다. 브렌트포드의 단장인 필 자일스도 케이스 앤드류스의 이러한 전술적 능력, 선수단과의 소통 능력, 전술적으로 끊임없이 연구하는 집념 등을 높게 평가하였으며, 내부 승격을 통해 팀의 정체성을 이어 가고자 하고 있다. 핵심 선수의 이탈도 많은 이번 시즌, 케이스 앤드류스가 과연 신임 감독의 패기로 위기를 극복할 수 있을지를 지켜보자.

BRENTFORD

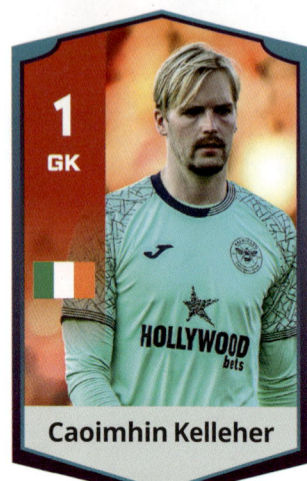

1 GK
Caoimhin Kelleher

퀴빈 켈러허

국적 아일랜드 | **나이** 26 | **신장** 188 | **체중** 72 | **평점** 6.59

퀴빈 켈러허는 리버풀 유스 출신 골키퍼로 2015년부터 2025년까지 10년간 몸담았던 정든 클럽을 떠나 2025/26시즌 브렌트포드에 합류했다. 전 시즌 주전 골키퍼였던 마르크 플레켄의 빈자리를 메우기 위한 브렌트포드의 선택이었다. 퀴빈 켈러허는 리버풀에서 주전은 아니었지만 알리송이 빠질 때마다 든든하게 골문을 지켜주며 묵묵히 본인의 역할을 톡톡히 했던 골키퍼였다. 반사 신경이나 선방 능력도 출중하지만 양발 활용 능력, 발밑 및 상대 압박에 당황하지 않는 강한 배짱까지 두루 지닌 골키퍼이다. 켈러허의 영입은 브렌트포드 입장에서는 아주 탁월한 선택이라는 생각이 든다.

2024/25시즌

0	10 GAMES	900 MINUTES	12 실점	67.60 선방률	0
	24 세이브	4 클린시트	추정가치 20,000,000€	40.00 클린시트 성공률	1/1 PK 방어 기록	

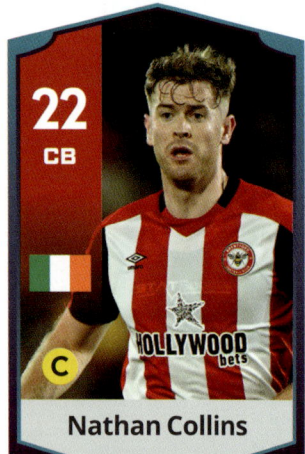

22 CB
Nathan Collins

네이선 콜린스

국적 아일랜드 | **나이** 24 | **신장** 193 | **체중** 81 | **평점** 6.93

2023/24시즌 브렌트포드 클럽 레코드 기록을 세우며 영입했을 만큼 현재 팀 내에서 가장 핵심적인 센터백이라 볼 수 있다. 탄탄한 피지컬과 제공권 능력, 괜찮은 발밑과 전진성을 두루 겸비한 센터백이다. 특히 지난 시즌 리그 전 경기에 출전하면서 팀에 큰 보탬이 되었고, 아일랜드 대표팀에서도 핵심적인 역할을 맡으며 종종 직접 전진 드리블로 상대 진영까지 뚫고 들어가 위협적인 슈팅을 시도하거나 득점까지 만들어 내기도 한다. 도전적인 수비가 많아 실책성 플레이를 범하기도 하는데, 그러한 부분만 개선할 수 있다면 네이선 콜린스는 더 완성형 수비수로 성장할 수 있을 것이다.

2024/25시즌

5	38 GAMES	3,420 MINUTES	2 GOALS	3 ASSISTS	0
	0.45 경기당슈팅	6 유효슈팅	추정가치 28,000,000€	51.6 경기당패스	86.30 패스성공률	

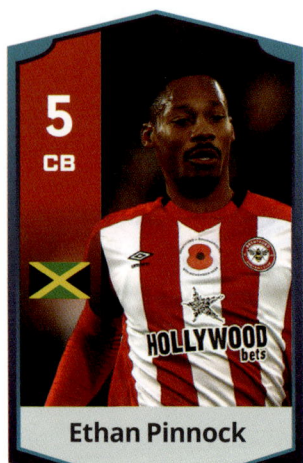

5 CB
Ethan Pinnock

이선 피노크

국적 자메이카 | **나이** 32 | **신장** 194 | **체중** 79 | **평점** 6.78

브렌트포드에서만 7시즌째를 맞이하고 있는 베테랑 센터백. 현대축구에서 수비수에게 기술적인 부분도 많은것을 요구하지만, 그 부분에 있어서는 아쉬움이 있다. 다만 피노크는 수비수로서 가장 기본이 되는 피지컬, 대인 방어 능력, 공중볼 경합 능력, 안정적인 볼 처리, 수비수로서의 기본이자 본분이 되어야 할 능력치에 있어서는 리그 상위급 센터백이라 볼 수 있으며, 지난 몇 년 동안 꾸준하게 PL 경합과 클리어, 수비 블락과 같은 결정적인 수치에서 언제나 리그 최상단에 이름을 올렸다. 올 시즌도 피노크는 베테랑으로서 브렌트포드의 수비진을 이끌어야 하는 핵심 수비수이다.

2024/25시즌

2	22 GAMES	1,914 MINUTES	2 GOALS	0 ASSISTS	0
	0.47 경기당슈팅	6 유효슈팅	추정가치 7,000,000€	46.9 경기당패스	87.60 패스성공률	

PLAYERS

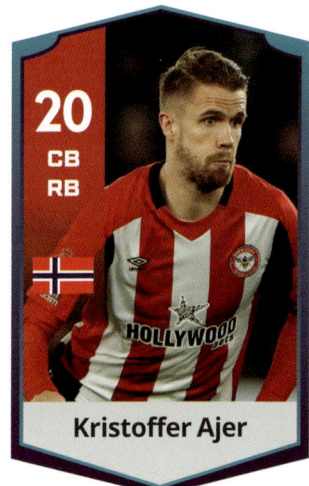

크리스토퍼 아예르

국적 노르웨이 | **나이** 27 | **신장** 198 | **체중** 92 | **평점** 6.39

2021/22시즌 합류 이후 어느덧 브렌트포드에서 5시즌 차를 보내고 있다. 미드필더도 소화했던 경험이 있는 만큼 안정적인 발밑과 패스 능력을 지니고 있는 수비수이며, 높은 신장을 활용한 제공권과 세트피스 득점력, 거기에 더해 측면 윙백으로 나왔을 때는 적절한 오버래핑 능력을 보여 주는데, 장신임에도 불구하고 의외의 스피드까지도 겸비한 선수이다. 이렇게 장점이 많은 수비수인데 아예르에게 치명적인 단점은 부상이 잦다는 점이다. 브렌트포드 합류 후 단 한 번도 30경기 이상을 소화한 시즌이 없을 정도로 매 시즌 한 번씩 크고 작은 부상이 발생했기 때문에 올 시즌은 건강하게 많은 경기를 소화하는 것이 팀 입장에서는 중요하다.

2024/25시즌

5	24 GAMES	1,443 MINUTES	0 GOALS	0 ASSISTS	0
	0.56 경기당슈팅	3 유효슈팅	추정가치: 18,000,000€	23.3 경기당패스	77.80 패스성공률

Kristoffer Ajer

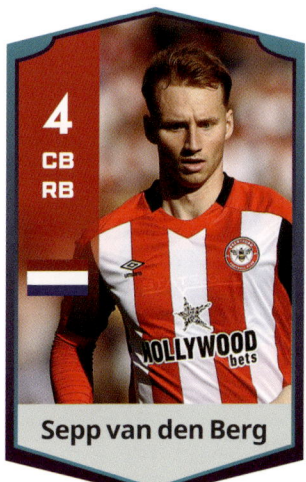

시프 판덴베르흐

국적 네덜란드 | **나이** 23 | **신장** 192 | **체중** 87 | **평점** 6.68

지난 시즌 리버풀에 거액을 지불하고 데려온 센터백. 마인츠 임대 시절 상당히 인상적인 활약을 펼쳤으며 피지컬적인 능력을 강조하는 브렌트포드의 센터백 기조에 상당히 걸맞은 영입이었다. 다만 기대와 다르게 시즌 초 저조한 경기력으로 팬들의 비판을 받기도 했지만 시즌을 거듭할수록 경기력이 살아나면서 후반기 어느 정도 팀에 보탬이 되기도 했다. 탄탄한 피지컬과 준수한 스피드를 지니고 있어 도전적인 전진 수비나 경합에 능한 모습을 보여 주지만, 발밑이나 패스의 세밀함에는 다소 투박한 단점이 있다. 다가오는 시즌 본인의 단점을 얼마나 보완할 수 있느냐가 관건이 되겠다.

2024/25시즌

3	31 GAMES	2,589 MINUTES	0 GOALS	0 ASSISTS	0
	0.7 경기당슈팅	6 유효슈팅	추정가치: 22,000,000€	39 경기당패스	85.70 패스성공률

Sepp van den Berg

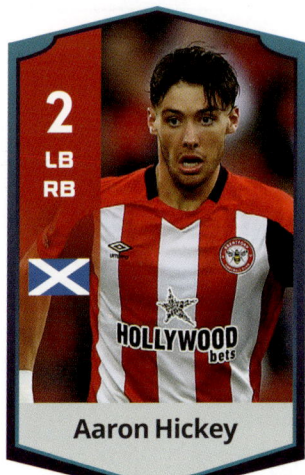

애런 히키

국적 스코틀랜드 | **나이** 23 | **신장** 185 | **체중** 76 | **평점** -

브렌트포드 이적 후 지난 두 시즌 동안 심각한 햄스트링 부상으로 단 9경기밖에 뛰지 못했다. 애런 히키는 볼로냐 시절 뛰어난 공격력과 양발 활용 능력을 과시하며 다수의 빅클럽에서 주목을 받았던 선수였다. 브렌트포드에 합류한 후 아직까지 잦은 부상으로 본인의 가치를 제대로 입증하지 못했는데, 그럼에도 불구하고 브렌트포드는 애런 히키에 대한 강한 신뢰를 보이며 2028년까지 계약 연장을 하기도 했다. 팀의 믿음에 보답하기 위해서는 올 시즌 본인의 가치를 증명해야 하며, 브렌트포드가 최근 윙백들의 줄부상으로 고생한 만큼 애런 히키가 다가오는 시즌에는 반드시 건강하게 시즌을 소화해 주어야 한다.

2024/25시즌

-	- GAMES	- MINUTES	- GOALS	- ASSISTS	-
	- 경기당슈팅	- 유효슈팅	추정가치: 10,000,000€	- 경기당패스	- 패스성공률

Aaron Hickey

BRENTFORD

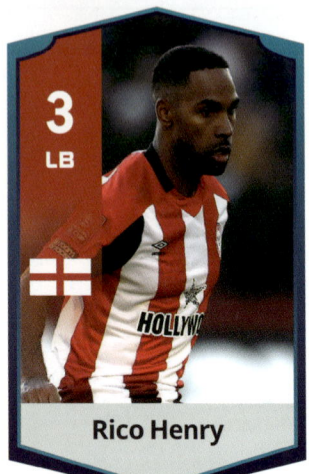

3 LB
Rico Henry

리코 헨리
국적 잉글랜드 | **나이** 28 | **신장** 170 | **체중** 67 | **평점** 6.09

브렌트포드는 토마스 프랭크 체제에서 꾸준히 안정권에 위치하며 다크호스로서 좋은 경쟁력을 언제나 보여줬던 팀이다. 그런 브렌트포드가 2023/24시즌 리그 16위로 순위가 많이 떨어졌던 시기가 있었는데, 당시 브렌트포드의 윙백 라인들이 부상으로 초토화된 것이 주요 요인 중 하나였다. 애런 히키뿐만 아니라 리코 헨리도 최근 두 시즌 동안 단 10경기밖에 소화하지 못했을 정도로 부상으로 많은 고생을 했었다. 지칠 줄 모르는 체력과 공격과 수비 모두 안정감 있는 밸런스를 보여 줬던 리코 헨리의 공백은 당연히 크게 다가올 수밖에 없었다. 부상만 없다면 좌측에서는 언제나 1순위인 리코 헨리이기에 새 시즌 건강한 컨디션을 유지하는 게 관건이다.

2024/25시즌

0	5 GAMES	94 MINUTES	0 GOALS	0 ASSISTS	0
	0 경기당슈팅	0 유효슈팅	추정가치: 15,000,000€	7.4 경기당패스	67.60 패스성공률

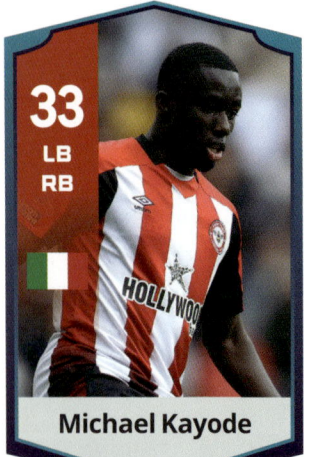

33 LB RB
Michael Kayode

마이클 카요데
국적 이탈리아 | **나이** 21 | **신장** 179 | **체중** 69 | **평점** 6.64

지난 시즌 후반기 임대로 합류해 강한 임팩트를 남겼던 카요데, 결국 그 활약에 힘입어 브렌트포드로 완전 이적하는 데 성공했다. 뛰어난 운동 능력과 저돌적인 오버래핑, 탄탄한 피지컬로 오른쪽 공격에 활력을 불어넣어 주었으며 윙백들의 줄부상으로 계속해서 전문 윙백이 아닌 자원을 번갈아 활용하던 브렌트포드에게 후반기 큰 힘이 되었다. 애런 히키와 리코 헨리가 돌아오고 이제는 훌륭한 윙백으로 거듭나는 킨 루이스 포터도 있지만, 오른쪽 풀백 자리에서는 한동안 카요데가 주전 자리를 꿰찰 가능성이 높다. 카요데의 에너지 넘치는 플레이 스타일은 케이스 앤드류스 감독에게도 큰 힘이 될 것이다.

2024/25시즌

2	12 GAMES	528 MINUTES	0 GOALS	1 ASSISTS	0
	0.34 경기당슈팅	0 유효슈팅	추정가치: 18,000,000€	14.4 경기당패스	85.00 패스성공률

23 LB RB WF
Keane Lewis-Potter

킨 루이스포터
국적 잉글랜드 | **나이** 24 | **신장** 170 | **체중** 67 | **평점** 6.7

처음 영입할 당시 킨 루이스 포터는 잉글랜드 내에서도 상당히 주목받는 유망주였다. 당시 클럽 레코드 기록까지 깨며 데려온 선수였고, 이미 19~20세 때 헐시티에서 두 시즌 연속 두 자릿수 득점을 만들어 내기도 했을 정도였다. 그런데 지난 시즌 뜻밖의 상황이 펼쳐졌다. 측면 수비 자원이 모두 부상으로 빠지자 루이스 포터를 좌측 윙백으로 활용해 본 것. 그리고 이 선택은 대박이었다. 루이스 포터는 그 역할에 빠르게 적응했고, 특유의 왕성한 활동량과 부지런하고 영리한 움직임은 좌측 공격에 큰 힘이 되었다. 올 시즌은 주요 윙백들이 모두 부상에서 복귀하지만 루이스 포터는 측면 수비와 측면 공격을 오가며 중요한 자원으로서 역할을 이어 갈 것이다.

2024/25시즌

7	38 GAMES	3,103 MINUTES	1 GOALS	3 ASSISTS	0
	0.81 경기당슈팅	14 유효슈팅	추정가치: 23,000,000€	27.6 경기당패스	80.50 패스성공률

PLAYERS

조던 헨더슨
국적 잉글랜드 | **나이** 35 | **신장** 182 | **체중** 78 | **평점** 6.87

조던 헨더슨이 프리미어리그로 돌아왔다. 그리고 그의 선택은 바로 브렌트포드. 케이스 앤드류스가 기존의 토마스 프랭크의 전술 기조를 이어간다는 점과, 케이스 앤드류스 감독이 이제 감독으로서 첫 번째 커리어를 시작하는 감독이라는 점을 감안했을 때, 리더십이 좋은 헨더슨의 브렌트포드 합류는 케이스 앤드류스를 충분히 보좌할 수 있는 좋은 옵션이 될 것으로 예상된다. 전술적으로도 측면 전환 이후 미드필더의 하프 스페이스 움직임을 자주 활용하는 브렌트포드인데, 헨더슨은 리버풀 시절부터 이런 움직임에 아주 능하다. 특유의 경험과 리더십이 브렌트포드와 얼마나 좋은 시너지를 낼지 지켜보자.

2024/25시즌

	28 GAMES	1,871 MINUTES	1 GOALS	4 ASSISTS	
6	0.58 경기당슈팅	3 유효슈팅	추정가치: 2,500,000€	59.2 경기당패스	87.30 패스성공률	0

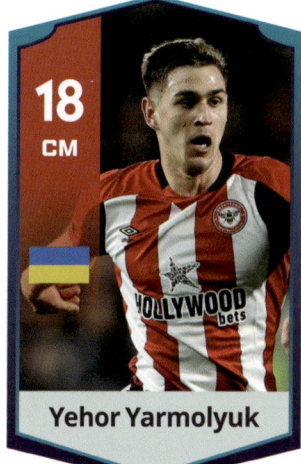

예호르 야르몰류크
국적 우크라이나 | **나이** 21 | **신장** 180 | **체중** 72 | **평점** 6.42

2022/23시즌 드니프로에서 영입한 우크라이나의 특급 유망주이다. 브렌트포드 B팀에서 성장하여 1군에 단기간 내에 합류했고, 합류하자마자 빠른 시간 안에 주전급 미드필더로 자리를 잡았다. 브렌트포드 B팀에 있을 당시에는 공 다루는 기술과 드리블 능력도 상당히 인상적이었다면, 1군 팀에 합류하고 나서는 PL의 강도와 템포에 적응하기 위해 피지컬과 수비력을 발전시켰다. 이제 야르몰류크의 숙제는 공격 포인트 생산 능력을 발전시키는 것이다. 지난 시즌 상당히 좋은 경기력을 보였지만 아직까지 PL에서 공격 포인트가 하나도 없다. 다가오는 시즌 야르몰류크가 이러한 부분에서 얼마나 성장할지도 지켜볼 만한 포인트다.

2024/25시즌

	31 GAMES	1,446 MINUTES	0 GOALS	0 ASSISTS	
6	0.56 경기당슈팅	2 유효슈팅	추정가치: 15,000,000€	23.8 경기당패스	88.20 패스성공률	0

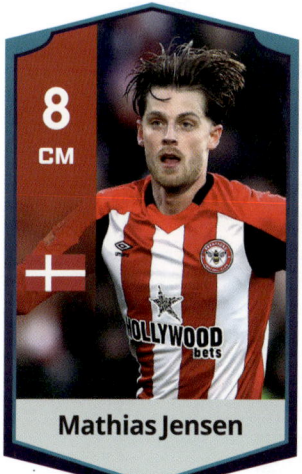

마티아스 옌센
국적 덴마크 | **나이** 29 | **신장** 180 | **체중** 68 | **평점** 6.37

마티아스 옌센은 7시즌째 브렌트포드의 핵심 미드필더로 활약하고 있는 팀 내 핵심 자원이다. 뛰어난 활동량과 영리한 전술 수행 능력, 날카로운 킥은 마티아스 옌센이 가지고 있는 최고의 무기이며, 브렌트포드의 롱스로인 전술에서도 마티아스 옌센의 스로인 능력이 큰 힘을 발휘하기도 한다. 다만 그동안 마티아스 옌센은 브렌트포드에서 매 시즌 30경기 이상을 소화할 정도로 건강하고 꾸준한 모습을 보였는데, 지난 시즌은 잔부상과 질병이 겹치면서 많은 경기를 소화하지 못했다. 그러면서 후반기 주전에서 약간 밀려나는 모습도 있었지만, 여전히 전성기대 나이의 선수이기 때문에 다음 시즌도 건강만 하다면 충분히 많은 출전 시간을 부여받을 것이다.

2024/25시즌

	24 GAMES	857 MINUTES	0 GOALS	2 ASSISTS	
2	0.63 경기당슈팅	1 유효슈팅	추정가치: 14,000,000€	16.8 경기당패스	81.70 패스성공률	0

BRENTFORD

24 AM
Mikkel Damsgaard

미켈 담스가르드

| 국적 | 덴마크 | 나이 | 25 | 신장 | 180 | 체중 | 71 | 평점 | 7.01 |

지난 시즌 리그에서 무려 10개의 어시스트를 기록하며 팀 내 최다 어시스트를 달성했다. 미켈 담스가르드에게 기대하던 모습이 드디어 나왔던 지난 시즌이었다. 담스가르드는 유로 2020 당시 만 20세의 나이로 해당 대회에서 2골10어시스트를 기록하며 덴마크의 4강 돌풍을 이끌어 엄청난 센세이션을 일으켰다. 그리고 삼프도리아를 거쳐 브렌트포드로 입성했을 때도 상당한 기대를 받았지만 초반에 적응하지 못하며 부진의 시기를 겪기도 했다. 하지만 지난 시즌 드디어 완벽하게 팀에 적응하며 팀 내 최다 도움, 리그 전 경기 출전을 이뤄 내며 역할을 톡톡히 했다. 다가오는 시즌도 핵심 플레이메이커로서 담스가르드의 역할은 매우 중요하다.

2024/25시즌

2	38 GAMES	2,930 MINUTES	2 GOALS	10 ASSISTS	0
	1.08 경기당슈팅	7 유효슈팅	추정가치: 28,000,000€	36 경기당패스	77.60 패스성공률

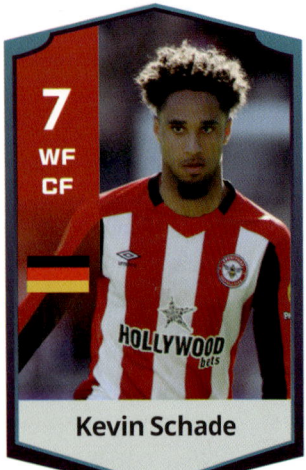

7 WF CF
Kevin Schade

케빈 샤데

| 국적 | 독일 | 나이 | 23 | 신장 | 185 | 체중 | 74 | 평점 | 6.89 |

지난 시즌 브렌트포드가 자랑하는 공격 3인방 중 한 명으로 활약하며 리그에서 무려 11골을 기록했다. 본인 커리어 첫 번째 두 자리수 득점을 달성했던 순간이었으며, 그 전 시즌 내전근 부상으로 상당히 고생을 했기 때문에 케빈 샤데에게는 더욱 뜻깊은 순간이었다. 분데스리가 시절에도 탑 스피드 최상위권에 기록될 정도로 빠른 스피드를 자랑하는 케빈 샤데의 스피드는 PL 무대에서도 확실히 통한다는 것을 증명했다. 빠른 스피드를 활용한 뒷공간 침투, 순간적인 드리블 돌파 능력, 거기에 은근히 경합 능력도 괜찮아서 음뵈모가 빠진 이번 시즌 팀 공격에 있어서는 더 중요한 선수로 분류될 전망이다.

2024/25시즌

3	38 GAMES	2,301 MINUTES	11 GOALS	2 ASSISTS	0
	2.16 경기당슈팅	27 유효슈팅	추정가치: 30,000,000€	11.8 경기당패스	64.30 패스성공률

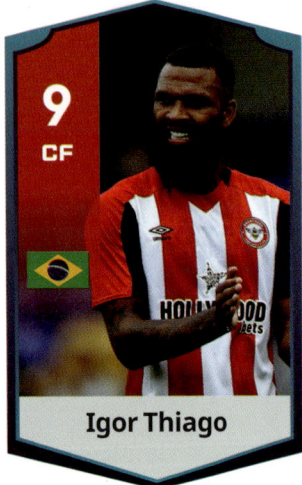

9 CF
Igor Thiago

이고르 치아구

| 국적 | 브라질 | 나이 | 24 | 신장 | 191 | 체중 | 88 | 평점 | 6.24 |

이고르 치아구는 지난 시즌 브렌트포드 역사상 가장 비싼 이적료를 지불하고 데려온 선수다. 그러나 지난 시즌 출전한 경기 수는 겨우 8경기였다. 반월판 부상과 무릎 부상이 고질적으로 발생하면서 많은 경기에 출전하지 못했고, 부상으로 인해 폼도 떨어져 출전했을 때도 이렇다 할 인상을 보여 주지 못했다. 한창 폼이 좋았을 때의 스타일을 보면 힘과 헤더 능력이 상당히 좋고, 생각보다 빠른 발을 가지고 있으며 내려와서 연계 플레이를 하거나 측면으로 빠지는 움직임까지 다양한 툴을 지니고 있다. 주축 공격수들이 팀을 떠난 만큼 이고르 치아구가 이제는 왜 이 정도 몸값의 선수인지를 스스로 증명해야 할 때이다.

2024/25시즌

0	8 GAMES	168 MINUTES	0 GOALS	0 ASSISTS	1
	1.03 경기당슈팅	0 유효슈팅	추정가치: 18,000,000€	6.8 경기당패스	74.10 패스성공률

전지적 작가 시점

이완우가 주목하는 브렌트포드의 원픽!

케빈 샤데

케빈 샤데는 2022/23시즌 후반기 프라이부르크에서 합류한 스피드 스타이다. 폭발적인 스피드를 활용한 순간적인 돌파나 공간 침투가 케빈 샤데의 가장 큰 강점인데, 사실 브렌트포드 입단 초반에는 리그 적응 문제와 더불어 큰 부상을 당하게 되면서 많은 경기에 출전하지 못했고 기대에 못 미치는 모습을 보이기도 했었다. 하지만 지난 시즌, 이적 초반의 모든 아픔을 씻어 내고 보란 듯이 리그 전 경기에 출전하며 철강왕의 면모를 과시했고 리그 두 자릿수 득점을 터트리며 구단과 팬들의 기대에 부응하는 모습을 보여 줬다. 그리고 이번 시즌 케빈 샤데의 역할이 더 중요한 이유는 지난 시즌 리그에서만 50골을 합작해 냈던 케빈 샤데-위사-음뵈모 리그 최고의 스리톱 라인 중 케빈 샤데를 제외한 나머지 두 선수들이 모두 팀을 떠나게 됐기 때문이다. 승격 후 계속해서 브렌트포드를 지탱했던 걸출한 공격수 라인, 아이반 토니, 요안 위사, 브라이언 음뵈모, 이제는 모두 팀을 떠나게 된 것이다. 남아 있는 브렌트포드 공격진 중에 프리미어리그에서 두 자릿수 득점을 넘겨 본 선수는 케빈 샤데가 유일하다. 새롭게 개편된 브렌트포드 공격진에서 케빈 샤데가 많은 역할을 해 줘야만 한다.

지금 브렌트포드에 이 선수가 있다면!

배준호

현재 브렌트포드의 전술 스타일, 스쿼드 구성이나 선수들의 개성을 고려했을 때 배준호가 지금의 브렌트포드에 합류한다면 미켈 담스가르드와 더불어 팀 내에서 가장 창의적인 선수로서 역할을 해 줄 수 있다. 우선 브렌트포드의 스쿼드 구성을 보면 담스가르드를 제외하고는 팀에 창의성을 가져다 줄 수 있는 선수의 수가 다소 부족한 편이다. 기본적으로 선수들의 피지컬이나 경합, 전술적인 움직임을 더 중시하는 브렌트포드인데, 여기에 만약 배준호가 합류하게 된다면 담스가르드의 부담을 줄여 줄 뿐만 아니라 팀의 시스템에 따라 측면, 중앙 모두 소화할 수 있기 때문에 담스가르드와의 공존도 가능하다. 특히 배준호의 장점 중 하나는 타고난 밸런스가 워낙에 좋기 때문에 유럽 선수들과의 경합에서도 쉽게 밀리지 않는다는 점이다. 이미 챔피언십에서도 경기마다 경합과 관련된 수치가 상당히 좋았고 FA컵을 통해서 브라이튼 같은 강팀과의 경기에서도 본인의 장점을 확실하게 입증한 바 있다. 배준호가 만약 브렌트포드에 합류할 수 있다면 특유의 타고난 밸런스와 테크닉, 창의성 있는 무브먼트는 브렌트포드에 부족한 창의성을 충분히 채워 줄 수 있을 것이다.

BERND LENO
BENJAMIN LECOMTE
JOACHIM ANDERSEN
CALVIN BASSEY
ANTONEE ROBINSON
TIMOTHY CASTAGNE
KENNY TETE
SANDER BERGE
SASA LUKIC
EMILE SMITH ROWE
ANDREAS PEREIRA
ALEX IWOBI
ADAMA TRAORE
RODRIGO MUNIZ
RAUL JIMENEZ
RYAN SESSEGNON
ISSA DIOP
JORGE CUENCA
JOSH KING
HARRISON REED
TOM CAIRNEY
HARRY WILSON

Fulham

FULHAM

풀럼 Fulham FC

창단 년도	1879년
최고 성적	7위 (2008/09)
경기장	크레이븐 코티지 (Craven Cottage)
경기장 수용 인원	27,782명
지난 시즌 성적	11위
별칭	The Cottagers (카티저스)
상징색	블랙, 화이트
레전드	조니 헤인스, 에디 로우, 보비 롭슨 경, 조지 코헨, 고든 데이비스, 아더 레이놀즈 등

히스토리

1879년 창단한 풀럼은 런던에서 가장 오래된 역사를 자랑하는 구단이지만 주로 2부와 3부를 오가며 빛을 보지 못했다. 그러던 2008/09시즌 로이 호지슨 체제에서 프리미어리그 7위에 오르며 최고 성적을 거둔 풀럼은 이듬해 출전한 유로파리그에서 결승에 오르며 역사를 썼다. 비록 AT 마드리드에 패하며 준우승에 그쳤지만 프리미어리그와 유럽대항전에서 풀럼을 각인시킨 계기가 됐다. 하지만 2013/14시즌 강등을 시작으로 프리미어리그와 챔피언십을 오가던 풀럼은 2021년 여름 마르코 실바가 부임하면서 새로운 국면을 맞이한다. 실바 체제에서 한 시즌 만에 재승격한 풀럼은 빠른 공수 전환과 탄탄한 조직력을 기반으로 중위권에 안착했고 2013/14시즌 이후 11년 만에 4시즌 연속 PL에서 도전을 이어 가게 됐다.

최근 5시즌 리그 순위 변동

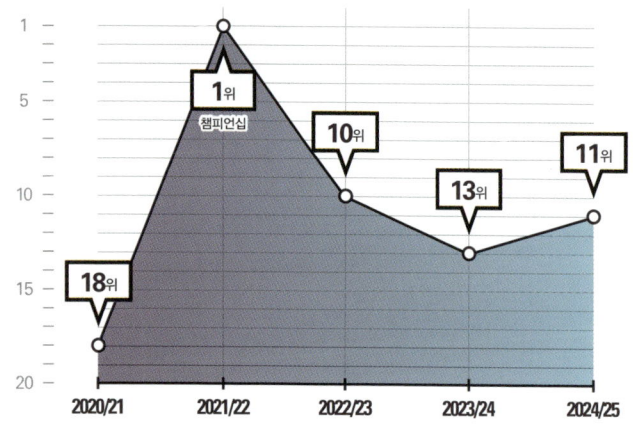

클럽레코드 IN & OUT

최고 이적료 영입 IN

에밀 스미스로우
3,180만 유로
(2024년 8월, from 아스날)

최고 이적료 판매 OUT

알렉산다르 미트로비치
5,260만 유로
(2023년 8월, to 알힐랄)

CLUB & MANAGER

마르코 실바 Marco Silva

1977년 7월 12일 | 48세 | 포르투갈

4년 연속 프리미어리그, 이제는 성과 필요

11년 만에 강등 없이 4시즌 연속 프리미어리그에 도전한다. 그리고 마르코 실바가 이끄는 풀럼은 천천히 그리고 급하지 않게 성장 중이다. 특히 실바 감독 스스로가 전술적인 해답을 제공했다. 4-4-2 기반의 빠른 공수 전환과 기동력을 앞세우던 과거와 달리 지난 시즌 후반기는 수비 시에는 4-4-2, 공격 시에는 3-2-4-1로 포메이션을 변경해 가며 팀을 운영했다. 특히 오른쪽 풀백의 전진을 제어하면서 안토니 로빈슨의 공격력을 극대화시켰고 에버튼에서 메짤라로 정착한 알렉스 이워비를 공격 시 한 칸 아래로 내려오게 하면서 후방 빌드업 구조를 안정화했다. 하지만 이러한 시스템은 전방에서 득점하지 못하면 역습 우려가 컸다는 점에서 아쉬움이 있었는데, 다가오는 시즌 새로운 선수들을 추가할 수 있다면 실바 감독의 전술은 더욱 다양해질 것이다.

📋 감독 인터뷰

"감독으로서 프리미어리그는 꿈이다. 과거 실패 이후 더 나은 감독이 되기 위해 항상 생각했다. 구단과 내가 기대했던 방향으로 성장 중이다. 풀럼이라는 구단과 스태프, 선수들 모두 야망이 넘친다."

감독 프로필

통산	선호 포메이션	승률
509 경기 **248** 승 **101** 무 **160** 패	**4-2-3-1**	**48.7%**

시즌 키워드

#중상위권도전 | **#선수영입** | **#부상주의**

우승 이력

- 포르투갈 2부 리그 (2011/12)
- 포르투갈 컵 (2014/15)
- 그리스 리그 (2015/16)
- 잉글랜드 챔피언십리그 (2021/22)

경력 🔖

2011~2014	2014~2015	2015~2016	2017	2017~2018	2018~2019	2021~
					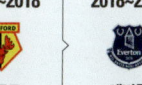	
이스토릴프라이아	스포르팅	올림피아코스	헐시티	왓포드	에버튼	풀럼

FULHAM

IN

벤자맹 르콩트
(몽펠리에)

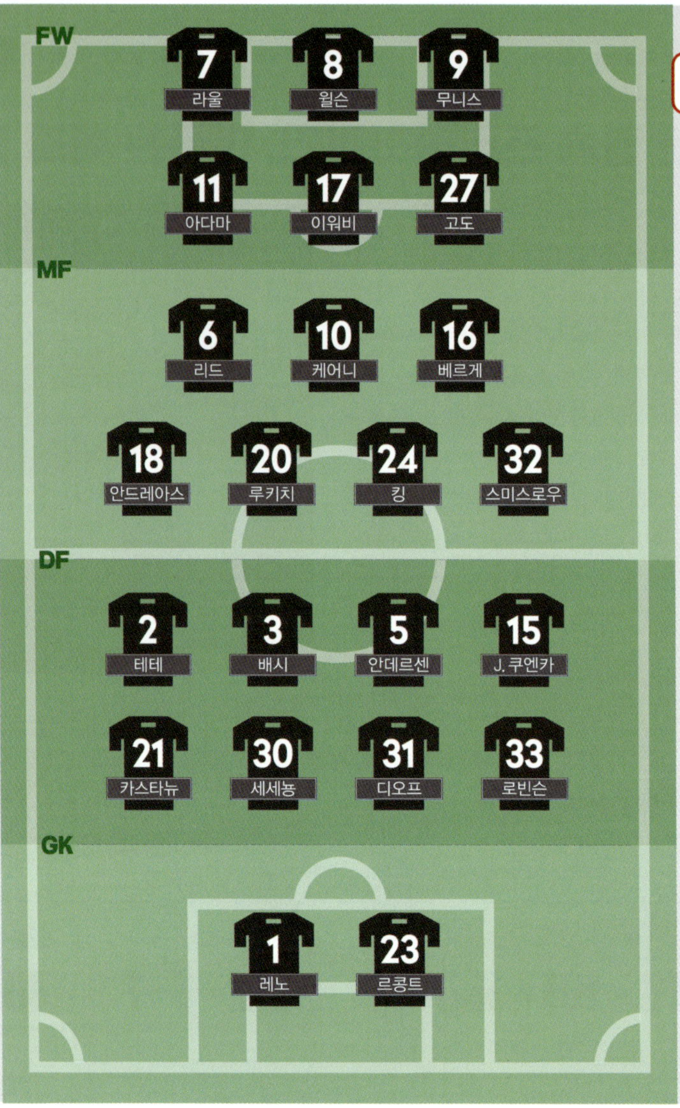

OUT

카를로스 비니시우스
(계약종료)

윌리안
(계약종료)

리스 넬슨
(임대복귀)

스티븐 벤다
(밀월, 임대)

루크 해리스
(옥스포드, 임대)

FW
- 7 라울
- 8 윌슨
- 9 무니스
- 11 아다마
- 17 이워비
- 27 고도

MF
- 6 리드
- 10 케어니
- 16 베르게
- 18 안드레아스
- 20 루키치
- 24 킹
- 32 스미스로우

DF
- 2 테테
- 3 배시
- 5 안데르센
- 15 J. 쿠엔카
- 21 카스타뉴
- 30 세세뇽
- 31 디오프
- 33 로빈슨

GK
- 1 레노
- 23 르콩트

히든풋볼의 이적시장 평가

풀럼은 최대 다섯 자리에서 보강이 필요하다. 안정감 있는 주전 센터백, 연계가 되고 개인 능력도 갖춘 측면 공격수, 후방에서 경기를 조율하는 6번 미드필더, 창의적인 패스를 투입하는 10번 미드필더, 주전급 최전방 스트라이커를 영입해야 한다. 이 중 필수는 센터백과 측면 윙어다. 유일한 센터백 백업으로 디오프는 불안하고 윙어는 믿음이 가는 선수가 없다.

SQUAD & BEST11

2024/25시즌 스탯 Top 3

득점 Top 3
- 라울 히메네스 — 12골
- 알렉스 이워비 — 9골
- 호드리구 무니스 — 8골

도움 Top 3
- 안토니 로빈슨 — 10도움
- 아다마 트라오레 — 7도움
- 알렉스 이워비 — 6도움

출전시간 Top 3
- 베른트 레노 — 3,420분
- 안토니 로빈슨 — 3,167분
- 칼빈 배시 — 3,074분

히든풋볼의 순위 예측

강등을 당할 수준은 아니라고 해도 10위권에 진입하기에는 스쿼드가 믿음직스럽지 못하다.	보강이 거의 이뤄지지 않았다. 조직력-팀웍으로만 같은 순위를 유지하기엔 PL의 경쟁은 너무 어렵다.	지난 시즌에서 큰 변화가 없다. 팀 내부적인 상승효과를 기대하기도 어렵다. 결국 제자리걸음을 반복할 것이다.	눈에 띄는 전력 보강 없이 스쿼드가 노쇠화되고 있어 지난 시즌의 성공을 잇기 어려우며 순위 하락이 예상된다.	실바 감독과 함께 팀이 안정기를 되찾았지만 번뜩이는 영입이 아니라면 추가적인 순위 상승은 어렵다.	주축 자원들이 유지되면서 안정적인 경기력을 보여 줄 것으로 예상되나, 다른 팀들이 점점 강해지고 있다.

 12위 이주헌
 14위 박종윤
 13위 송영주
 14위 임형철
 11위 남윤성
11위 이완우

변화하는 마르코 실바, 성장하는 풀럼

다섯 번째 시즌을 맞았다. 승격과 강등을 반복하던 풀럼호는 마르코 실바가 키를 잡은 이후 안정기를 되찾았다. 양귀사부터 파비우 카르발류, 팔리냐, 미트로비치, 토신 등과 같은 핵심 자원들을 잃으면서도 마르코 실바 감독은 냉정함을 유지했다. 오히려 고집하던 전술을 수정하면서 해법을 찾아갔다. 그리고 지난 시즌, 비로소 그 성과가 드러나기 시작했다. 개막 후 14경기에서 6승 4무 4패를 거두며 유럽클럽 대항전 진출이 가능한 순위인 6위까지 올라섰다. 비록 3라운드 이후 2승 5패로 무너졌지만 이 기간 승점을 쌓았다면 14년 만에 유럽대항전 진출은 현실이 됐을지도 모른다.

그래도 고무적인 전술 변화였다. 주로 활용하던 4-2-3-1에서 공격 시 3-2-4-1로 변화를 줬다. 왼쪽에서 로빈슨을 윙어처럼 전진시켜 측면 공격을 강화했고 이워비를 왼쪽 메짤라처럼 활용해 아래로 내려와 볼을 받게 하면서 3선의 빌드업 부담을 덜었다. 이러한 전술 변화에도 전방에서 득점포가 터지지 않아 속도가 느린 안데르센이 상대 역습의 공략 지점이 됐고, 이로 인해 실점이 늘어 아쉬웠지만 테테와 무니스가 부상으로 쓰러지지만 않았어도 시즌 막판 더 좋은 성과를 기대할 수 있었다. 개선해야 할 부분도 많았다. 3선 자원인 베르게와 루키치는 운동 능력과 전진성은 좋지만 등을 지고 상대의 압박을 받을 때 기초 빌드업과 경기를 조립하는 능력이 부족했다. 공격형 미드필더인 페레이라는 부진했고 스미스 로우는 영향력이 적어 2선과 3선의 연결이 매끄럽지 않았다.

전술을 더 발전시킬 필요는 없어 보인다. 다만 선수 구성이 나아질 필요가 있다. 특히 지난 시즌 풀럼은 오른쪽 공격도 고민이었다. 해리 윌슨이 중족골 골절로 쓰러지면서 전방으로 패스를 투입할 창의적인 선수가 부족했고 이워비를 오른쪽에 배치했지만 오른쪽에서 뛰는 이워비는 존재감이 없었다. 카스타뉴는 공격력은 좋지만 수비에서 한번 고전하면 헤어 나오지 못하면서 오른쪽 측면 윙어가 고립되는 문제가 있었다. 3선으로 내려와서 연계를 돕고, 탈압박이 가능하며 전방으로 창의적인 패스를 전달할 수 있는 10번 한 자리만 보강해도 경기력이 개선될 여지가 크다. 적어도 풀럼에서 마르코 실바 감독은 전폭적인 지원을 받을 자격이 충분하다. 그러면 더 높은 곳으로 풀럼을 인도할 것이다.

FULHAM

베른트 레노

국적 독일 | **나이** 33 | **신장** 190 | **체중** 78 | **평점** 6.82

1 GK
Bernd Leno

어느덧 풀럼에서 4번째 시즌을 맞이한다. 첫 시즌에 비해 선방 능력이 조금씩 떨어지고 있지만 그렇다고 골키퍼로서의 기량이 줄어드는 느낌은 전혀 들지 않는다. 여전히 놀라운 반사 신경을 지녔고 안정적인 포지셔닝과 일대일 상황에서 침착하게 공격수의 템포를 빼앗으며 선방한다. 상대의 슈팅이 대부분 정면으로 향하는 느낌이 들 때가 있는데, 이는 레노가 각을 좁히면서 나오는 타이밍이 워낙 훌륭하기 때문이다. 가끔 판단에 기복이 있고 발을 활용하는 플레이를 할 때와 롱패스를 할 때 정확도가 떨어지는 점은 아쉽다. 하지만 레노 정도의 골키퍼를 후방에 둔다는 건 당연한 일이 아니다. 다가오는 시즌도 풀럼의 NO.1은 레노다.

2024/25시즌

	GAMES	MINUTES	실점	선방률	
5	38	3,420	54	67.90	0
	세이브 110	클린시트 5	추정가치: 12,500,000€	클린시트 성공률 13.20	PK 방어 기록 1/4

벤자맹 르콩트

국적 프랑스 | **나이** 34 | **신장** 186 | **체중** 78 | **평점** 6.48

23 GK
Benjamin Lecomte

잔뼈가 굵은 베테랑 골키퍼로 2018년에는 프랑스 대표팀에 소집되기도 했었다. 리그앙 내에서 수준급 골키퍼로 활약했지만 지난 시즌 소속팀 몽펠리에가 강등되면서 풀럼으로 이적했다. 골키퍼로서 르콩트의 강점 중 하나는 세컨드 볼을 쉽게 허용하지 않는다는 점이다. 그만큼 핸들링 능력이 좋고 포지셔닝과 안정감이 뛰어나다. 역습으로 전환할 때 롱패스의 퀄리티도 나쁘지 않다. 베른트 레노와 직접적인 경쟁을 펼칠 만한 충분한 능력을 갖췄다. AT 마드리드와 에스파뇰에서 잠시 뛰었던 걸 제외하면 커리어 대부분을 리그앙에서만 뛰었지만 영어도 유창하게 구사할 수 있어 수비수와 의사소통에도 전혀 문제가 없다.

2024/25시즌

	GAMES	MINUTES	실점	선방률	
0	30	2,673	68	61.60	0
	세이브 109	클린시트 1	추정가치: 1,500,000€	클린시트 성공률 3.30	PK 방어 기록 1/7

요아킴 안데르센

국적 덴마크 | **나이** 29 | **신장** 192 | **체중** 90 | **평점** 6.94

5 CB
Joachim Andersen

프리미어리그에서 전개 능력이 가장 뛰어난 센터백 중 한 명이다. 안데르센의 롱패스가 곧 전술이 될 수 있을 만큼 전방의 공격 유닛들에게 정교하게 연결된다. 다시 돌아온 풀럼에서 지난 시즌 주전으로 활약했다. 물론 압도적인 전개 능력과 달리 수비력이 아쉽다고 평가받지만, 수비 지표가 그렇게 나쁜 편은 아니다. 태클과 지상 경합을 제외하면 공중볼 경합, 패스 차단, 걷어내기, 슈팅 블록 모두 풀럼의 센터백 중 가장 뛰어났다. 활동 반경도 과거에 비해 더 넓어졌는데, 파트너인 칼빈 배시가 전진하면서 발생한 왼쪽 공간까지 성실하게 커버했다. 올 시즌 더 안정적이고 단단한 수비력으로 데이터가 옳았음을 증명해야 한다.

2024/25시즌

	GAMES	MINUTES	GOALS	ASSISTS	
7	30	2,663	0	0	1
	경기당슈팅 0.67	유효슈팅 6	추정가치: 27,000,000€	경기당패스 66.7	패스성공률 83.00

PLAYERS

칼빈 배시
국적 나이지리아 | **나이** 25 | **신장** 185 | **체중** 76 | **평점** 6.9

지난 시즌 팀 림과 토신이 동시에 이탈했지만 배시가 남아 있었기에 마르코 실바 감독도 걱정이 없었다. 실제로 배시의 활약으로 후방이 단단해지면서 경기력이 안정화됐다. 유럽 5대 리그 센터백 중에서 압도적인 피지컬 능력을 갖췄다. 배시와 섣부르게 몸싸움을 시도한 공격수들은 아이처럼 밀려나는 굴욕을 맛본다. 레인저스 시절 왼쪽 측면 수비수를 소화했을 만큼 뛰어난 전진 능력을 갖췄고 스피드도 준수하다. 간혹 너무 도전적으로 수비를 하다가 공간을 허용하면서 속도가 느린 안데르센의 수비 부담이 커지곤 하지만 그럼에도 배시의 집중력이 좋은 날엔 풀럼 팬들은 마음 놓고 경기를 지켜본다.

2024/25시즌

7	35 GAMES	3,074 MINUTES	1 GOALS	0 ASSISTS	0
	0.4 경기당슈팅	4 유효슈팅	추정가치: 25,000,000€	61.6 경기당패스	90.10 패스성공률

안토니 로빈슨
국적 미국 | **나이** 28 | **신장** 183 | **체중** 70 | **평점** 7.34

2020/21시즌 승격한 풀럼에 입단해 5시즌째 주전으로 활약 중이다. 2023/24시즌 본격적으로 주목받기 시작한 로빈슨은 지난 시즌 커리어하이를 맞이했다. 특히 전반기에만 7도움을 기록했고 시즌 전체로는 무려 10도움을 달성했다. 수비수 중 압도적 1위이며, 리그에선 4위로 브루노 페르난데스, 부카요 사카, 모건 로저스와 어깨를 나란히 했다. 특히 이와비와 좋은 호흡을 자랑하는데, 직선적으로 뛰면서 오버래핑과 언더래핑의 타이밍이 좋고 크로스 퀄리티와 다양성 모두 뛰어나다. 낮은 위치에서 경기를 조립하는 능력까지 갖췄고 대인 수비력도 탄탄하다. 다소 도전적인 태클 시도만 줄인다면 리그 최정상급 좌풀백이 될 수 있다.

2024/25시즌

8	36 GAMES	3,167 MINUTES	0 GOALS	10 ASSISTS	0
	0.44 경기당슈팅	2 유효슈팅	추정가치: 35,000,000€	57.7 경기당패스	81.00 패스성공률

티모시 카스타뉴
국적 벨기에 | **나이** 29 | **신장** 185 | **체중** 80 | **평점** 6.81

공격력을 겸비한 오른쪽 측면 수비수로 벨기에 대표팀에서도 주전으로 활약하고 있다. 아탈란타와 레스터를 거쳐 풀럼에 입성한 카스타뉴는 적극적인 전진으로 측면 공격을 책임진다. 시도하는 크로스의 형태도 다양하고 패스의 타이밍도 빠르다. 공격적으로는 문제가 없지만 수비력은 아쉽다. 특히 민첩하고 스피드가 빠른 상대를 만났을 때 반응이 늦어 일대일에서 쉽게 돌파를 허용한다. 그렇게 카스타뉴가 한번 수세에 몰리면 풀럼의 우측 윙어는 지원이 적은 상태에서 공격을 펼쳐야 하는데, 그러면서 아다마 트라오레의 플레이가 더 단순해지는 문제로 이어졌다. 수비력 개선을 통해 플레이 안정감을 키울 수 있어야 한다.

2024/25시즌

1	24 GAMES	1,643 MINUTES	0 GOALS	1 ASSISTS	0
	0.33 경기당슈팅	3 유효슈팅	추정가치: 13,000,000€	39.7 경기당패스	81.80 패스성공률

FULHAM

2
RB
LB
CB

Kenny Tete

케니 테테

국적 네덜란드 | **나이** 29 | **신장** 180 | **체중** 71 | **평점** 7.05

공격과 수비의 밸런스가 좋고 뛰어난 운동 능력을 지닌 오른쪽 풀백. 볼을 기술적으로 다루는 유형은 아니지만 피지컬이 좋아 전진할 때 한번 속도가 붙으면 막아 내기 어렵다. 경쟁자인 카스타뉴와 비교해 테테가 우위인 점은 수비력이다. 우선 경합에서 쉽게 밀리지 않으며 민첩하고 빨라서 상대를 따라가는 2차 수비가 훌륭하다. 태클 능력도 좋아 최종 수비에 성공하는 경우가 많다. 몸을 사리지 않는 투지를 보이는데, 그러면서 부상이 잦다는 점은 아쉽다. 특히 지난 시즌은 무릎 부상으로 전반기 품을 유지하지 못했다. 카스타뉴가 있어 다행이었지만 테테가 결장하면서 후반기 풀럼의 수비력과 오른쪽은 불안할 수밖에 없었다.

2024/25시즌

	22 GAMES	1,779 MINUTES	0 GOALS	2 ASSISTS	
5	1.1 경기당슈팅	2 유효슈팅	추정가치: 13,000,000€	43.5 경기당패스	82.90 패스성공률	0

16
DM
CM

Sander Berge

산데르 베르게

국적 노르웨이 | **나이** 27 | **신장** 195 | **체중** 96 | **평점** 6.82

셰필드 유나이티드에서 뛰던 당시 많은 빅클럽들의 관심을 받았던 미드필더다. 거대한 피지컬로 수비 라인을 보호하는 역할도 잘했지만 공격력이 더 돋보였다. 무엇보다 공을 가진 상황에서 판단력이 좋다. 거구의 체형에도 흐름을 살려 돌아서는 동작과 공을 운반하는 능력이 뛰어나며 유연하기까지 해서 좁은 공간에서 돌파도 되는 특별한 재능이다. 지난 시즌 패스 성공률 91.7%, 드리블 성공률 64.7%, 리커버리 126회에 195cm의 피지컬을 지닌 3선 자원임에도 얼마나 기술적이고 헌신적인지 알 수 있다. 다만 베르게의 수비 부담을 줄여주고 기초 빌드업을 담당할 수 있는 파트너가 있다면 더 뛰어난 모습을 보여 줄 가능성이 크다.

2024/25시즌

	31 GAMES	2,227 MINUTES	0 GOALS	0 ASSISTS	
6	0.1 경기당슈팅	1 유효슈팅	추정가치: 25,000,000€	38.5 경기당패스	91.70 패스성공률	0

20
DM
CM

Saša Lukić

사샤 루키치

국적 세르비아 | **나이** 28 | **신장** 182 | **체중** 76 | **평점** 6.85

전진성과 수비력을 갖춘 전천후 미드필더다. 토리노에서 유리치 감독의 지도를 받을 때는 한 칸 더 높은 위치의 미드필더로 뛰면서 공격 능력을 선보였지만 풀럼으로 이적한 뒤에는 그보다 아래에서 공격과 수비를 연결하는 역할을 수행했다. 그러다 지난 시즌 파트너로 베르게가 합류하면서 루키치의 수비 부담이 줄어들었고 박스 투 박스 미드필더로 뛰면서 훌륭한 시즌을 보냈다. 경기당 볼터치와 패스 횟수가 각각 27.6회에서 51.5회, 20.6회에서 42회로 크게 늘었다는 점만 보더라도 베르게 합류가 루키치의 수비 부담을 얼마나 줄여줬는지 알 수 있는 대목이다. 딱 하나, 의욕적인 수비 과정에서 카드 수집이 많다는 점만 보완하면 된다.

2024/25시즌

	30 GAMES	2,355 MINUTES	0 GOALS	2 ASSISTS	
12	0.6 경기당슈팅	3 유효슈팅	추정가치: 14,000,000€	42 경기당패스	87.30 패스성공률	0

PLAYERS

32 AM CM
Emile Smith Rowe

에밀 스미스로우
국적 잉글랜드 | **나이** 25 | **신장** 182 | **체중** 79 | **평점** 6.87

아스날 유스로 성장해 잠재력을 선보이며 주목 받았다. 2020/21, 2021/22시즌에는 엄청난 활약으로 아스날 팬들의 사랑을 독차지했다. 측면과 중앙을 오가며 볼 운반, 드리블 돌파, 득점까지 아스날 공격을 책임지는 선수였다. 하지만 고질적인 부상 이후 폼이 무너졌고 아르테타 체제에서 자리를 잃으면서 풀럼 역사상 최다 이적료인 3,180만 유로에 풀럼의 유니폼을 입었다. 그리고 지난 시즌 리그 34경기 출장 6골 3도움을 기록했다. 데이터상으로는 나쁘지 않았지만 경기장에서 영향력은 아쉬웠다. 체력적으로도 올라오지 않은 듯한 모습이었다. 공격적으로 더 큰 존재감을 드러내야 하고 연계에서도 적극성을 되찾아야 한다.

2024/25시즌

3	34 GAMES	2,061 MINUTES	6 GOALS	3 ASSISTS	
	1.1 경기당슈팅	11 유효슈팅	추정가치: 30,000,000€	30.1 경기당패스	91.30 패스성공률	0

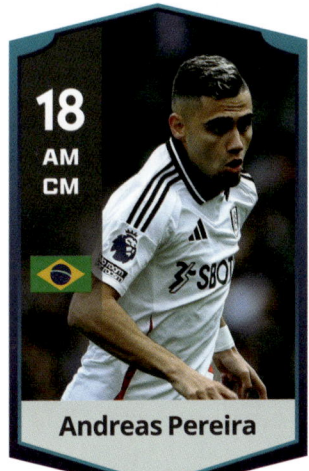

18 AM CM
Andreas Pereira

안드레아스 페레이라
국적 브라질 | **나이** 29 | **신장** 178 | **체중** 66 | **평점** 6.73

맨유 유스로 성장했고 그라나다, 발렌시아, 라치오, 플라멩구 등을 거쳐 풀럼 유니폼을 입으며 프리미어리그로 돌아왔다. 풀럼 이적은 페레이라에게도 신의 한 수가 됐는데, 킥력을 바탕으로 공격형 미드필더 자리에서 뛰어난 모습을 보이면서 2018년 이후 6년 만에 브라질 대표팀의 부름을 받게 된 것이다. 그렇게 풀럼의 핵심으로 자리매김하나 싶었다. 하지만 지난 시즌은 입지가 흔들렸다. 에밀 스미스 로우가 영입되며 역할이 제한됐고, 왼쪽과 중앙을 오가던 동선도 오른쪽으로 치우치게 되면서 강점인 안으로 들어오면서 연계와 슈팅을 시도할 수가 없었다. 경기 영향력과 스탯 모두 줄어든 상황에서 알맞은 역할을 찾아내야만 한다.

2024/25시즌

8	33 GAMES	2,022 MINUTES	2 GOALS	4 ASSISTS	
	1.2 경기당슈팅	9 유효슈팅	추정가치: 18,000,000€	29.4 경기당패스	69.10 패스성공률	0

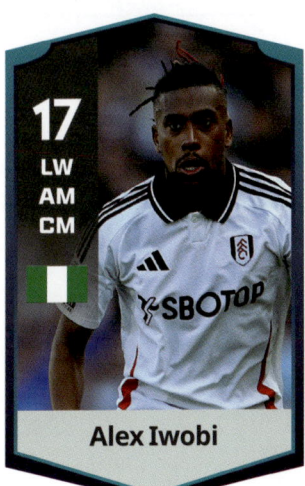

17 LW AM CM
Alex Iwobi

알렉스 이워비
국적 나이지리아 | **나이** 29 | **신장** 183 | **체중** 75 | **평점** 7.26

아스날에서 준수한 드리블 능력을 선보이며 성장했지만 완성도가 부족했고 왼발 빈도가 현저하게 떨어진다는 단점이 있었다. 하지만 에버튼 이적 후 램파드 체제에서 메짤라로 포지션을 변경했고 왼쪽에서 뛰는 빈도가 늘면서 능력을 폭발시켰다. 볼 운반, 드리블 돌파, 패스 전개, 기회 창출까지 공격의 핵심으로 성장했다. 이후 2023/24시즌 풀럼으로 이적한 이워비는 첫 시즌 리그 5골 2도움, 지난 시즌 9골 6도움을 기록하며 활약을 이어 가고 있다. 물론 무리한 돌파 시도에 턴오버를 내면서 영향력이 떨어진다는 아쉬움이 있지만 소위 그날엔 엄청난 퍼포먼스로 팀의 승리를 이끈다는 점에서 이워비는 마르코 실바 감독의 키맨이다.

2024/25시즌

1	38 GAMES	2,994 MINUTES	9 GOALS	6 ASSISTS	
	1.79 경기당슈팅	29 유효슈팅	추정가치: 28,000,000€	40.3 경기당패스	80.00 패스성공률	0

FULHAM

11 RW — Adama Traoré

아다마 트라오레

국적 스페인 | **나이** 29 | **신장** 178 | **체중** 86 | **평점** 6.86

'라 마시아'에서 성장한 괴물 윙어다. 하지만 세밀함이 부족했다. 강점인 신체 능력을 활용할 수 있는 무대를 찾았고 그렇게 프리미어리그에 입성했다. 몸싸움이 중요한 프리미어리그에서도 트라오레의 피지컬과 스피드는 막을 수가 없었고 트라오레 앞에서 수비수들은 추풍낙엽처럼 쓰러졌다. 이렇듯 드리블 돌파와 전진이라는 뚜렷한 강점을 지닌 트라오레다. 하지만 세밀함이 너무 떨어졌다. 힘들게 돌파에 성공한 뒤 무책임한 크로스를 남발했고 동료들을 활용하는 능력이 떨어져 협력 수비에 고전했다. 더 성장하기엔 나이도 적지 않다. 대신 완성도와 팀플레이는 발전할 수 있다. 마르코 실바 감독 체제에서 오른쪽은 아직 주인이 없다.

2024/25시즌

3	36 GAMES	1,769 MINUTES	2 GOALS	7 ASSISTS	0
	1.1 경기당슈팅	12 유효슈팅	추정가치: 9,000,000€	16.3 경기당패스	72.20 패스성공률

9 CF — Rodrigo Muniz

호드리구 무니스

국적 브라질 | **나이** 24 | **신장** 186 | **체중** 79 | **평점** 6.56

풀럼에서의 커리어 초반은 적응의 시간이었다. 그렇게 적응을 마치고 부상에서 돌아온 2023/24시즌 후반기, 때마침 히메네스가 햄스트링 부상으로 쓰러졌고 무니스는 9골을 기록하면서 찾아온 기회를 잡았다. 홀드업 플레이부터 박스 안에서의 순간적인 움직임까지. 컨디션이 좋은 날, 무니스는 도통 막아 낼 수가 없었다. 하지만 잘하는 날과 못하는 날의 차이가 컸다. 지난 시즌도 후반기에 들어서자 9경기 5골을 넣으며 부활했다. 하지만 중요한 순간 부상으로 쓰러지고 말았다. 공격수로서 평균적인 능력은 골고루 좋다. 하지만 결정력과 꾸준함이 부족하다. 이를 길러 낼 수 있어야 풀럼에서 진정한 주전 자리를 차지할 수 있다.

2024/25시즌

1	31 GAMES	951 MINUTES	8 GOALS	1 ASSISTS	0
	1.26 경기당슈팅	19 유효슈팅	추정가치: 20,000,000€	4.58 경기당패스	64.80 패스성공률

7 CF — Raúl Jiménez

라울 히메네스

국적 멕시코 | **나이** 34 | **신장** 187 | **체중** 76 | **평점** 6.93

전방 압박부터 수비 가담, 동료와의 연계 그리고 마무리 능력까지 갖춘 최전방 스트라이커다. 울버햄튼 시절 황희찬과 좋은 호흡을 자랑해 국내 팬들에게도 익숙한 선수다. 과거 경합 과정에서 두개골이 골절되는 큰 부상으로 커리어에 위기가 찾아왔지만 재활 후 복귀에 성공하면서 인간 승리의 표본이 됐다. 이후 마르코 실바 감독 체제에서 핵심이었던 미트로비치의 대체자로 2023/24시즌 풀럼으로 이적한 히메네스는 지난 시즌에 출전한 모든 대회에서 14골 3도움을 기록하며 건재함을 과시했다. 과거에 비해 부상 빈도가 늘어 아쉽지만 적지 않은 나이에도 건강하다면 여전히 경쟁자 무니스에 앞서 출전하는 중이다.

2024/25시즌

4	38 GAMES	2,505 MINUTES	12 GOALS	3 ASSISTS	0
	2.53 경기당슈팅	33 유효슈팅	추정가치: 5,000,000€	16.9 경기당패스	73.00 패스성공률

전지적 작가 시점

남윤성이 주목하는 풀럼의 원픽!
산데르 베르게

3선 보강을 위해 실바 감독은 베르게를 선택했다. 셰필드에서 기술과 수비력을 겸비한 유망주로 평가받던 베르게는 2023/24시즌 콤파니가 이끌던 번리에서 뛰었지만 주변 지원이 부족해 존재감을 발휘하지 못했다. 그렇게 번리가 강등되며 풀럼에 입단한 베르게는 지난 시즌 중원 핵심이었다. 하프스페이스에서 움직이다가 박스로 침투해 득점하던 과거의 동선과 달리, 실바 감독은 베르게를 중앙에서 움직이도록 지시했고 그러면서 베르게는 특유의 피지컬을 활용한 과감한 전진, 볼 운반 능력을 과시했다.

비록 강점인 박스 타격은 후방의 리스크가 커질 수 있어 제어됐지만 빅클럽들의 러브콜을 받던 시절의 퍼포먼스가 발휘됐다. 수비적으로도 훌륭했다. 경기당 패스 차단 0.7회, 태클 1.6회, 공중볼 경합 승률 56%로 견고하게 백포라인 앞을 지켰다. 하지만 베르게를 3선에만 두는 것은 아쉽다. 베르게의 빌드업 부담을 줄여 주는 3선 파트너 또는 베르게가 수비에만 집중하도록 하는 완벽한 10번이 있다면, 베르게는 날개를 달고 풀럼의 비상을 이끌 수 있을 것이다. 우리가 잊었던 유망주가 돌아왔다.

지금 풀럼에 이 선수가 있다면!
메수트 외질

앞서 후반기 풀럼의 아쉬움 중 하나로 전방 득점력을 언급했다. 하지만 이는 비단 공격수만의 문제가 아니었다. 이워비가 내려가서 볼을 받다 보니 전방에서 페레이라와 스미스 로우의 역할이 중요했는데, 둘 다 지난 시즌 창의적인 역할을 담당하지 못했다. 슈팅하기 좋은 패스가 들어오지 않으니 공격 유닛들의 득점도 어려웠다. 이러한 풀럼의 공격 문제를 해결하기 위해서는 창의적인 10번이 필요하다. 동시에 오른쪽에서도 플레이할 수 있는 왼발잡이라면 더할 나위 없이 좋을 것이다.

그리고 이러한 프로필에 딱 걸맞은 선수가 있다. 바로 메수트 외질이다. 활동량까지 많던 레알 시절, 아니, 플레이메이킹에 집중한 아스날 시절의 외질만 와도 충분하다. 답답할 땐 내려와서 3선에서 빌드업을 하거나 탈압박하고, 볼 운반부터 찬스메이킹까지 수행한다. 중앙이 막히면 어느새 오른쪽으로 이동해 안으로 들어오면서 공격수 발 앞에 공을 가져다준다. 직접 슈팅으로 득점도 가능하다. 디 마리아, 베르나르두 실바도 있지만 창의성 하면 역시 외질이다. 실바 감독에게 고한다. 일단 왼발잡이 플레이메이커를 찾아라.

DEAN HEANDERSON
REMI MATTHEWS
WALTER BENITEZ
DANIEL MUNOZ
TYRICK MITCHELL
MAXENCE LACROIX
MARC GUEHI
BORNA SOSA
CHRIS RICHARDS
JEFFERSON LERMA
DAICHI KAMADA
WILL HUGHES
ADAM WHARTON
ISMAILA SARR
EDDIE NKETIAH
JEAN-PHILIPPE MATETA
NATHANIEL CLYNE
CHADI RIAD
CHEICK DOUCOURE
NAOUIROU AHAMADA
MATHEUS FRANCA
ROMAIN ESSE

12 Crystal Palace

CRYSTAL PALACE

크리스탈팰리스 Crystal Palace

- 창단 년도 | 1905년
- 최고 성적 | 3위 (1990/91)
- 경기장 | 셀허스트 파크 (Selhurst Park)
- 경기장 수용 인원 | 25,486명
- 지난 시즌 성적 | 12위
- 별칭 | The Eagles (이글스), The Glaziers (글레이저스)
- 상징색 | 블루, 레드
- 레전드 | 이안 라이트, 피터 심슨, 폴 하인셀우드, 짐 캐논, 제프 토마스, 앤디 존슨, 나이젤 마틴, 나이젤 마틴, 월프리드 자하 등

히스토리

크리스탈팰리스는 영국 런던 크로이던 자치구 셀허스트를 연고로 하는 축구 클럽이다. 1951년 1회 만국박람회를 위해 벽돌이 아닌 유리와 철로 건물을 지었는데 이 건물을 '크리스탈팰리스'라 불렀고, 이때 노동자들을 중심으로 1905년 창단한 클럽이 크리스탈팰리스다. 크리스탈팰리스는 2024/25시즌 FA컵 결승전에서 맨체스터 시티에 1-0으로 승리하며 창단 후 처음으로 FA컵에서 우승을 차지했다. 2012/13시즌 챔피언십 5위로 승격 플레이오프를 거쳐 승격한 후, 프리미어리그에서 꾸준히 활약하고 있다. 올리버 글라스너 감독 부임 후, 기대 이상의 성적을 거둬 2025/26시즌도 다크호스로 주목받고 있다. 한국팬들에겐 '수정궁'이라는 예쁜 별명으로 불리며, 이청용(2015~2018)이 활약한 클럽으로 유명하다.

최근 5시즌 리그 순위 변동

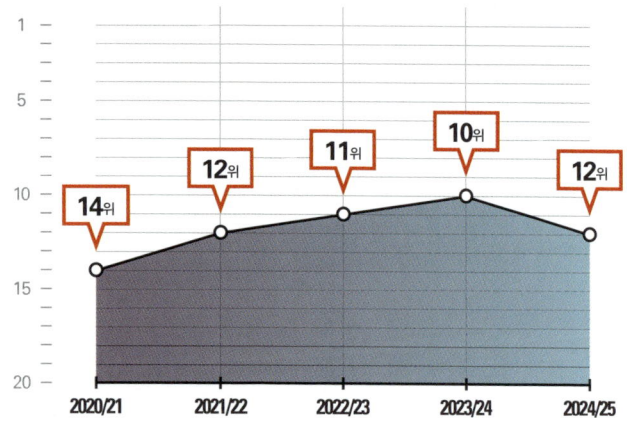

클럽레코드 IN & OUT

최고 이적료 영입 IN

크리스티안 벤테케
3,120만 유로
(2016년 8월, from 리버풀)

최고 이적료 판매 OUT

아론 완비사카
5,500만 유로
(2019년 7월, to 맨유)

CLUB & MANAGER

올리버 글라스너 Oliver Glasner | 1974년 8월 28일 | 50세 | 오스트리아

글라스너의 마법은 유효하다

크리스탈팰리스의 역사를 바꾼 감독. 선수 시절 센터백으로 리트의 원클럽맨으로 사랑을 받았고, 2014년 감독 커리어도 리트에서 시작했다. 볼프스부르크에서 UEFA 챔피언스리그 진출권을 획득했고, 프랑크푸르트에서 유로파리그 우승을 자치하며 감독으로서의 능력을 유감없이 발휘했다. 하지만 그의 프리미어리그 도전은 예상 밖이었다. 2024년 2월 위기의 크리스탈팰리스의 지휘봉을 잡더니 기대 이상의 성적으로 잔류에 성공했고, 지난 시즌 FA컵에서 우승하며 구단 역사상 처음으로 메이저대회 우승을 달성했다. 스리백을 기반으로 압박과 전환을 통한 '선 수비, 후 역습' 전술이 효과를 발휘한 것. 글라스너 감독 밑에서 크리스탈팰리스는 프리미어리그의 다크호스로 부상했고, 지난 시즌 성공 이상의 결과를 원하고 있다.

감독 인터뷰
"항상 자신을 증명해야 하고, 발전해야 하며, 높은 수준에 도달하기 위해 열심히 노력해야 한다. 우리는 지난 시즌보다 더 발전하길 원하므로 투자해야 하고, 열심히 노력해야 한다."

감독 프로필

통산
441 경기 215 승 107 무 119 패

선호 포메이션
3-4-2-1

승률
48.75%

시즌 키워드

#유럽대항전도전 | #FA컵우승 | #다크호스

우승 이력

- 오스트리아 2. 리가 (2016/17)
- UEFA 유로파 리그 (2021/22)
- FA컵 (2024/25)

 경력

2014~2015	2015~2019	2019~2021	2021~2023	2024~

SV리트	LASK	볼프스부르크	프랑크푸르트	크리스탈팰리스

CRYSTAL PALACE

IN

보르나 소사
(아약스)

왈테르 베니테스
(PSV)

OUT

말콤 에비오이
(블랙풀)

롭 홀딩
(콜로라도)

제프리 쉬럽
(노리치)

데이빗 오조
(더비)

조 휘트워스
(엑서터)

루크 플랑주
(그라스호퍼)

조엘 워드
(은퇴)

에베레치 에제
(아스날)

FW
- 7 사르
- 9 은케티아
- 14 마테타
- 21 에세
- 22 에두아르

MF
- 8 레르마
- 11 프랑사
- 18 카마다
- 19 휴즈
- 20 위튼
- 28 두쿠레
- 29 아마다
- 55 드베니

DF
- 2 무뇨스
- 3 미첼
- 5 라크루아
- 6 게히
- 17 클라인
- 24 소사
- 26 리차즈
- 34 리아드

GK
- 1 헨더슨
- 31 매튜스
- 44 베니테스

히든풋볼의 이적시장 평가

크리스탈팰리스는 여름 이적시장에서 불필요한 자원을 대거 정리했고 소사와 베니테스를 영입했다. 문제는 게히부터 마테타까지 중심 선수 4~5명이 이적설에 휘말린 것이다. 물론, 대다수가 잔류했지만 에이스인 에베레치 에제가 아스날로 이적했다. 하지만 에제의 빈 자리를 메우지 못한 모습. 결국 공격력 유지에 어려움을 겪을 가능성이 농후하다. 그럼에도 에제 외의 중심 선수들을 지킨 것은 천만다행이 아닐 수 없다.

히든풋볼 이적시장 평가단

SQUAD & BEST11

포메이션

- 14 마테타
- 55 드베니
- 7 사르
- 3 미첼
- 8 레르마
- 19 휴즈
- 2 무뇨스
- 6 게히
- 26 리차즈
- 5 라크루아
- 1 헨더슨

2024/25시즌 스탯 Top 3

득점 Top 3
- 장필리프 마테타 — 14골
- 에베레치 에제 — 8골
- 이스마일라 사르 — 8골

도움 Top 3
- 에베레치 에제 — 8도움
- 이스마일라 사르 — 6도움
- 다니엘 무뇨스 — 5도움

출전시간 Top 3
- 딘 핸더슨 — 3,420분
- 다니엘 무뇨스 — 3,233분
- 막상스 라크루아 — 3,119분

히든풋볼의 순위 예측

지난 시즌 FA컵을 안았지만, 이번 시즌엔 컨퍼런스까지 같이 병행해야 하는데 리그에서의 성적이 걱정.

글라스너 감독이 25년에 따낸 트로피만 두 개. 다만 UEFA 항소 기각으로 떨어진 사기가 큰 영향을 끼칠 것.

없는 살림에 유럽대항전을 병행한다. 그리고 에이스 에제가 떠났다. 험난한 시즌이 될 것이 분명하다.

핵심 선수 이탈로 리그에서는 순위가 하락할 수 있다. 얇은 선수층으로 여러 대회를 소화하는 데 어려움을 겪을 것.

글라스너 감독과 함께 짜임새를 갖췄지만 유럽대항전까지 병행하는 상황에서 핵심 에제의 이탈은 치명적이다.

재능 있는 선수들이 생각보다 많다. 하지만 유로파를 병행하면서 리그 순위는 중위권 정도에 머무를 것 같다.

11위 · 이주헌

11위 · 박종윤

12위 · 송영주

11위 · 임형철

16위 · 남윤성

13위 · 이완우

다크호스, 넘어야 할 산이 많다

크리스탈팰리스에게 2024/25시즌 역사적인 시즌으로 기억될 것이다. 무엇보다 FA컵 결승에서 맨체스터 시티에 1-0으로 승리해 우승했다. 클럽 창단 120년만에 메이저 대회에서 처음으로 우승하며 역사를 새로 쓴 것이다. 이로써 크리스탈팰리스는 FA컵 3차례 결승 진출 끝에 우승했고, 2013년 위건 어슬레틱 이후, FA컵을 처음 우승한 역대 45번째 클럽이 됐다. 게다가 프리미어리그에서 8라운드까지 3무 5패를 기록하며 19위까지 순위가 하락했지만 시즌 막판 6경기 무패(2승 4무)를 기록하며 최종 12위로 시즌을 마감했다.

이런 성공의 요인은 올리버 글라스너 감독의 전술과 용병술에 기인한다. 일부에선 에디 하우 전감독의 '선 수비, 후 역습' 전술과 유사하다고 말하지만 그는 전체적인 압박과 수비의 강도를 높이면서 빠른 공격전개를 통해 득점력을 높였다. 그렇기에 마테타(17골), 에제(14골), 사르(12골), 은케티아(7골) 등 다양한 공격수들이 화력을 과시했고, 팀으로서 파괴력을 발휘할 수 있었다. 또한, 딘 핸더슨 골키퍼의 선방 퍼레이드 속에서 스리백 나름 안정감을 유지했다.

하지만 과거의 성공이 찬란한 미래를 보장하진 않는다. 크리스탈팰리스는 지난 시즌 FA컵 우승으로 유로파리그 진출권을 획득했지만 유로파리그가 아닌 유로파 컨퍼런스리그에 진출하게 됐다. 이는 UEFA 클럽 대회 규정에서 '다중 구단 소유 요건'을 위반해 승부조작의 가능성이 존재하기 때문이다. 미국의 사업가 존 텍스터는 크리스탈팰리스뿐 아니라 리옹의 대주주이다. 그런데 리옹이 유로파리그에 진출함에 따라 그가 소유한 두 팀이 동시에 유로파리그에 진출했다. 따라서 UEFA의 조치로 리옹이 유로파리그에, 크리스탈팰리스가 유로파 컨퍼런스리그에 진출하게 된 것이다. 크리스탈팰리스는 항소했지만 이는 소용이 없었다. 그리고 2017년 5층 규모의 새로운 구장을 건설할 것이라고 발표해 재정적으로 긴축 정책에 들어간 상황이다. 이에 따른 여파인지 알 수 없지만 크리스탈팰리스는 2025년 여름 이적시장에서 에제가 떠났음에도 침묵을 지켰다. 에제 외의 중요한 전력을 지키는 가운데 레프트백 보르나 소사와 골키퍼 왈테르 베니테스만을 영입한 것이다. 크리스탈팰리스는 조직력을 최대한 높이면서 지난 시즌 장점을 극대화하고, 단점을 최소화해야 한다. 결국 크리스탈팰리스는 다시 한번 올리버 글라스너 감독을 전적으로 신뢰하고 의지할 수밖에 없다.

CRYSTAL PALACE

1 GK
Dean Henderson

딘 헨더슨
국적 잉글랜드 | **나이** 28 | **신장** 188 | **체중** 73 | **평점** 6.6

크리스탈팰리스의 수호신. 놀라운 반사신경과 뛰어난 판단력, 엄청난 순발력을 바탕으로 선방 능력을 과시한다. 또한 수비라인을 지휘하며 뒷 공간을 커버하는 최후의 센터백 역할도 소화한다. 그러나 패싱력에 문제를 노출하곤 해 빌드업 관여가 부족한 편이다. 글라스너가 부임하면서 샘 존스턴에게 잠시 선발 자리를 허용하며 위기도 있었지만 지난 시즌 리그 38경기에 모두 출전하며 확고부동한 No.1 골키퍼임을 입증했다. 비록 지난 시즌 5골이나 실점했지만 그의 활약으로 승점 8점 이상을 획득했다는 평을 들었다. 잉글랜드 각급 청소년 대표팀을 거쳐 성장했고 2020년부터 잉글랜드 대표팀에 차출되곤 한다.

2024/25시즌

3	38 GAMES	3,420 MINUTES	11 실점	66.70 선방률	0
	51 세이브	11 클린시트	추정가치: 20,000,000€	28.90 클린시트 성공률	1/2 PK 방어 기록	

2 RB CB
Daniel Muñoz

다니엘 무뇨스
국적 콜롬비아 | **나이** 29 | **신장** 183 | **체중** 79 | **평점** 7.11

에너지 넘치는 라이트백. 글라스너 감독이 스리백을 가동함에 따라 오른쪽 윙백으로 기용되어 에너지 넘치는 모습을 연출한다. 왕성한 활동량과 빠른 주력, 강인한 체력을 바탕으로 공수에서 뛰어난 능력을 발휘한다. 특히, 지난 시즌 효과적인 컷백과 크로스, 동료와의 연계 플레이를 통해 리그에서만 4골 5도움을 기록하며 공격포인트 생산 능력을 보여 줬다. 리오네그라 아길라스 다르다스와 아틀레티코 나시오날, 헹크를 거쳐 2024년 1월 1,000만 유로의 이적료에 크리스탈팰리스에 합류했다. 이적하자마자 주전 자리를 꿰차며 오른쪽 측면을 책임지고 있다. 2021년부터 콜롬비아 대표팀에서 활약하고 있다.

2024/25시즌

10	37 GAMES	3,233 MINUTES	4 GOALS	5 ASSISTS	0
	1 경기당슈팅	14 유효슈팅	추정가치: 25,000,000€	30.7 경기당패스	75.10 패스성공률	

3 LB LM
Tyrick Mitchell

타이릭 미첼
국적 잉글랜드 | **나이** 25 | **신장** 175 | **체중** 66 | **평점** 6.76

크리스탈팰리스 유스 출신의 레프트백. 풍부한 활동량과 뛰어난 스피드, 적절한 크로스를 통해 왼쪽 측면을 책임진다. 특히, 태클을 통해 상대 공격을 저지하는 데 탁월한 능력을 발휘한다. 지난 시즌에도 리그 37경기에 출전하며 기대에 부응했다. 공격의 정확도가 부족하다는 평이지만 지난 시즌 도움 5개를 기록하며 향상된 모습을 보여 줬다. 그러나 여전히 투박한 볼터치로 실수가 적지 않은 편이다. 2019/20시즌 크리스탈팰리스에서 데뷔한 이후, 2020/21시즌 부상으로 고전했지만 이후 매 시즌 발전하면서 주전 레프트백으로 자리매김했다. 2022년 3월 스위스와의 평가전을 통해 잉글랜드 대표팀에 데뷔했다.

2024/25시즌

2	37 GAMES	3,102 MINUTES	0 GOALS	5 ASSISTS	0
	0.3 경기당슈팅	3 유효슈팅	추정가치: 25,000,000€	27.7 경기당패스	73.60 패스성공률	

PLAYERS

막상스 라크루아

국적 프랑스 | **나이** 25 | **신장** 190 | **체중** 88 | **평점** 6.88

프랑스 출신의 센터백. 190cm의 신장에도 민첩성이 뛰어나 공중볼 다툼, 대인 마크, 뒷공간 커버 등에서 경쟁력을 갖춘 모습이다. 또한, 패싱력도 갖추고 있어 빌드업도 준수하고 롱패스를 통해 공격을 풀곤 한다. 그러나 노련미가 부족해 종종 상대 선수의 움직임에 대한 대처가 미흡하고 거친 플레이를 펼쳐 카드를 받곤 한다.

2018년 리그2의 소쇼몽벨리아르에서 데뷔한 후, 2020년부터 4시즌 동안 볼프스부르크의 주전 센터백으로 활약하며 실력을 입증했다. 이에 따라 2024년 8월 1,810만 유로의 이적료에 크리스탈팰리스로 합류했고, 데뷔 시즌부터 주전으로 활약하고 있다.

2024/25시즌

	35 GAMES	3,119 MINUTES	1 GOALS	1 ASSISTS	
5	0.9 경기당슈팅	5 유효슈팅	추정가치: 25,000,000€	41.9 경기당패스	81.90 패스성공률	0

마크 게히

국적 잉글랜드 | **나이** 25 | **신장** 182 | **체중** 82 | **평점** 6.81

크리스탈팰리스 수비의 중심. 첼시 유스 출신으로 어린 시절부터 두각을 나타냈지만 주전 경쟁에 어려움을 겪었다. 이에 따라 2020/21시즌 스완지 시티로 임대를 떠났고, 스완지 시티에서 놀라운 활약을 펼친 결과 2021년 7월 크리스탈팰리스로 이적했다. 이적하자마자 주전으로 도약하더니 지난 4시즌 동안 공식 155경기에 출전해

8골 4도움을 기록하며 수비벽으로 역할을 톡톡히 했다. 빠른 주력과 뛰어난 테크닉, 효과적인 협력 수비, 위력적인 대인마크 능력을 과시하며 수비의 중심 역할을 소화하고 있다. 코트디부아르 출신이지만 영국으로 성장했고, 2022년 3월부터 잉글랜드 대표팀에서 활약하고 있다.

2024/25시즌

	34 GAMES	3,060 MINUTES	3 GOALS	2 ASSISTS	
7	0.4 경기당슈팅	7 유효슈팅	추정가치: 45,000,000€	51.2 경기당패스	84.10 패스성공률	1

보르나 소사

국적 크로아티아 | **나이** 27 | **신장** 187 | **체중** 79 | **평점** 6.51

크리스탈팰리스의 새로운 레프트백이자 윙백. 디나모 자그레브에서 2015/16시즌 데뷔한 후, 슈투트가르트, 아약스를 거쳐 2025년 7월 약 200만 파운드의 이적료에 크리스탈팰리스로 이적했다. 지난 시즌 토리노에 임대되어 공식 25경기에서 1골을 넣기도 했다. 공격적인 윙백으로 뛰어난 신체조건과 빠른 스피드, 준수한 드리블,

동료를 활용한 연계 능력, 정확한 크로스를 자랑한다. 그러나 수비 집중력에 문제를 자주 노출하는 편이다. 2021년부터 크로아티아 대표팀에서 레프트백으로 활약하지만 2022 카타르월드컵에선 기대에 부응하지 못해 비판을 듣기도 했다.

2024/25시즌

	19 GAMES	1,187 MINUTES	0 GOALS	0 ASSISTS	
0	0.2 경기당슈팅	1 유효슈팅	추정가치: 4,500,000€	27.9 경기당패스	83.10 패스성공률	0

CRYSTAL PALACE

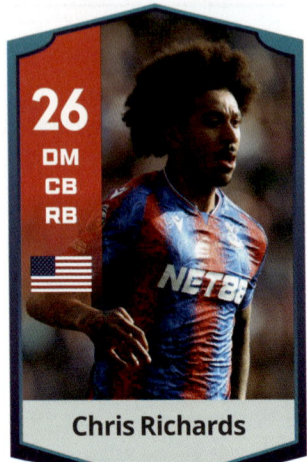

26 DM CB RB
Chris Richards

크리스 리차즈
국적 미국 | **나이** 25 | **신장** 188 | **체중** 87 | **평점** 6.7

센터백, 수비형 미드필더, 좌우 풀백 등 다양한 포지션을 소화하는 수비자원. 크리스탈팰리스에선 주로 센터백 역할을 수행한다. 2019년 7월 여름 댈러스에서 바이에른 뮌헨 유스팀으로 이적 후, 2020년 6월 프라이부르크전을 통해 데뷔했다. 이후, 호펜하임에 2차례 임대되어 경험을 쌓으며 가능성을 입증했다. 이에 따라 2022년 7월 1,200만 유로의 이적료에 크리스탈팰리스로 이적했다. 큰 신장에도 스피드를 보유했고, 투지가 넘쳐 대인 마크에도 강점이 있다. 또한 다양한 포지션을 소화해 전술적 활용 가치도 높다. 다만, 패스를 통한 공격 전개에선 투박한 모습을 보여준다. 2020년부터 미국 대표팀에서 활약 중이다.

2024/25시즌

2	24 GAMES	1,925 MINUTES	1 GOALS	0 ASSISTS	1
	0.5 경기당슈팅	6 유효슈팅	추정가치: 14,000,000€	34.7 경기당패스	81.30 패스성공률

8 CM DM
Jefferson Lerma

헤페르손 레르마
국적 콜롬비아 | **나이** 30 | **신장** 179 | **체중** 69 | **평점** 6.6

강인하고 터프한 수비형 미드필더. 아틀레티코 훌리아, 레반테, 본머스를 거쳐 2023년 6월 FA로 크리스탈팰리스로 이적했다. 지난 2시즌 동안 공식 73경기에 출전해 1골 2도움을 기록하며 주전으로 활약했다. 탄탄한 피지컬 능력과 뛰어난 운동 능력을 바탕으로 왕성한 활동량과 강한 압박, 효과적인 공중볼 경합, 누구에게도 밀리지 않는 몸싸움 능력 등을 보여 준다. 그러나 의도적으로 과격한 플레이를 종종 펼치며 매너 없는 플레이어라는 오명을 듣고 카드 관리에도 미흡한 모습을 노출한다. 2017년 11월 대한민국과의 평가전을 통해 A매치 데뷔 이후 콜롬비아 대표팀의 중심으로 활약하고 있다.

2024/25시즌

2	33 GAMES	2,277 MINUTES	2 GOALS	0 ASSISTS	0
	1.6 경기당슈팅	8 유효슈팅	추정가치: 10,000,000€	45.8 경기당패스	82.10 패스성공률

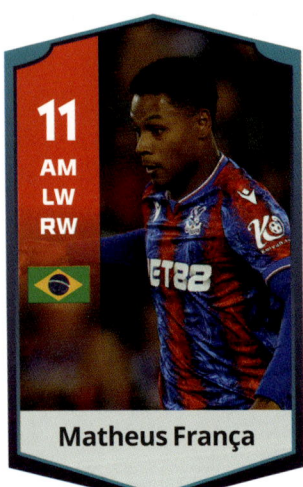

11 AM LW RW
Matheus França

마테우스 프랑사
국적 브라질 | **나이** 21 | **신장** 178 | **체중** 68 | **평점** 6.45

공격형 미드필더이자 좌, 우 윙어로 공격의 모든 포지션을 소화할 수 있다. 브라질 출신으로 플라멩구 유스에서 성장해 데뷔하면서 주목을 받았다. 플라멩구에서 2시즌 동안 54경기에 출전해 9골을 넣으며 공격력을 인정받았고, 이에 따라 2023년 8월 2,500만 유로의 이적료에 크리스탈팰리스로 이적했다. 하지만 지난 2시즌 동안 19경기에서 1골 2도움이란 초라한 성적을 남겼다. 문제는 잉글랜드 적응과 잦은 부상. 허리와 사타구니 부상으로 2시즌 동안 제대로 보여 준 것이 없을 정도. 그럼에도 에제의 이적을 고려하면 출전 기회를 부여받을 가능성이 크다. 특유의 창의적인 패스와 오프더볼 움직임을 통해 공격에 기여해야 한다.

2024/25시즌

1	10 GAMES	225 MINUTES	0 GOALS	1 ASSISTS	0
	0.8 경기당슈팅	3 유효슈팅	추정가치: 10,000,000€	6.5 경기당패스	73.8 패스성공률

PLAYERS

카마다 다이치

국적 일본 | **나이** 29 | **신장** 180 | **체중** 72 | **평점** 6.32

일본 대표팀 출신의 다재다능한 미드필더. 주로 공격형 미드필더로 플레이메이커 역할을 하지만 윙어와 중앙 미드필더로도 소화한다. 창의적인 패스와 준수한 결정력, 날카로운 공간침투, 동료와의 연계 플레이 등 다양한 모습으로 공격에 기여한다. 하지만 기복이 심한 편. 사간도스, 프랑크푸르트, 라치오를 거쳐 2024년 6월 크리스탈팰리스로 이적했다. 2023/24시즌 라치오에서 공식 38경기 출전해 2골 2도움만을 기록하며 최악의 모습을 보여 줬다. 이는 크리스탈팰리스에서도 이어져 시즌 도중 수비형 미드필더로 변모하고 공식 39경기 출전했음에도 공격포인트를 기록하지 못했다. 그는 더 분발해야 한다.

2024/25시즌

	34 GAMES	1,558 MINUTES	0 GOALS	0 ASSISTS	
4	0.6 경기당슈팅	4 유효슈팅	추정가치: 12,000,000€	21.1 경기당패스	82.50 패스성공률	1

윌 휴즈

국적 잉글랜드 | **나이** 30 | **신장** 185 | **체중** 73 | **평점** 6.49

중앙 미드필더로 3선에서 공수 연결 고리 역할을 수행한다. 뛰어난 테크닉과 준수한 드리블, 효과적인 볼 간수 능력, 날카로운 전진 패스 능력을 통해 탈압박하며 볼을 앞으로 운반한다. 그러나 공격력에 비해 수비력은 다소 투박하고 거칠어 카드를 받곤 한다. 더비 카운티와 왓포드를 거쳐 2021년 8월 이적료 600만 파운드에 크리스탈팰리스로 이적했다. 어린 시절 잉글랜드 최고의 유망주 중 한 명으로 각광받았지만 기대만큼 성장하진 못했다. 그럼에도 크리스탈팰리스에서 지난 4시즌 동안 공식 124경기에 출전해 2골 9도움을 기록하며 중용되고 있다. 국내 축구팬들에겐 '노안'으로 유명하다.

2024/25시즌

	33 GAMES	2,122 MINUTES	0 GOALS	3 ASSISTS	
11	0.7 경기당슈팅	1 유효슈팅	추정가치: 7,000,000€	27 경기당패스	81.00 패스성공률	0

애덤 워튼

국적 잉글랜드 | **나이** 21 | **신장** 182 | **체중** 72 | **평점** 6.62

크리스탈팰리스 미드필드의 미래. 풍부한 활동량을 통한 강한 압박, 주발이 완발이지만 양발을 활용한 방향 전환 패스, 종종 시도하는 정확한 롱패스, 공간을 활용한 수준급의 드리블 등을 보여 주며 수비형 미드필더 또는 중앙 미드필더로 활약한다. 블랙번 로버스 유스 출신으로 2024년 2월 역대 구단 역사상 10대 선수 최고 이적료인 2,200만 파운드의 이적료에 크리스탈팰리스로 이적했다. 지난 시즌 데뷔 시즌임에도 공식 25경기에 출전해 2도움을 기록하며 실력을 입증했다. 당연히 그의 출전시간은 계속 증가할 것으로 예상한다. 참고로 2024년 6월 보스니아 헤르체고비나전을 통해 잉글랜드 대표팀 데뷔전을 치렀다.

2024/25시즌

	20 GAMES	1,327 MINUTES	0 GOALS	2 ASSISTS	
2	0.7 경기당슈팅	5 유효슈팅	추정가치: 45,000,000€	34 경기당패스	78.60 패스성공률	0

CRYSTAL PALACE

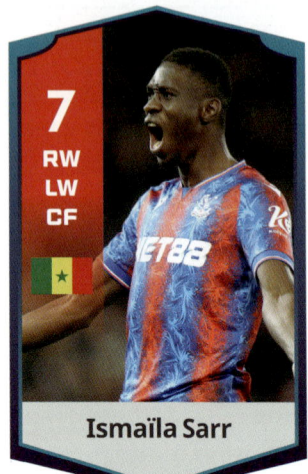

7 RW LW CF
Ismaïla Sarr

이스마일라 사르

| 국적 세네갈 | 나이 27 | 신장 185 | 체중 76 | 평점 6.78 |

세네갈 국가 대표팀 출신의 윙포워드. 최전방과 좌우 측면 등 공격의 모든 포지션을 소화하고, 탄력 넘치는 움직임과 스피드를 동반한 드리블로 상대 수비를 파괴한다. 또한, 지난 시즌 크리스탈팰리스에서 공식 43경기에 출전해 11골 6도움을 기록하며 파괴력을 과시하기도 했다. 메스, 스타드 렌, 왓포드, 마르세유를 거쳐 2024년 8월 1,600만 유로의 이적료에 크리스탈팰리스로 이적했다. 워낙 프랑스 무대에서 뛰어난 활약으로 유명했고, 이미 왓포드 소속으로 잉글랜드 무대에서 4시즌 활약한 경험이 있어 크리스탈팰리스에 빠르게 적응했다. 2016년부터 세네갈 대표팀의 중심으로 활약하며 A매치에 출전하기도 했다.

2024/25시즌

4	38 GAMES	2,721 MINUTES	8 GOALS	6 ASSISTS	0
	1.6 경기당슈팅	29 유효슈팅	추정가치: 25,000,000€	17.9 경기당패스	70.00 패스성공률

9 CF
Eddie Nketiah

에디 은케티아

| 국적 잉글랜드 | 나이 26 | 신장 175 | 체중 66 | 평점 6.34 |

잉글랜드 국가 대표 출신의 스트라이커. 엄청난 활동량과 공간 침투 능력, 득점 기회 포착 능력, 탄탄한 기본기 등으로 최전방에서 위력을 발휘한다. 그러나 득점 기복이 있는 편이다. 유소년 시절, 첼시와 아스날에서 활약하며 잠재력을 높게 평가받으며 성장했다. 그리고 2017년 9월 바테 보리소프전을 통해 데뷔하며 기회를 잡았으며 2019/20시즌, 리즈 유나이티드 임대되며 경험을 쌓았다. 하지만 아스날에서 7시즌 동안 168경기에 출전해 38골 10도움을 기록했고 기대만큼 성장하지 못했다. 그 결과, 2024년 8월 이적료 2,500만 파운드에 크리스탈팰리스로 이적했다. 그는 마테타와의 주전 경쟁에서 밀려 서브로 활약하고 있다.

2024/25시즌

4	29 GAMES	1,029 MINUTES	3 GOALS	1 ASSISTS	1
	1.5 경기당슈팅	16 유효슈팅	추정가치: 18,000,000€	8.1 경기당패스	75.70 패스성공률

14 CF
Jean-Philippe Mateta

장필리프 마테타

| 국적 프랑스 | 나이 28 | 신장 192 | 체중 88 | 평점 6.8 |

자타공인 크리스탈팰리스의 해결사. 192cm의 피지컬을 앞세워 강한 몸싸움과 위력적인 헤더를 보여 주고, 빠른 스피드와 특유의 침투 능력으로 상대 뒷공간을 파고들며 골을 넣는다. 하지만 상대의 오프사이드 트랩을 효과적으로 공략하지 못하고 종종 쉬운 기회를 무산시키며 비판을 듣곤 한다. 샤토루, 리옹, 마인츠를 거쳐 2021년 1월 반 시즌 임대 후 완전 이적했다. 공식 경기 기록을 보면 2022/23시즌 2골로 아쉬움이 있었지만 2023/24시즌 19골, 지난 시즌 17골을 넣으면서 파괴력을 과시하고 있다. 다만, 프랑스 각급 청소년 대표팀을 거치며 성장했지만 아직 프랑스 대표팀과 연을 맺지 못하고 있다.

2024/25시즌

2	37 GAMES	2,659 MINUTES	14 GOALS	2 ASSISTS	0
	1.9 경기당슈팅	29 유효슈팅	추정가치: 30,000,000€	11.4 경기당패스	68.10 패스성공률

전지적 작가 시점

송영주가 주목하는 크리스탈팰리스의 원픽!
장필리프 마테타

장필리프 마테타는 자타공인 크리스탈팰리스의 해결사다. 2021년 1월 마인츠에서 크리스탈팰리스로 이적한 후, 공식 152경기에서 46골 11도움을 기록하며 최전방을 굳건히 지켰다. 2022/23시즌 적응에 어려움을 겪었지만 2023/24시즌 공식 19골(리그 16골), 2024/25시즌 공식 17골(리그 14골)을 넣으며 파괴력을 과시했다. 특히, 지난 시즌 무대를 가리지 않고 득점포를 가동해 크리스탈팰리스의 FA컵 우승에 기여하기도 하는 등 꾸준한 활약으로 팬들의 신뢰를 얻었고, 팀 내 입지를 더욱 단단히 다졌다.

마테타는 192cm의 장신과 타고난 체격을 이용한 타깃형 스트라이커로 최전방에서 포스트 플레이에 능하고 문전 마무리 능력이 탁월하다. 다만, 스피드나 돌파가 뛰어난 편이 아니라서 그에게 양질의 패스를 제공할 필요가 있다. 그럼에도 감독은 마테타의 득점력을 최대한 이용한 공격 전술을 구성할 것이 분명하다. 지극히 당연한 말이지만 마테타가 2025/26시즌에도 동료와의 연계를 통해 최대한 화력을 발휘해야 크리스탈팰리스는 원하는 성적을 거둘 수 있다. 마테타의 존재가 크리스탈팰리스의 가장 강력한 무기임은 그 누구도 부인할 수 없다.

지금 크리스탈팰리스에 이 선수가 있다면!
이강인

크리스탈팰리스가 2025년 여름 PSG의 이강인 영입에 관심이 있었다는 사실은 더 이상 비밀이 아니다. 사실 크리스탈팰리스는 이강인의 영입만으로 공격의 부족한 부분을 채울 수 있다. 이강인은 공격의 다양한 포지션을 소화해 활용가치가 매우 높고, 창의적인 플레이를 통해 공격에 활기를 불어넣을 수 있다. 그리고 글라스너 감독은 프랑크푸르트를 지휘하는 시절에 일본인 선수들을 잘 활용한 경험이 있어 아시아 선수에 대한 편견이 없다. 이강인도 2026 북중미월드컵 활약을 위해 새로운 변화와 출전을 원했던 것으로 알려졌다. 솔직히 PSG에는 이강인을 위한 자리는 없어 보이는 것이 사실이다. 크바라첼리아-뎀벨레-두에로 이어지는 공격 라인과 파비안 루이스-비티냐-주앙 네베스로 이어지는 미드필드 라인은 완성도를 자랑한다. 그리고 공격에 바르콜라, 미드필드에 자이르 에메리 등을 활용할 수 있어 교체 옵션도 다양하다. 크리스탈팰리스가 이강인을 영입할 수 있는 절호의 기회가 무산된 것은 아쉽다. 이강인이 프리미어리그에서 활약하는 모습을 기대하는 팬들에게는 더욱 아쉬운 소식이다. 이청용 이후 한국 선수가 크리스탈팰리스에서 뛰는 모습은 다음 기회를 기약하게 됐다.

JORDAN PICKFORD
MARK TRAVERS
JARRAD BRANTHWAITE
JAMES TARKOWSKI
VITALIY MYKOLENKO
JAKE O'BRIEN
SEAMUS COLEMAN
MICHAEL KEANE
JAMES GARNER
IDRISSA GUEYE
CARLOS ALCARAZ
DWIGHT MCNEIL
ILIMAN NDIAYE
BETO
THIERNO BARRY
YOUSSEF CHERMITI
NATHAN PATTERSON
IDRISSA GUEYE
TIM IROEGBUNAM
JACK GREALISH
HARRISON ARMSTRONG
KIERNAN DEWSBURY-HALL

EVERTON

에버튼 Everton FC

- 창단 년도 | 1878년
- 최고 성적 | 우승 (1890/91, 1914/15, 1927/28, 1931/32, 1938/39, 1962/63, 1969/70, 1984/85, 1986/87)
- 경기장 | 힐 디킨슨 스타디움 (Hill Dickinson Stadium)
- 경기장 수용 인원 | 52,888명
- 지난 시즌 성적 | 13위
- 별칭 | The Toffees (토피스), The People's Club (피플스 클럽)
- 상징색 | 블루, 화이트
- 레전드 | 딕시 딘, 그레엄 샤프, 네빌 사우스홀, 피터 리드, 레이턴 베인스, 시무스 콜먼, 팀 케이힐 등

히스토리

에버튼FC는 잉글랜드 리버풀 에버튼을 연고로 하는 구단으로, 역사와 전통을 자랑하는 클럽이다. 팀 창단 후 과거 수많은 우승 트로피를 들어 올렸고 아스날에 이어 두 번째로 1부 리그에 가장 오랜 기간 잔류하고 있는 팀으로도 알려져 있다. 특히 최초의 축구 전용 구장이었던 구디슨 파크와의 작별 이후 새로운 경기장에서의 첫 번째 시즌이기 때문에 이번 시즌 에버튼의 행보에 많은 축구 팬들이 관심을 모으고 있다. 구디슨 파크는 1892년부터 사용된 축구 전용 경기장으로, 2025년까지 130년 넘게 홈구장 역할을 해왔다. 이번 시즌부터는 브램리 무어 도크에 새로 지은 힐 디킨슨 스타디움으로 이전하며, 이를 기점으로 구단 재도약을 바라본다. 21세기 이후 아직 단 하나의 우승 컵도 들어 올리지 못한 만큼 이번 시즌 새로운 경기장과 함께 새로운 도약을 꿈꾸고 있다.

최근 5시즌 리그 순위 변동

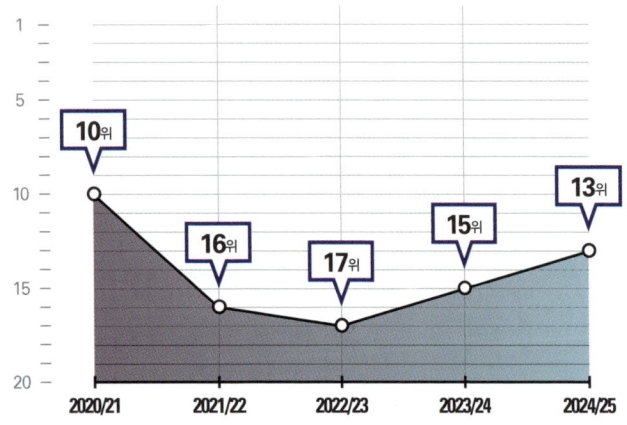

클럽레코드 IN & OUT

최고 이적료 영입 IN

길피 시구르드손
4,940만 유로
(2017년 8월, from 스완지시티)

최고 이적료 판매 OUT

로멜로 루카쿠
8,470만 유로
(2017년 7월, to 맨체스터유나이티드)

CLUB & MANAGER

데이비드 모예스 David Moyes | 1963년 4월 25일 | 62세 | 스코틀랜드

왕의 귀환! 모예스와 꿈꾸는 새로운 도약!

모예스 감독은 과거 2002년부터 무려 11년간 에버튼을 이끈 경험이 있다. 당시 저조한 지원 속에서도 에버튼을 꾸준한 PL의 중상위권 팀으로 안착시키며 21세기 에버튼 최고의 감독으로 평가받고 있는 인물이었다. 알렉스 퍼거슨 감독이 직접 본인의 후계자로 지목할 정도로 지도 능력을 인정받았던 인물이었고, 이후 여러 팀을 거쳐 웨스트햄에서 컨퍼런스리그 우승을 달성하며 첫 메이저 트로피를 들어 올리기도 했다. 지난 시즌 강등 위기에 빠지자 에버튼은 그 구원자로 모예스를 선임했고, 모예스는 기대에 완벽히 부응했다. 완벽한 왕의 귀환이었다. 이제 모예스에게 남겨진 숙제는 에버튼을 꾸준히 중상위권에서 경쟁하는 팀으로 다시 한번 정상화시키는 것이다. 적절한 선수 보강이 병행된다면 이전 몇 년과는 다른 에버튼의 모습을 기대해 봐도 좋을 것이다.

📋 감독 인터뷰

"웨스트햄 시절, 잔류 후 유로파리그에 진출했던 경험을 에버튼에서도 이루고 싶다. 또한 장기적으로 바라보며 단계별로 팀을 개편해 나갈 것이다."

감독 프로필

통산
1,153 경기 | 494 승 | 280 무 | 379 패

선호 포메이션
4-2-3-1

승률
42.8%

우승 이력

- 풋볼리그 세컨드 디비전 (1999/2000)
- 커뮤니티실드 (2013/14)
- 컨퍼런스리그 (2022/23)

경력

1998~2002	2002~2013	2013~2014	2014~2015
프레스턴노스엔드	에버튼	맨체스터유나이티드	레알소시에다드

2016~2017	2017~2018	2019~2024	2025~
선덜랜드	웨스트햄	웨스트햄	에버튼

EVERTON

IN
- 마크 트래버스 (본머스)
- 티에르노 베리 (비야레알)
- 카를로스 알카라스 (플라멩구)
- 타일러 디블링 (사우샘프턴)
- 키어넌 듀스버리홀 (첼시)
- 잭 그릴리시 (맨시티)

OUT
- 애쉴리영 (FA)
- 주앙 버지니아 (FA)
- 아스미르 베고비치 (FA)
- 압둘라예 두쿠레 (FA)
- 메이슨 홀게이트 (FA)
- 도미닉 칼버트르윈 (리즈)

FW
- 7 맥닐
- 9 베투
- 10 은디아예
- 11 베리
- 17 셔르미티
- 20 디블링

MF
- 18 그릴리시
- 22 듀스버리홀
- 24 알카라스
- 27 게예
- 37 가너
- 42 이로에그부남
- 45 암스트롱

DF
- 2 패터슨
- 5 킨
- 6 타코우스키
- 15 오브라이언
- 16 미콜렌코
- 23 콜먼
- 32 브랜스웨이트

GK
- 1 픽포드
- 12 트래버스

히든풋볼의 이적시장 평가

부족한 포지션에 대한 보강을 나름대로 충실히 해냈고, 시간이 갈수록 듀스버리홀 영입이나 그릴리시 임대 같은 빅딜도 성사시키고 있다. 하지만 여러모로 보강해야 할 포지션이 많기 때문에 이적시장이 닫히기 전까지 더 많은 이적을 성사시킬 필요가 있어 보인다. 결국 마지막 순간까지의 움직임이 2025/26시즌의 최종 평가를 가를 것이다.

히든풋볼 이적시장 평가단

SQUAD & BEST11

BEST 11

- 11 베리
- 18 그릴리시
- 10 은디아예
- 20 디블링
- 22 듀스버리홀
- 27 게예
- 16 미콜렌코
- 32 브랜스웨이트
- 6 타코우스키
- 15 오브라이언
- 1 픽포드

2024/25시즌 스탯 Top 3

득점 Top 3
- 일리망 은디아예 — 9골
- 베투 — 8골
- 드와이트 맥닐 — 4골

도움 Top 3
- 드와이트 맥닐 — 6도움
- 카를로스 알카라스 — 3도움
- 이드리사 게예 — 3도움

출전시간 Top 3
- 조던 픽포드 — 3,420분
- 비탈리 미콜렌코 — 3,084분
- 이드리사 게예 — 3,070분

히든풋볼의 순위 예측

모예스가 구세주였다. 많은 선수들이 떠났지만 새로운 선수들의 적응이 따라 준다면 지난 시즌의 고통은 없을 것.

10위 · 이주헌

중위권에서 힘을 발휘하는 잭 그릴리시가 역할을 해 주겠지만 모예스 감독 약빨이 어느정도 통할지가 관건.

13위 · 박종윤

모예스 감독만큼 에버튼을 잘 이해하는 감독은 없다. 여기에 그릴리시, 베리 등 유용한 선수들이 가세했다.

10위 · 송영주

데이비드 모예스 감독의 복귀와 새 구장 효과로 안정감을 찾겠지만, 얇은 선수층으로 인해 중위권에 머무를 것.

13위 · 임형철

오랜 숙원사업이었던 신구장에서 모예스 감독과 함께 새 시즌을 맞이한다. 동기부여가 확실하다.

9위 · 남윤성

생각만큼 시원한 이적시장은 아니었지만 모예스와 신구장 효과로 이전보다 높은 순위를 기록할 것 같다.

11위 · 이완우

힐 디킨슨 스타디움과 함께하는 새로운 역사!

지난 몇 년간 에버튼은 계속해서 강등권 싸움을 펼쳐 왔다. PL에서 단 한 번도 강등된 적이 없는 팀, 아스날과 더불어 가장 오랜 기간 1부 리그에 잔류한 팀이라는 명성에 전혀 걸맞지 않는 행보였다. 특히 2022/23 시즌에는 승점 36점으로 17위를 기록하며 간신히 잔류에 성공했다. 그러한 위기 속에서 지난 시즌 팀을 구하기 위해 모예스가 에버튼으로 돌아왔고, 돌아오자마자 후반기 19경기에서 8승 7무 4패의 훌륭한 성적을 통해 조기에 잔류 확정을 이끌어 냈으며, 구디슨파크와의 고별 경기에서의 아름다운 승리를 포함한 마지막 3연승을 이어 가며 시즌을 좋은 분위기 속에서 마무리하는 데 성공했다.

성공적인 복귀 시즌을 알린 모예스였지만 다가오는 시즌 여전히 해야 할 과제들은 많은 상황이다. 우선 떠난 선수들이 많은 만큼 팀을 새롭게 개편해야 하며, 그 과정에서 안정적인 성적도 이끌어 내야 한다. 새로운 선수들의 적응 기간도 고려해야 하는 것이 현실이다. 현지에서도 대부분의 팬들은 10위 안팎의 순위를 기대하고 있으며 컵 대회에서의 성과도 기대하고 있는 눈치이다.

거기에 더해 에버튼의 가장 큰 변화 중 하나는 역시나 새로운 경기장에서 맞이하는 첫 번째 시즌이라는 점이 될 것이다. 힐 디킨슨 스타디움이 완공되면서 다가오는 시즌부터 본격적으로 사용될 예정인데, 수용 인원이 훨씬 늘어난 만큼 구단의 재정적인 부분에도 도움이 될 것이고 홈팬들의 홈 열기는 더욱더 뜨거워질 것으로 예상된다. 지난 몇 년간 구디슨파크에서의 홈 성적이 생각보다 좋지 못했기 때문에 힐 디킨슨 스타디움에서의 올 시즌 홈 성적은 더 높게 끌어올릴 필요가 있고, 새로운 경기장, 새로운 구단주, 새로운 감독 등 여러모로 변화가 많았던 에버튼이기 때문에 새 시즌 순위에 있어서도 변화를 보여 줄 수 있을지 귀추가 주목된다.

프리미어리그의 경쟁은 매년 더욱 치열해지고 있는 추세다. 데이비드 모예스 감독도 팀을 빠르게 유럽 대항전으로 복귀시키겠다는 당찬 포부를 밝힌 만큼, 새로운 경기장에서 원래의 모습으로 돌아가는 에버튼의 모습을 앞으로 기대해 봐도 좋을 것이다.

EVERTON

1 GK
Jordan Pickford

조던 픽포드

국적 잉글랜드 | 나이 31 | 신장 185 | 체중 77 | 평점 6.85

에버튼과 잉글랜드 대표팀의 No.1으로 활약하고 있는 골키퍼이다. 지난 시즌도 팀의 어려운 상황과 별개로 무려 12번의 클린 시트를 달성하며 압도적인 선방 능력을 또 한 번 과시했다. 9시즌째 에버튼에서 활약하게 되는 조던 픽포드인데, 2029년까지 계약 연장을 체결하며 에버튼의 레전드로서의 행보를 이미 이어 가고 있다. 넓은 수비 커버 범위, 골문 앞에서의 압도적인 반사신경과 선방 능력, 매 시즌 기복 없이 꾸준한 퍼포먼스, 골문 앞에서의 안정감은 확실하게 가져다주는 존재이기에 에버튼은 다가오는 시즌도 골키퍼에 대한 걱정은 없다. 힐 디킨스 스타디움에서도 특유의 선방 능력을 과시하는 모습을 지켜보자.

2024/25시즌

7	38 GAMES	3,420 MINUTES	44 실점	73.00 선방률	0
	117 세이브	12 클린시트	추정가치: 18,000,000€	31.60 클린시트 성공률	2/2 PK 방어 기록	

32 CB
Jarrad Branthwaite

재러드 브랜스웨이트

국적 잉글랜드 | 나이 23 | 신장 195 | 체중 87 | 평점 6.79

재러드 브랜스웨이트는 칼라일 유나이티드에서 에버튼이 재능을 알아보고 2020년 영입한 특급 유망주이다. 이후 블랙번과 PSV에 임대 가며 경험을 쌓았고, 2023/24시즌 팀의 주요 전력으로 스쿼드에 합류하기 시작하여 엄청난 퍼포먼스를 지난 시즌까지 연달아 보여주며 PL 최고의 센터백 중 한 명으로 단번에 자리매김했다. 장신이지만 빠른 스피드와 압도적인 제공권, 과감한 전진 수비, 세트피스 득점력, 왼발 빌드업 능력까지 많은 장점을 두루 갖춘 최고의 재능으로 평가받는다. 수많은 빅클럽들이 그를 노렸지만 2030년까지 재계약을 체결하며 에버튼의 또 다른 스타로서의 준비를 이미 마친 상태이다.

2024/25시즌

4	30 GAMES	2,510 MINUTES	0 GOALS	1 ASSISTS	0
	0.36 경기당슈팅	3 유효슈팅	추정가치: 50,000,000€	39.5 경기당패스	82.90 패스성공률	

6 CB
James Tarkowski

제임스 타코우스키

국적 잉글랜드 | 나이 32 | 신장 185 | 체중 81 | 평점 7.09

타코우스키는 다소 과소평가받고 있는 프리미어리그 최정상급 센터백이다. 지난 몇 년간 프리미어리그에서 매 시즌 30경기 이상 부상 없이 꾸준히 출전하고 있고, 경합, 볼 클리어, 수비 블락과 같은 주요 수치에서 언제나 최상위권에 몇 년째 꾸준히 이름을 올리고 있다. 특히 지난 시즌에는 PL 수비 기여 지표면에서도 가장 높은 포인트를 얻으며 PL 전체 수비수 중 수비 기여 1위의 엄청난 기록을 가져오기도 했다. 몸을 아끼지 않는 저돌적인 수비, 뛰어난 수비 위치 선정, 위력적인 제공권 등 여러 강점을 통해 에버튼의 수비 라인을 든든하게 지켜 주는 선수이다.

2024/25시즌

6	33 GAMES	2,924 MINUTES	1 GOALS	1 ASSISTS	0
	0.46 경기당슈팅	4 유효슈팅	추정가치: 9,000,000€	38.7 경기당패스	81.60 패스성공률	

PLAYERS

비탈리 미콜렌코

국적 우크라이나 | **나이** 26 | **신장** 180 | **체중** 73 | **평점** 6.83

디나모 키이우 시절 미콜렌코는 공격력과 날카로운 왼발 킥이 상당히 돋보이는 풀백이었다. 베인스-뤼카디뉴로 이어지는 에버튼의 좌측 풀백 계보를 이어 줄 것으로 큰 기대를 모았지만, 이적 후 초창기에는 기대 이하의 모습이었다. 기대했던 공격력은 미미했고, 그렇다고 수비에서도 압도적인 모습은 아니었다. 그럼에도 불구하고 특유의 워크 에식이나 헌신적으로 경기에 임하는 태도로 조금씩 발전하고 있었고, 지난 시즌 모예스와 베인스가 합류하면서 급격한 성장세를 보여주더니 후반기에는 공수에서 상당히 인상적인 활약을 보여 주기도 했다. 베인스의 튜터를 받는 미콜렌코의 앞으로의 스텝업도 지속적으로 관찰해 볼 만한 포인트이다.

2024/25시즌

4	35 GAMES	3,084 MINUTES	1 GOALS	2 ASSISTS	0
	0.41 경기당슈팅	1 유효슈팅	추정가치: 28,000,000€	27.8 경기당패스	78.60 패스성공률	

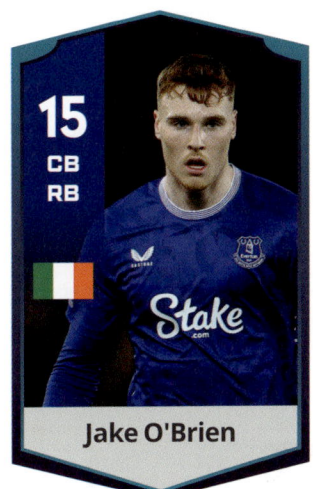

제이크 오브라이언

국적 아일랜드 | **나이** 24 | **신장** 197 | **체중** 84 | **평점** 6.74

제이크 오브라이언은 아일랜드 대표팀에서 활약하고 있는 장신 수비수이다. 197cm라는 엄청난 신장과 피지컬을 자랑하는데, 압도적인 체구에도 불구하고 생각보다 빠른 스피드를 자랑하는 것이 제이크 오브라이언의 특징 중 하나이다. 그러다 보니 지난 시즌 모예스는 제이크 오브라이언을 임시방편으로 풀백으로 활용하는 모습을 보여 주었고, 그 위치에서 나름대로 준수한 모습을 보여 주기도 했다. 제이크 오브라이언의 가장 큰 강점은 강력한 피지컬과 빠른 스피드, 세트피스에서의 위치 선정이나 헤더 능력이라 볼 수 있으며, 단점으로는 상대 압박에 취약하고 순발력이 다소 떨어지는 점이 있다. 이러한 단점은 시즌을 치르며 개선해 나가야 할 것이다.

2024/25시즌

5	20 GAMES	1,569 MINUTES	2 GOALS	0 ASSISTS	0
	0.34 경기당슈팅	3 유효슈팅	추정가치: 18,000,000€	30.3 경기당패스	81.30 패스성공률	

셰머스 콜먼

국적 아일랜드 | **나이** 36 | **신장** 177 | **체중** 67 | **평점** 6.29

에버튼과 1년 계약 연장에 서명하며 무려 17시즌째 에버튼과 동행하게 될 명실상부한 리빙 레전드이다. 2009년부터 지금까지 에버튼에서만 400경기 이상을 소화했을 정도로 콜먼은 에버튼에 상징적인 존재이다. 이제는 전성기 때만큼의 폭발적인 스피드나 공격력, 헌신적인 수비를 기대하기에는 무리가 있을 수도 있지만 여전히 훌륭한 워크 에틱과 훈련 태도를 보여 주고 있으며, 경기장 안팎에서의 팀의 정신적 지주이자 라커룸 리더 역할을 기대할 수 있다. 또한 자기 관리를 철저히 하는 선수이기 때문에 오른쪽 수비에 공백이 발생할 경우 여전히 스쿼드 자원으로서의 기능도 충분히 해 줄 것으로 기대하고 있다.

2024/25시즌

1	5 GAMES	216 MINUTES	0 GOALS	0 ASSISTS	0
	0.42 경기당슈팅	1 유효슈팅	추정가치: 500,000€	14.8 경기당패스	77.00 패스성공률	

EVERTON

마이클 킨

국적 잉글랜드 | **나이** 32 | **신장** 188 | **체중** 82 | **평점** 6.64

맨체스터 유나이티드 유스 출신의 센터백이다. 커리어 초창기 맨유에서 자리를 잡지 못하고 번리로 이적했으며, 번리에서 좋은 활약을 통해 잉글랜드 대표팀에 승선하기도 했다. 이후 2017년 에버튼에 합류했고, 최근 재계약을 체결하며 다가오는 시즌까지 무려 9시즌째 활약을 이어 갈 예정이다. 에버튼에서만 200경기 이상 뛰며 상당히 오랜 기간 활약하고 있으며, 롱패스 빌드업이나 헤더, 킥과 관련된 부분에서 강점을 보인다. 이러한 장점 덕분에 수비수임에도 커리어 내내 득점력도 제법 괜찮은 편이었다. 다만 아쉬운 수비 위치 선정이나 판단으로 인해 실점 위기를 안겨 주기도 하는데, 이러한 단점들은 반드시 개선할 필요가 있다.

2024/25시즌

	14 GAMES	1,046 MINUTES	3 GOALS	0 ASSISTS	
5	0.86 경기당슈팅	4 유효슈팅	추정가치: 5,000,000€	26.6 경기당패스	83.90 패스성공률	0

제임스 가너

국적 잉글랜드 | **나이** 24 | **신장** 182 | **체중** 78 | **평점** 6.7

에버튼 중원에서 가장 안정적인 볼 줄기를 자랑하는 미드필더이다. 왕성한 활동량으로 2선과 3선을 오가면서 공격과 수비에 모두 기여하고, 공을 다루는 기술이나 탈압박 능력도 괜찮은 편이다. 특히 오른발 킥력이 뛰어나 측면 약간 처진 위치에서 직접적인 얼리 크로스를 시도하기도 하고 직접 프리킥에도 능한 모습을 보여 준다. 이미 힐 디킨슨 스타디움에서의 비공식 첫 번째 경기였던 포트 베일과의 경기에서도 엄청난 프리킥 골을 성공시킨 바 있다. 그동안 팀의 공격력이나 성적이 저조했기에 자연스럽게 공격 포인트를 올리기에 어려움이 있었는데, 다가오는 시즌은 좀 더 많은 공격 포인트 생산이 요구된다.

2024/25시즌

	21 GAMES	1,595 MINUTES	0 GOALS	1 ASSISTS	
5	0.68 경기당슈팅	4 유효슈팅	추정가치: 18,000,000€	33.2 경기당패스	82.10 패스성공률	0

이드리사 게예

국적 세네갈 | **나이** 35 | **신장** 174 | **체중** 66 | **평점** 6.82

지난 시즌 35세의 나이가 믿기지 않을 정도로 대회 춘모드를 보여 줬다. 유럽 5대 리그에서 가장 압도적인 태클 수치를 보여 줬고, 경합 수치에서도 유럽 5대 리그를 통틀어 최상위 수치를 보여 줬다. 수비적인 기여뿐 아니라 소위 말하는 축구력 자체가 폭발하는 모습을 보여 주며 직접 상대 볼을 탈취해서 공격 전개를 하는 부분까지 완벽 그 자체의 모습을 보여 줬다. 지난 시즌 에버튼 최고의 선수 중 한 명이었다고 표현해도 부족함이 없는 선수였고, 에버튼과 재계약도 체결하며 다가오는 시즌에도 에버튼의 중원을 또 한 번 든든하게 지켜 줄 것으로 많은 에버토니안들이 기대를 걸고 있다.

2024/25시즌

	37 GAMES	3,070 MINUTES	0 GOALS	3 ASSISTS	
9	0.79 경기당슈팅	5 유효슈팅	추정가치: 1,500,000€	37.9 경기당패스	87.10 패스성공률	0

PLAYERS

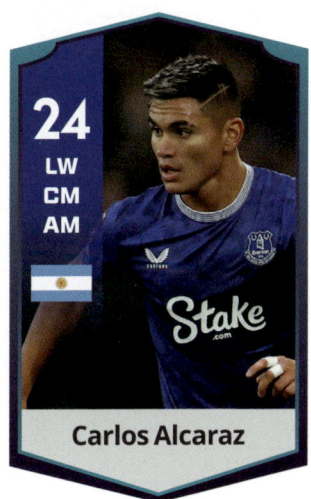

24 LW CM AM
Carlos Alcaraz

카를로스 알카라스
국적 아르헨티나 | **나이** 22 | **신장** 176 | **체중** 68 | **평점** 6.75

카를로스 알카라스는 운동 능력과 창의성을 두루 겸비한 미드필더이다. 특히 박스 근처에서 골과 관련된 움직임이나 플레이가 상당히 좋은데, 자국 리그에서 뛸 때부터 득점력이나 침투 움직임이 남달랐던 선수였다. 커리어 동안 미드필더임에도 은근히 헤더골이 많았고, 뉴캐슬과의 최종전에서 보여 준 엄청난 점프력을 통해 만들어 낸 헤더 득점을 보더라도 과거 에버튼의 레전드인 팀 케이힐을 연상케 하기도 한다. 케이힐의 장점에 더해 알카라스는 킥 능력이나 창의적인 공격 전개, 공 다루는 기술에서도 장점을 보이는 선수고, 직접 프리킥에도 제법 능한 선수라서 다음 시즌 에버튼에 여러모로 많은 이점을 가져다 줄 것으로 많은 기대를 모으고 있다.

2024/25시즌

4	15 GAMES	763 MINUTES	2 GOALS	3 ASSISTS	0
	3.06 경기당슈팅	11 유효슈팅	추정가치 14,000,000€	17.3 경기당패스	82.70 패스성공률

7 LW RW AM
Dwight McNeil

드와이트 맥닐
국적 잉글랜드 | **나이** 25 | **신장** 183 | **체중** 72 | **평점** 6.91

좌우 측면과 중앙 공격형 미드필더를 모두 소화할 수 있는 맥닐은 지난 시즌 부상으로 인해 많은 경기에 결장했음에도 팀 내 가장 많은 어시스트인 6어시스트를 기록했다. 무릎 부상으로 오랜 기간 결장했지만 후반기에 돌아오자마자 적은 출전 시간 속에서도 괜찮은 공격 포인트를 생산해 냈다. 맥닐 특유의 날카로운 왼발 킥력은 어느 상황에나 변수를 만들어 낼 수 있을 정도로 위력적이며 드리블 능력도 괜찮은 편이지만 속도가 빠른 편이 아니다 보니 운동 능력이 좋은 수비수를 만나거나 상대가 조직적으로 수비할 때는 대응이 미흡한 편이다. 윙어와 풀백의 연계를 중시하는 모예스의 특성상 풀백과의 시너지가 얼마나 조화를 이루느냐가 중요한 포인트다.

2024/25시즌

1	21 GAMES	1,371 MINUTES	4 GOALS	6 ASSISTS	0
	1.64 경기당슈팅	10 유효슈팅	추정가치 25,000,000€	24 경기당패스	82.60 패스성공률

10 LW AM SS
Iliman Ndiaye

일리망 은디아예
국적 세네갈 | **나이** 25 | **신장** 180 | **체중** 70 | **평점** 6.99

지난 시즌 에버튼을 먹여 살린 듀오는 바로 세네갈 듀오였다. 이드리사 게예가 중원에서 엄청난 경기력을 시즌 내내 꾸준히 보여 주었고, 공격진에서는 바로 일리만 은디아예가 그 역할을 해 주었다. 리그 33경기에 출전하여 9골을 득점. 팀 내 최다 득점을 기록했으며 승점과 연결되는 중요한 골들도 많이 터트려 냈다. 특히 일리만 은디아예는 득점뿐 아니라 특유의 테크닉과 드리블을 통해 동료의 움직임을 살려 주고 팀의 공격을 직접적으로 주도하는 능력까지 갖추고 있다. 그러다 보니 여러모로 모예스의 전술에서 앞으로도 핵심적인 선봉장 역할을 해낼 것으로 예상된다.

2024/25시즌

3	33 GAMES	2,441 MINUTES	9 GOALS	0 ASSISTS	0
	1.3 경기당슈팅	15 유효슈팅	추정가치 22,000,000	20.9 경기당패스	84.90 패스성공률

EVERTON

9 CF
Beto

베투

국적 기니비사우 | 나이 27 | 신장 194 | 체중 88 | 평점 6.65

에버튼 합류 이전 우디네세에서 두 시즌 연속 두 자리 수 득점을 성공시켰고, 어릴 적 햄버거집 아르바이트와 축구를 병행하며 어렵게 프로 무대까지 성공한 스토리도 알려지면서 에버튼 팬들에게 많은 감동을 가져다 주기도 했다. 우디네세 시절 드리블하는 장신 스트라이커로 알려지며 많은 팬들이 기대했지만, 막상 에버튼 합류 이후 경기력은 기대 이하였고, 체구에 비해 경합도 취약한 모습을 보여주면서 다소 실망감을 안겨주기도 했다. 하지만 모예스 부임 후 중요한 득점을 많이 만들어 냈으며, 경기력도 어느 정도 올라온 모습을 보였기에 다가오는 시즌에는 훨씬 더 안정적인 경기력과 꾸준한 득점 포가 요구된다.

2024/25시즌

	30 GAMES	1,531 MINUTES	8 GOALS	0 ASSISTS	
2	2.87 경기당슈팅	23 유효슈팅	추정가치: 22,000,000€	8.8 경기당패스	58.70 패스성공률	0

11 CF
Thierno Barry

티에르노 베리

국적 프랑스 | 나이 22 | 신장 195 | 체중 82 | 평점 6.83

프랑스 출생의 티에르노 베리는 어릴 적부터 남다른 득점력을 과시해 왔다. 타고난 피지컬과 탄력, 스피드는 상대 박스에서 파괴력을 가져다 주었고, 하부리그부터 벨기에 무대, 스위스 리그까지 가는 팀마다 공식전에서 두 자리수 득점을 만들어 냈다. 그리고 지난 시즌 비야레알에서 주전 스트라이커로 뛰며 빅리그에서의 첫 시즌임에도 불구하고 또 한 번 11골을 뽑아내며 재능을 입증해 냈다. 터치는 다소 투박하지만 특유의 탄력과 스피드, 장신임에도 어려운 자세에서 만들어 내는 다이나믹한 슈팅 스킬은 그동안 부족했던 에버튼 공격에 큰 이점을 가져다 줄 것으로 기대를 모으고 있다.

2024/25시즌

	35 GAMES	2,325 MINUTES	11 GOALS	4 ASSISTS	
4	2.75 경기당슈팅	24 유효슈팅	추정가치: 20,000,000€	9.5 경기당패스	62.30 패스성공률	0

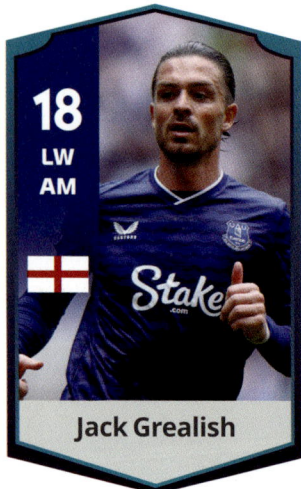

18 LW AM
Jack Grealish

잭 그릴리시

국적 잉글랜드 | 나이 29 | 신장 175 | 체중 68 | 평점 6.44

그릴리시는 7살 때부터 애스턴빌라 유스 아카데미에서 성장했고, 빌라 1군 데뷔 후에도 센세이셔널한 활약을 펼치며 잉글랜드 축구의 기대주로 떠오른 스타 플레이어였다. 빌라에서의 활약을 바탕으로 맨시티 이적 당시 프리미어리그 역사상 최고 이적료를 기록했으며, 맨시티 트레블의 주역으로 활약하기도 했다. 하지만 맨시티에서 점점 제한적으로 활용되면서 폼이 떨어지기 시작했고, 새로운 도전을 위해 에버튼 임대를 선택했는데, 그릴리시는 스타일상 팀에서 중심적인 역할을 맡았을 때 그 능력이 극대화되는 유형이고 에버튼은 그릴리시를 그렇게 활용할 수 있는 팀이다. 올 시즌 에버튼에게 엄청난 퀄리티를 가져다 줄 것으로 기대를 모으고 있다.

2024/25시즌

	20 GAMES	716 MINUTES	1 GOALS	0 ASSISTS	
3	1.87 경기당슈팅	5 유효슈팅	추정가치: 28,000,000€	20.6 경기당패스	91.00 패스성공률	0

전지적 작가 시점

이완우가 주목하는 에버튼의 원픽!
일리망 은디아예

지난 시즌 에버튼에서의 첫 시즌, 팀에 합류하자마자 에이스 역할을 톡톡히 해냈다. 팀 내에서 가장 많은 골을 터트렸을 뿐 아니라 측면에서 뛸 때는 풀백과의 연계 플레이, 중앙으로 이동할 때는 직접 볼을 소유하고 운반하면서 플레이메이킹을 주도했으며, 환상적인 개인 드리블을 통해 엄청난 솔로 득점을 만들어 내는 순간들도 있었다. 모예스의 축구에서 이러한 테크니션은 언제나 큰 역할을 해 왔고 현재 에버튼 스쿼드 중에서는 은디아예가 그러한 부분에서 가장 뛰어난 선수라 할 수 있겠다. 하지만 그런 은디아예도 과거에는 다수의 PL 클럽 트라이아웃에서 번번히 탈락했던 아픈 경험이 있는 선수다. 항상 입단 테스트에서 탈락하며 좌절의 순간을 수차례 경험했던 기억이 있던 선수였지만, 끝없는 노력 끝에 셰필드 유나이티드에 입단했고, 이후 팀의 에이스로 성장하면서 마르세유를 거쳐 에버튼에 합류했다. 현재는 팀의 에이스로서 지난 시즌 최고의 활약을 했고, 당장 프리 시즌 경기력이나 컨디션도 상당히 괜찮은 상태다. 올 시즌 에버튼이 이전 시즌들보다 더 높은 순위로 치고 나간다면 그 중심에는 은디아예가 선봉장 역할을 하지 않을까 싶다.

지금 에버튼에 이 선수가 있다면!
레이턴 베인스

현재 에버튼이 과거와 같은 경쟁력을 갖추기 위해 가장 필요한 유형의 선수가 어떤 선수인가를 생각해 봤을 때 그 해답은 에버튼 전성기 최고의 선수이자 상징과도 같았던 선수인 레이턴 베인스로 결론을 내렸다. 모예스 1기의 강점은 강력한 왼쪽 라인이었다. 그때 당시 피에나르와 베인스의 물 흐르듯 펼쳐지는 연계 플레이는 왼쪽 공격에 엄청난 시너지를 주었고, 피에나르의 센스와 패스는 베인스에게 자유롭게 크로스를 올릴 수 있는 공간을 제공해 주었다. 미콜렌코가 지난 시즌 후반기 베인스가 코치로 합류하면서 성장하는 모습을 보여 줬지만, 여전히 베인스의 전성기에 비하면 아쉬움이 따른다. 만약 지금 에버튼의 왼쪽 수비 자리에 베인스가 뛴다면 앞선의 알카라스라든지 은디아예, 맥닐과 좋은 시너지를 기대할 수 있으며, 에버튼이 최근 몇 년 동안 데드볼 상황에서 확실한 키커가 부족했다는 아쉬움이 있었는데, 그 아쉬움마저도 베인스가 있다면 완벽하게 해결해 줄 수 있다. 모예스는 에버튼 1기 시절뿐만 아니라 다른 팀에서도 언제나 풀백의 공격 가담과 크로스를 전술적으로 잘 활용했기 때문에 현재 에버튼에 베인스가 있다면 완벽한 옵션이 되지 않을까 싶다.

ALPHONSE AREOLA
WES FODERINGHAM
MAXIMILIAN KILMAN
JEAN-CLAIR TODIBO
EL HADJI MALICK DIOUG
OLIVER SCARLES
AARON WAN-BISSAKA
KYLE WALKER-PETERS
TOMAS SOUCEK
JAMES WARD-PROWSE
LUCAS PAQUETA
CRYSENCIO SUMMERVILLE
LUIS GUILHERME
NICLAS FULLKRUG
JARROD BOWEN
CALLUM WILSON
KONSTANTINOS MAVROPANOS
EMERSON PALMIERI
NAYEF AGUERD
GUIDO RODRIUEZ
ANDY IRVING
CALLUM MARSHALL

West Ham United

WEST HAM UNITED

웨스트햄 West Ham United

창단 년도	1895년
최고 성적	3위 (1985/86)
경기장	런던 스타디움 (London Stadium)
경기장 수용 인원	62,500명
지난 시즌 성적	14위
별칭	The Irons (아이언스), The Hammers (해머스)
상징색	클라렛, 스카이블루
레전드	바비 무어, 빌리 본즈, 프랭크 램파드 시니어, 트레버 브루킹, 제프 허스트, 마틴 피터스, 파올로 디 카니오, 마크 노블 등

히스토리

1895년 창단해 1900년 웨스트햄 유나이티드로 구단명을 변경했다. 1960년대 중반 레전드 제프 허스트를 필두로 FA컵과 채리티실드에서 우승했고 이듬해 유로피언컵위너스컵까지 차지하며 전성기를 구가했다. 해리 레드냅 감독이 팀을 이끌고 디 카니오와 퍼디난드, 램파드가 뛰던 1999년엔 리그 5위와 인터토토컵 우승을 차지했다. 그러던 2019년 '모예스 2기'가 출범하며 두 번째 전성기를 맞았다. 현대축구의 트렌드를 거스르는 콘셉트로 성과를 내면서 리그 중상위권에 올랐고 2022/23시즌 컨퍼런스리그를 우승하면서 24년 만에 유럽대항전 트로피를 들어 올렸다. 비록 2024/25시즌 로페테기 체제에서 팀 밸런스가 무너지며 실망스러운 시즌을 보내야 했지만 그레이엄 포터와 함께 팀 정상화를 노리고 있다.

최근 5시즌 리그 순위 변동

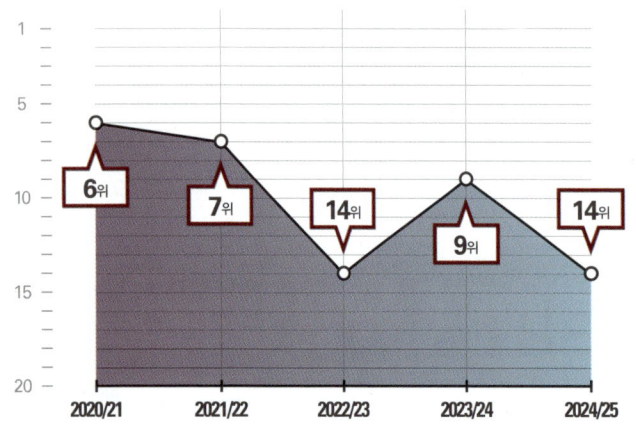

클럽레코드 IN & OUT

최고 이적료 영입 IN
세바스티앙 알레
5,000만 유로
(2019년 7월, from 프랑크푸르트)

최고 이적료 판매 OUT
데클런 라이스
1억 1,660만 유로
(2023년 7월, to 아스날)

CLUB & MANAGER

그레이엄 포터 Graham Potter

1975년 5월 20일 | 50세 | 잉글랜드

다가온 증명의 시간, 살아남아야 하는 포터

상처만 남은 시즌이었다. 로페테기는 구단 역사상 최단기 감독으로 초라하게 떠났고 그레이엄 포터가 부임했을 때 팀은 무너져 있었다. 물론 브라이튼에서 전술 능력을 보였기에 기대감을 품고 조금 더 지켜봐야 하겠지만 시간이 얼마나 주어질지는 미지수다. 그럼에도 반등의 가능성은 있다. 포터 감독은 일단 빌드업에 대한 의지가 확고하다. 부임 직후 당장의 성적보다는 본인의 확고한 철학을 바탕으로 선수단을 파악했다. 포터만의 빌드업 축구는 아직 시간이 더 필요해 보이지만 3-5-2, 3-4-2-1로 포메이션을 실험했고 기존의 백4도 활용했다. 포터에게 시스템이 갖춰질 충분한 시간과 투자가 이뤄진다면 좋겠지만 이미 리스크를 경험한 수뇌부이기에 로페테기에게 그랬던 것처럼 포터에게도 대규모 투자가 보장될지는 불확실하다. 역경 속에서 포터 감독은 증명해야 한다.

📋 감독 인터뷰

"여기에선 어떻게 반응해야 하는지, 플레이 목적이 무엇인지, 경기가 잘 풀릴 때와 그렇지 않을 때 다음 상황은 어떻게 펼쳐질지. 이런 것들을 포괄적으로 이해한 채 시즌을 치를 수 있어야 한다."

감독 프로필

통산	선호 포메이션	승률
460 경기 **191** 승 **123** 무 **146** 패	**3-4-2-1**	**41.5%**

시즌 키워드

#최악의시즌 | **#반등필수** | **#증명**

우승 이력

- 스웨덴 컵 (2016/17)

경력

2011~2018	2018~2019	2019~2022	2022~2023	2025~

외스테르순드FK	스완지시티	브라이튼 & 호브알비온	첼시	웨스트햄유나이티드

WEST HAM UNITED

Squad

FW
- 7 서머빌
- 9 윌슨
- 11 필크루크
- 17 길레르미
- 20 보언
- 50 마샬

MF
- 8 워드프라우스
- 10 파케타
- 24 로드리게스
- 28 소우체크
- 32 포츠
- 39 어빙

DF
- 2 워커피터스
- 3 킬먼
- 5 아게르드
- 12 디우프
- 15 마브로파노스
- 25 토디보
- 29 완비사카
- 30 스칼스
- 33 에메르송

GK
- 1 헤르만센
- 21 포더링엄
- 23 아레올라

IN
- 카일 워커피터스 (사우샘프턴)
- 엘 하지 말리크 디우프 (슬라비아프라하)
- 칼럼 윌슨 (FA, 뉴캐슬)
- 매즈 헤르만센 (레스터)

OUT
- 모하메드 쿠두스 (토트넘)
- 애런 크레스웰 (계약종료)
- 커트 주마 (계약종료)
- 대니 잉스 (계약종료)
- 블라디미르 초우팔 (계약종료)
- 우카시 파비안스키 (계약종료)
- 미카일 안토니오 (계약종료)
- 에반 퍼거슨 (임대종료)
- 카를로스 솔레르 (임대종료)
- 케일런 케이시 (스완지시티, 임대)
- 에드손 알바레스 (페네르바흐체SK)

히든풋볼의 이적시장 평가

지지부진한 이적시장이다. 지난 시즌 수많은 영입을 단행했지만 로페테기에서 그레이엄 포터로 체제가 바뀌면서 선수단에도 큰 변화가 예고된다. 센터백부터 6번 미드필더, 왼쪽 윙백, 측면 공격수, 최전방 스트라이커까지 영입이 필요한 포지션이 한둘이 아니다. 포터 감독은 매 경기 다양한 전술과 포메이션을 활용하는데, 이에 걸맞은 선수단을 꾸릴 필요가 있다.

히든풋볼 이적시장 평가단

SQUAD & BEST11

2024/25시즌 스탯 Top 3

포메이션 (Best 11):
- 10 파케타
- 11 퓔크루크
- 20 보언
- 12 디우프
- 28 소우체크
- 8 워드프라우스
- 29 완비사카
- 5 아게르드
- 3 킬먼
- 25 토디보
- 23 아레올라

득점 Top 3
- ⚽ 재러드 보언 — 13골
- ⚽ 토마시 소우체크 — 9골
- ⚽ 모하메드 쿠두스 — 5골

도움 Top 3
- 🥿 재러드 보언 — 8도움
- 🥿 아론 완비사카 — 5도움
- 🥿 모하메드 쿠두스 — 3도움

출전시간 Top 3
- ⏱ 막시밀리안 킬먼 — 3,349분
- ⏱ 아론 완비사카 — 3,155분
- ⏱ 재러드 보언 — 2,980분

히든풋볼의 순위 예측

쿠두스의 공백에도 가벼운 마음으로 시즌을 시작하게 하는 파케타가 반갑다. 다시 팀을 단단하게 만드는 시즌.	스쿼드 자체가 좋으나 쿠두스의 공백이 잔잔히 느껴질 것이다.포터의 축구로 탑텐에 다시 진입할지는 미지수.	쿠두스의 공백, 시즌 초반의 불안 등으로 고전할 가능성이 있지만 저력을 무시할 수 없다.	그레이엄 포터 감독 체제에서 리빌딩에 들어갔지만, 핵심선수 이적과 재정 문제로 과도기적인 시즌을 보낼 것	파케타와 보웬이 팀을 이끌어야 한다. 하지만 3선 창의성이 부족하고 포터 감독의 전술도… 잘 모르겠다.	이미 훌륭한 스쿼드를 갖추고 있지만 올 시즌 포터볼이 좀 더 자리 잡으면 훨씬 더 높은 순위로 치고 올라갈 듯.

 13위 이주헌
 12위 박종윤
 16위 송영주
 15위 임형철
 19위 남윤성
 12위 이완우

최악의 시즌,
반등은
선택 아닌 필수

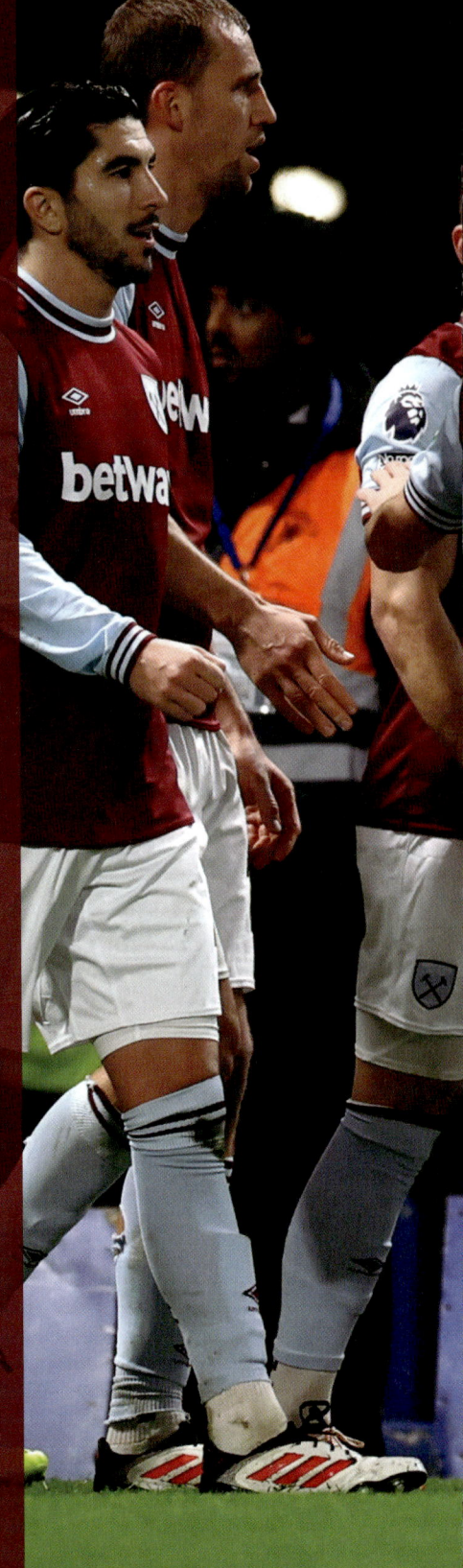

지난 시즌이 시작될 때만 해도 해머스들은 기대감에 부풀어 있었다. 하지만 런던 스타디움을 수놓은 희망의 비눗방울들은 오래 지나지 않아 물거품이 됐다. 막대한 지원을 받았지만 로페테기호의 경기력은 답답했고 결과까지 좋지 못했다. 특히 전술적으로 많은 지적을 받았다. 훈련장에서는 골키퍼를 활용하는 빌드업 훈련을 진행해 놓고 막상 경기 당일에는 롱패스가 남발됐다. 경기 중 로페테기가 지시하는 내용들이 선수들에겐 오히려 혼란을 야기했다는 내용까지 뒤늦게 밝혀졌다. 선수들은 휴식이 충분하지 않다고 느꼈고 매 경기 바뀌는 전술과 이해할 수 없는 교체 타이밍도 문제였다. 주축 선수단과 잦은 충돌까지 발생하면서 로페테기는 구단 역사상 최단기간 감독으로 초라하게 팀을 떠났다.

지휘봉을 이어받은 그레이엄 포터 감독은 다양한 전술을 실험했다. 브라이튼과 첼시에서 그랬던 것처럼 백3로 안정적인 빌드업 구조를 시도했다. 그리고 외면받던 선수들을 주목했다. 특히 크레스웰을 왼쪽 센터백으로 활용하면서 후방에서 패스의 퀄리티를 높였다. 노팅엄 임대에서 출전에 어려움을 겪던 워드프라우스도 조기 복귀시켰다. 결과는 좋지 못했지만 워드프라우스와 소우체크를 주전으로 활용하면서 중원에서의 변화도 모색했다. 왼쪽은 구단 출신 올리버 스칼을 활용해 에메르송과 경쟁 구도를 형성했다. 쿠두스와 보언의 동선도 최전방으로 집중시켰다. 결과적으로 전반기에 비해 확연히 달라졌다고는 할 수 없었지만 포터 감독에게는 선수단을 파악할 시간이었다.

일단 포터 감독은 공격진에는 영입이 필요하지 않다고 밝혔다. 쿠두스가 떠났지만 서머빌이 결국 햄스트링에 수술을 받고 건강하게만 돌아온다면 측면은 문제가 없다. 길레르미도 있고 파케타도 측면에서 뛸 수 있다. 문제는 중원과 센터백이다. 냉정히 파케타를 제외하면 워드프라우스, 소우체크, 로드리게스, 솔레르, 알바레스 모두 실망스러웠다. 포터 감독의 후방 빌드업은 미드필더의 볼 점유를 통해 완성되는데 지금의 웨스트햄 중원은 볼을 간결하고 안정적으로 소유하고 패스하는 유형이 아니다. 중원의 개편과 수비라인을 안정감 있게 이끌 수 있는 센터백까지 영입한다면 그때부터 포터에 대한 제대로 된 평가를 할 수 있을 것 같다. 그래서 다가오는 2025/26시즌이 중요하다. 웨스트햄에게는 반등이, 포터 감독에게도 첼시에서의 실패를 만회할 수 있는 좋은 기회가 찾아온 셈이다.

WEST HAM UNITED

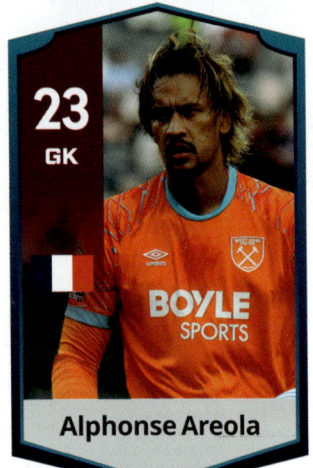

23 GK
Alphonse Areola

알퐁스 아레올라
국적 프랑스 | **나이** 32 | **신장** 195 | **체중** 94 | **평점** 6.53

등장과 함께 대형 유망주로 큰 기대를 받았지만 시라구, 트랍, 나바스, 부폰, 쿠르투아 등 커리어 내내 쟁쟁한 골키퍼들과 경쟁해야 했다. 그러다 승격한 풀럼에서 능력을 입증했고 2021/22시즌 모예스 감독의 부름을 받아 웨스트햄에 입단했다. 첫 2시즌은 파비안스키와 경쟁 구도가 형성됐는데 넓은 선방 범위, 동물적인 반사 신경, 역동작에서도 볼을 따라가는 민첩성으로 비로소 2023/24시즌부터 주전 장갑을 꼈다. 하지만 지난 시즌은 유독 빌드업 실수가 잦았고 기복도 심해졌다. 물론 자신이 저지른 실수는 놀라운 선방으로 만회했지만 후방의 안정감이 떨어지면서 웨스트햄도 일관된 경기력을 유지할 수 없었다.

2024/25시즌

0	26 GAMES	2,259 MINUTES	41 실점	66.70 선방률	0
	82 세이브	5 클린시트	추정가치: 9,000,000€	20.00 클린시트 성공률	0/0 PK 방어 기록	

3 CB
Maximilian Kilman

막시밀리안 킬먼
국적 잉글랜드 | **나이** 28 | **신장** 194 | **체중** 89 | **평점** 6.81

공을 소유한 채 순간적으로 전진해 빠른 공격 전환을 돕는다. 공이 없을 때 적극적으로 공격에 가담해 상대 수비에 균열을 일으킨다. 볼을 다루는 능력은 리그 내에서 가장 뛰어난 센터백이다. 다만 지난 시즌은 수비적으로 아쉬움이 컸다. 집중력이 떨어졌고 실점으로 연결되는 실수도 잦았다. 로페테기와 포터 감독을 거치며 수비 조직이 흔들릴 수밖에 없었던 게 사실인데 그럼에도 중추적인 역할을 해야 하는 킬먼이 흔들리니 웨스트햄의 후방도 단단함을 잃어 갔다. 왼쪽 스토퍼로 뛸 때가 더 나은 모습인데 수비 라인에 리더 역할을 하는 파트너가 영입된다면 킬먼도 원래의 품을 되찾을 가능성이 크다.

2024/25시즌

5	38 GAMES	3,349 MINUTES	0 GOALS	1 ASSISTS	0
	0.34 경기당슈팅	3 유효슈팅	추정가치: 25,000,000€	51.5 경기당패스	86.70 패스성공률	

25 CB
Jean-Clair Todibo

장클레어 토디보
국적 프랑스 | **나이** 25 | **신장** 190 | **체중** 88 | **평점** 6.6

큰 기대를 받으며 합류했기에 막시밀리안 킬먼과 함께 웨스트햄의 새로운 수비벽이 될 것이라는 기대가 컸다. 하지만 잔부상이 잦았고 복귀 후에는 몸 상태를 끌어올리지 못한 채 경기를 뛰다 보니 제대로 된 경기력을 발휘하지 못하는 경우들이 많았다. 수비 상황에서 집중력이 떨어지는 모습이 많았고 발을 쉽게 뻗거나 큰 동작으로 태클하면서 상대 공격수에게 쉽게 제쳐지곤 했다. 그럼에도 능력은 확실한 수비수다. 적응만 마친다면 스피드를 활용한 공간 커버부터 킬먼과 마찬가지로 공을 달고 전진하는 능력까지 훌륭하다. 그래서 웨스트햄은 수비 라인의 리더가 필요하다. 그러면 킬먼도 토디보도 살릴 수 있다.

2024/25시즌

3	27 GAMES	1,831 MINUTES	0 GOALS	0 ASSISTS	0
	0.19 경기당슈팅	0 유효슈팅	추정가치: 25,000,000€	40.1 경기당패스	87.90 패스성공률	

PLAYERS

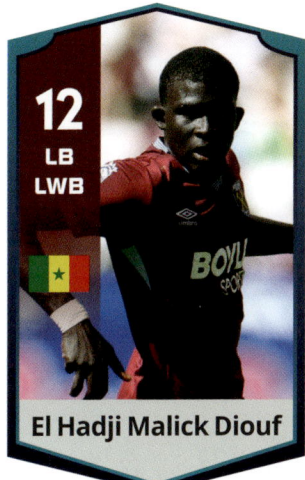

엘 하지 말리크 디우프
국적 세네갈 | **나이** 20 | **신장** 183 | **체중** 75 | **평점** 7.24

슬라비아 프라하에서 3년 만에 리그 우승을 이끌고 웨스트햄에 합류했다. 조국 세네갈 대표팀에도 승선하며 최고의 한 해를 보냈다. 슬라비아 프라하에서는 주로 왼쪽 윙백으로 뛰었는데 수비력에서 성장이 필요하지만 풀백도 무리 없이 소화할 수 있다. 백3와 백4를 활용하는 포터 감독의 시스템에 유연함을 더해 줄 것이다. 디우프의 최대 강점은 날카로운 크로스다. 엄청난 궤적으로 휘어지는 크로스는 정확하게 골키퍼와 수비수 사이로 향한다. 그렇다 보니 디우프 합류를 가장 반길 필크루크다. 보언도 일명 독박 축구에서 벗어나게 될 가능성이 크다. 크레스웰이 팀을 떠났지만 새로운 택배기사를 장착한 웨스트햄이다.

2024/25시즌

4	27 GAMES	2,052 MINUTES	7 GOALS	3 ASSISTS	0
	1.3 경기당슈팅	0.6 유효슈팅	추정가치: 22,000,000€	37.6 경기당패스	76.00 패스성공률

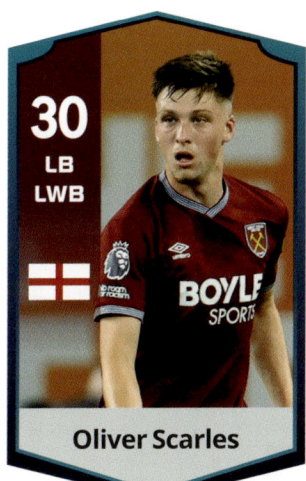

올리버 스칼스
국적 잉글랜드 | **나이** 19 | **신장** 180 | **체중** 75 | **평점** 6.53

웨스트햄에 등장한 또 다른 특급 유망주. 어린 선수들을 키워 내는 포터 감독의 아래에서 출전 시간을 늘려 가며 성장했다. 스칼스의 최대 강점은 수비력인데 아스날을 상대로 치른 프리미어리그 선발 데뷔전에서 단단한 수비로 임팩트를 남겼다. 특히 유스 레벨에서부터 태클과 볼을 끊어 내는 능력으로 주목받았다. 비록 시즌 끝까지 퍼포먼스를 유지하지는 못했지만 경합에서도 투지 넘치는 모습을 보이며 해머스의 기대를 샀다. 크로스에서 발전이 필요하지만 백3와 백4 모두에서 유연하게 뛸 수 있기 때문에 포터 감독도 전술에 따라 스칼스와 디우프를 선택해야 하는 행복한 고민에 빠지게 됐다.

2024/25시즌

1	15 GAMES	662 MINUTES	0 GOALS	0 ASSISTS	0
	0.2 경기당슈팅	0 유효슈팅	추정가치: 8,000,000€	24.8 경기당패스	78.80 패스성공률

아론 완비사카
국적 잉글랜드 | **나이** 27 | **신장** 183 | **체중** 72 | **평점** 7.26

왼쪽에 에메르송, 오른쪽 파트너로는 재러드 보언이 있기에 웨스트햄에서는 강점인 수비에만 전념하면 되는 줄 알았다. 그만큼 수비력은 모두가 인정했지만 공격력에는 큰 기대가 없었다. 그렇게 한 시즌이 지났다. 결과는 최고의 영입이 됐다. 대인 수비와 정확한 태클은 여전했다. 그런데 공격까지 잘했다. 단순히 잘한 게 아니다. 드리블 전진부터 볼 운반, 보언과의 연계, 오버래핑, 언더래핑, 컷백 여기에 왼발 크로스까지 정교했다. 왼쪽에서 뛸 때도 꾸준했다. 다가오는 시즌에도 웨스트햄의 핵심이다. 문제는 콩고 국적을 취득하며 12월 아프리카 네이션스컵에 참가한다는 것이다. 완비사카의 공백을 잘 메워야 하는 포터 감독이다.

2024/25시즌

1	36 GAMES	3,154 MINUTES	2 GOALS	5 ASSISTS	0
	0.44 경기당슈팅	5 유효슈팅	추정가치: 26,000,000€	50.41 경기당패스	82.80 패스성공률

WEST HAM UNITED

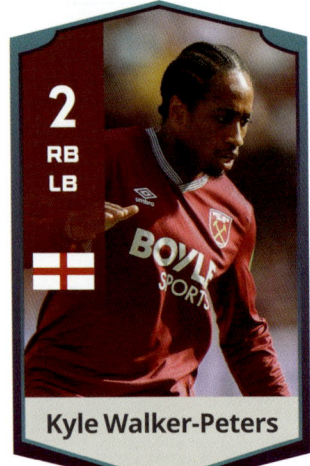

카일 워커피터스

국적 잉글랜드 | **나이** 28 | **신장** 173 | **체중** 63 | **평점** 6.6

활발한 오버래핑과 직선적인 전진, 드리블 돌파, 크로스로 사우샘프턴의 측면 공격을 진두지휘했다. 수비에서도 기량이 크게 발전한 모습을 보였으며 좌우를 가리지 않고 뛰는 멀티성까지 자랑했다. 그렇게 사우샘프턴에서 성공적인 커리어를 마치고 자유 계약 신분이 되어 튀르키예 리그의 베식타스로 향하는 듯했다. 하지만 돌연 메디컬이 취소됐고 웨스트햄은 이를 놓치지 않고 영입에 성공했다. 2025 아프리카 네이션스컵에 완비사카와 말리크 디우프가 차출되기에 리그 적응이 필요 없고 멀티성까지 갖춘 워커피터스가 반드시 필요했다. 스칼스와 디우프가 경험이 많지 않기 때문에 왼쪽에서 자주 뛸 가능성도 있다.

2024/25시즌

5	33 GAMES		2,922 MINUTES	0 GOALS		2 ASSISTS	0
	0.61 경기당슈팅	0.18 유효슈팅	추정가치: 15,000,000€		51.3 경기당패스	88.20 패스성공률	

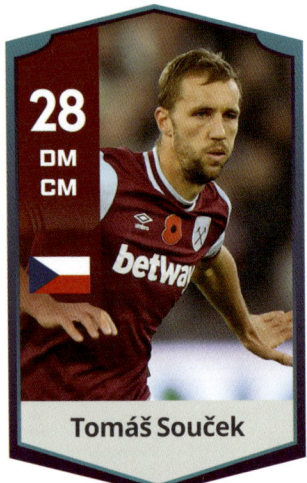

토마시 소우체크

국적 체코 | **나이** 30 | **신장** 192 | **체중** 86 | **평점** 6.88

공중볼 장악 능력, 세트피스 존재감으로 모예스 체제에서 핵심으로 분류됐다. 굉장히 많은 장점을 갖고 있는 선수지만, 너무 큰 단점도 갖고 있다. 그 큰 단점이 장점들을 잡아먹는다. 바로 중앙 미드필더로서 볼을 다루는 능력이 부족하다는 점이다. 여기에 민첩성이 떨어지고 에너지 레벨까지 낮아 로페테기, 포터 체제에서 비중이 줄어들 것이라는 합리적인 예상이 있었다. 하지만 놀랍게도 가장 많이 출장하며 모두의 예상을 비웃었다. 물론 그 와중에 리그에서 9골을 기록하며 웨스트햄 입단 후 두 번째로 많은 공격 포인트를 기록했다. 그만큼 쓰임새가 매력적이라는 뜻이 되겠다. 볼 좀 못 차면 어떤가. 이토록 위협적인데.

2024/25시즌

8	35 GAMES		2,570 MINUTES	9 GOALS		1 ASSISTS	0
	1.57 경기당슈팅	18 유효슈팅	추정가치: 18,000,000€		27.7 경기당패스	73.80 패스성공률	

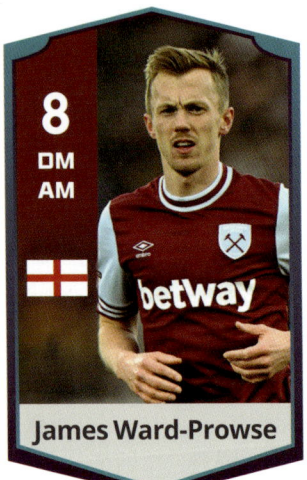

제임스 워드프라우스

국적 잉글랜드 | **나이** 30 | **신장** 177 | **체중** 66 | **평점** 6.8

프리미어리그를 대표하는 데드볼 스페셜리스트였다. 웨스트햄에 합류한 첫 시즌, 모예스 감독의 총애를 받으며 기대에 걸맞은 활약을 펼쳤다. 하지만 중원의 기동력과 신체 능력을 중요하게 여기는 로페테기가 부임하면서 상황이 달라졌다. 결국 출전 시간이 줄면서 노팅엄으로 임대를 떠나야 했다. 슬픔도 잠시. 포터가 새롭게 부임하면서 조기에 임대에서 복귀했다. 그런데 로페테기가 맞았나 보다. 파트너인 소우체크가 빌드업 부담을 덜어 주지 못하면서 워드프라우스도 크게 흔들렸고 상대 압박에 고전하면서 턴오버가 늘어났다. 능력은 분명하다. 관건은 활용법을 깨닫느냐이다. 2025/26시즌 증명하고 부활해야 한다.

2024/25시즌

2	24 GAMES		1,440 MINUTES	1 GOALS		2 ASSISTS	1
	0.63 경기당슈팅	6 유효슈팅	추정가치: 8,000,000€		32 경기당패스	88.20 패스성공률	

PLAYERS

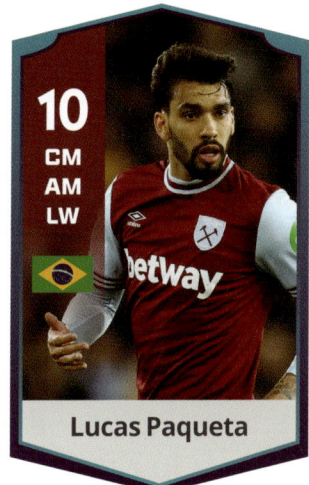

루카스 파케타

국적 브라질 | **나이** 27 | **신장** 180 | **체중** 72 | **평점** 6.73

공격 전술이 뚜렷하지 않았던 로페테기 체제에서도, 소우체크와 워드프라우스의 지원이 적었던 후반기 포터 체제에서도 파케타는 묵묵히 1인분 역할을 해냈다. 1.5인분 역할을 해야 했던 과거에 비해 공격포인트가 크게 줄어들었는데, 축구적인 이유도 있었지만 자신을 둘러싼 베팅 혐의의 심리적인 영향이 더 컸다. 결과는 베팅 혐의의 최종 무죄 판결. 오랫동안 괴롭혔던 혐의에서 벗어났기에 이제는 축구를 즐길 수 있었으면 좋겠다. 그래야 웨스트햄도 살아난다. 서머빌과 필 크루크의 부상, 쿠두스의 기복까지 겹치며 보언이 정말 고생한 시즌이었다. 심리적 압박에서 벗어난 만큼 보언과 함께 해머스의 비상을 이끌어야 한다.

2024/25시즌

10	33 GAMES	2,384 MINUTES	4 GOALS	0 ASSISTS	0
	1.24 경기당슈팅	6 유효슈팅	추정가치: 28,000,000€	44.1 경기당패스	77.30 패스성공률

크리센시오 서머빌

국적 네덜란드 | **나이** 23 | **신장** 174 | **체중** 64 | **평점** 6.54

2023/24시즌 챔피언십 올해의 선수로 성장해 웨스트햄에 입성했다. 특히 왼쪽 측면에서 상대를 위협할 오른발잡이 윙어의 부재로 공격 옵션에 제한이 있었기에 서머빌의 합류는 웨스트햄에 큰 도움을 줄 것으로 예상됐다. 시즌 초반에는 기회가 많지 않았지만 맨유전 득점으로 입지가 늘어났고 주전으로 도약해 나가던 찰나 햄스트링 부상으로 쓰러졌다. 처음에는 수술을 거부했지만 완벽한 회복을 위해 뒤늦게 수술대에 올랐다. 측면과 중앙을 오가는 빠르고 변칙적인 돌파가 강점이다. 몇 년 사이 슈팅 기술이 괄목상대했기에 건강하게 돌아온다면 왼쪽에서 웨스트햄의 공격력도 한층 강화될 것이다. 포터도 서머빌을 핵심 자원으로 평가하고 있다.

2024/25시즌

2	19 GAMES	780 MINUTES	1 GOALS	1 ASSISTS	0
	0.74 경기당슈팅	5 유효슈팅	추정가치: 22,000,000€	13.4 경기당패스	76.40 패스성공률

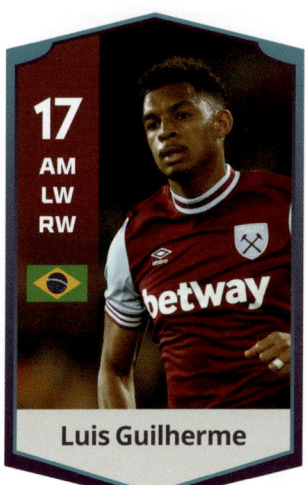

루이스 길레르미

국적 브라질 | **나이** 19 | **신장** 175 | **체중** 70 | **평점** 6.34

엔드릭, 이스테방과 함께 파우메이라스의 3대 유망주 중 하나였다. 지난 시즌은 낯선 잉글랜드 무대에 적응하는 시간이었다. 출전 시간은 적었지만 그럼에도 몇 차례 번뜩이며 가능성을 증명했다. 이스테방과 달리 플레이메이킹을 하는 유형이 아니고 피지컬도 성장이 필요하지만 스피드와 직선적인 드리블 능력은 매우 뛰어나다. 장점을 발휘하기 위해서는 힘을 더 길러야 하고 수비력도 개선돼야 한다. 다행히 그레이엄 포터 감독이 부임한 이후에는 출전 시간을 늘려 갔다. 같은 왼발잡이인 파케타에게는 찬스 메이킹 능력을, 보언에게는 마무리 능력을 배우면 된다. 임대를 통해 성장해 돌아오는 것도 방법이 될 수 있다.

2024/25시즌

0	12 GAMES	139 MINUTES	0 GOALS	0 ASSISTS	0
	0.33 경기당슈팅	1 유효슈팅	추정가치: 15,000,000€	5.6 경기당패스	87.10 패스성공률

WEST HAM UNITED

11 CF
Niclas Fullkrug

니클라스 퓔크루크
국적 독일 | **나이** 32 | **신장** 189 | **체중** 83 | **평점** 6.52

뒤늦게 피어난 대기만성형 스트라이커. 분데스리가 두 시즌 연속 두 자릿수 득점. 도르트문트의 챔피언스리그 준우승을 견인한 뒤 합류했지만 불운한 부상으로 쓰러지며 웨스트햄의 빈약한 공격에 힘을 보태지 못했다. 페널티 박스 안 장악과 강인한 피지컬, 뛰어난 공중볼, 골망을 찢을듯한 슈팅 등 원톱으로서 웨스트햄에 가장 적합한 능력들을 고루 갖췄다. 보언과 파케타로부터 양질의 패스를 공급받을 수 있고 소우체크와 트완타워 역할도 가능하다. 기량이 만개한 완비사카부터 워커피터스, 디우프도 새롭게 합류했기에 좌우에서 퓔크루크의 머리를 겨냥한 크로스를 보내 줄 자원들도 충분하다.

2024/25시즌

	GAMES	MINUTES	GOALS	ASSISTS	
2	18	788	3	2	0
	0.89 경기당슈팅	7 유효슈팅	추정가치: 10,000,000€	11 경기당패스	67.20 패스성공률

20 RW CF
Jarrod Bowen

재러드 보언
국적 잉글랜드 | **나이** 28 | **신장** 176 | **체중** 70 | **평점** 7.2

기라성 같은 구단 레전드들과 비교해 부족한 것은 수치상의 데이터일 뿐, 웨스트햄의 살아 있는 전설이라 불려도 무방하다. 두 차례 감독 변화에서도 주장으로서 꾸준하게 활약했고 리그 13골 8도움으로 공격 포인트까지 책임졌다. 스트라이커가 부진 또는 부상에 허덕일 때면 최전방 공격수로 변신해 웨스트햄의 공격을 이끌었다. 오프 더볼 움직임, 플레이메이킹, 측면 크랙, 피니시까지. 공격에서 할 수 있는 모든 역할을 수행하고 또 가장 잘한다. 안타까울 정도로 웨스트햄의 공격을 홀로 이끌었다. 과거 UEFA 컨퍼런스리그 우승으로 트로피의 한은 풀었지만 해머스들은 보언이 한 번 더 활짝 웃기를 희망한다. 그럴 자격이 충분한 선수다.

2024/25시즌

	GAMES	MINUTES	GOALS	ASSISTS	
1	34	2,979	13	8	0
	2.56 경기당슈팅	37 유효슈팅	추정가치: 40,000,000€	24 경기당패스	71.70 패스성공률

9 CF
Callum Wilson

칼럼 윌슨
국적 잉글랜드 | **나이** 33 | **신장** 180 | **체중** 66 | **평점** 5.91

본머스에서 두각을 나타냈고 삼사자 군단의 부름까지 받았던 윌슨은 한때 리그 내 수준급 스트라이커로 꼽혔다. 공이 없을 때 박스 안에서 순간적인 움직임과 타고난 골 감각으로 득점을 만들어 낸다. 최전방 공격수로서 유려한 발기술도, 화려한 드리블 돌파도, 깔끔한 연계도 어느 하나 두드러지는 장점이 있는 건 아니지만 어떻게든 득점을 해내는 타입이다. 그만큼 운동 능력이 타고난 유형인데, 뉴캐슬 입단 이후 눈에 띄게 잔부상이 늘어 안타까움을 샀다. 뉴캐슬과의 계약 종료 후 윌슨의 새 행선지는 웨스트햄. 퓔크루크와 보언의 공격 부담을 덜어 주는 역할이 예상되는데, 그렇다면 쓰임새가 확실하다. 다만 부상은 없어야 한다.

2024/25시즌

	GAMES	MINUTES	GOALS	ASSISTS	
1	18	357	0	0	0
	0.33 경기당슈팅	1 유효슈팅	추정가치: 8,000,000€	2.65 경기당패스	75.5 패스성공률

전지적 작가 시점

남윤성이 주목하는 웨스트햄의 원픽!
재러드 보언

망치군단의 주장이자 핵심. 로페테기에서 그레이엄 포터로 체제가 바뀌는 동안 가장 꾸준하게 활약했던 측면 윙포워드와 최전방 공격수를 오가며 공격을 책임졌다. 시즌 막바지에는 4경기 연속골을 기록, 리그 13골 8골로 다시 한번 두 자릿수 득점에 성공했다. 하지만 보언은 공격 포인트만으로 가치를 따져서는 안 되는 선수다. 실제로 90분당 볼터치 횟수, 패스 정확도, 기회 창출과 같은 공격지표에서 웨스트햄 입단 후 가장 높은 수치를 보였으니 말이다.

공격 시퀀스 때 플레이메이킹부터 공격의 크랙 역할, 동료들과의 연계, 피니셔까지 수행하는 보언은 웨스트햄에서 절대적인 존재다. 여기에 5시즌 반을 뛰면서 부상으로 단 8경기에만 결장했을 만큼 철강왕 기질도 갖췄고 팀이 어려웠던 시기에는 장기 재계약에 서명하면서 충성심까지 증명했다. 물론 빌리 본즈, 바비 무어, 마크 노블, 제프 허스트와 같은 레전드들과 직접적으로 비교하기에는 부족함이 많다. 하지만 그 어떤 해머스가 감히 보언을 좋아하지 않을 수 있겠는가. 웨스트햄의 살아 있는 전설 재러드 보언이다.

지금 웨스트햄에 이 선수가 있다면!
존 테리

지난 시즌 웨스트햄의 경기당 실점은 로페테기 체제 2.0, 포터 체제 1.25였다. 후반기 수비 지표가 개선되긴 했지만 토디보를 제외한 센터백들의 활약은 아쉬웠다. 킬먼은 후반기 들어 퍼포먼스가 떨어졌고 마브로파노스는 대형 실수가 잦았다. 후방이 흔들리면서 일관된 경기력을 가져갈 수가 없었고 수비라인의 리더가 절실하게 필요했다. 후방의 리더. 이 선수를 제외하면 좀처럼 떠오르지 않는다. 바로 아버지부터 삼촌까지 가족이 모두 해머스인 존 테리.

같은 런던 라이벌 클럽 첼시의 레전드지만 사실 존 테리는 첼시 입단 이전 웨스트햄 유스로 성장했다. 그러한 존 테리의 트레이드 마크, 온몸을 던지는 헌신적인 수비. 지금 웨스트햄 수비라인에 필요한 덕목이다. 강력한 대인마크와 공중볼, 세트피스 득점까지. 그리고 수비력에 가려졌지만 존 테리는 빌드업에도 매우 능했다. 과감한 드리블 전진도 가능했고 양발을 자유자재로 활용해 좌우로 뿌려 주는 롱패스도 대단히 정교했다. 거기에 팀 전체의 리더인 존 테리가 후방을 지킨다면 웨스트햄의 수비 고민은 즉시 해결될 수 있다.

ANDRE ONANA
ALTAY BAYINDIR
DIOGO DALOT
NOUSSAIR MAZRAOUI
MATTHIJS DE LIGT
HARRY MAGUIRE
LISANDRO MARTINEZ
PATRICK DORGU
LENY YORO
LUKE SHAW
AYDEN HEAVEN
MASON MOUNT
BRUNO FERNANDES
AMAD DIALLO
CASEMIRO
MANUEL UGARTE
KOBBIE MAINOO
RASMUS HOJLUND
MATHEUS CUNHA
JOSHUA ZIRKZEE
BRYAN MBEUMO
BENJAMIN SESKO

Manchester United

MANCHESTER UNITED

맨체스터 유나이티드
Manchester United

창단 년도	1878년
최고 성적	우승 (1907/08, 1910/11, 1951/52, 1955/56, 1956/57, 1964/65, 1966/67, 1992/93, 1993/94, 1995/96, 1996/97, 1998/99, 1999/00, 2000/01, 2002/03, 2006/07, 2007/08, 2008/09, 2010/11, 2012/13)
경기장	올드 트래포드 (Old Trafford)
경기장 수용 인원	74,197명
지난 시즌 성적	15위
별칭	The Red Devils (레드데블스), United (유나이티드)
상징색	레드
레전드	바비 찰튼, 조지 베스트, 데니스 로, 에릭 칸토나, 앤디 콜, 라이언 긱스, 데이비드 베컴, 리오 퍼디난드, 박지성, 게리 네빌, 로이 킨, 웨인 루니, 폴 스콜스, 크리스티아누 호날두 등

히스토리

맨체스터유나이티드는 누구나 인정하는 프리미어리그 최고의 명문 구단이다. 잉글랜드 1부 리그 기준 최다 우승(20회), 잉글랜드 최초의 유러피언컵(현 UEFA 챔피언스리그) 우승. 잉글랜드 최초의 트레블 달성 등 화려한 업적을 자랑한다. 또한, 잉글랜드 클럽 중 발롱도르 수상자를 가장 많이 배출하기도 했다(데니스 로(1964), 바비 찰튼(1966), 조지 베스트(1968), 크리스티아누 호날두(2008)). 우리에겐 대한민국 최초의 프리미어리거 박지성이 활약했던 클럽으로 친숙하다. 그러나 알렉스 퍼거슨 감독 은퇴 후 오랜 기간 부침이 있고 지난 시즌 리그 15위라는 최악의 성적을 거뒀다. 따라서 올 시즌 명가 재건이라는 목표에 걸맞게 팬들이 납득할 수 있는 성적을 거둬야 한다.

최근 5시즌 리그 순위 변동

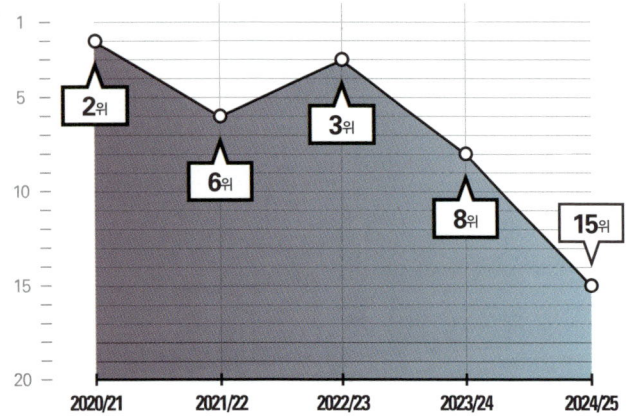

클럽레코드 IN & OUT

최고 이적료 영입 IN
폴 포그바
1억 500만 유로
(2016년 8월, from 유벤투스)

최고 이적료 판매 OUT
크리스티아누 호날두
9,400만 유로
(2009년 7월, to 레알마드리드)

CLUB & MANAGER

후벵 아모림 Rúben Amorim | 1985년 1월 27일 | 40세 | 포르투갈

실망스런 성적, 이제 결과가 중요하다

젊은 지략가이자 야망가. 선수 시절, 중앙 미드필더로 벤피카와 포르투갈 대표팀에서 명성을 얻었지만 감독으로 더 높게 평가를 받는다. 2018년 포르투갈 3부 리그의 카사 피아에서 본격적으로 감독 커리어를 시작해 승격을 이끌며 지도력을 인정받았다. 이후, 브라가를 1시즌 동안 이끌며 타카 다 리가에서 우승했고, 스포르팅의 감독으로 약 4시즌 동안 활약하며 리그 우승 2회, 타카 다 리가 우승 1회, 수페르타사 칸디두 드 올리베이라 우승 1회를 달성했다. 그러나 맨유의 감독직은 그에게도 어려운 자리였다. 2024년 12월 에릭 텐하흐 후임으로 맨유의 감독으로 부임한 후 공식 42경기에서 16승 10무 16패를 기록, 리그 15위와 유로파리그 우승 실패라는 좌절을 맛본 것. 당연히 경질설에 휘말렸고, 2025/26시즌이 맨유에 잔류한 아모림 감독에겐 마지막 기회다. 과연 그는 기회를 살릴 수 있을까?

감독 인터뷰

"우리는 맨체스터유나이티드다. 우리는 유럽으로 돌아가야 한다. 맨유가 프리미어리그와 챔피언스리그에서 다시 우승할 수 있을까? 의심의 여지가 없다."

감독 프로필

통산
301 경기 201 승 47 무 53 패

선호 포메이션
3-4-3

승률
66.78%

시즌 키워드

#아모림능력발휘 | #명가재건 | #불안한골문

우승 이력

- 포르투갈 리그 (2020/21, 2023/24, 2024/25)
- 포르투갈 리그컵 (2019/20, 2020/21, 2021/22)
- 포르투갈 슈퍼컵 (2021)

경력

2018~2019	2019	2019~2020	2020~2024	2024~

카사피아AC	SC브라가B	SC브라가	스포르팅CP	맨체스터유나이티드

MANCHESTER UNITED

IN

브라이언 음뵈모
(브렌트포드)

마테우스 쿠냐
(울버햄튼)

디에고 레온
(세로포르테뇨)

베냐민 셰슈코
(라이프치히)

OUT

마커스 래시포드
(바르셀로나)

다니엘 고어
(로더럼)

에단 휘틀리
(노스샘프턴)

빅토르 린델뢰프
(FA)

크리스티안 에릭센
(FA)

조니 에반스
(은퇴)

토비 콜리어
(WBA, 임대)

포메이션

FW
- 9 호일룬
- 10 쿠냐
- 11 지르크지
- 19 음뵈모
- 30 셰슈코

MF
- 7 마운트
- 8 페르난데스
- 16 아마드
- 18 카세미루
- 25 우가르테
- 37 마이누

DF
- 2 달로
- 3 마즈라위
- 4 더리흐트
- 5 매과이어
- 6 마르티네스
- 12 말라시아
- 13 도르구
- 15 요로
- 23 쇼
- 26 헤븐
- 35 레온

GK
- 1 바이은드르
- 22 히튼
- 24 오나나

히든풋볼의 이적시장 평가

맨유에게 여름 이적시장에서의 선수 영입은 선택이 아닌 필수였다. 우선 득점력 부족에서 벗어나고자 공격수 영입에 집중했다. 그 결과, 2억 유로 이상을 투자해 최전방과 2선의 공격력을 업그레이드했다. 하지만 빌드업에 능한 3선 미드필더와 골문을 단단하게 만드는 골키퍼 영입에 실패했다. 사실상 만족스럽지 않은 여름을 보낸 것이다. 결국, 아모림 감독은 전술과 용병술에서 해답을 찾아야 한다.

SQUAD & BEST11

포메이션 (4-2-3-1)

- 30 세슈코
- 10 쿠냐
- 19 음뵈모
- 13 도로구
- 8 페르난데스
- 25 우가르테
- 2 달로
- 6 마르티네스
- 4 더 리흐트
- 15 요로
- 24 오나나

2024/25시즌 스탯 Top 3

득점 Top 3
- 아마드, 페르난데스 **8**골
- 알레한드로 가르나초 **6**골
- 마커스 래시포드 **4**골

도움 Top 3
- 브루노 페르난데스 **10**도움
- 아마드 디알로 **6**도움
- 디오구 달로 **3**도움

출전시간 Top 3
- 안드레 오나나 **3,060**분
- 브루노 페르난데스 **3,024**분
- 누사이르 마즈라위 **2,850**분

히든풋볼의 순위 예측

아모림 감독의 3백 전술이 중요하다. 세슈코가 호일룬보다 나은 모습을 보여 준다면 챔스권을 노릴 수 있을 것.

즉전력감 보강이 빠르게 이뤄졌고 유럽대항전을 치르지 않는 이점으로 유럽대항전 복귀 가능.

폭풍 영입과 리그에 집중할 수밖에 없는 일정. 그리고 아모림 감독은 아직 보여 준 것이 없다.

유럽대항전 부재의 이점과 2억 파운드가 넘는 공격진 투자에 힘입어 지난 시즌 최악의 부진에서 벗어날 것이다.

쿠냐, 음뵈모, 세슈코 트리오가 진가를 발휘해야 하지만 아모림 감독의 경기 운영은 아쉽다.

아모림 볼이 본격적으로 자리 잡으면서 공격수 문제만 해결된다면 충분히 챔스권 진입도 가능해 보인다.

7위 이주헌

15위 박종윤

6위 송영주

7위 임형철

6위 남윤성

5위 이완우

최악의 시즌?
개혁 속
성공을 꿈꾸다

맨체스터유나이티드의 2024/25시즌은 말 그대로 최악이었다. '명문'이라는 수식어가 무색하게 프리미어리그 16위까지 추락하더니, 결국 15위라는 참담한 성적으로 시즌을 마무리했다. 유로파리그 결승전에서는 토트넘에 0-1로 패해 UEFA 챔피언스리그 진출 티켓을 놓쳤고, FA컵은 5라운드에서 풀럼에게, EFL컵은 8강에서 토트넘에게 패하며 우승 도전조차 해보지 못했다. 구단 역사상 처음으로 승점 50점 미만을 기록했고, 리그 8경기 연속 무승, 승률 30% 이하라는 반갑지 않은 기록도 남겼다. 성적만의 문제가 아니었다. 내용은 더 비참했다. 2024년 10월, 시즌 초반 부진했던 에릭 텐 하흐 감독이 경질되고 11월에 후빙 아모림 감독이 부임했음에도 부진의 사슬을 끊지 못했다. 이는 주축 선수들의 부상과 부진, 이적 시장 실패, 해결사 부재, 그리고 가라앉은 팀 분위기 등 복합적인 요인이 작용한 결과였다.

그 결과, 2025년 여름 개혁을 시도한 것은 당연지사. 아모림 감독은 자신의 구상에 포함되지 않은 래시포드, 가르나초, 안토니, 산초, 말라시아 등 여러 선수를 정리하려 했고, 동시에 지난 시즌 문제로 지적됐던 공격진을 대대적으로 보강했다. 마테우스 쿠냐를 울버햄튼에서, 브라이언 음뵈모를 브렌트포드에서, 베냐민 세슈코를 라이프치히에서 영입하는 데 성공했다. 빈약했던 득점력과 브루노 페르난데스에 대한 높은 의존도를 고려할 때, 맨유는 확실하게 변화를 통해 공격력 향상을 꾀한 셈이다. 득점을 책임질 세슈코, No.10 역할까지 가능한 쿠냐, 측면과 중앙을 오가는 음뵈모의 존재는 맨유가 달라질 수 있음을 예고한다.

다만 아모림 감독이 기존의 3-4-2-1 포메이션 안에서 세슈코, 쿠냐, 음뵈모, 브루노 페르난데스를 어떻게 공존시킬지는 여전히 의문이다. 공수 연결을 책임질 미드필더, 선방 능력과 발기술을 겸비한 신뢰할 수 있는 골키퍼의 부재에 대한 아쉬움도 남는다. 다시 말해 공격력 상승에도 여전히 불안요소가 존재한다. 그럼에도 2025/26시즌 맨유에겐 더 이상의 실패가 허락되지 않는다. 아모림 감독은 사실상 마지막 기회를 받은 셈이고, 제임스 래트클리프 구단주도 이번 여름 다시 한번 큰 금액을 투자했다. 따라서 맨유는 적어도 유럽대항전 진출 티켓을 획득해야 한다. 이것은 지극히 당연한 이야기가 아닌가? 이들은 다름아닌 맨체스터유나이티드다.

MANCHESTER UNITED

안드레 오나나

24 GK — André Onana

국적 카메룬 | **나이** 29 | **신장** 190 | **체중** 82(93) | **평점** 6.54

카메룬 국가 대표 출신의 골키퍼. 동물적인 반사 신경과 순간 판단력을 통해 선방을 펼치고 뛰어난 발기술을 통해 빌드업에 관여한다. 특히, '스위퍼 골키퍼'라는 평가를 들을 정도로 다양한 패스를 구사하며 후방 빌드업을 주도한다. 그러나 골키퍼로서의 기본기와 집중력이 부족하고 볼 핸들링에서 문제를 드러내 불안한 모습을 자주 노출한다. 라 마시아 출신으로 유명하며 아약스에서 데뷔한 후, 인테르를 거쳐 2023년 7월 5,100만 파운드에 맨유로 이적했다. 지난 2시즌 맨유에서 공식 101경기에 출전했지만 실수를 남발해 팬들의 비판을 받았다. 맨유 레전드 네마냐 비디치는 "맨유 역사상 최악의 골키퍼"라고 비판하기도 했다.

2024/25시즌

0	34 GAMES	3,060 MINUTES	15 실점	68.90 선방률	0
	88 세이브	9 클린시트	추정가치: 25,000,000€	26.50 클린시트 성공률	1/4 PK 방어 기록	

디오구 달로

2 RB/LB — Diogo Dalot

국적 포르투갈 | **나이** 26 | **신장** 184 | **체중** 76 | **평점** 6.83

공수 능력을 겸비한 라이트백. 주 포지션은 라이트백이지만 상황에 따라 왼쪽 측면을 책임지기도 한다. 35.8km/h를 기록하는 스피드, 직선적인 오버래핑, 준수한 크로스, 적절한 중거리 슈팅, 점차적으로 향상된 수비력 등을 통해 오른쪽 측면을 지배한다. 그러나 부상이 잦은 편이라 지속적인 관리가 필요하다. 포르투 유스 출신으로 2018년 6월 2,200만 파운드의 이적료에 맨유로 이적했다. 비록 2020/21시즌 AC밀란으로 임대되기도 했지만 맨유에서 8시즌 동안 210경기에 출전하며 신뢰를 받고 있다. 최근 2시즌은 103경기에 출전하기도 했다. 2021년부터 포르투갈 대표팀에서 활약 중이다.

2024/25시즌

5	33 GAMES	2,814 MINUTES	0 GOALS	3 ASSISTS	0
	0.8 경기당슈팅	5 유효슈팅	추정가치: 30,000,000€	41.6 경기당패스	83.80 패스성공률	

누사이르 마즈라위

3 RB/CB — Noussair Mazraoui

국적 모로코 | **나이** 27 | **신장** 183 | **체중** 73 | **평점** 6.78

오른쪽 풀백이자 윙백으로 뛰며 센터백도 소화한다. 탄탄한 기본기와 동료를 활용한 지능적 플레이, 뛰어난 공수 밸런스, 긴 다리를 활용한 인터셉트 등 측면 수비수로서 뛰어난 모습을 보여 준다. 하지만 부상이 잦은 편이다. 아약스 유스 출신으로 바이에른 뮌헨을 거쳐 2024년 8월 1,500만 파운드의 이적료에 맨유로 이적해 맨유 역사상 최초의 모로코 선수가 되었다. 지난 시즌 리그 37경기를 포함한 공식 57경기에 출전하며 기대에 부응했다. 네덜란드에서 태어나 네덜란드 대표팀을 선택할 수 있었지만 2018년 부모의 나라 모로코를 선택해 모로코 대표팀에서 활약하고 있다.

2024/25시즌

3	37 GAMES	2,850 MINUTES	0 GOALS	1 ASSISTS	0
	0.4 경기당슈팅	3 유효슈팅	추정가치: 25,000,000€	42.9 경기당패스	86.10 패스성공률	

PLAYERS

마테이스 더리흐트

국적 네덜란드 | **나이** 26 | **신장** 189 | **체중** 88 | **평점** 6.69

뛰어난 피지컬과 투지를 자랑하는 센터백. 적극적인 수비 자세와 뛰어난 패싱력, 깔끔한 위치선정, 세트피스에서의 헤더, 피지컬을 이용한 대인마크 능력을 통해 단단한 수비를 보여 준다. 그러나 집중력과 민첩성이 떨어져 뒷공간을 허용하는 경우가 적지 않다. 이에 더해 부상도 잦은 편이다. 아약스 유스 출신으로 유벤투스, 바이에른 뮌헨을 거쳐 2024년 8월 4,500만 파운드의 이적료에 맨유로 이적했다. 지난 시즌 맨유에서 공식 42경기에 출전해 2골을 넣었지만 기대만큼의 활약을 펼치지 못해 이번 시즌 명예회복을 해야 한다. 참고로 2017년부터 네덜란드 대표팀의 수비를 책임지고 있다.

2024/25시즌

3	29 GAMES	2,128 MINUTES	2 GOALS	0 ASSISTS	0
	0.6 경기당슈팅	9 유효슈팅	추정가치: 38,000,000€	47.2 경기당패스	90.40 패스성공률

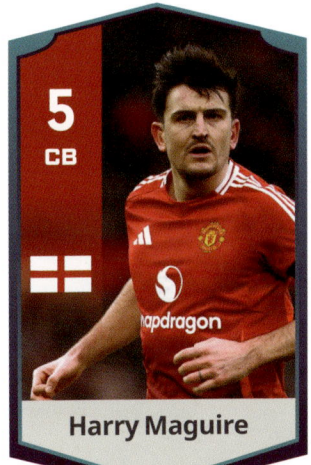

해리 매과이어

국적 잉글랜드 | **나이** 32 | **신장** 194 | **체중** 78 | **평점** 6.68

맨유의 베테랑 센터백. 194cm의 신장을 이용한 고공 장악력과 힘을 바탕으로 한 대인마크 능력, 적절한 위치선정, 패스를 통한 준수한 빌드업 능력을 보유하고 있다. 또한, 헌신적인 수비를 펼치는 수비수들이 줄부상인 상황에서 버팀목 역할을 하기도 했다. 그러나 느린 스피드와 뒷공간 허용, 집중력 저하, 심한 기복 등으로 비판을 듣기도 한다. 셰필드유나이티드 유스 출신으로 헐시티, 레스터시티를 거쳐 2019년 8월 8,000만 파운드의 이적료에 맨유로 이적했다. 그의 이적료는 당시 수비수 역대 최고 이적료 기록이었다. 2017년 10월 리투아니아전을 통해 A매치 데뷔전을 치른 이후, 꾸준히 잉글랜드 대표팀에 차출되고 있다.

2024/25시즌

7	27 GAMES	1,758 MINUTES	1 GOALS	0 ASSISTS	0
	0.6 경기당슈팅	6 유효슈팅	추정가치: 13,000,000€	41.4 경기당패스	86.10 패스성공률

리산드로 마르티네스

국적 아르헨티나 | **나이** 27 | **신장** 175 | **체중** 77 | **평점** 6.86

주 포지션은 센터백이지만 레프트백과 수비형 미드필더까지 소화하는 다재다능한 수비자원. 왼발 센터백으로 정확한 패스를 통한 빌드업 기여, 탈압박을 통한 전진 드리블, 투지 넘치는 수비, 위치 선정과 탄력을 이용한 헤더 등 많은 장점을 보여 준다. 그러나 175cm의 작은 신장으로 적극적인 수비를 하다 보니 거친 플레이가 많고 잦은 부상으로 고생한다. 특히, 2024년 2월 십자인대 파열 부상으로 장기 결장하기도 했다. 이번 시즌 장기 부상에서 복귀하므로 제 실력을 발휘할지 미지수인 상황. 2022 카타르월드컵 우승 멤버로 2019년부터 아르헨티나 대표팀에서 활약 중이다.

2024/25시즌

7	20 GAMES	1,754 MINUTES	2 GOALS	1 ASSISTS	0
	0.9 경기당슈팅	6 유효슈팅	추정가치: 40,000,000€	65.7 경기당패스	90.00 패스성공률

MANCHESTER UNITED

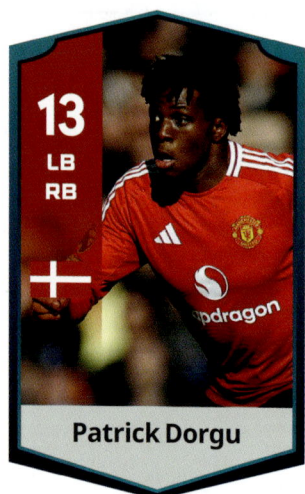

13 LB RB — Patrick Dorgu

파트리크 도르구
국적 덴마크 | 나이 20 | 신장 185 | 체중 72 | 평점 6.45

왕성한 활동량과 폭발적인 스피드를 이용해 저돌적인 공격력을 펼치는 레프트백. 신체 능력과 운동 신경을 활용한 플레이를 통해 왼쪽 측면에 활기를 불어넣는다. 다만, 세밀한 플레이에 미숙하고 예상치 못한 상황에 제대로 대처를 못하곤 한다. 뒷공간 허용과 수비 불안도 해결할 문제로 지적받고 있다. 레체 유스 출신으로 2023/24시즌 데뷔하자마자 두각을 나타내더니 2025년 2월 2,300만 파운드의 이적료에 맨유로 이적했다. 다만 지난 시즌 공식 20경기에 출전했지만 기대에 못 미친다는 비판을 들었다. 2024년 9월 5일 스위스전을 통해 덴마크 대표팀에 데뷔했고, 데뷔전에서 출전 42초 만에 데뷔골을 넣기도 했다.

2024/25시즌

3	12 GAMES	844 MINUTES	0 GOALS	0 ASSISTS	1
	0.8 경기당슈팅	2 유효슈팅	추정가치: 25,000,000€	32.4 경기당패스	86.10 패스성공률

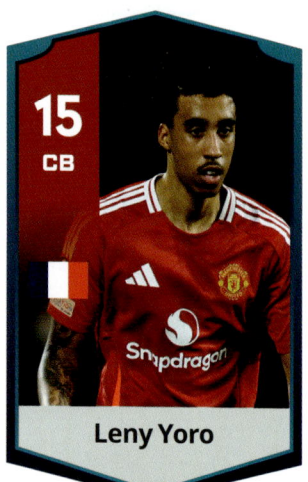

15 CB — Leny Yoro

레니 요로
국적 프랑스 | 나이 19 | 신장 190 | 체중 79 | 평점 6.33

2005년생임에도 완성도 높은 수비 테크닉을 보여 주는 센터백. 릴 유스 출신으로 2022년 5월 니스전을 통해 만 16세 6개월 1일의 나이에 데뷔했고, 2023/24시즌 훌륭한 활약으로 프랑스 리그1 올해의 팀에 선정되기도 했다. 이에 따라 2024년 7월 5,220만 파운드의 이적료에 맨유로 이적했고 지난 시즌 공식 33경기에 출전했지만 기대에 못미치는 활약을 펼쳤다. 긴 다리를 활용한 인터셉트와 정확한 태클, 190cm의 신장을 활용한 공중볼 획득, 수준급의 스피드, 정확한 패스를 통한 빌드업 등을 보여주며 수비에서 제 역할을 한다. 다만 아직 경험이 부족해 피지컬적으로나 경기력적으로 더 발전할 필요가 있다.

2024/25시즌

5	21 GAMES	1,165 MINUTES	0 GOALS	0 ASSISTS	0
	0.2 경기당슈팅	1 유효슈팅	추정가치: 55,000,000€	36 경기당패스	92.50 패스성공률

23 CB LB LM — Luke Shaw

루크 쇼
국적 잉글랜드 | 나이 30 | 신장 185 | 체중 74 | 평점 6.12

베테랑 레프트백이자 센터백. 사우샘프턴 유스 출신으로 2012년 11월 스완지전을 통해 리그에 데뷔했고, 공식 67경기를 소화하며 두각을 나타냈다. 그 결과, 2014년 6월 2,700만 파운드의 이적료에 맨유로 이적했다. 맨유에서 11시즌 활약하며 공식 287경기에 출전해 4골을 기록할 정도로 꾸준히 활약했다. 부상이 잦은 편이라 시즌마다 출전 횟수는 들쭉날쭉하지만 상황에 따라 레프트백과 센터백을 소화하며 경쟁력을 보여줬다. 다만 최근 2시즌 출전 횟수가 현저히 줄었고, 레프트백으로 기용하기엔 스피드가 떨어진 것도 부인할 수 없다. 그럼에도 노련하고 지능적인 플레이를 통해 백업 센터백 역할을 소화할 것으로 기대를 모으고 있다.

2024/25시즌

1	7 GAMES	349 MINUTES	0 GOALS	0 ASSISTS	0
	0.2 경기당슈팅	0 유효슈팅	추정가치: 12,000,000€	39.6 경기당패스	88.80 패스성공률

PLAYERS

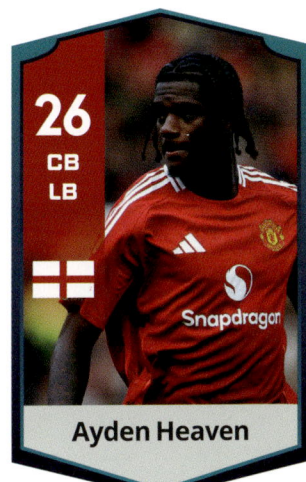

Ayden Heaven
26 CB LB

에이든 헤븐
국적 잉글랜드 | **나이** 18 | **신장** 189 | **체중** 76 | **평점** 6.35

2006년생의 센터백이자 레프트백. 맨유와 아스날 유스 출신으로 아스날에서 1군 스쿼드에 들면서 벤치에 이름을 올렸지만 데뷔하지 못했고, 2025년 2월 150만 파운드의 이적료에 맨유로 이적했다. 운명의 장난인지 2025년 3월 아스날전을 통해 리그 데뷔전을 치렀다. 지난 시즌 공식 6경기를 치르며 가능성을 입증했다. 유소년 시절 중앙 미드필더와 수비형 미드필더로 활약해 패스를 통한 빌드업에 능하고, 뛰어난 피지컬을 통해 공중볼과 대인마크 능력을 과시한다. 하지만 아직 경험이 부족해 수비력은 개선할 필요가 있다. 주발이 왼발이고 전진성이 있으므로 아모림 감독은 스리백의 왼쪽 센터백으로 활용할 것으로 예상된다.

2024/25시즌

	GAMES	MINUTES	GOALS	ASSISTS	
1	4	171	0	0	0
	0.5 경기당슈팅	0 유효슈팅	추정가치: 5,000,000€	26.3 경기당패스	85.70 패스성공률

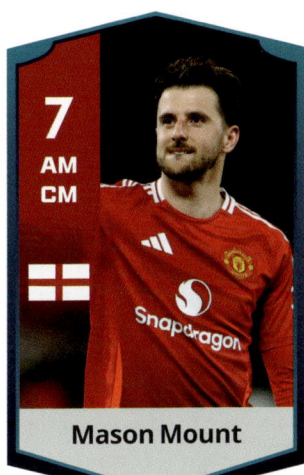

Mason Mount
7 AM CM

메이슨 마운트
국적 잉글랜드 | **나이** 26 | **신장** 181 | **체중** 76 | **평점** 6.24

잉글랜드 국가대표 중앙 미드필더. 엄청난 활동량과 투지 넘치는 플레이, 동료를 이용한 패스, 효과적인 공간 침투, 뛰어난 결정력을 통해 득점 지원을 하면서 공격을 지휘한다. 그러나 잦은 부상으로 결장 횟수가 적지 않고 기복이 심한 플레이로 비판을 듣곤 한다. 첼시 유스 출신으로 비테세와 더비 카운트에 임대되며 경험을 쌓았고, 2019/20시즌부터 첼시에서 본격적으로 주전으로 활약했다. 하지만 첼시와 주급 협상에서 난항을 겪더니 2023년 7월 5,500만 파운드에 맨유로 이적했다. 이후 맨유에서 지난 2시즌 동안 공식 47경기에 출전했지만 부상과 부진으로 명성만큼 활약하지 못했다.

2024/25시즌

	GAMES	MINUTES	GOALS	ASSISTS	
3	17	623	1	0	0
	1.2 경기당슈팅	9 유효슈팅	추정가치: 28,000,000€	13.9 경기당패스	84.00 패스성공률

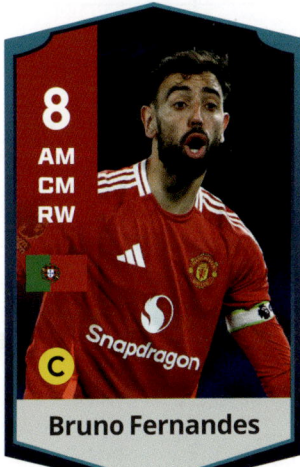

Bruno Fernandes
8 AM CM RW

브루노 페르난데스
국적 포르투갈 | **나이** 30 | **신장** 179 | **체중** 64 | **평점** 7.2

맨유의 주장이자 상징. 노바라, 우디네세, 삼프도리아, 스포르팅을 거쳐 2020년 1월 5,500만 파운드의 이적료에 맨유로 이적했다. 이후 맨유에서 6시즌 반 동안 공식 290경기에 출전해 98골을 넣으며 중심 역할을 톡톡히 했다. 주 포지션은 공격형 미드필더지만 종종 중앙 미드필더와 윙어로도 기용되며, 어느 포지션에서나 1인분 이상을 한다. 넓은 시야와 뛰어난 패스, 효과적인 드리블, 엄청난 활동량을 통해 플레이메이킹을 하며 날카로운 공간 침투와 강력한 오른발 슈팅으로 득점력을 과시한다. 2017년부터 포르투갈 대표팀의 중심으로 활약하고, 이탈리아, 잉글랜드 무대 등에서 뛴 경험이 있어 다국어를 구사하는 것으로 유명하다.

2024/25시즌

	GAMES	MINUTES	GOALS	ASSISTS	
3	36	3,024	8	10	2
	2.7 경기당슈팅	26 유효슈팅	추정가치: 50,000,000€	56.1 경기당패스	81.50 패스성공률

MANCHESTER UNITED

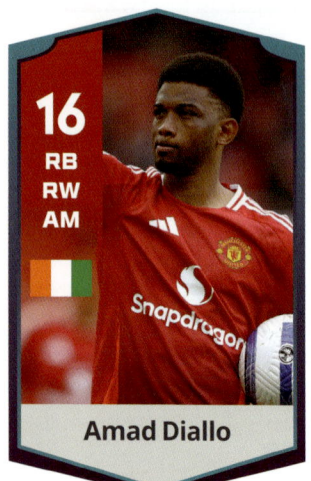

16 RB RW AM
Amad Diallo

아마드 디알로
국적 코트디부아르 | **나이** 23 | **신장** 173 | **체중** 66 | **평점** 7.17

좌우 윙어, 오른쪽 윙백, 공격형 미드필더 등 다양한 포지션을 소화한다. 아모림 감독은 주로 오른쪽 윙백으로 활약하고 있다. 주발이 왼발이지만 양발이라고 할 정도로 오른발을 잘 활용하고 기본기와 테크닉, 스피드, 드리블, 넓은 시야 등을 이용해 측면을 지배한다. 다만, 피지컬이나 수비 집중력은 더 향상시킬 필요가 있다. 아탈란타 유스 출신으로 2021년 1월 2,500만 파운드의 이적료에 맨유로 이적했다. 이후 레인저스와 선덜랜드에 임대되며 경험을 쌓았고, 2023/24시즌부터 맨유에서 점차적으로 출전 횟수가 늘어나고 있다. 참고로 2020년 7월 자신의 18번째 생일을 맞아 '아마드 트라오레'에서 '아마드 디알로'로 개명했다.

2024/25시즌

5	26 GAMES	1,903 MINUTES	8 GOALS	6 ASSISTS	0
	1.8 경기당슈팅	17 유효슈팅	추정가치: 45,000,000€	32.8 경기당패스	85.90 패스성공률

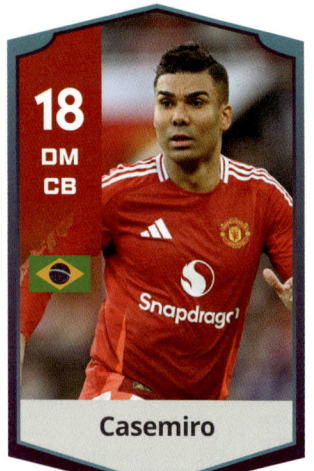

18 DM CB
Casemiro

카세미루
국적 브라질 | **나이** 33 | **신장** 185 | **체중** 79 | **평점** 6.84

베테랑 수비형 미드필더로 레알 마드리드 시절 월드클래스 미드필더라는 극찬을 받았지만 맨유에선 명성만큼의 활약을 펼치지 못하고 있다. 상파울루와 레알 마드리드를 거쳐 2022년 8월 7,065만 유로의 이적료에 맨유로 이적했다. 타고난 피지컬과 엄청난 활동량, 강한 압박, 뛰어난 위치 선정 등을 바탕으로 수비력을 과시한 드리블과 패스, 중거리 슈팅 능력이 점차적으로 발전하면서 공격 기여도도 높아졌다. 하지만 나이 앞에 장사는 없는 법. 프리미어리그 적응에 고전하더니, 노쇠화로 인한 경기력 저하를 피하지 못하며 기복이 심한 모습을 노출했다. 참고로 2011년부터 브라질 대표팀의 중심으로 활약하고 있다.

2024/25시즌

5	24 GAMES	1,499 MINUTES	1 GOALS	0 ASSISTS	0
	1.3 경기당슈팅	10 유효슈팅	추정가치: 10,000,000€	40 경기당패스	80.20 패스성공률

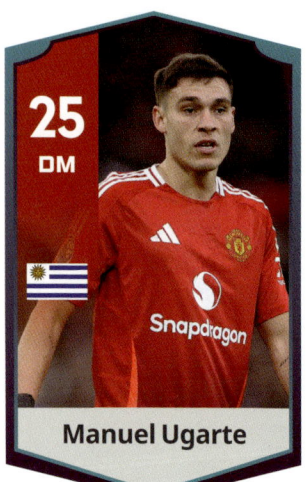

25 DM
Manuel Ugarte

마누엘 우가르테
국적 우루과이 | **나이** 24 | **신장** 182 | **체중** 73 | **평점** 6.57

전투적인 수비형 미드필더. 풍부한 활동량과 강한 압박, 효과적인 인터셉트, 적절한 태클 등을 통해 3선에서 수비의 안정감을 높인다. 그러나 볼터치가 투박하고 탈압박과 패싱력이 부족해 빌드업 관여가 부족하고, 저돌적인 플레이로 카드를 수집한다. 페뇨롤, 파말리캉, 스포르팅, 파리 생제르망을 거쳐 2024년 8월 5,000만 파운드의 이적료에 맨유로 이적했다. 이적 후, 지난 시즌 공식 45경기에 출전해 2골을 넣었지만 여러 문제를 여실히 노출했다. 다가오는 시즌 명예회복을 해야 한다. 참고로 2021년 9월 파라과이전을 통해 A매치 데뷔전을 치른 후 우루과이 대표팀에서도 중용되고 있다.

2024/25시즌

11	29 GAMES	1,790 MINUTES	1 GOALS	2 ASSISTS	0
	0.7 경기당슈팅	4 유효슈팅	추정가치: 45,000,000€	30.9 경기당패스	88.60 패스성공률

PLAYERS

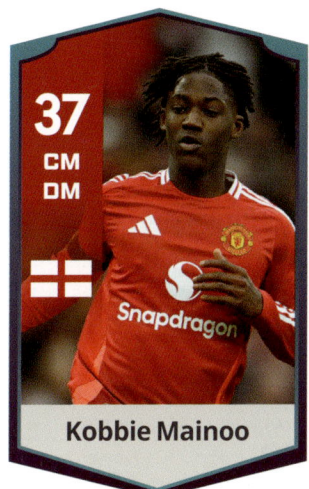

코비 마이누
국적 잉글랜드 | **나이** 20 | **신장** 180 | **체중** 68 | **평점** 6.47

맨유 유스 출신의 중앙 미드필더. 유스 시절 공격형 미드필더로 성장했지만 텐하흐 감독 팀에서 수비형 미드필더로 3선에 기용되곤 했다. 7세에 맨유에 입단하면서 성장했고, 2023년 2월 레스터전을 통해 리그에서 데뷔했다. 이후 지난 3시즌 동안 공식 72경기에 출전하며 꾸준히 출전 기회를 부여받고 있다. 큰 경기에 강한 멘탈과 안정적인 신체 밸런스, 넓은 시야를 바탕으로 탈압박 능력을 보여 주고 공간침투를 통해 예상치 못한 골을 넣곤 한다. 하지만 짧은 패스를 통한 공격 전개에 능해도 롱패스도 부정확하고, 뛰어난 위치 선정에도 수비로 복귀하는 속도가 느리다. 다가오는 시즌에도 백업 역할을 할 가능성이 크다.

2024/25시즌

5	25 GAMES	1,657 MINUTES	0 GOALS	0 ASSISTS	0
	0.6 경기당슈팅	2 유효슈팅	추정가치: 50,000,000€	32.7 경기당패스	87.40 패스성공률

라스무스 호일룬
국적 덴마크 | **나이** 22 | **신장** 191 | **체중** 82 | **평점** 6.27

덴마크 국가 대표 출신의 스트라이커. 코펜하겐, 슈투름 그라츠, 아탈란타를 거쳐 2023년 8월 7,500만 유로의 이적료에 맨유로 이적했다. 거액의 이적료에서 알 수 있듯 팬들의 기대를 한 몸에 받았던 것이 사실이다. 하지만 기대가 크면 실망도 큰 법. 지난 2시즌 동안 맨유에서 결정력 부족을 노출하며 공식 95경기에 출전해 26골을 넣었다. 하물며 지난 시즌 리그에선 4골밖에 넣지 못했다. 191cm의 큰 키와 빠른 주력, 반박자 빠른 침투 능력을 보유했음에도 투박한 볼터치와 결정력 부족을 노출하며 기대만큼의 득점력을 보여 주지 못하고 있다. 참고로 그의 쌍둥이 형제인 에밀과 오스카도 축구선수로 활약하고 있다.

2024/25시즌

2	32 GAMES	2,013 MINUTES	4 GOALS	0 ASSISTS	0
	1 경기당슈팅	13 유효슈팅	추정가치: 35,000,000€	10.2 경기당패스	76.30 패스성공률

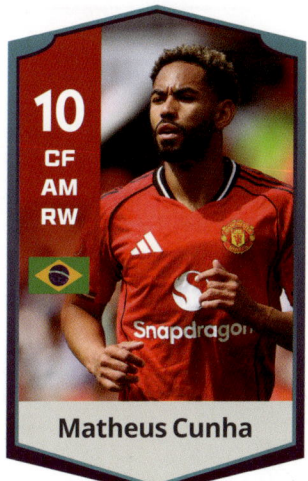

마테우스 쿠냐
국적 브라질 | **나이** 26 | **신장** 183 | **체중** 76 | **평점** 7.32

맨유의 새로운 No.10. 최전방 스트라이커, 세컨 스트라이커, 윙어 등 공격의 모든 포지션을 소화하고 결정력과 찬스메이킹 능력을 겸비하고 있다. 최전방 스트라이커 밑에서 폭넓게 움직이며 창의적인 패스와 효과적인 드리블, 뛰어난 연계 능력, 영양가 높은 결정력 등을 과시한다. 과거 잔부상과 경기력 기복으로 어려움을 겪기도 했지만 지난 시즌 울버햄튼에서 에이스의 면모를 유감없이 발휘했다. 시옹, 라이프치히, 헤르타 베를린, 아틀레티코 마드리드, 울버햄튼을 거쳐 2025년 6월 6,250만 파운드의 이적료에 맨유로 이적했다. 맨유의 새로운 에이스가 될 것이라고 기대를 모으고 있다.

2024/25시즌

4	33 GAMES	2,603 MINUTES	15 GOALS	6 ASSISTS	0
	3.3 경기당슈팅	44 유효슈팅	추정가치: 60,000,000€	28.8 경기당패스	79.30 패스성공률

MANCHESTER UNITED

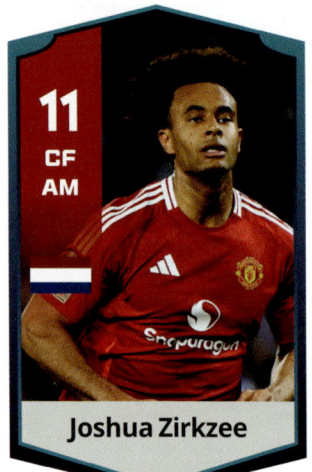

11 CF AM
Joshua Zirkzee

조슈아 지르크지
국적 네덜란드 | **나이** 24 | **신장** 193 | **체중** 83 | **평점** 6.32

정통 9번 스트라이커보다 세컨 스트라이커의 모습을 보여 준다. 2선에서 효과적으로 움직이며 날카로운 패스로 공격을 지원하고, 종종 밑으로 내려와 연계 플레이를 통해 공격을 이끌기도 한다. 그럼에도 한 단계 발전하기 위해선 슈팅의 정확도와 강도를 향상시켜 득점력을 높일 필요가 있다. 바이에른 뮌헨 유스 출신으로 볼로냐를 거쳐 2024년 7월 4,000만 파운드의 이적료에 맨유로 이적했다. 2024/25시즌 맨유에서 데뷔해 공식 49경기에 출전해 7골을 넣으면서 자신의 장단점을 여실히 드러냈다. 참고로 네덜란드인 아버지와 나이지리아인 어머니 사이에서 태어났고, 2024년 6월부터 네덜란드 대표팀에서 활약 중이다.

2024/25시즌

2	32 GAMES	1,395 MINUTES	3 GOALS	1 ASSISTS	0
	0.9 경기당슈팅	11 유효슈팅	추정가치: 30,000,000€	12.7 경기당패스	72.10 패스성공률

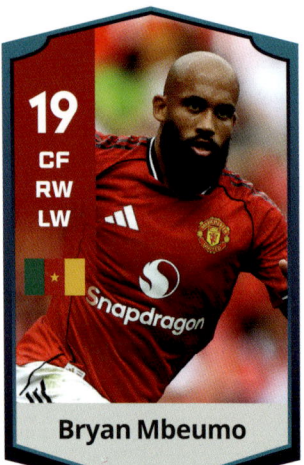

19 CF RW LW
Bryan Mbeumo

브라이언 음뵈모
국적 카메룬 | **나이** 26 | **신장** 173 | **체중** 71 | **평점** 7.33

맨유 공격에 활기를 넣어줄 오른쪽 윙포워드. 오른쪽 윙어, 공격형 미드필더, 세컨 스트라이커, 최전방 스트라이커 등 공격에서 다양한 포지션을 소화할 수 있다. 동료와의 연계 플레이와 오프더볼 상황에서의 움직임, 드리블 돌파, 문전 마무리 등이 뛰어나 공격 포인트를 생산한다. 특히, 지난 시즌 브렌트포드에서 공식 40경기에서 20골을 넣으며 득점에 눈을 뜬 모습이다. 그 결과, 2025년 7월 6,500만 파운드의 이적료에 맨유로 이적했다. 참고로 카메룬인 아버지와 프랑스인 어머니 사이에서 태어났고 U-17부터 U-21까지 프랑스 청소년 대표팀에서 활약했지만 2022년 8월 사무엘 에투를 만난 후 카메룬 대표팀을 선택했다.

2024/25시즌

3	38 GAMES	3,417 MINUTES	20 GOALS	7 ASSISTS	0
	2.2 경기당슈팅	34 유효슈팅	추정가치: 55,000,000€	28.7 경기당패스	73.90 패스성공률

30 CF
Benjamin Šeško

베냐민 세슈코
국적 슬로베니아 | **나이** 22 | **신장** 195 | **체중** 77 | **평점** 6.92

맨유의 새로운 해결사. 잘츠부르크와 라이프치히를 거쳐 2025년 8월 7,650만 파운드의 이적료에 맨유로 이적했다. 높은 이적료에서 알 수 있듯 그에 대한 기대가 크다. 195cm의 신장을 이용한 고공 장악력과 포스트 플레이 능력, 큰 시장에도 빠른 주력, 높은 공간 이해력, 양발을 활용한 슈팅 등을 이용해 최전방에서 득점포를 터뜨릴 뿐 아니라 득점 기회를 창출한다. 시즌마다 폭발적인 파괴력을 보여 주진 못했지만 최근 3시즌 연속으로 리그에서 두 자릿수 골을 기록할 정도로 믿을 만한 득점력을 보여 주기도 했다. 참고로 슬로베니아 출신으로 각 연령별 대표팀을 거쳐 2021년 6월부터 대표팀에서 활약하고 있다.

2024/25시즌

0	33 GAMES	2,399 MINUTES	13 GOALS	5 ASSISTS	1
	2.1 경기당슈팅	29 유효슈팅	추정가치: 70,000,000€	18.2 경기당패스	68.20 패스성공률

전지적 작가 시점

송영주가 주목하는 맨유의 원픽!
마테우스 쿠냐

맨체스터유나이티드가 득점력 부족으로 고생한 것은 더 이상 비밀이 아니다. 맨유는 2024/25시즌 프리미어리그 38경기에서 44골밖에 넣지 못했다. 하물며 최다골은 8골을 넣은 아마드 디알로와 브루노 페르난데스가 기록했다. 맨유가 자랑하는 공격수들은 모두가 부진했다고 해도 과언이 아니다. 호일룬이 4골, 가르나초가 6골, 지르크지가 3골, 래시포드가 4골을 넣었다. 따라서 맨유는 2025년 여름 이적시장에서 세슈코, 쿠냐, 음뵈모 등을 거금을 들여 영입했다. 새로운 선수 영입은 언제나 팬들의 기대를 모으고, 팀 분위기에 새로운 바람을 불어넣는다. 특히, 쿠냐의 영입은 주목해야 한다. 쿠냐는 효과적인 동료와의 연계 플레이, 날카로운 드리블 돌파, 오프더볼에서의 효율적인 움직임 등을 통해 최전방과 2선에서 자유롭게 움직이며 공격에 기여한다. 물론, 그의 득점력에 대해 의문이 있었던 것도 사실이다. 지난 시즌 전까지 한 시즌에 두 자릿수 골을 넣은 경험이 없기 때문. 하지만 그는 지난 시즌 리그에서 15골 6도움을 기록하며 기량이 만개한 모습을 보여주었다. 변화가 필요한 맨유에 안성맞춤이 아닌가? 득점력을 갖춘 쿠냐는 이제 맨유의 공격에 신선한 바람을 일으킬 계획이다.

지금 맨유에 이 선수가 있다면!
프렝키 더용

프렝키 더용에 대한 맨유의 관심은 어제오늘의 일이 아니다. 더용이 바르셀로나로 이적하는 순간부터 지금까지 지난 6년 동안 거의 매 여름마다 맨유로의 이적설이 대두됐다. 하지만 이적설의 결과는 더용의 잔류로 막을 내렸다. 따라서 맨유 팬들에게 더용의 이적설은 이제 지겨울 정도다. 그럼에도 더용을 다시 거론하는 이유는 지금 이 순간 맨유에게 더용같이 후방에서 경기를 지휘하는 스타일의 선수가 절실하기 때문이다. 맨유는 3선에서 정확한 패스를 통해 빌드업을 총괄하고, 경기를 조율하며, 후방에서 날카롭게 지원할 줄 아는 미드필더가 필요하다. 중원 보강은 전통적으로 팀의 안정과 직결되며, 리그 성적에도 큰 영향을 준다. 물론, 맨유는 3선에서 활약하는 우가르테와 카세미루를 보유했고, 센터백인 리산드로 마르티네스와 미드필더 메이슨 마운트, 브루노 페르난데스 등도 3선 미드필더로 활용할 수 있다. 즉, 3선에 활용할 수 있는 선수들은 충분하다. 그러나 양이 아닌 질을 논한다면 이야기는 달라질 수 있다. 결국, 세슈코, 쿠냐, 음뵈모 등의 영입을 고려할 때, 브루노 페르난데스가 3선에 위치할 가능성이 농후하다. 다시 말해 브루노 페르난데스에 대한 맨유의 의존도는 여전히 높을 수밖에 없다.

JOSE SA
DANIEL BENTLEY
SAM JOHNSTONE
MATT DOHERTY
SANTIAGO BUENO
EMMANUEL AGBADOU
HUGO BUENO
TOTI GOMES
MARSHALL MUNETSI
ANDRE
JOAO GOMES
JEAN-RICNER BELLEGARDE
JORGEN STRAND LARSEN
JHON ARIAS
HWANG HEE-CHAN
SASA KALAJDZIC
FER LOPEZ
YERSON MOSQUERA
KI-JANA HOEVER
PEDRO LIMA
RODRIGO GOMES
TAWANDA CHIREWA

Wolverhampton Wanderers

WOLVERHAMPTON WANDERERS

울버햄튼원더러스
Wolverhampton Wanderers

- 창단 년도 | 1877년
- 최고 성적 | 우승 (1953/54, 1957/58, 1958/59)
- 경기장 | 몰리뉴 스타디움 (Molineux Stadium)
- 경기장 수용 인원 | 32,050명
- 지난 시즌 성적 | 14위
- 별칭 | Wolves (울브스), The Wanderers (원더러스)
- 상징색 | 골드(옐로우), 블랙
- 레전드 | 빌리 라이트, 스티브 불, 존 리처즈, 피터 브로드벤트, 조니 핸콕스, 후뱅 네베스, 마테우스 쿠냐 등

히스토리

울버햄튼 축구 클럽은 영국 울버햄튼을 연고지로 1877년 창단, 148년의 역사를 자랑한다. 풋볼 리그의 원년부터 참여하면서 1부 리그 우승 3회, FA컵 우승 4회, 리그컵 우승 2회 등 화려한 우승 기록과 찬란한 역사를 보유한 구단으로, 다른 구단과 구별되는 독특한 유니폼 컬러와 늑대 문양이 강렬한 인상을 남긴다. 특히, 1950년대 스탠 컬리스 감독이 지휘하고 빌리 라이트가 이끌던 시절에 최고의 전성기를 구가하며 1부 리그 우승만 세 차례나 차지했다. 하지만 1979/80시즌 리그컵 이후 우승하지 못했고, 2004년 2부 리그로 강등당한 이후로는 1부와 2부, 3부 리그에서 방황하며 이렇다 할 성적을 거두지 못했다. 2017/18시즌 챔피언십 1위로 승격한 후, 최근 프리미어리그에서 8시즌을 보내고 있다. 설기현(2004~2006)에 이어 황희찬이 활약함에 따라 코리안 리거와도 인연이 깊다.

최근 5시즌 리그 순위 변동

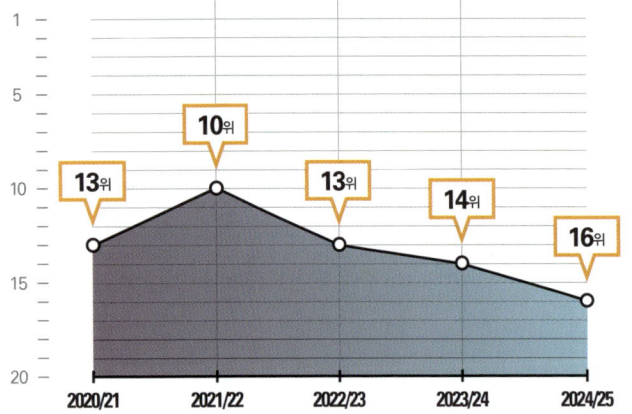

클럽레코드 IN & OUT

최고 이적료 영입 IN
마테우스 쿠냐
5,000만 유로
(2023년 7월, from 아틀레티코마드리드)

최고 이적료 판매 OUT
마테우스 쿠냐
7,420만 유로
(2025년 7월, to 맨체스터유나이티드)

CLUB & MANAGER

비토르 페레이라 Vitor Pereira

1968년 7월 26일 | 57세 | 포르투갈

목표는 잔류 그 이상!

비토르 페라이라는 비록 선수 경력은 미비했음에도 감독으로 명성을 얻는 인물이다. 선수 시절, 수비형 미드필더로 프로 무대에서 활약하지 못하고 여러 아마추어 팀에서만 활동하다가 28세의 젊은 나이에 은퇴했다. 그래서 지도자 커리어도 파드로엔세의 유스 감독부터 시작해 10팀이 넘는 클럽의 감독 생활을 했고, 포르투갈, 사우디아라비아, 중국에서 리그 정상에 오르며 명성을 얻었다. 2024년 12월 게리 오닐 감독이 성적부진으로 경질됨에 따라 알 샤바브를 이끌다가 울버햄튼의 지휘봉을 잡으며 울버햄튼의 37대 감독으로 부임했다. 이후 리그 22경기에서 10승 3무 9패를 기록하며 목표를 달성했다. 4연패를 당하기도 했지만 이후 6연승으로 잔류에 성공한 것. 비록 울버햄튼의 2025년 여름은 아쉬움의 연속이지만 그럼에도 그의 활약은 주목해야 한다.

감독 인터뷰

"다음 단계는 경쟁력을 갖춰 일관성을 유지하는 것이다. 매 시즌 생존의 길목에서 경쟁하는 것은 옳지 않다. 울버햄튼은 특별하다. 우리는 야망이 있다."

감독 프로필

통산				선호 포메이션	승률
667 경기	**358** 승	**159** 무	**150** 패	**3-4-2-1**	**53.67%**

우승 이력

- 포르투갈 리그1부 (2011/12, 2012/13)
- 포르투갈 슈퍼컵 (2011, 2012)
- 그리스 리그1부 (2014/15)
- 그리스 컵 (2014/15)
- 중국 슈퍼 리그 (2018)
- 중국 슈퍼컵 (2019)

WOLVERHAMPTON WANDERERS

IN

- 예르겐 스트란 라르센 (셀타비고)
- 페르 로페스 (셀타비고)
- 존 아리아스 (플루미넨시)
- 데이비드 묄레르 올페 (AZ알크마르)
- 잭슨 차추아 (헬라스베로나)
- 데이비드 묄러 볼프 (알크마르)

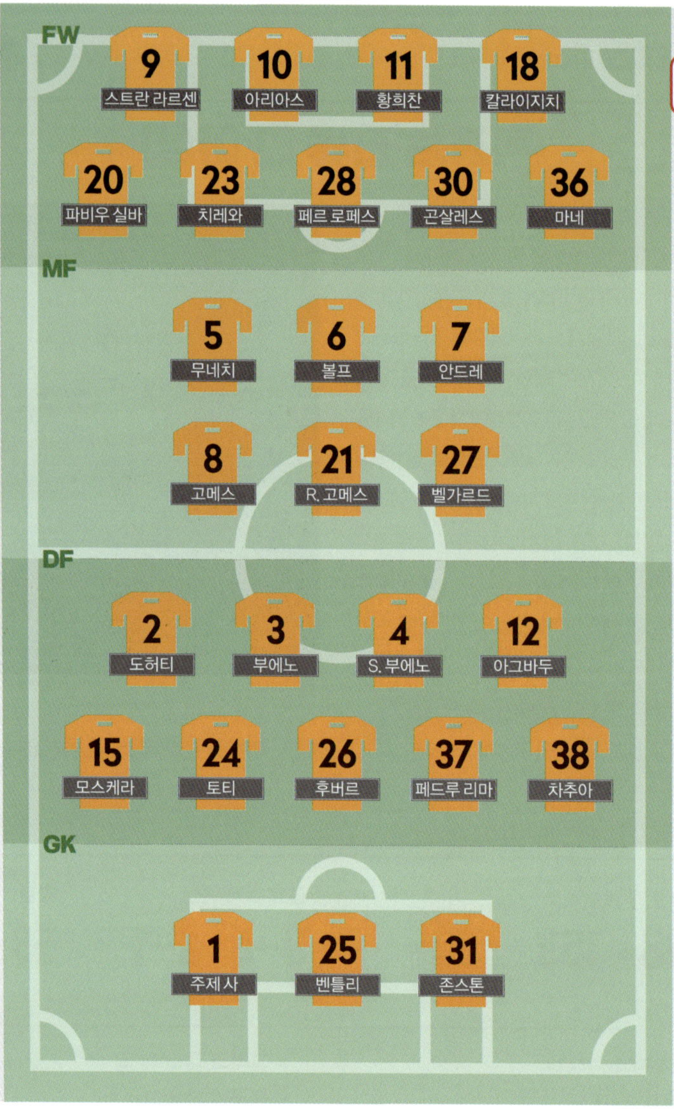

OUT

- 마테우스 쿠냐 (맨체스터유나이티드)
- 라얀 아이트누리 (맨체스터시티)
- 넬송 세메두 (페네르바체)
- 파블로 사라비아 (알아라비)
- 치키뉴 (알베르카)
- 크레이그 도슨 (은퇴)
- 톰 킹 (에버튼)
- 곤살로 게드스 (소시에다드)

FW
- 9 스트란 라르센
- 10 아리아스
- 11 황희찬
- 18 칼라이지치

MF
- 20 파비우 실바
- 23 치레와
- 28 페르 로페스
- 30 곤살레스
- 36 마네
- 5 무네치
- 6 볼프
- 7 안드레
- 8 고메스
- 21 R. 고메스
- 27 벨가르드

DF
- 2 도허티
- 3 부에노
- 4 S. 부에노
- 12 아그바두
- 15 모스케라
- 24 토티
- 26 후버르
- 37 페드루 리마
- 38 차추아

GK
- 1 주제 사
- 25 벤틀리
- 31 존스톤

히든풋볼의 이적시장 평가

울버햄튼의 여름 이적시장은 득보다 실이 더 컸다. 마테우스 쿠냐, 라얀 아이트누리 등 핵심 선수들이 이적한 것. 특히 지난 시즌 리그 15골 6도움을 기록했던 쿠냐의 이적은 타격이 크다. 스트란 라르센을 완전영입해 최전방의 화력을 유지했고 존 아리아스와 페르 로페스를 영입해 쿠냐의 공백을 메우고자 노력하며, 데이비드 묄러 볼프와 잭슨 차추아를 영입해 양쪽 측면 수비의 손실을 최소화했다.

히든풋볼 이적시장 평가단

SQUAD & BEST 11

Best 11 (포메이션)
- 9 스트란 라르센
- 10 아리아스
- 5 무네치
- 6 볼프
- 8 고메스
- 7 안드레
- 38 차추아
- 12 아그바두
- 24 토티
- 2 도허티
- 1 주제 사

2024/25시즌 스탯 Top 3

득점 Top 3
- 마테우스 쿠냐 — 15골
- 예르겐 스트란 라르센 — 14골
- 라얀 아이트누리 — 4골

도움 Top 3
- 장리크네르 벨가르드 — 7도움
- 라얀 아이트누리 — 7도움
- 마테우스 쿠냐 — 6도움

출전시간 Top 3
- 라얀 아이트누리 — 3,129분
- 주앙 고메스 — 2,990분
- 넬송 세메두 — 2,896분

히든풋볼의 순위 예측

쿠냐, 아이트누리가 떠났다. 이 공백은 쉽게 막을 수 없을 것. 새롭게 영입된 선수들의 적응이 제일 중요하다.

18위
이주헌

쿠냐, 아이트누리 등 주축 자원 이탈이 다시 벌어졌다. 이제는 PL에서 버틸 경쟁력 있는 팀의 면모를 찾기 힘들다.

19위
박종윤

쿠냐를 비롯한 중심 선수들이 이적을 단행했다. 그리고 그 빈자리는 여전히 크다. 역시 여름 동안 득보다 실이 크다.

17위
송영주

핵심 공격수들의 이탈로 심각한 득점력 부재에 시달릴 것이다. 현저히 약화된 스쿼드로 강등을 피하기 어려울 것.

18위
임형철

쿠냐와 아이트누리가 팀을 떠났지만 전력은 나쁘지 않다. 다만 페레이라 감독의 전술 다양성은 부족하다.

17위
남윤성

쿠냐의 공백이 생각보다 클 것으로 예상되며 다른 주축 자원들도 팀을 떠났다. 상당히 힘겨운 시즌이 예상된다.

20위
이완우

도약과 나락의 길목에서 위를 바라보다

울버햄튼은 1950년대 잉글랜드 1부리그(현 프리미어리그)에서 3회나 우승을 차지한 전통을 보유하고 있다. 하지만 현실은 녹록치 않다. 2017/18시즌 챔피언십 1위로 승격한 후, 지난 7시즌 동안 프리미어리그에서 경쟁했지만 최근 5시즌 한 자릿수 순위를 기록한 적이 없다. 최근 3시즌은 강등을 걱정했을 정도. 특히, 지난 시즌 감독 교체를 감행하며 16위로 간신히 잔류에 성공했다. 게리 오닐 감독은 시즌 내내 공수 불안을 노출하더니 2024년 12월 19일(2승 3무 11패)의 초라한 성적으로 경질됐고 비토르 페레이라 감독이 부임했다. 그는 대폭적인 전술 변화보다는 팀의 안정감과 선수들의 집중력을 높이며 6연승을 기록, 잔류의 일등공신이 되었다. 또한 울버햄튼의 잔류는 황희찬을 비롯한 일부 선수들이 부상과 부진으로 고생하면서 스리백 바탕의 수비가 흔들렸음에도 마테우스 쿠냐와 예르겐 스트란 라르센, 라얀 아이트누리, 넬송 세메두 등을 앞세운 최전방과 측면 공격이 위력을 발휘한 결과였다. 물론, 일부에선 울버햄튼이 18위 레스터와 승점 17점 차로 잔류에 성공한 것은 울버햄튼의 경쟁력보단 18위 레스터, 19위 입스위치, 20위 사우샘프턴이 너무 부진했기 때문이라는 시선도 존재한다. 따라서 울버햄튼의 2025/26시즌 목표는 안정된 성적을 통해 잔류에 성공하는 것이다. 비토르 페레이라 감독도 2025/26시즌 '일관성'을 강조하며 경쟁력을 갖춰 상위권 도약을 위한 토대를 마련하겠다고 단언했다. 하지만 울버햄튼의 시즌 전망이 장미빛은 아니다. 오히려 기대보다 걱정이 앞서는 것이 사실. 무엇보다 지난 시즌 영웅이었던 마테우스 쿠냐와 아이트누리, 넬송 세메두가 팀을 떠났다. 14골을 넣은 스트란 라르센이 건재하더라도 측면과 중앙에서 지원이 부족하면 스트란 라르센의 득점력도 10골 아래로 떨어질 수 있다. 따라서 비토르 페레이라 감독이 기존의 3-4-2-1 포메이션을 유지하려면 전력 보강이 절실했다. 물론, 존 아리아스의 영입으로 마테우스 쿠냐의 빈자리를 어느 정도 메우면서 데이비드 뮐러 볼프와 잭슨 차추아를 영입해 양쪽 측면 수비의 손실을 최소화했다. 그리고 울버햄튼의 목표는 잔류와 시스템 안착이라는 점을 주목해야 한다. 비토르 페레이라 감독은 지난 시즌과 달리 2025/26시즌을 준비했고, 안드레와 주앙 고메스 중심의 미드필드나 아그바두와 토티가 버틴 수비는 큰 변화가 없다. 결국 울버햄튼이 원하는 성적을 얻으려면 페레이라 감독의 전술 하에서 얼마나 안정감을 유지할 수 있을지가 중요하다. 즉, 울버햄튼은 스타 플레이어에 의존하는 팀이 아닌 단단한 팀으로 변모해야 잔류 그 이상을 바라볼 수 있을 것이다.

WOLVERHAMPTON WANDERERS

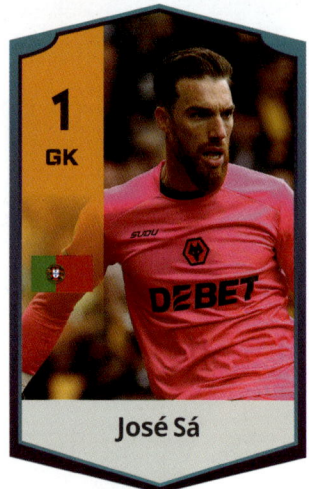

1 GK
José Sá

주제 사
국적 포르투갈 | **나이** 32 | **신장** 192 | **체중** 86 | **평점** 6.48

부활이 절실한 울버햄튼의 No. 1 골키퍼. 2021년 여름 올림피아코스에서 800만 유로의 이적료에 울버햄튼으로 이적한 후, 지난 4시즌 동안 주전으로 활약하며 공식 146경기에 출전, 212골을 허용했다. 탁월한 위치 선정과 뛰어난 판단력, 놀라운 반사 신경을 통해 선방 능력을 과시한다. 특히, 1대 1 상황이나 PK 상황에서 강한 모습을 보여준다. 하지만 2024/25시즌 캐칭 미스와 불안한 킥력으로 실수를 남발하며 리그 29경기에서 48골을 실점했고, 선방률도 리그 내 최하위 수준에 머물렀다. 비록 비토르 페레이라 감독이 부임 후, 서서히 예전의 모습을 되찾았지만 2025/25시즌 팀 내 누구보다 분발해야 한다.

2024/25시즌

2	29 GAMES	2,609 MINUTES	48 실점	63.20 선방률	0
	69 세이브	7 클린시트	추정가치: 7,000,000€	24.10 클린시트 성공률	2/7 PK 방어 기록

2 RB LB CB
Matt Doherty

맷 도허티
국적 아일랜드 | **나이** 33 | **신장** 182 | **체중** 76 | **평점** 6.64

1992년생의 베테랑으로 스리백 형태에서 오른쪽 센터백 또는 오른쪽 윙백 역할을 소화하며 수비라인을 지휘한다. 전진성을 바탕으로 높은 공격 기여도를 보여 주고, 오프더볼 상황에서의 효과적인 움직임과 동료와의 뛰어난 연계 플레이, 정확한 패스를 통해 공격 포인트를 기록한다. 그러나 수비 복귀 속도가 느려 공격력에 비해 수비력이 부족하다는 평을 듣고 있다. 2010년 울버햄튼에서 데뷔했지만 토트넘, AT를 거치며 2023년 7월, 3년 만에 자유계약으로 울버햄튼에 복귀했다. 그의 아버지는 아일랜드인, 어머니는 네덜란드인, 외할머니는 인도네시아인으로 알려졌고, 그는 2018년부터 아일랜드 대표팀에서 중심으로 활약하고 있다.

2024/25시즌

6	30 GAMES	2,115 MINUTES	2 GOALS	1 ASSISTS	0
	0.3 경기당슈팅	3 유효슈팅	추정가치: 2,000,000€	40.3 경기당패스	85.20 패스성공률

4 CB
Santiago Bueno

산티아고 부에노
국적 우루과이 | **나이** 26 | **신장** 190 | **체중** 78 | **평점** 6.4

우루과이 대표팀 출신의 장신 센터백. 바르셀로나 유스 출신으로 지로나를 거쳐 2023년 6월 850만 파운드의 이적료에 울버햄튼으로 이적했다. 울버햄튼 데뷔 시즌 많은 기회를 잡지 못했고 지난 시즌 리그 29경기에 출전하며 프리미어리그 적응을 마쳤다. 다만, 전반기 주전으로 도약했지만 후반기 점차적으로 벤치에 있는 시간이 늘었다. 큰 키를 이용해 공중볼에 강하고, 대인마크와 몸싸움에 능하다. 위치 선정, 수비 센스, 협력 플레이 등을 바탕으로 수비에 일조한다. 그러나 오른발 의존도가 너무 높아 상대 압박에 고전하고, 종종 실수를 범하고 한다. 친형 가스톤 부에노와 사촌형 곤살로 부에노도 축구 선수로 활약하고 있다.

2024/25시즌

2	29 GAMES	1,683 MINUTES	0 GOALS	0 ASSISTS	0
	0.2 경기당슈팅	3 유효슈팅	추정가치: 10,000,000€	28.9 경기당패스	88.10 패스성공률

PLAYERS

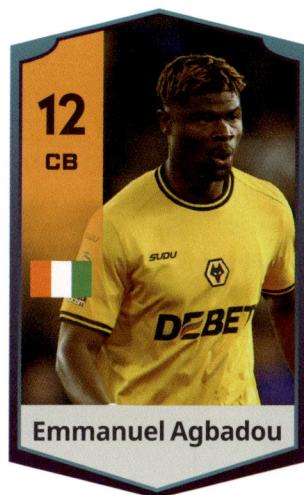

에마뉘엘 아그바두
국적 코트디부아르 | **나이** 28 | **신장** 192 | **체중** 84 | **평점** 6.88

코트디우바르 대표팀의 센터백이자 수비형 미드필더로 울버햄튼에서 센터백으로 활약한다. 모나스티르, 외펜, 스타드 드 랭스를 거쳐 2025년 1월 2,000만 유로의 이적료에 울버햄튼으로 이적했다. 이적 후 주전으로 도약하며 리그 16경기에 출전, 1골을 기록했다. 192cm의 장신을 이용한 고공 장악력, 뛰어난 피지컬을 활용한 대인마크 능력, 큰 체구에도 빠른 스피드를 바탕으로 공간 커버 능력, 전체적인 수비라인을 지휘하는 능력 등 수비수가 갖춰야 할 능력을 모두 보여 준다. 또한, 패싱력도 갖추고 있고 다양한 패스를 통해 빌드업에 관여한다. 2022년부터 코트디부아르 대표팀에서도 중심을 활약 중이다.

2024/25시즌

	16 GAMES	1,411 MINUTES	1 GOALS	0 ASSISTS	
3	0.4 경기당슈팅	2 유효슈팅	추정가치: 20,000,000€	62.3 경기당패스	85.80 패스성공률	0

우고 부에노
국적 스페인 | **나이** 22 | **신장** 180 | **체중** 72 | **평점** 6.73

스페인 출신의 왼쪽 윙백. 빠른 스피드와 드리블, 날카로운 크로스 등으로 공격력을 과시한다. 그러나 공격이 단조롭고 뒷공간 커버 속도가 느리다. 또한, 수비 상황에서 실수를 범하곤 한다. 2019년 여름 아레오사에서 울버햄튼 유소년 아카데미에 합류했고, 2022년 10월 울버햄튼에서 데뷔했다. 2024/25시즌 페예노르트에 1시즌 임대되어 공식 30경기에 출전하며 경험을 쌓았다. 울버햄튼으로 복귀한 그는 라얀 아이트누리가 맨체스터시티로 이적함에 따라 2025/26시즌 충분한 기회를 받을 것으로 기대를 모으고 있다. 참고로 그의 쌍둥이 형제 기예 부에노는 현재 레알 바야돌리드에서 활약하고 있다.

2024/25시즌

	20 GAMES	1,206 MINUTES	0 GOALS	3 ASSISTS	
1	0.5 경기당슈팅	1 유효슈팅	추정가치: 8,000,000€	27.7 경기당패스	89.00 패스성공률	0

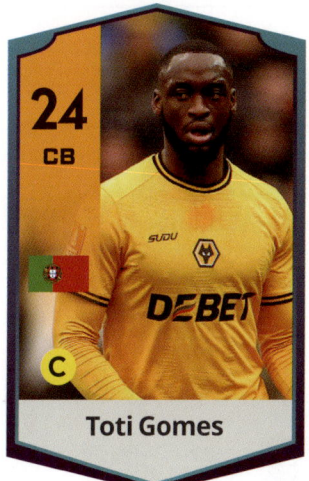

토티 고메스
국적 포르투갈 | **나이** 26 | **신장** 188 | **체중** 78 | **평점** 6.74

포르투갈 대표팀 출신의 센터백이자 레프트백. 상대 공격수를 만나면 직접적으로 충돌하는 파이터형 수비수로 몸싸움이나 대인마크에서 뛰어나다. 워낙 운동신경이 뛰어나 민첩성과 스피드, 점프력 등을 바탕으로 스피드와 높이 경쟁에서 위력을 발휘한다. 그러나 상황 판단력이 부족해 지능적인 플레이를 보여 주지 못하고 집중력 부족을 노출하며 실수를 범하곤 한다. 2020년 9월 에스토릴에서 울버햄튼으로 이적한 후 2시즌 동안 그라스호퍼에 임대되어 경험을 쌓았다. 울버햄튼에서 2022년부터 3시즌 동안 공식 101경기에 출전해 3골 4도움을 기록했다. 2023년부터 포르투갈 대표팀에서도 활약하고 있다.

2024/25시즌

	31 GAMES	2,616 MINUTES	1 GOALS	0 ASSISTS	
7	0.2 경기당슈팅	0 유효슈팅	추정가치: 28,000,000€	53.7 경기당패스	86.50 패스성공률	1

WOLVERHAMPTON WANDERERS

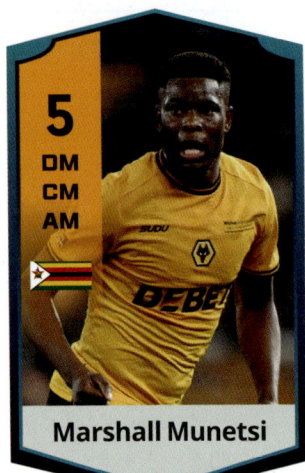

5
DM
CM
AM

Marshall Munetsi

마셜 무네치
국적 짐바브웨 | **나이** 29 | **신장** 187 | **체중** 82 | **평점** 6.73

다재다능한 미드필더로 주 포지션은 수비형 미드필더지만 공격형과 중앙 미드필더 역할도 소화할 수 있다. 왕성한 활동량과 날카로운 오프더볼 움직임, 수준급의 연계 플레이를 통해 미드필드에 에너지를 불어 넣는다. 볼터치가 다소 투박해 종종 실수를 범하지만 전술적으로 다양한 임무를 소화할 수 있다. 우분투 케이프타운, 올랜도 파이러츠, 스타드 드 랭스를 거쳐 2025년 2월 1,800만 유로의 이적료에 울버햄튼으로 이적했다. 이적 후, 리그 14경기에 출전해 2골 1도움을 기록하며 존재감을 보여 줬다. 또한, 2018년부터 짐바브웨 대표팀의 중심 역할을 톡톡히 하고 있다.

2024/25시즌

	GAMES	MINUTES	GOALS	ASSISTS	
0	14	1,079	2	1	0
	1.6 경기당슈팅	7 유효슈팅	추정가치: 15,000,000€	14.4 경기당패스	73.60 패스성공률

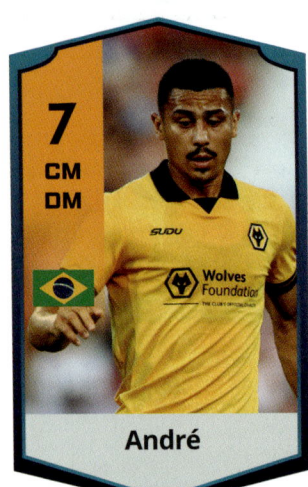

7
CM
DM

André

안드레
국적 브라질 | **나이** 24 | **신장** 176 | **체중** 77 | **평점** 6.61

울버햄튼의 엔진. 브라질 대표팀의 일원으로 2024년 8월 플루미넨시에서 2,200만 유로의 이적료에 울버햄튼으로 이적했다. 이적하자마자 미드필드의 중심으로 자리매김하며 리그 33경기에 출전했고 주앙 고메스와 함께 밑의 버팀목 역할을 충실히 해냈다. 주로 수비형 미드필더로 활약하면서 놀라운 체력과 왕성한 활동량, 뛰어난 테크닉 등을 바탕으로 공수 연결 고리 역할을 하고, 날카로운 전진 패스로 공격의 물꼬를 튼다. 경기를 읽는 능력이 탁월해 공수에서 영향력을 발휘한다. 그러나 신장이 크지 않아 공중볼 다툼에 문제를 노출하고, 거친 수비로 불필요한 카드를 받곤 한다.

2024/25시즌

	GAMES	MINUTES	GOALS	ASSISTS	
7	33	2,488	0	0	0
	0.3 경기당슈팅	1 유효슈팅	추정가치: 28,000,000€	40.5 경기당패스	93.00 패스성공률

8
CM
DM

João Gomes

주앙 고메스
국적 브라질 | **나이** 24 | **신장** 176 | **체중** 73 | **평점** 6.64

중앙 미드필더로 풍부한 활동량과 정확한 패스, 뛰어난 위치 선정 등을 바탕으로 완성도 높은 수비력을 과시한다. 준수한 테크닉과 패스 능력에도 공격 포인트 생산 능력이 떨어진다는 평을 들었지만 이도 개선되고 있다. 다만, 비효율적인 플레이로 카드를 받는 경우가 적지 않다. 2023년 1월 1,870만 유로의 이적료에 플라멩구에서 울버햄튼으로 이적했고, 2시즌 반 동안 울버햄튼에서 공식 89경기에 출전해 7골 3도움을 기록했다. 특히, 지난 시즌 리그 36경기에 출전해 3골 1도움을 기록했다. 2024년부터 브라질 대표팀에서 활약 중이며, 대표팀에서도 점차적으로 비중이 높아지고 있다.

2024/25시즌

	GAMES	MINUTES	GOALS	ASSISTS	
9	36	2,990	3	1	1
	1 경기당슈팅	7 유효슈팅	추정가치: 40,000,000€	43.7 경기당패스	86.20 패스성공률

PLAYERS

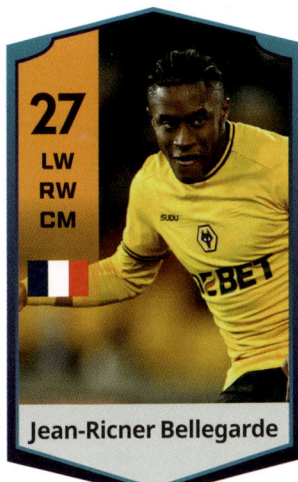

27
LW
RW
CM

Jean-Ricner Bellegarde

장리크네르 벨가르드

| 국적 | 프랑스 | 나이 | 27 | 신장 | 170 | 체중 | 68 | 평점 | 6.48 |

프랑스 U-21 출신의 공격형 미드필더이자 윙어. 뛰어난 테크닉과 정확한 패싱력, 강력한 슈팅을 통해 공격 포인트를 기록한다. 전환 패스와 크로스를 통해 공격에 기여하면서도 득점 기회를 창출하고, 중앙과 측면을 가리지 않고 움직이며 공격을 진두지휘한다. 다만, 왜소한 피지컬로 볼 경합 상황에 약하고 종종 기복이 심한 모습을 노출하기도 한다. 랑스 유스 출신으로 랑스와 스트라스부르를 거쳐 2023년 9월 1,280만 파운드의 이적료에 울버햄튼으로 이적했다. 이후 울버햄튼에서 2시즌 동안 공식 65경기에 출전해 4골 8도움을 기록했다. 지난 리그 35경기에서 2골 7도움을 기록하며 향상된 공격력을 입증했다.

2024/25시즌

3	35 GAMES	1,685 MINUTES	2 GOALS	7 ASSISTS	0
	0.6 경기당슈팅	5 유효슈팅	추정가치: 18,000,000€	15.7 경기당패스	83.30 패스성공률

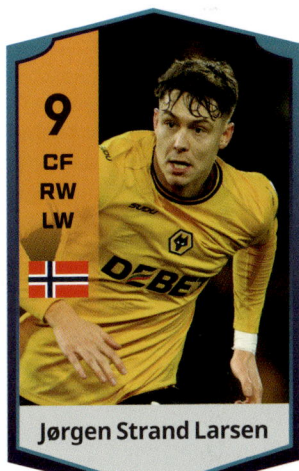

9
CF
RW
LW

Jørgen Strand Larsen

예르겐 스트란 라르센

| 국적 | 노르웨이 | 나이 | 25 | 신장 | 193 | 체중 | 87 | 평점 | 6.75 |

울버햄튼의 해결사. 사르프스보르그, 흐로닝언, 셀타 비고를 거쳐 2024년 7월 3000만 유로의 이적료에 매수 의무 조항이 포함된 임대 계약으로 울버햄튼에 합류했다. 그리고 지난 시즌 울버햄튼 소속으로 공식 38경기에서 14골 4도움을 기록했고, 2025년 여름 울버햄튼으로 이적했다. 193cm의 신장에도 빠른 스피드와 위력적인 드리블, 뛰어난 문전 마무리 등을 보여 준다. 종종 놀라운 플레이를 통해 골을 넣어 팬들의 시선을 사로잡곤 한다. 다만, 포스트플레이에 약하고 공중볼에도 소극적인 모습을 보여 준다. 노르웨이 연령별 대표팀을 거치며 성장했고, 2020년부터 노르웨이 대표팀에서 활약하고 있다.

2024/25시즌

4	35 GAMES	2,603 MINUTES	14 GOALS	4 ASSISTS	0
	1.5 경기당슈팅	33 유효슈팅	추정가치: 30,000,000€	12.9 경기당패스	65.20 패스성공률

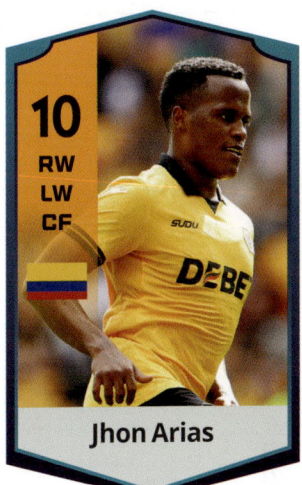

10
RW
LW
CF

Jhon Arias

존 아리아스

| 국적 | 콜롬비아 | 나이 | 27 | 신장 | 168 | 체중 | 69 | 평점 | 6.1 |

콜롬비아 대표팀 출신의 공격형 미드필더이자 윙어. 에이스인 마테우스 쿠냐가 맨체스터유나이티드로 떠남에 따라 그의 공백을 메우고자 플루미넨시에서 1,800만 파운드의 이적료에 영입됐다. 저돌적이고 빠른 스피드, 다양한 공격 포지션 소화, 정확한 패스, 그리고 결정적인 한 방 등을 보여 주는 다재다능한 공격수다. 이미 플루미넨시에서 4시즌 동안 230경기에 출전해 47골 55도움을 기록하며 능력을 입증했다. 다만, 프리미어리그 경험이 없고, 왜소한 체구로 인해 견제와 압박에 고전할 가능성이 존재한다. 2022년부터 콜롬비아 대표팀에서도 에이스로 활약하고 있다.

2024/25시즌

1	12 GAMES	1,080 MINUTES	1 GOALS	4 ASSISTS	0
	1.5 경기당슈팅	4 유효슈팅	추정가치: 17,000,000€	52.9 경기당패스	89.10 패스성공률

WOLVERHAMPTON WANDERERS

황희찬

국적 대한민국 | **나이** 29 | **신장** 177 | **체중** 77 | **평점** 6.14

한국 국가대표 공격수. '성난 황소'를 연상시키는 폭발적인 드리블과 빠른 스피드, 끊임없이 뛰는 체력, 누구에게도 밀리지 않는 피지컬, 동료와의 연계 플레이 등을 앞세워 상대 수비를 파괴한다. 그러나 부상이 잦은 편이고 기복도 심한 편이다. 2021년 8월 라이프치히에서 울버햄튼으로 1시즌 임대되어 리그 5골 1도움을 기록하면서 2022년 여름 1,670만 유로의 이적료에 완전 이적했다. 이후 4시즌 동안 중용되며 공식 119경기에 출전해 24골 8도움을 기록했다. 아쉬운 점은 2023/24시즌 리그에서 12골 3도움을 기록했음에도 지난 시즌 부상과 부진으로 리그 2골에 멈췄다는 사실이다.

2024/25시즌

	GAMES	MINUTES		GOALS	ASSISTS	
0	21	652	추정가치: 12,000,000€	2	0	0
	0.2 경기당슈팅	3 유효슈팅		9 경기당패스	83.60 패스성공률	

사샤 칼라이지치

국적 오스트리아 | **나이** 28 | **신장** 200 | **체중** 90 | **평점** -

울버햄튼의 장신 스트라이커. 2m의 신장을 이용한 압도적인 고공 장악력과 헤더 득점력, 뛰어난 피지컬을 활용한 포스트 플레이, 파괴력 넘치는 문전 마무리 능력을 보유하고 있다. 그러나 느린 스피드로 효과적으로 상대 수비라인을 파괴하지 못하고 중요한 순간마다 부상에 발목을 잡히고 있다. 특히, 고질적인 인대 부상으로 고생하고 있다. 2022년 8월 슈투트가르트에서 1,800만 유로의 이적료에 영입했지만 부상과 부진으로 기대만큼의 효과를 보지 못했다. 울버햄튼에서 3시즌 동안 공식 14경기에 출전해 3골 1도움을 기록했고, 지난 시즌은 부상으로 출전조차 하지 못했다.

2024/25시즌

	GAMES	MINUTES		GOALS	ASSISTS	
-	-	-	추정가치: 4,000,000€	-	-	-
	경기당슈팅	유효슈팅		경기당패스	패스성공률	

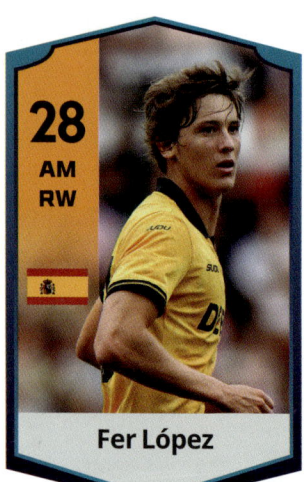

페르 로페스

국적 스페인 | **나이** 21 | **신장** 188 | **체중** 72 | **평점** 6.42

스페인 출신의 공격형 미드필더이자 윙어. 셀타비고 유스 출신의 스트라이커로 2025년 6월 1,950만 파운드의 이적료에 울버햄튼으로 이적했다. 셀타 비고에서 2024년 10월 데뷔한 이후 라 리가 17경기에 출전해 2골을 넣으며 가능성을 입증했다. 수준급의 스피드와 드리블, 효과적인 침투 능력, 동료와의 연계 플레이, 문전에서의 깔끔한 마무리 등으로 선배 아스파스와 비교되곤 한다. 하지만 완성 단계의 선수가 아니라 아직 성장 중이므로 실력을 발휘하려면 시간이 필요하다. 참고로 어머니는 심리학자이고 아버지는 변호사다. 그도 비고 대학교에서 법학과 경영학을 공부했다.

2024/25시즌

	GAMES	MINUTES		GOALS	ASSISTS	
2	17	671	추정가치: 5,000,000€	2	0	0
	2.68 경기당슈팅	5 유효슈팅		12.9 경기당패스	84.60 패스성공률	

전지적 작가 시점

송영주가 주목하는 울버햄튼의 원픽!
존 아리아스

지금 울버햄튼에 이 선수가 있다면!
덴젤 둠프리스

2024/25시즌 울버햄튼에 대해 논할 때, 반드시 언급해야 할 인물이 있다면 그는 바로 마테우스 쿠냐다. 쿠냐는 지난 시즌 울버햄튼이 감독교체를 단행할 정도로 부진한 상황에서도 리그 33경기에 출전해 15골 6도움을 기록하며 에이스 역할을 톡톡히 했다. 비록 예르겐 스트란 라르센도 14골을 넣으며 해결사 역할을 했지만 그를 쿠냐와 비교할 수 없을 정도, 다시 말해 지난 시즌만 한정하면 '울버햄튼의 공격=쿠냐'라는 공식이 성립된다고 해도 거짓말이 아니다. 하지만 2025년 여름 쿠냐는 맨체스터유나이티드로 떠났다. 당연히 울버햄튼의 최우선 과제는 그의 공백을 메우는 것이었다. 그리고 울버햄튼의 선택은 존 아리아스였다. 아리아스는 플루미넨시 소속으로 2025 FIFA 클럽월드컵에서 맹활약하며 기대감을 높였지만 불안요소가 없는 것이 아니다. 쿠냐 대체자라는 압박감, 프리미어리그 경험이 없다는 사실, 168cm의 왜소한 체구 등이 그의 발목을 잡을 가능성이 존재한다. 그럼에도 아리아스가 보여 주는 빠른 속도와 저돌적인 돌파, 공격포인트 생산 능력, 2선의 모든 위치에서 활약하는 높은 팀 기여도 등은 그의 성공 가능성을 높이고 있다. 어쩌면 그의 활약에 따라 울버햄튼의 한 시즌 농사가 좌우될지도 모른다.

울버햄튼 3-4-2-1 포메이션하에 윙백들의 공격력을 최대한 활용하며 상대 측면을 공략했다. 지난 시즌에도 왼쪽의 라얀 아이트누리는 리그 37경기에서 4골 7도움을, 오른쪽의 넬송 세메두는 리그 34경기에서 4도움을 기록했다. 그러나 아이트누리는 맨체스터시티로, 넬송 세메두는 페네르바체로 이적한 상황. 따라서 비토르 페레이라 감독은 데이비드 묄러 볼프와 잭슨 차추아를 영입해 이들의 공백을 최소화하고자 노력하고 있다. 이런 의미에서 울버햄튼에게 인테르의 덴젤 둠프리스는 매력적인 존재일 수밖에 없다. 둠프리스는 지난 시즌 공식 47경기에서 11골 6도움을 기록했을 뿐 아니라 세리에A에서만 7골 3도움으로 존재감을 과시했다. 또한, 바르셀로나와의 UEFA 챔피언스리그 준결승 1, 2차전에서 2골 3도움을 기록하며 환상적인 활약을 펼쳤다. 비록 수비 능력은 아쉽지만 강인한 피지컬과 폭발적인 스피드, 윙백답지 않은 헤더 등의 능력을 고려할 때 그의 능력은 프리미어리그에 잘 어울릴지도 모른다. 2025년 여름 그의 이적설이 대두되었다는 사실까지 고려하면 울버햄튼은 그에게 군침을 흘렸을 가능성도 존재했을 것이다. 그만큼 둠프리스는 울버햄튼의 원하는 부분을 채워 줄 수 있기 때문이다.

GUGLIELMO VICARIO
BRANDON AUSTIN
KEVIN DANSO
DESTINY UDOGIE
CRISTIAN ROMERO
PEDRO PORRO
BEN DAVIES
MICKY VAN DE VEN
JOAO PALHINHA
YVES BISSOUMA
JAMES MADDISON
ARCHIE GRAY
LUCAS BERGVALL
MOHAMMED KUDUS
DEJAN KULUSEVSKI
PAPE MATAR SARR
RODRIGO BENTANCUR
RICHARLISON
MATHYS TEL
DOMINIC SOLANKE
BRENNAN JOHNSON
KOTA TAKAI

Tottenham Hotspur

TOTTENHAM HOTSPUR

토트넘홋스퍼
Tottenham Hotspur

창단 년도	1882년
최고 성적	우승 (1950/51, 1960/61)
경기장	토트넘홋스퍼 스타디움 (Tottenham Hotspur Stadium)
경기장 수용 인원	62,850명
지난 시즌 성적	17위
별칭	Spurs (스퍼스), Lily whites (릴리화이츠)
상징색	화이트, 네이비
레전드	빌 니콜슨, 지미 그리브스, 아서 로우, 글렌 호들, 바비 스미스, 스티브 페리먼, 팻 제닝스, 레들리 킹, 해리 케인, 손흥민 등

히스토리

잉글랜드 수도 런던의 북쪽을 연고로 한 구단으로 1882년에 창단했으며 리그 우승 2회, FA컵 우승 8회, EFL컵 우승 4회, UEFA컵위너스컵 우승 1회, 유로파리그 우승 3회 등을 기록하며 역사와 전통을 자랑한다. 토트넘은 전 세계적으로 인기 있는 축구 클럽 중 하나로, 수많은 팬들의 사랑을 받고 있는데, 특히 지난 시즌 유로파리그에서 3번째 우승을 달성해 2008년 이후 첫 메이저대회 우승이자, 클럽 역사상 41년 만의 유럽 대회 우승을 기록했다. 또한, 토트넘은 영국 최초로 유럽대항전에서 우승했던 클럽이며, 20세기 영국 클럽 최초의 더블을 이뤄 낸 팀이기도 하다. 2025년 여름 감독교체, 손흥민의 이적 등 커다란 변화를 추구했다. 유로파리그 우승을 기점으로 새롭고 젊은 팀으로 변모해서 한 단계 더 도약하고자 노력하는 것이다.

최근 5시즌 리그 순위 변동

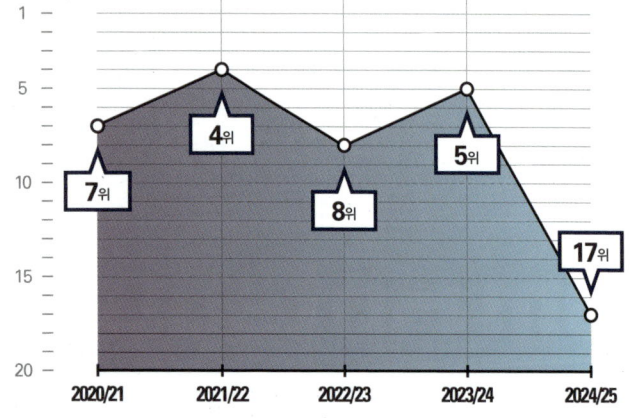

클럽레코드 IN & OUT

최고 이적료 영입 IN
도미닉 솔란케
6,430만 유로
(2024년 8월, from 본머스)

최고 이적료 판매 OUT
가레스 베일
1억 100만 유로
(2013년 9월, to 레알마드리드)

CLUB & MANAGER

토마스 프랑크 Thomas Frank | 1973년 10월 9일 | 51세 | 덴마크

프랑크 감독의 새로운 토트넘 만들기

토마스 프랑크 감독의 이력은 독특하다. 축구의 변방이라 할 수 있는 덴마크, 그것도 지역 유소년 팀 감독으로 지도자 생활을 시작했다. 이후 15년이 넘는 세월 동안 다양한 유소년팀과 덴마크 청소년 대표팀을 지휘하며 지도력을 입증했다. 그 결과, 덴마크의 명문 브뢴비의 감독으로 부임해 유로파리그 진출권을 획득하더니 2016년 12월 브렌트포드 코치로 합류했고 2018년 10월 딘 스미스 감독 후임으로 감독으로 임명됐다. 이후 2021년 여름 클럽 역사상 처음으로 브렌트포드를 프리미어리그에 승격시키더니 2022/23시즌 프리미어리그 9위에 안착시키는 놀라운 업적을 달성했다. 그리고 2025년 6월 엔제 포스테코글루 감독의 후임으로 토트넘의 지휘봉을 잡았다. 체계적인 후방 빌드업과 효과적인 전방 압박, 유기적인 움직임을 통한 공격수 증가, 역습 전개 등을 통해 새로운 토트넘을 만들 것으로 기대된다.

감독 인터뷰

"유로파리그 우승은 이 클럽이 마땅히 받아야 할, 그리고 필요로 했던 환상적인 트로피였다. 내 목표는 거기에 추가하는 것이다. 그리고 네 개의 토너먼트에서 모두 꾸준히 경쟁하는 것이다."

감독 프로필

통산	선호 포메이션	승률
526 경기 236 승 124 무 166 패	4-3-2-1	44.87%

시즌 키워드

#유럽대항전진출 | **#프랑크매직** | **#손흥민대체자**

우승 이력

- 시렌카컵 (2010)

경력: 2008~2011 덴마크 대표팀 U-16 / 2008~2012 덴마크 대표팀 U-17 / 2012~2013 덴마크 대표팀 U-19 / 2013~2016 브뢴비 IF / 2016~2018 브렌트포드 수석코치 / 2018~2025 브렌트포드 감독 / 2025~ 토트넘홋스퍼

TOTTENHAM HOTSPUR

IN

- 모하메드 쿠두스 (웨스트햄)
- 마티스 텔 (바이에른뮌헨)
- 케빈 단소 (랑스)
- 루카 부슈코비치 (하이둑 스플릿)
- 타카이 코타 (가와사키프론탈레)
- 주앙 팔리냐 (바이에른뮌헨)

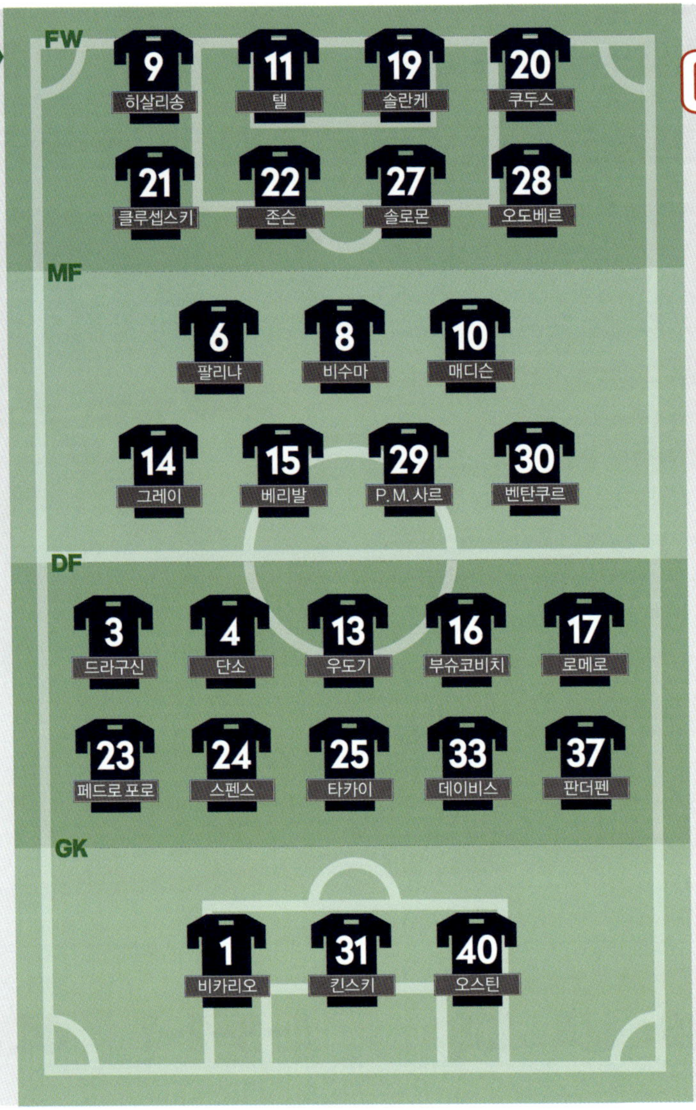

OUT

- 손흥민 (로스앤젤레스FC)
- 피에르 에밀 호이비에르 (마르세유)
- 마이키 무어 (레인저스, 임대)
- 알레호 벨리스 (로사리오센트랄)
- 세르히오 레길론 (FA)
- 프레이저 포스터 (FA)
- 앨피 화이트먼 (FA)
- 양민혁 (포츠머스, 임대)

FW
- 9 히샬리송
- 11 텔
- 19 솔란케
- 20 쿠두스
- 21 클루셉스키
- 22 존슨
- 27 솔로몬
- 28 오도베르

MF
- 6 팔리냐
- 8 비수마
- 10 매디슨
- 14 그레이
- 15 베리발
- 29 P. M. 사르
- 30 벤탄쿠르

DF
- 3 드라구신
- 4 단소
- 13 우도기
- 16 부슈코비치
- 17 로메로
- 23 페드로 포로
- 24 스펜스
- 25 타카이
- 33 데이비스
- 37 판더펜

GK
- 1 비카리오
- 31 킨스키
- 40 오스틴

히든풋볼의 이적시장 평가

토트넘은 지난 시즌 17위란 성적을 고려할 때, 전력 보강을 반드시 추진해야 했다. 하지만 제자리걸음을 반복하는 상황이다. 지난 시즌 임대로 활약한 마티스 텔과 케빈 단소를 완전영입했고, 루카 부슈코비치를 팀에 합류시켰다. 그리고 모하메드 쿠두스와 주앙 팔리냐를 영입하며 측면과 중앙을 강화했다. 그럼에도 손흥민의 이적과 챔피언스리그 병행을 고려할 때, 스쿼드가 질적으로 빈약해 보이는 것은 부인할 수 없다.

히든풋볼 이적시장 평가단

SQUAD & BEST 11

2024/25시즌 스탯 Top 3

득점 Top 3
- ⚽ 브레넌 존슨 — **11**골
- ⚽ 도미닉 솔란케 — **9**골
- ⚽ 제임스 매디슨 — **9**골

도움 Top 3
- 👟 손흥민 — **9**도움
- 👟 제임스 매디슨 — **7**도움
- 👟 페드로 포로 — **6**도움

출전시간 Top 3
- ⏱ 페드로 포로 — **2,609**분
- ⏱ 데얀 쿨루셉스키 — **2,392**분
- ⏱ 도미닉 솔란케 — **2,205**분

Best 11

- 19 솔란케
- 22 존슨 | 10 매디슨 | 20 쿠두스
- 30 벤탄쿠르 | 6 팔리냐
- 13 우도기 | 37 판더펜 | 17 로메로 | 23 페드로 포로
- 1 비카리오

히든풋볼의 순위 예측

초반 분위기가 중요하다. 초반에 빠르게 승점을 쌓아 간다면 더 나은 순위로 마무리 지을 수 있다.

UEFA슈퍼컵 전반에 보여 준 프랭크 감독의 운영은 이번 시즌 토트넘이 나아가야 할 길을 미리 보여 줬다.

축구는 감독놀음인가? 적어도 토트넘에겐 적용된다. 다만, 아쉬운 여름에 비해 경기 일정이 빡빡하다.

신임 감독 체제에서 안정성을 되찾고, 지난 시즌의 극심한 리그 부진에서 벗어날 것 상위권 복귀 충분히 가능하다.

추가적인 영입에 난항을 겪고 있지만 프랭크 감독의 짜임새 있는 축구는 벌써 포스테코글루 때와는 다르다.

토마스 프랭크의 지도력은 의심의 여지 없지만 챔스 병행과 더불어 후반기 성적 유지가 관건이 될 것 같다.

 8위 이주헌

 7위 박종윤

 7위 송영주

 6위 임형철

 4위 남윤성

 6위 이완우

커다란 변화 속에서 도약을 꿈꾸다

2024/25시즌 토트넘에 대한 평가를 어떻게 해야 할까? 유로파리그 우승으로 17년 만의 메이저 대회 우승이자 41년 만의 유럽대항전 우승으로 아름다운 시절로 기억해야 하는가? 아니면 프리미어리그에서 22패나 당하면서 승점 38점으로 간신히 17위를 기록한 우울한 시기로 기억해야 하는가? 적어도 토트넘은 프리미어리그의 실패를 잊지 않았고, 엔제 포스테코글루 감독에서 토마스 프랑크 감독으로 변화를 꾀했다. 유로파리그 우승에도 수비를 포기한 공격일변도의 단순한 전술만을 고집했던 포스테코글루에 대한 미련은 없는 모습이다. 오히려 브렌트포드에서 체계적인 빌드업과 빠른 공수 전환, 강한 압박, 효과적인 역습 등을 보여 준 프랑크 감독에 대한 기대감이 높아지고 있다.

문제는 예상만큼 전력 보강이 수월하진 않았다는 사실이다. 오른쪽 윙어 모하메드 쿠두스와 중앙 미드필더 주앙 팔리냐를 영입해 나름대로 전력을 보강했지만 여전히 아쉬움이 남는다. 간절히 원했던 모건 깁스화이트 영입은 물거품이 됐고, 손흥민이 떠난 자리도 불안하기만 하다. 설상가상 한국에서 펼쳐진 뉴캐슬과의 평가전에서 제임스 매디슨이 오른쪽 무릎 전방십자인대 파열 부상을 입어 약 7개월 정도 결장이 예상된다. 프랑크 감독의 고민도 깊어질 수밖에 없다.

그럼에도 프랑크의 토트넘은 포스테코글루의 토트넘과는 다른 모습을 보여줄 것이 분명하다. 프랑크 감독은 이미 프리 시즌 평가전을 통해 달라진 모습을 연출하며 기대감을 높였다. 무엇보다 수비의 안정감이 상승했다. 수비 상황에서 두 줄 수비를 펼치며 단단한 면을 과시함에 따라 지난 시즌처럼 힘없이 무너지는 모습이나 경기 막판 골을 허용하는 모습을 자주 허용하진 않을 것이다. 또한 상대 진영에서의 강한 압박, 좌우 측면을 활용한 공격 전개, 수비에서 공격으로 빠른 전환 등 여러 측면에서 위력을 발휘했다. 오히려 수비보단 공격이 걱정된다. 공격 전술의 다양성이나 전개 효과성을 떠나 확실한 해결사를 보유했다고 보기 어렵기 때문이다. 손흥민은 이적했고, 제임스 매디슨 장기 부상을 당했다. 그리고 클루셉스키나 히샬리송은 기복이 심하다. 따라서 최전방을 책임지는 도미닉 솔란케와 지난 시즌 11골로 가능성을 보여 준 브레넌 존슨, 기대를 모으는 신입생 모하메드 쿠두스 등이 득점을 책임져야 한다. 만약 토트넘이 파괴력을 보여 주지 못한다면 지난 시즌과 정반대의 이유로 부진할 수도 있다.

TOTTENHAM HOTSPUR

1 GK
Guglielmo Vicario

굴리엘모 비카리오
국적 이탈리아 | **나이** 28 | **신장** 194 | **체중** 87 | **평점** 6.71

토트넘의 골키퍼로 '빛카리오'라는 별칭이 붙을 정도로 놀라운 선방을 보여주고 있다. 우디네세, 베네치아, 칼리아리, 엠폴리를 거쳐 2023년 6월 2,000만 유로의 이적료에 토트넘으로 이적했다. 이적하자마자 주전 자리를 꿰차면서 지난 2시즌 동안 공식 74경기에 출전했다. 194cm의 신장을 이용한 고공 장악력, 놀라운 반사 신경을 활용한 선방 능력, 순간적인 상황 판단, 깔끔한 핸들링 등 골키퍼로서 다양한 능력을 과시한다. 다만 토마스 프랑크 감독이 빌드업 능력을 주시해 안토닌 킨스키와 주전 경쟁을 펼칠 가능성이 존재한다. 2024년 3월 에콰도르전을 통해 A매치에서 데뷔한 이후 이탈리아 대표팀 멤버로 활약 중이다.

2024/25시즌

	GAMES	MINUTES		실점	선방률	
	24	2,160		12	64.70	
1	세이브 67	클린시트 4	추정가치: 32,000,000€	클린시트 성공률 16.70	PK 방어 기록 0/1	0

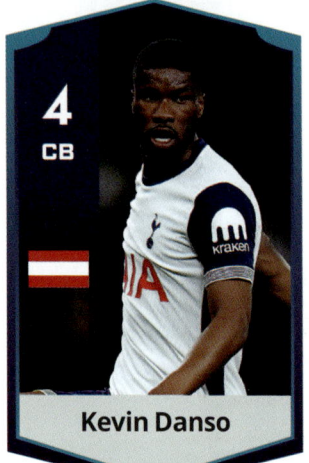

4 CB
Kevin Danso

케빈 단소
국적 오스트리아 | **나이** 26 | **신장** 190 | **체중** 79 | **평점** 6.61

힘과 속도를 자랑하는 센터백. 뛰어난 신체와 타고난 운동신경, 민첩한 움직임을 통해 공중볼 다툼과 대인마크에서 능력을 발휘한다. 그러나 태클이나 인터셉트 기록이 좋지 못하고 종종 볼을 끌다 빼앗기는 실수를 범한다. 아우크스부르크 유스 출신으로 랑스를 거쳐 2025년 2월 토트넘으로 반 시즌 임대 후 의무 이적조항이 발동되어 2,500만 유로의 이적료에 이적했다. 지난 시즌 후반기 토트넘에서 공식 15경기에 출전해 준수한 활약을 펼쳤다. 참고로 가나인 부모를 두었지만 오스트리아 태생으로 오스트리아 대표팀을 선택했다. 2017년 9월 웨일스전을 통해 A매치에 데뷔한 후 대표팀에 꾸준히 차출되고 있다.

2024/25시즌

	GAMES	MINUTES		GOALS	ASSISTS	
	10	843		0	0	
0	경기당슈팅 0.7	유효슈팅 3	추정가치: 25,000,000€	경기당패스 55.4	패스성공률 86.50	0

13 LB LM
Destiny Udogie

데스티니 우도기
국적 이탈리아 | **나이** 22 | **신장** 186 | **체중** 73 | **평점** 6.64

이탈리아 국가 대표 레프트백으로 스피드를 앞세워 저돌적인 돌파를 보여 주고 동료와의 연계와 공간 활용 능력을 통해 효과적으로 하프 스페이스에 침투하곤 한다. 뛰어난 체력과 위치 선정을 바탕으로 상대의 공격을 끊는다. 그러나 패스나 크로스의 정확도가 떨어지고 종종 수비에서 미숙한 모습을 보이며 실수를 범하곤 한다. 헬라스 베로나 유스 출신으로 우디네세를 거쳐 2022년 8월 1,800만 유로의 이적료에 토트넘 이적이 확정됐고, 우디네세에서 1시즌 임대 생활 후 2023년 여름에 팀에 합류했다. 제드 스펜스와 주전 경쟁에서 우위를 차지하며 지난 2시즌 동안 공식 66경기에 출전하며 준수한 활약을 펼쳤다.

2024/25시즌

	GAMES	MINUTES		GOALS	ASSISTS	
	25	1,933		0	1	
2	경기당슈팅 0.2	유효슈팅 1	추정가치: 40,000,000€	경기당패스 38.1	패스성공률 88.20	0

PLAYERS

크리스티안 로메로

국적 아르헨티나 | **나이** 27 | **신장** 185 | **체중** 82 | **평점** 6.8

아르헨티나 대표팀의 파이터형 센터백으로 2025년 여름 아틀레티코 마드리드를 비롯한 여러 클럽과 염문설을 뿌렸지만 결국 잔류했다. 2021년 8월 아탈란타에서 토트넘으로 1시즌 임대 후, 4,700만 파운드의 이적료에 완전 이적했다. 토트넘에서 지난 4시즌 동안 공식 124경기에 출전해 7골을 넣으며 능력을 입증했다. 단단한 체구와 강력한 힘을 바탕으로 볼 경합에 강하고, 대인마크 능력을 과시한다. 스피드가 뛰어나 뒷공간 커버에 능하고 점프력도 좋아서 위력적인 헤더를 보여 준다. 패스를 통한 후방 빌드업 능력도 보유하고 있다. 그러나 고친 플레이로 카를 수집하고 쉽게 흥분해 경기 흐름을 끊곤 한다.

2024/25시즌

3	18 GAMES	1,421 MINUTES	1 GOALS	0 ASSISTS	0
	0.9 경기당슈팅	8 유효슈팅	추정가치: 50,000,000€	67.3 경기당패스	89.70 패스성공률	

페드로 포로

국적 스페인 | **나이** 25 | **신장** 173 | **체중** 68 | **평점** 6.95

공격적인 라이트백. 빠른 스피드와 정확한 오른발 크로스, 오프더볼에서의 지능적인 움직임, 최고 속도 33.10km/h를 기록할 정도로 빠른 스피드 등으로 오른쪽 측면 공격을 지원한다. 그러나 피지컬이 다소 약해 볼 경합이나 몸싸움에서 효과가 떨어지고 수비도 다소 불안하다. 페랄라다, 지로나, 맨시티, 스포르팅을 거쳐 2023년 1월 토트넘으로 반 시즌 임대 후 이적료 500만 유로에 완전 이적했다. 토트넘에서 2시즌 반 동안 공식 105경기에 출전해 11골을 넣으며 주전으로 활약하고 있다. 2021년 3월 조지아전을 통해 A매치에 데뷔한 후, 스페인 대표팀에 꾸준히 차출되고 있다.

2024/25시즌

5	33 GAMES	2,609 MINUTES	2 GOALS	6 ASSISTS	0
	1.2 경기당슈팅	8 유효슈팅	추정가치: 38,000,000€	43.6 경기당패스	76.00 패스성공률	

벤 데이비스

국적 웨일스 | **나이** 32 | **신장** 181 | **체중** 76 | **평점** 6.67

1993년생의 베테랑 레프트백이자 센터백. 스완지 시티 유스 출신으로 2012년 8월 웨스트햄전을 통해 프리미어리그에 데뷔했고, 2014년 8월 토트넘으로 이적했다. 이후, 토트넘에서만 11시즌 동안 공식 358경기에 출전했고, 레프트백에서 센터백으로 포지션을 변동하며 뛰어난 활약을 이어 갔다. 30대에 들어서면서 젊은 시절의 폭발적인 스피드와 왕성한 기동력은 점차적으로 하락한 대신 뛰어난 위치 선정과 지능적인 공격 가담, 노련하고 헌신적인 수비력 등을 바탕으로 백업 레프트백이나 백업 센터백 역할을 수행하고 있다. 2012년 10월 스코틀랜드전을 통해 A매치에 데뷔한 이후 웨일스 대표팀의 중심으로 활약하고 있다.

2024/25시즌

5	17 GAMES	1,330 MINUTES	0 GOALS	0 ASSISTS	0
	0.3 경기당슈팅	1 유효슈팅	추정가치: 6,000,000€	59.5 경기당패스	88.00 패스성공률	

TOTTENHAM HOTSPUR

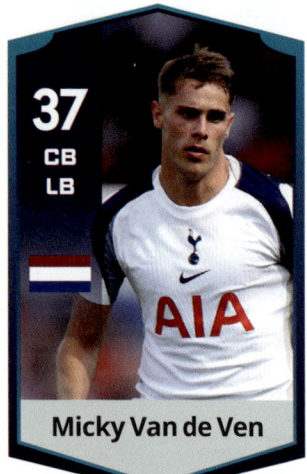

37 CB LB
Micky Van de Ven

미키 판더펜

국적 네덜란드 | 나이 24 | 신장 193 | 체중 88 | 평점 6.5

네덜란드 국가 대표 센터백으로 토트넘 수비의 중심. 큰 신장에도 빠른 스피드를 자랑하고, 대인마크와 위치 선정도 탁월하다. 패스를 통한 후방 빌드업에도 관여한다. 또한, 주 발이 왼발로 레프트백 역할도 소화할 수 있다. 폴렌담과 볼프스부르크를 거쳐 2023년 8월 4,000만 유로의 이적료에 토트넘으로 이적했다. 이후 크리스티안 로메로와 함께 중앙 수비를 책임지며 주전으로 활약하고 있다. 지난 2시즌 동안 공식 51경기에 출전해 3골을 넣었을 정도, 부상이 아니었다면 출전 기록은 더 늘어났을 것이다. 참고로 등번호 37번을 선택한 이유는 어릴 적 세상을 떠난 친구가 가장 좋아하는 숫자이기 때문이라고 한다.

2024/25시즌

4	13 GAMES	1,019 MINUTES	0 GOALS	2 ASSISTS	0
	0.5 경기당슈팅	2 유효슈팅	추정가치: 50,000,000€	61.3 경기당패스	91.00 패스성공률

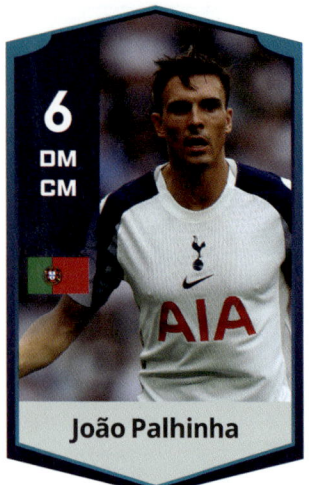

6 DM CM
João Palhinha

주앙 팔리냐

국적 포르투갈 | 나이 30 | 신장 190 | 체중 77 | 평점 6.39

포르투갈 대표팀의 수비형 미드필더. 스포르팅 유스 출신으로 풀럼과 바이에른 뮌헨을 거쳐 2025년 8월 토트넘으로 1시즌 임대이적했다. 스포르팅 시절, 포르투갈 리그 최고의 미드필더로 평가받았고, 풀럼 시절, 거칠지만 효과적인 수비로 명성을 얻었다. 그러나 2024/25시즌 바이에른 뮌헨에서 공식 25경기에 출전했지만 탈압박 능력과 전진 능력, 볼 간수 능력 등에서 문제를 노출하며 비판을 받았다. 결국, 토트넘에서 부활 여부가 관건. 그럼에도 풀럼에서 프리미어리그 경험이 있고, 왕성한 활동량과 거친 압박, 정확한 태클 능력 등을 보유해 토트넘의 3선에 에너지를 불어넣을 것으로 기대를 모으고 있다.

2024/25시즌

2	17 GAMES	667 MINUTES	0 GOALS	0 ASSISTS	1
	0.6 경기당슈팅	3 유효슈팅	추정가치: 30,000,000€	32.3 경기당패스	92.90 패스성공률

8 CM DM
Yves Bissouma

이브 비수마

국적 말리 | 나이 28 | 신장 182 | 체중 72 | 평점 6.39

토트넘의 수비형 미드필더이자 중앙 미드필더. 정확한 태클과 효과적인 인터셉트, 왕성한 활동량, 강한 압박까지 수비형 미드필더로 장점이 많다. 온더볼 상황에서 드리블을 통해 전진 능력을 과시하기도 한다. 그러나 패스 전개 능력이 부족해 빌드업 관여가 부족하고, 마지막 패스와 슈팅의 정확도가 떨어진다. 레알 바마코, 릴, 브라이튼을 거쳐 2022년 6월 2,900만 유로의 이적료에 토트넘으로 이적했다. 이후 3시즌 동안 공식 100경기에 출전하며 꾸준히 출전기회를 잡고 있다. 참고로 코트디부아르 태생이지만 13세의 나이에 말리로 이주해 2016년부터 말리 대표팀에서 활약하고 있다.

2024/25시즌

7	28 GAMES	1,408 MINUTES	2 GOALS	0 ASSISTS	0
	0.4 경기당슈팅	4 유효슈팅	추정가치: 25,000,000€	30.2 경기당패스	89.00 패스성공률

PLAYERS

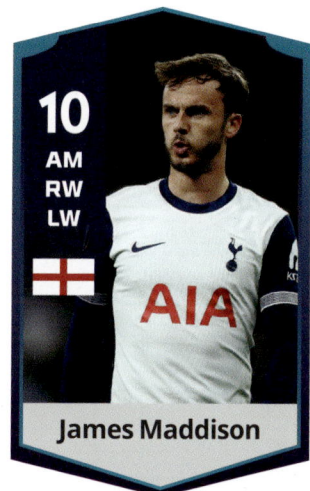

제임스 매디슨
국적 잉글랜드 | **나이** 28 | **신장** 175 | **체중** 72 | **평점** 6.98

토트넘의 플레이메이커. 전형적인 No.10의 모습을 보여 주는 선수로 중앙 공격형 미드필더로 공격을 진두지휘한다. 정확한 오른발 킥을 위력적인 슈팅과 넓은 시야를 바탕으로 한 창의적인 패스, 효과적인 경기 조율, 연계를 통한 공간 침투 등 다양한 측면에서 높은 공격기여도를 보여 준다. 하지만 '유리몸'이란 평가가 있을 정도로 부상에서 자유롭지 못하다. 2025년 8월 뉴캐슬과의 평가전에서 오른쪽 전방십자인대 파열 부상을 당해 수술을 받아 약 7개월 정도 결장이 예상된다. 참고로 2019년 11월 잉글랜드 대표팀에서 A매치 데뷔전을 치른 이후 꾸준히 유로 2020부터 모든 메이저 대회에 참가하고 있다.

2024/25시즌

6	31 GAMES	1,818 MINUTES	9 GOALS	7 ASSISTS	0
	1.3 경기당슈팅	17 유효슈팅	추정가치: 42,000,000€	37 경기당패스	86.70 패스성공률	

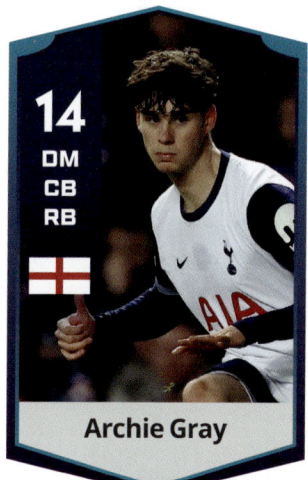

아치 그레이
국적 잉글랜드 | **나이** 19 | **신장** 187 | **체중** 70 | **평점** 6.17

2006년생의 젊은 미드필더. 리즈 유스 출신으로 16세의 나이에 데뷔해 '천재'라는 칭호를 들었고, 2024년 7월 4,000만 파운드의 이적료에 토트넘으로 이적했다. 지난 시즌 데뷔 시즌임에도 공식 46경기를 소화하면서 발전하는 모습을 보여 줬다. 중앙 미드필더지만 지난 시즌 초반 센터백과 라이트백까지 소화할 정도로 전술 이해력이 뛰어나다. 피지컬이 다소 약하지만 정확한 킥을 통한 패스와 슈팅, 풍부한 활동량, 적극적인 플레이, 타고난 축구센스 등을 통해 가능성을 입증했다. 참고로 스코틀랜드 국가 대표로 활약했던 축구 선수인 프랭크 그레이의 손자이자 앤디 그레이의 아들로 유명하다.

2024/25시즌

1	28 GAMES	1,746 MINUTES	0 GOALS	0 ASSISTS	0
	0 경기당슈팅	1 유효슈팅	추정가치: 38,000,000€	38.5 경기당패스	89.30 패스성공률	

루카스 베리발
국적 스웨덴 | **나이** 19 | **신장** 187 | **체중** 72 | **평점** 6.47

2006년생의 꽃미남 미드필더. 2024년 1월부터 스웨덴 대표팀에서 활약하는 중앙 미드필더로 자국 리그의 브롬마포이카르나와 유르고르덴을 거쳐 2024년 2월 1,000만 유로의 이적료에 토트넘으로 이적됐고, 7월에 합류했다. 지난 시즌 데뷔 시즌이고 10대의 나이임에도 공식 45경기에 출전해 가능성을 보여 줬다. 탄탄한 기본기와 뛰어난 축구센스, 왕성한 활동량, 저돌적인 드리블, 효과적인 패스 지원 등 뛰어난 모습을 보여 줬다. 그와 동시에 압박에 약하고, 마지막 선택에 문제를 드러내는 문제도 노출했다. 참고로 그의 형 테오도 유르고르덴에서 활약하는 라이트백이고, 동생 라스무스도 축구 선수로 성장하고 있다.

2024/25시즌

3	27 GAMES	1,206 MINUTES	0 GOALS	1 ASSISTS	0
	0.4 경기당슈팅	2 유효슈팅	추정가치: 38,000,000€	25.5 경기당패스	88.70 패스성공률	

TOTTENHAM HOTSPUR

25 CB / RB
Kōta Takai

타카이 코타
국적 일본 | **나이** 20 | **신장** 192 | **체중** 90 | **평점** 6.8

일본 출신의 센터백으로 센터백 포지션의 좌, 우 모두 가능하고, 종종 라이트백도 소화하곤 한다. 192cm의 큰 신장을 바탕으로 공중볼에 강하고 대인 마크 능력과 투지를 보여 주며 끈끈한 수비를 펼친다. 또한 양발을 활용한 패스가 수준급이라 빌드업에 관여하곤 한다. 하지만 아직 경험이 부족해 판단력이 떨어지고, 큰 신장에도 몸싸움이나 볼 경합에서 무기력한 모습을 노출한다. 가와사키 프론탈레 유스 출신으로 2022년 고등학교 2학년 때 프로에 데뷔했고, 이후 3시즌 반 동안 팀의 중심으로 활약했다. 그리고 2025년 7월 500만 파운드의 이적료에 토트넘으로 이적했다. 2024년 9월부터 일본 대표팀에서도 활약하고 있다.

2024/25시즌

3	22 GAMES	1,906 MINUTES	2 GOALS	0 ASSISTS	0
	0.48 경기당슈팅	0.14 유효슈팅	추정가치: 25,000,000€	- 경기당패스	86.20 패스성공률

21 RW / AM
Dejan Kulusevski

데얀 클루셉스키
국적 스웨덴 | **나이** 25 | **신장** 186 | **체중** 74 | **평점** 6.83

정교한 볼터치와 볼 컨트롤을 바탕으로 볼을 간수하고 패스를 통한 연계 플레이, 공간을 활용한 침투, 날카로운 왼발 슈팅 등으로 공격 포인트를 기록하는 오른쪽 윙어이자 공격형 미드필더다. 왕성한 활동량과 체력을 앞세워 성실한 움직임을 보여 주며 공격에 기여한다. 그러나 속도가 느려 드리블 돌파를 상대에게 차단되는 경우가 많고 왼발에 비해 오른발의 정확도가 떨어진다. 그리고 최근 들어 부상이 늘어나고 있다. 2025년 5월 슬개골 수술을 받기도 했다. 참고로 마케도니아인 부모를 뒀지만 스웨덴 태생으로 2019년 11월 페로제도전에서 데뷔한 이후 스웨덴 대표팀에서 활약하고 있다.

2024/25시즌

3	32 GAMES	2,392 MINUTES	7 GOALS	4 ASSISTS	0
	1.5 경기당슈팅	17 유효슈팅	추정가치: 50,000,000€	24.7 경기당패스	81.20 패스성공률

29 CM / DM
Pape Matar Sarr

파페 마타르 사르
국적 세네갈 | **나이** 22 | **신장** 185 | **체중** 68 | **평점** 6.53

준수한 피지컬과 기본기, 왕성한 활동량, 긴다리를 이용한 인터셉트, 효과적인 전진 드리블, 효과적인 압박 등을 보여 주는 중앙 미드필더다. 그러나 상대의 강한 압박과 거친 볼 경합에 약한 모습을 노출했고, 경험이 부족해 후방에서 효과적인 빌드업을 보여주지 못한다. 메스 유스 출신으로 2020년 11월 브레스트전을 통해 데뷔했고, 2021년 8월 1,500만 유로의 이적료에 토트넘으로 이적했다. 토트넘에서 지난 3시즌 동안 공식 104경기에 출전하며 서서히 출전 시간을 늘리고 있다. 특히, 지난 시즌 공식 55경기에서 6골을 넣기도 했다. 참고로 2021년 3월 콩고전을 통해 데뷔한 후, 카메룬 대표팀의 중심으로 활약하고 있다.

2024/25시즌

6	36 GAMES	1,917 MINUTES	3 GOALS	2 ASSISTS	0
	0.9 경기당슈팅	13 유효슈팅	추정가치: 32,000,000€	27.8 경기당패스	87.60 패스성공률

PLAYERS

로드리고 벤탄쿠르

국적 우루과이 | **나이** 28 | **신장** 187 | **체중** 73 | **평점** 6.66

전투적인 수비형 미드필더이자 중앙 미드필드. 풍부한 활동량과 지치지 않는 체력, 투쟁심 가득한 압박, 뛰어난 인터셉트, 드리블을 통한 전진 등으로 수비를 보호한다. 그러나 패스를 통한 빌드업 능력이 부족하고, 공간을 쉽게 허용한다. 보카 주니어스 유스 출신으로 2015년 4월 프로에 데뷔한 후 두각을 나타냈고 유벤투스에서 5시즌 동안 활약하며 명성을 얻었다. 그 결과, 2022년 2월 1,900만 유로의 이적료에 토트넘으로 이적했다. 이후, 지난 3시즌 반 동안 주전으로 활약하면서 공식 113경기에서 9골을 넣었다. 2017년 10월 베네수엘라전에서 데뷔한 이후 우루과이 대표팀에서 중추적인 역할을 하고 있다.

2024/25시즌

	GAMES	MINUTES	GOALS	ASSISTS	
9	26	1,654	2	0	0
	0.8 경기당슈팅	5 유효슈팅	추정가치 30,000,000€	41.1 경기당패스	88.20 패스성공률

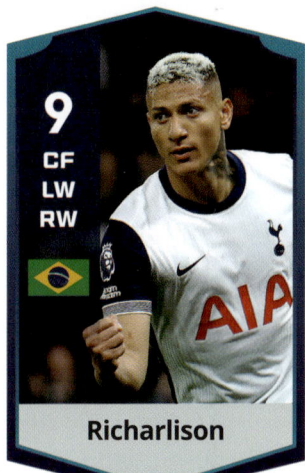

히샬리송

국적 브라질 | **나이** 28 | **신장** 184 | **체중** 71 | **평점** 6.37

브라질 출신의 스트라이커이자 윙어. 아메리카, 플루미넨시, 왓포드, 에버튼을 거쳐 2022년 7월 6,000만 파운드의 이적료에 토트넘으로 이적했다. 이후 3시즌 동안 공식 90경기에 출전했지만 20골만을 넣으며 에버튼 시절의 파괴력을 보여주지 못하고 있다. 힘과 스피드를 앞세운 저돌적인 돌파와 동료와의 연계, 문전에서의 과감한 슈팅을 통해 공격 포인트를 기록한다. 활동량과 체력을 바탕으로 전방에서 강한 압박을 보여 준다. 그러나 에버튼 시절(4시즌 53골)에 비해 현저히 득점력이 하락했고, 경기마다 기복이 심한 모습을 노출하고 있다. 참고로 2018년 8월부터 브라질 대표팀에서 활약했지만 최근 대표팀과 연을 맺지 못하고 있다.

2024/25시즌

	GAMES	MINUTES	GOALS	ASSISTS	
2	15	502	4	1	0
	1.1 경기당슈팅	7 유효슈팅	추정가치 20,000,000€	6.4 경기당패스	62.50 패스성공률

마티스 텔

국적 프랑스 | **나이** 20 | **신장** 183 | **체중** 74 | **평점** 6.56

2005년생으로 잠재력을 높게 평가받는 스트라이커. 스타드렌 유스 출신으로 2021년 8월 브레스투아전에 출전해 16세 110일의 나이에 데뷔했고, 바이에른 뮌헨에서 교체 멤버로 뛰어난 활약을 펼쳤다. 그 결과, 2025년 2월 토트넘으로 반 시즌 임대되었고 6월 3,500만 유로의 이적료에 완전 이적했다. 지난 시즌 공식 20경기에서 3골만을 넣었다는 사실을 고려할 때, 놀라운 선택이 아닐 수 없다. 물론, 어린 나이임에도 측면과 중앙에서 저돌적인 돌파와 빠른 스피드, 양발을 활용한 강력한 슈팅을 보여 준다. 그러나 기본적으로 최전방에서 자신의 피지컬을 100% 활용하지 못하고 볼 간수 능력에서도 문제를 노출한다.

2024/25시즌

	GAMES	MINUTES	GOALS	ASSISTS	
2	13	913	2	1	0
	0.8 경기당슈팅	8 유효슈팅	추정가치 35,000,000€	17.2 경기당패스	76.70 패스성공률

TOTTENHAM HOTSPUR

19 CF
Dominic Solanke

도미닉 솔란케
국적 잉글랜드 | **나이** 27 | **신장** 187 | **체중** 74 | **평점** 6.84

토트넘의 해결사. 어린 시절 각광받다 잊힌 유망주에 그칠 듯 보였지만 파괴력을 입증하며 부활에 성공했다. 첼시, 리버풀, 본머스를 거쳐 2024년 8월 6,500만 파운드의 이적료에 토트넘으로 이적했다. 지난 시즌 공식 45경기에서 16골을 넣었지만 본머스 시절의 파괴력에 비해 부족하다는 평을 들었다. 우수한 체격 조건을 바탕으로 최전방에서 포스트 플레이를 보여 주고, 순간 스피드가 빨라 공간 침투에 능하다. 문전에서 다양한 방법으로 골을 넣으며 결정력도 보유하고 있다. 하지만 세밀함이 부족해 결정적인 기회를 놓치곤 한다. 참고로 일본 애니메이션의 팬으로 골 세레머니로 애니메이션의 한 장면을 재현하곤 한다.

2024/25시즌

	GAMES	MINUTES	추정가치	GOALS	ASSISTS	
0	27	2,205	40,000,000€	9	3	0
	2.2 경기당슈팅	24 유효슈팅		13.1 경기당패스	71.40 패스성공률	

22 CF RW LW
Brennan Johnson

브레넌 존슨
국적 웨일스 | **나이** 24 | **신장** 186 | **체중** 73 | **평점** 6.76

촉망받는 윙어이자 세컨 스트라이커. 36.70km/h에 이르는 가공할 만한 속도를 앞세워 폭발적인 드리블과 저돌적인 돌파를 보여 준다. 박스 안으로 과감히 침투하며 PK를 자주 얻어 내고 간결한 플레이로 공격에 기여한다. 또한, 좌우 윙어, 스트라이커, 공격형 미드필더 등 공격의 모든 포지션을 소화할 수 있다. 다만 피지컬이 약하고, 종종 플레이가 단순한 모습을 보여 준다. 그럼에도 지난 시즌 공식 51경기에서 18골을 넣으며 득점력이 향상됨에 따라 이번 시즌 팬들의 기대를 받고 있다. 참고로 잉글랜드 U-16, U-17 대표팀에서 뛴 경험이 있지만 2020년부터 웨일스 대표팀 멤버로 활약하고 있다.

2024/25시즌

	GAMES	MINUTES	추정가치	GOALS	ASSISTS	
5	33	2,181	40,000,000€	11	3	0
	1.6 경기당슈팅	20 유효슈팅		17.3 경기당패스	75.80 패스성공률	

20 RW AM
Mohammed Kudus

모하메드 쿠두스
국적 가나 | **나이** 25 | **신장** 177 | **체중** 74 | **평점** 6.89

토트넘의 새로운 오른쪽 윙어이자 공격형 미드필더. 저돌적인 드리블과 폭발적인 스피드, 강력한 슈팅 등을 통해 상대 수비를 파괴한다. 전진 패스와 방향 전환 패스도 능해 공격 전개에 기여한다. 또한, 주 포지션은 오른쪽 윙어지만 아약스 시절, 폴스 나인과 공격형 미드필더 역할도 소화한 경험이 있다. 다만 전체적인 플레이메이킹에 약하고, 종종 솔로 플레이에 집착하는 모습을 보여 준다. 노르셸란, 아약스, 웨스트햄을 거쳐 2025년 7월 5,500만 파운드의 이적료에 토트넘으로 이적했다. 그의 활약에 따라 토트넘의 파괴력이 좌우될 가능성이 존재한다. 참고로 그는 2019년 11월 19세의 나이에 가나 대표팀에 데뷔하여 활약 중이다.

2024/25시즌

	GAMES	MINUTES	추정가치	GOALS	ASSISTS	
2	32	2,604	45,000,000€	5	3	1
	2.3 경기당슈팅	21 유효슈팅		24 경기당패스	89.90 패스성공률	

전지적 작가 시점

송영주가 주목하는 토트넘의 원픽!
도미닉 솔란케

이제 토트넘엔 해리 케인도, 손흥민도 없다. 해리 케인은 토트넘에서 280골을 넣으며 클럽 역대 최다 득점 1위를 차지했고, 손흥민은 173골을 기록하며 클럽 역대 최다득점 5위에 이름을 올렸다. 하물며 해리 케인과 손흥민은 각각 프리미어리그 득점왕을 3회와 1회를 차지하기도 했다. 이제 토트넘은 새로운 득점원을 찾아야 한다. 따라서 도미닉 솔란케에게 시선이 집중되는 것은 당연하다. 솔란케는 지난 시즌 토트넘에서 공식 45경기에 출전해 16골 8도움을 기록했다. 프리미어리그에서 9골에 그친 것이 아쉽지만 실패라고 단정하긴 어렵다. 그럼에도 2023/24시즌 본머스 소속으로 공식 42경기에서 21골 4도움을 기록한 것과 비교하면 아쉬움이 남는다. 따라서 솔란케는 더 분발해야 한다. 특유의 신체 능력을 활용해 최전방에서 포스트 플레이를 펼치면서도 활동 범위를 넓게 가져가며 동료와 연계하고 빠른 스피드와 날카로운 침투, 강력한 슈팅 등 자신의 장점을 유감없이 발휘하며 파괴력을 보여줘야 한다. 솔란케는 2025/26시즌 토트넘의 그 누구보다도 어깨가 무겁다.

지금 토트넘에 이 선수가 있다면!
모건 깁스화이트

토트넘은 2025년 여름 학수고대하던 모건 깁스화이트 영입에 실패했다. 토트넘은 깁스화이트에 대해 6,000만 파운드의 바이아웃 금액을 지불할 계획이었지만 원 소속팀 노팅엄은 토트넘이 깁스화이트의 계약 세부 내용을 불법적으로 입수했다고 주장하며 협상에 나서지 않았다. 그 결과, 깁스화이트는 노팅엄과 2028년 여름까지 새로운 3년 계약을 맺었다. 노팅엄 입장에선 노팅엄에서만 공식 118경기에 출전해 18골 28도움을 기록하고, 지난 시즌 공식 38경기에서 7골 10도움을 기록한 중심 선수를 지켰지만 토트넘 입장에선 헛발질을 크게 한 셈이 됐다. 사실, 토트넘과 프랑크 감독이 깁스화이트를 원하는 이유는 명백하다. 2선 공격형 미드필더 자리에서 득점 기회를 창출할 뿐 아니라 직접 박스 안으로 침투하며 골을 넣을 수 있는 능력이 있기 때문. 빠른 속도와 침투, 연계, 탈압박, 전진성 등 그의 모든 능력은 토트넘에게 매력적일 수밖에 없다. 하물며 제임스 매디슨이 오른쪽 무릎 전방 십자인대 파열로 장기 결장이 불가피함에 따라 깁스화이트 영입 실패가 더 아쉽게 느껴진다.

LUCAS PERRI
ALEX CAIRNS
KARL DARLOW
JAKA BIJOL
JOE RODON
PASCAL STRUIJK
ETHAN AMPADU
GABRIEL GUDMUNDSSON
JAYDEN BOGLE
ANTON STACH
SEAN LONGSTAFF
AO TANAKA
DANIEL JAMES
WILFRIED GNONTO
JOEL PIROE
LUKAS NMECHA
BRENDEN AARONSON
SEBASTIAAN BORNAUW
SAM BYRAM
ISSAC SCHMIDT
JACK HARRISON
ILIA GRUEV

18
Leeds United

LEEDS UNITED

리즈 Leeds United

- 창단 년도 | 1919년
- 최고 성적 | 우승 (1968/69, 1973/74, 1991/92)
- 경기장 | 엘런드 로드 (Elland Road)
- 경기장 수용 인원 | 37,608명
- 지난 시즌 성적 | 챔피언십 1위
- 별칭 | The Whites (화이츠), The Peacocks (피콕스)
- 상징색 | 화이트
- 레전드 | 돈 레비, 빌리 브렘너, 존 찰스, 잭 찰튼, 피터 로리머, 고든 스트라칸 등

히스토리

리즈는 1960~1970년대 돈 레비 감독 아래 황금기를 구가하며 잉글랜드를 호령했고, 1991/92시즌 마지막 1부 리그 우승을 차지했다. 2000년대 초반, 젊은 선수들을 앞세워 챔피언스리그 4강에 진출하며 '리즈 시절'이라는 신조어를 낳았으나, 방만한 경영으로 재정 파탄을 맞으며 3부 리그까지 추락하는 아픔을 겪었다. 오랜 암흑기를 거쳐 마침내 프리미어리그로 돌아온 그들은 강등의 아픔을 딛고 2024/25시즌 챔피언십에서 압도적인 성적으로 우승하며 다시 한번 승격했다. 축구 팬들의 응원은 선수들에게 큰 힘이 되는데, 리즈유나이티드는 열정적인 팬덤과 함께 'Marching On Together'라는 상징적인 응원가로 유명하다. 최근 들어 프리미어리그로 복귀하며 과거의 영광을 되찾기 위한 끈질긴 도전을 이어 가고 있다.

최근 5시즌 리그 순위 변동

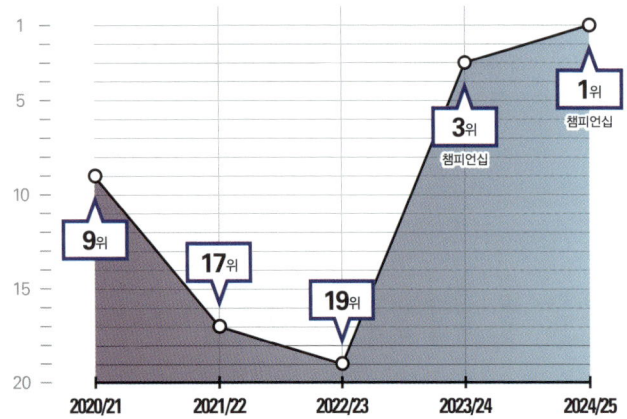

클럽레코드 IN & OUT

최고 이적료 영입 IN
조르지뇨 뤼테르
4,050만 유로
(2023년 1월, from TSG호펜하임)

최고 이적료 판매 OUT
하피냐
5,800만 유로
(2022년 7월, to 바르셀로나)

CLUB & MANAGER

다니엘 파르케 Daniel Farke

1976년 10월 30일 | 48세 | 독일

승격 전문가, 다니엘 파르케

다니엘 파르케는 챔피언십에서 두각을 나타낸 독일인 감독으로, 점유율을 중시하는 축구를 선호한다. 그의 팀은 높은 볼 점유율을 바탕으로 경기를 지배하며, 체계적인 빌드업과 조직적인 압박을 통해 상대를 제압한다. 챔피언십 승격 전문가다. 그는 2024/25시즌 리즈를 이끌고 승점 100점이라는 압도적인 성적으로 우승을 차지하며 자신의 능력을 다시 한번 입증했다. 그의 2025/26시즌 목표는 실리적이고 명확한다. 프리미어리그 잔류. 그래서 선수들에게 매우 높은 기준을 요구하며, 프리미어리그 생존을 위해 창의적인 선수 영입과 전술적 발전을 모색하고 있다. 그는 최근 인터뷰에서 "프리미어리그와 챔피언십의 격차는 점점 벌어지고 있다"며, 생존을 위해서는 현명한 투자가 필수적이라고 강조했다.

📋 감독 인터뷰

"프리미어리그와 챔피언십의 격차는 점점 벌어지고 있다. 특히 새로 승격한 클럽이 바로 적절한 투자를 할 수 없다면 이러한 격차를 메우기가 어렵다. 클럽은 선수, 훈련 시설, 스카우팅에 기꺼이 투자해야 한다."

감독 프로필

통산	선호 포메이션	승률
548 경기 **261** 승 **137** 무 **150** 패	**4-2-3-1**	**47.6**%

시즌 키워드

#승격전문가   **#PL은글쎄**   **#전술타협필요**

우승 이력

- EFL 챔피언십 (2018/19, 2020/21, 2024/25)

경력

2009~2015	2015~2017	2017~2021	2022	2022~2023	2023~
SV립슈타트08	도르트문트II	노리치시티	크라스노다르	묀헨글라트바흐	리즈유나이티드

LEEDS UNITED

IN

안톤 슈타흐
(호펜하임)

야카 비올
(우디네세)

션 롱스태프
(뉴캐슬)

가브리엘 구드문드손
(릴)

제바스티안 보르나우
(볼프스부르크)

루카스 페리
(리옹)

루카스 은메차
(볼프스부르크)

도미닉 칼버트르윈
(FA)

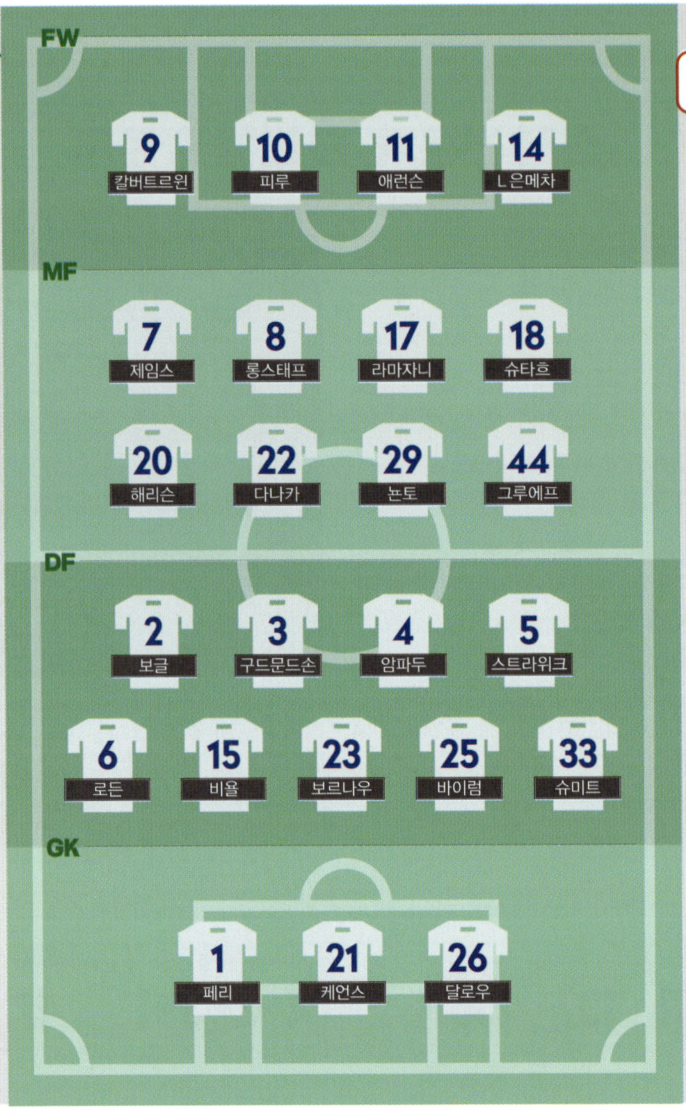

OUT

주니오르 피르포
(베티스)

조슈아 길라보기
(-)

조 켈하트
(헐시티)

FW
- 9 칼버트르윈
- 10 피루
- 11 애런슨
- 14 L 은메차

MF
- 7 제임스
- 8 롱스태프
- 17 라마자니
- 18 슈타흐
- 20 해리슨
- 22 다나카
- 29 논토
- 44 그루에프

DF
- 2 보글
- 3 구드문드손
- 4 암파두
- 5 스트라위크
- 6 로든
- 15 비올
- 23 보르나우
- 25 바이럼
- 33 슈미트

GK
- 1 페리
- 21 케언스
- 26 달로우

히든풋볼의 이적시장 평가

프리미어리그로 복귀한 리즈는 팀의 중심축을 강화하기 위해 상당한 투자를 감행하며 분명한 의지를 보였다. 승격 전문가인 다니엘 파르케 감독은 챔피언십과 1부 리그의 격차가 커지고 있음을 잘 알고 있다. 유일하고 최우선적인 목표는 잔류다. 시즌의 성공은 수비수 비올과 구드문드손, 미드필더 슈타흐, 공격수 은메차 등 새로 영입된 핵심 선수들이 프리미어리그의 속도와 높은 수준에 얼마나 빨리 적응하느냐에 달려 있다.

SQUAD & BEST11

2024/25시즌 스탯 Top 3

Formation:
- 7 제임스 / 10 피루 / 29 논토
- 18 슈타흐 / 22 다나카 / 4 암파두
- 3 구드문드손 / 15 비욜 / 6 로든 / 2 보글
- 1 페리

득점 Top 3
- 요엘 피루 — 19골
- 다니엘 제임스 — 12골
- 마노르 솔로몬 — 10골

도움 Top 3
- 마노르 솔로몬 — 12도움
- 주니오르 피르포 — 10도움
- 다니엘 제임스 — 9도움

출전시간 Top 3
- 조 로든 — 4,136분
- 제이든 보글 — 3,836분
- 브렌든 애런슨 — 3,572분

히든풋볼의 순위 예측

보강을 많이 했다. 잔류를 위한 준비는 끝났다. 쉬워 보이진 않지만 승격팀들 중 유일하게 잔류하지 않을까?

파르케 감독의 팀과 축구는 정말 매력적이나 그것이 곧 잔류를 말해주진 않는다. 얼마나 타협할 건지가 관건.

전체적인 전력 보강, 공격적인 축구, 파르케 감독의 전술 등은 흥미롭다. 하지만 PL 잔류는 그 이상이 필요하다.

승격팀 중 PL의 거친 생존 경쟁에서 살아남을 것이다. 감독의 PL 경험이 잔류에 중요한 자산이 될 것이다.

파르케 감독의 리즈는 이미 팀적으로 완성이 된 상황이다. 안정적인 리그 잔류가 예상된다.

PL에서의 경쟁이 쉽지 않다. 특유의 공격성이 오히려 수비 쪽에 큰 문제를 안겨줄 듯.

 17위 · 이주헌

 18위 · 박종윤

 19위 · 송영주

 17위 · 임형철

 15위 · 남윤성

 19위 · 이완우

PL로의 귀환, 생존과 증명의 시간

리즈는 2024/25시즌 챔피언십에서 승점 100점을 획득하며 우승, 프리미어리그로의 자동 승격을 이뤄 냈다. 그들의 성공은 95골이라는 경이적인 공격력과 평균 61.3%에 달하는 높은 볼 점유율을 기반으로 한 압도적인 축구에서 비롯되었다. 시즌 기대 득점값이 89.1로 유럽 전체에서 바르셀로나에 이어 2위를 기록했다는 사실은 그들의 기회 창출 능력이 우연이 아님을 증명한다. 리즈는 야카 비올, 안톤 슈타흐, 루카스 은메차 등 다수의 선수를 영입하며 전력을 보강했다. 단순한 생존이 아닌, 프리미어리그 무대에서 안정적으로 자리 잡겠다는 의지를 표명했다.

하지만 리즈의 앞길에는 '번리 딜레마'라는 그림자가 드리워져 있다. 과거 번리가 승점 101점으로 승격했음에도 다음 시즌 곧바로 강등당했던 사례는 리즈에게 중요한 경고 메시지를 던진다. 챔피언십을 지배했던 리즈의 공격적이고 점유율 높은 스타일이, 더 높은 수준의 수비 조직력과 치명적인 역습을 구사하는 프리미어리그 팀들을 상대로도 통할 수 있을지는 미지수다. 다니엘 파르케 감독이 자신의 축구 철학을 고수할 것인지, 아니면 생존을 위해 어느 정도의 실리적인 변화를 택할 것인지, 이 스타일에 대한 해답을 찾는 과정이 리즈의 2025/26시즌 운명을 결정할 것이다.

리즈의 프리미어리그 잔류 여부는 다채로운 공격진과 새로 보강된 수비진의 조화에 달려 있다. 리즈의 가장 큰 강점은 특정 선수에게 득점을 의존하지 않았다는 점이다. 지난 시즌 무려 7명의 선수가 5골 이상을 기록하며 챔피언십 기록과 타이를 이뤘다. 팀 내 최다 득점자인 요엘 피루(19골)를 필두로, 윙어 대니얼 제임스(12골 9도움)와 마노르 솔로몬(10골 12도움)이 측면을 책임졌다. 여기에 창의성을 더하는 브랜던 애런슨과 윌프리드 논토(각각 9골)까지. 이 다양한 공격 옵션은 프리미어리그의 견고한 수비 블록을 무너뜨릴 핵심 무기가 될 것이다.

리즈의 점유율 축구는 후방에서부터 시작된다. 볼 다루는 능력이 뛰어난 센터백 조 로든과 파스칼 스트라위크가 빌드업의 핵이다. 생존을 위한 가장 중요한 퍼즐 조각은 새로 영입된 야카 비올이 될 가능성이 높다. 191cm의 장신인 이 슬로베니아 국가대표 센터백은 지난 시즌 세리에 A에서 클리어런스 4위를 기록할 만큼 순수한 수비력과 제공권 장악 능력을 갖추고 있다. 기술적인 축구에 수비적인 단단함이 더해질 때, 리즈의 생존 가능성은 비로소 현실이 될 것이다.

LEEDS UNITED

1 GK
Lucas Perri

루카스 페리
국적 브라질 | **나이** 27 | **신장** 197 | **체중** 94 | **평점** 7.11

올랭피크 리옹에서 합류한 브라질 국가대표 출신 골키퍼. 197cm의 압도적인 신체 조건을 바탕으로 한 공중볼 처리 능력과 뛰어난 반사 신경이 최대 강점이다. 지난 시즌 리그앙에서 72.5%의 높은 선방률과 기대 실점 대비 6.05골을 더 막아내는 경이로운 활약을 펼쳤다. 특히 페널티킥 선방 능력이 뛰어나 팀의 위기 상황에서 안정감을 더해 줄 자원이다. 손으로 던지는 스로잉을 통한 빠른 역습 전개는 팀의 새로운 공격 옵션이 될 수 있다. 다만, 긴 패스의 정확도는 다소 개선이 필요하다. 멜리에와의 치열한 주전 경쟁을 통해 리즈의 골문을 더욱 견고하게 만들 것으로 기대된다.

2024/25시즌

	33 GAMES	2,970 MINUTES	44 실점	72.5 선방률	
1	116 세이브	10 클린시트	추정가치: 10,000,000€	30.30 클린시트 성공률	0/3 PK 방어 기록	0

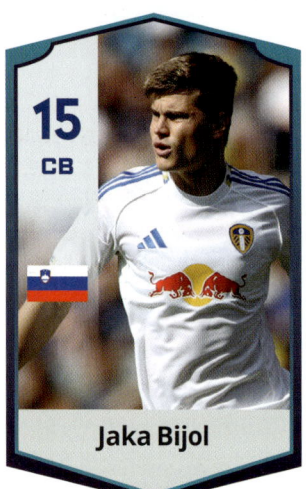

15 CB
Jaka Bijol

야카 비욜
국적 슬로베니아 | **나이** 26 | **신장** 190 | **체중** 85 | **평점** 6.78

1,500만 파운드의 이적료로 우디네세에서 합류한 슬로베니아 국가대표 센터백. 세리에 A에서 검증된 수비수로, 190cm의 강력한 피지컬과 뛰어난 제공권 장악 능력이 돋보인다. 지난 시즌 67.1%의 높은 공중볼 경합 승률을 기록했으며, 경기 흐름을 읽고 상대 공격을 차단하는 능력이 탁월하다. 3백 전술 경험이 풍부해 파르케 감독에게 다양한 전술적 옵션을 제공할 수 있다. 기술적인 빌드업보다는 수비 본연의 임무에 충실한 '스토퍼' 유형의 선수다. 하지만 발이 빠른 공격수를 상대할 때의 뒷공간 커버 능력은 프리미어리그에서 검증이 필요하다.

2024/25시즌

	34 GAMES	2,964 MINUTES	1 GOALS	0 ASSISTS	
11	0.56 경기당슈팅	0.18 유효슈팅	추정가치: 18,000,000€	34.97 경기당패스	83.80 패스성공률	1

6 CB
Joe Rodon

조 로든
국적 웨일스 | **나이** 27 | **신장** 193 | **체중** 90 | **평점** 7.25

2024/25시즌 챔피언십 우승의 핵심 수비수. 승격 시즌 동안 든든한 활약을 펼쳤다. 투지 넘치는 대인 방어와 뛰어난 예측력을 바탕으로 한 인터셉트가 강점이다. 현대 축구에서 수비수의 역할은 단순한 방어를 넘어 빌드업까지 참여하는 것으로 확대되었다. 큰 키를 활용한 제공권 다툼에 능하며, 동료들과의 호흡도 좋다. 몸을 사리지 않는 헌신적인 플레이로 수비진에 안정감을 더한다. 비욜, 보르나우 등 새로운 경쟁자들이 합류하면서 주전 자리를 장담할 수 없게 되었지만, 풍부한 경험을 바탕으로 여전히 중요할 때 활약을 보여 줄 것으로 기대된다.

2024/25시즌

	46 GAMES	4,136 MINUTES	1 GOALS	0 ASSISTS	
5	0.09 경기당슈팅	0.04 유효슈팅	추정가치: 10,000,000€	81.26 경기당패스	96.40 패스성공률	0

PLAYERS

파스칼 스트라위크

국적 네덜란드 | **나이** 26 | **신장** 190 | **체중** 78 | **평점** 7.33

강력한 왼발을 지닌 제공권의 강자. 챔피언십 최소 실점 수비의 중심을 잡았다. 득점 기회를 만드는 중요한 전술적 요소인 세트피스 상황에서 위협적인 공격 옵션으로, 지난 시즌 리그에서 5골을 터뜨리는 인상적인 득점력을 과시했다. 90.1%에 달하는 높은 패스 성공률을 기록하며 빌드업에도 기여하지만, 프리미어리그 레벨에서는 수비 위치 선정과 순간적인 판단력이 시험대에 오를 것이다. 경쟁은 발전의 원동력이 된다. 최상위 궁격수들과의 일대일 수비 능력과 집중력은 지금보다 더 성장이 필요하다. 새로운 경쟁자들의 합류로 더욱 치열한 주전 경쟁에 직면했다.

2024/25시즌

3	35 GAMES	2,821 MINUTES	5 GOALS	0 ASSISTS	0
	0.8 경기당슈팅	0.31 유효슈팅	추정가치: 18,000,000€	75.91 경기당패스	90.50 패스성공률

에단 암파두

국적 웨일스 | **나이** 24 | **신장** 183 | **체중** 79 | **평점** 7.43

2024/25시즌 팀의 주장을 맡은 핵심 선수. 여러 포지션을 소화할 수 있는 선수는 감독에게 전술적 유연성을 제공하는데, 센터백과 수비형 미드필더를 모두 소화할 수 있는 다재다능함이 최대 강점이다. 챔피언십 최고 수준의 패스 능력을 바탕으로 팀의 후방 빌드업을 이끌며, 뛰어난 축구 지능으로 수비 라인을 조율한다. 지난 시즌 챔피언십에서 90분당 88회의 패스를 시도하며 89.3%의 높은 성공률을 기록했다. 센터백으로 뛰기에 제공권이 다소 약하지만, 정확한 태클 능력으로 이를 보완한다. 그의 리더십은 새로 합류한 수비수들이 팀에 빠르게 적응하는 데 결정적인 역할을 할 것이다.

2024/25시즌

7	29 GAMES	2,286 MINUTES	0 GOALS	0 ASSISTS	0
	0.06 경기당슈팅	0.03 유효슈팅	추정가치: 20,000,000€	75.27 경기당패스	90.00 패스성공률

가브리엘 구드문드손

국적 스웨덴 | **나이** 26 | **신장** 181 | **체중** 74 | **평점** 6.83

주니어 피르포의 공백을 메우기 위해 릴에서 영입된 스웨덴 국가대표 레프트백. 폭발적인 스피드와 저돌적인 드리블을 바탕으로 한 오버래핑 공격이 돋보인다. 지난 시즌 리그앙에서 30경기에 출전해 2골을 기록하며 공격적인 재능을 입증했다. 수비 상황에서의 판단력과 크로스의 정확성은 다소 기복이 있지만, 그의 운동 능력은 프리미어리그의 빠른 템포에 적합하다. 베테랑 샘 바이람과는 다른 유형의 공격적인 옵션을 제공할 것이다. 공격적인 성향 탓에 수비 시 배후 공간을 노출하는 경우가 있어 수비 안정성 보완이 필요하다.

2024/25시즌

3	30 GAMES	1,786 MINUTES	2 GOALS	0 ASSISTS	0
	0.6 경기당슈팅	0.16 유효슈팅	추정가치: 7,000,000€	25.66 경기당패스	85.30 패스성공률

LEEDS UNITED

2 RB
Jayden Bogle

제이든 보글
국적 잉글랜드 | **나이** 25 | **신장** 178 | **체중** 69 | **평점** 7.34

챔피언십 무대를 평정한 공격형 라이트백. 지난 시즌 44경기에 출전해 6골 4도움을 기록하며 팀의 핵심 공격 루트로 활약했다. 현대 축구에서 풀백은 공격과 수비를 모두 담당하는 멀티플레이어로 진화했는데, 그런 면에서 제이든 보글은 폭발적인 스피드와 과감한 드리블 돌파가 장점이며, 끊임없이 상대 진영으로 침투해 기회를 창출한다. 다만, 공격에 집중하는 스타일 탓에 수비 뒷공간을 노출하는 경우가 잦고, 패스의 정확성 또한 개선이 필요하다. 프리미어리그의 빠른 측면 공격수들을 상대로 수비적인 시험대에 오를 것이다. 수비 위치 선정과 일대일 방어 능력의 향상 여부가 그의 프리미어리그에서의 평가를 가를 것이다.

2024/25시즌

	44 GAMES	3,834 MINUTES	6 GOALS	4 ASSISTS	
12	1.07 경기당슈팅	0.32 유효슈팅	추정가치: 9,000,000€	41.02 경기당패스	78.00 패스성공률	0

18 CDM
Anton Stach

안톤 슈타흐
국적 독일 | **나이** 26 | **신장** 194 | **체중** 88 | **평점** 7.26

1,740만 파운드의 이적료로 호펜하임에서 합류한 독일 국가대표 출신 수비형 미드필더. 194cm의 장신에서 나오는 압도적인 피지컬과 제공권이 최대 강점이다. 지난 시즌 분데스리가에서 90분당 인터셉트 1.65개, 클리어링 3.65개를 기록하며 수비적인 기여도가 매우 높았다. 그는 뛰어난 태클과 인터셉트, 공중볼 경합 능력을 자랑한다. 수비력뿐만 아니라 안정적인 볼 컨트롤과 전진 드리블, 패스 배급 능력도 갖추고 있어, 리즈가 지난 프리미어리그 시즌에 가장 필요로 했던 중원의 안정화에 핵심적인 역할을 수행할 것으로 기대된다.

2024/25시즌

	30 GAMES	2,590 MINUTES	1 GOALS	2 ASSISTS	
8	1.16 경기당슈팅	0.33 유효슈팅	추정가치: 14,000,000€	47.5 경기당패스	83.40 패스성공률	0

8 CM
Sean Longstaff

션 롱스태프
국적 잉글랜드 | **나이** 27 | **신장** 180 | **체중** 65 | **평점** 6.51

뉴캐슬 유나이티드에서 영입한 프리미어리그 베테랑 미드필더. 지치지 않는 활동량과 투지 넘치는 압박이 트레이드마크인 박스투박스 미드필더다. 팀을 위해 헌신하는 플레이와 뛰어난 전술 이해도를 바탕으로 중원에 안정감을 더한다. 지난 시즌 출전 시간은 적었지만, 170경기 이상의 프리미어리그 경험은 승격팀 리즈에 무엇과도 바꿀 수 없는 귀중한 자산이다. 지치지 않는 활동량과 강력한 압박이 최대 강점이며, 공격 상황 시 페널티 박스 안으로 침투하는 움직임이 위협적이다. 단, 기술적인 섬세함이나 패스의 안정성은 기복이 있다.

2024/25시즌

	25 GAMES	786 MINUTES	0 GOALS	0 ASSISTS	
2	0.24 경기당슈팅	0.04 유효슈팅	추정가치: 20,000,000€	13.44 경기당패스	86.00 패스성공률	0

PLAYERS

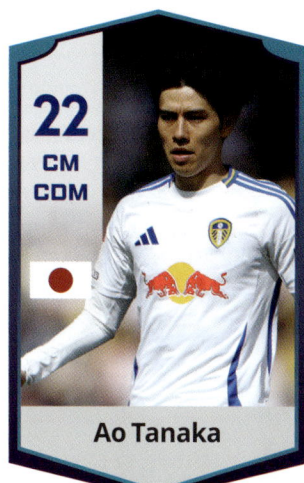

22 CM CDM
Ao Tanaka

다나카 아오
국적 일본 | **나이** 26 | **신장** 180 | **체중** 75 | **평점** 7.43

승격 시즌 팀의 핵심 엔진. 5골 2도움을 기록하며 공수 양면에서 맹활약했다. 왕성한 활동량을 바탕으로 그라운드 전체에 영향력을 행사하며, 89.9%의 높은 패스 성공률로 팀의 공수 연결고리 역할을 수행했다. 기술적으로 매우 뛰어나며 안정적인 볼 컨트롤과 넓은 시야, 정확한 패스가 강점이다. 하지만 프리미어리그의 빠르고 거친 템포에 적응하는 것이 과제다. 강한 피지컬 싸움에서는 다소 밀리는 모습을 보일 수 있다. 슈타흐, 롱스태프 등 피지컬이 좋은 동료들과의 시너지를 통해 자신의 기술적 장점을 극대화해야 한다.

2024/25시즌

8	43 GAMES	3,316 MINUTES	5 GOALS	2 ASSISTS	0
	1 경기당슈팅	0.25 유효슈팅	추정가치: 10,000,000€	60.83 경기당패스	89.90 패스성공률

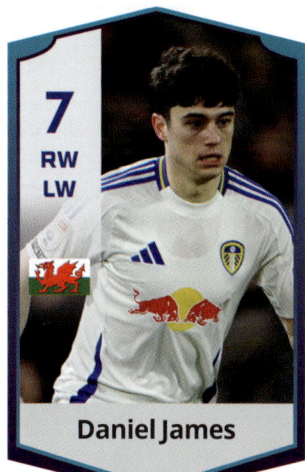

7 RW LW
Daniel James

다니엘 제임스
국적 웨일스 | **나이** 27 | **신장** 170 | **체중** 76 | **평점** 7.17

2024/25시즌 '올해의 선수'에 선정된 폭발적인 스피드스터다. 12골 9도움을 기록하며 팀의 승격을 이끌었다. 그의 폭발적인 주력은 역습 상황에서 상대 수비에겐 공포 그 자체다. 스피드는 축구에서 중요한 무기이지만, 기술적 완성도와 조화를 이루어야 하기에, 좁은 공간에서의 세밀한 볼 컨트롤과 크로스 및 슈팅의 정확성은 여전히 개선이 필요하다. 프리미어리그의 밀집 수비를 상대로도 자신의 최대 강점인 스피드를 활용할 수 있는 공간을 얼마나 만들어 내느냐가 관건이다. 종종 햄스트링 잔부상이 찾아오는 것도 제임스의 새 시즌 변수 중 하나다.

2024/25시즌

4	36 GAMES	2,616 MINUTES	12 GOALS	9 ASSISTS	0
	2.75 경기당슈팅	1 유효슈팅	추정가치: 18,000,000€	17.55 경기당패스	67.90 패스성공률

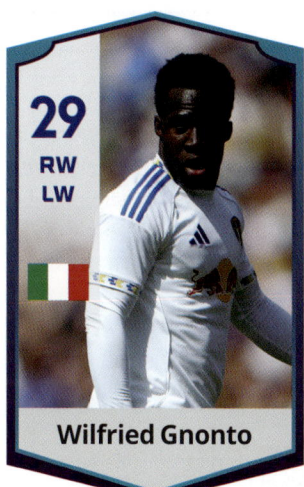

29 RW LW
Wilfried Gnonto

윌프리드 뇬토
국적 이탈리아 | **나이** 21 | **신장** 170 | **체중** 71 | **평점** 7.04

'올해의 영플레이어' 상을 수상한 이탈리아의 신성. 엄청난 속도와 낮은 무게중심을 활용한 폭발적인 드리블 돌파가 일품이며, 9골 6도움을 기록하며 팀 공격에 활기를 불어넣었다. 과감하고 저돌적인 플레이 스타일을 가져 쉽게 상대 수비를 무너뜨릴 수 있는 능력을 갖췄지만, 때때로 감정적인 모습과 기복 있는 경기력은 보완해야 할 점이다. 특히 마지막 패스나 슈팅의 판단력 개선이 필요하다. 파르케 감독은 그를 주로 오른쪽에 기용했지만, 안쪽으로 파고드는 플레이에 능한 만큼 왼쪽 측면에서 더 큰 위력을 발휘할 수 있는 선수다.

2024/25시즌

5	43 GAMES	2,280 MINUTES	9 GOALS	6 ASSISTS	0
	1.9 경기당슈팅	0.67 유효슈팅	추정가치: 22,000,000€	21.25 경기당패스	81.40 패스성공률

LEEDS UNITED

10 CF
Joël Piroe

요엘 피루

국적 네덜란드 | **나이** 26 | **신장** 185 | **체중** 74 | **평점** 7.02

지난 시즌 19골 7도움으로 챔피언십 득점왕에 오른 팀의 해결사. 강력하고 정교한 슈팅을 바탕으로 박스 안팎 어디서든 양발을 가리지 않고 득점을 만들어 낼 수 있는 천부적인 선수다. 최전방에 머무르기보다 2선으로 내려와 공격을 조율하는 '가짜 9번' 역할에 능숙하다. 하지만 활동량과 수비 가담이 부족하고 스피드가 빠르지 않아, 빠르고 피지컬이 강한 프리미어리그 수비수들을 상대로 고립될 가능성이 있다. 그리고 종종 쉬운 기회를 놓치는 경향이 있어 팬들의 평가가 엇갈린다. 그의 득점력이 프리미어리그에서도 통할지가 리즈의 성적을 좌우할 것이다.

2024/25시즌

	GAMES	MINUTES	GOALS	ASSISTS	
2	46	3,090	19	7	0
	2.21 경기당슈팅	0.89 유효슈팅	추정가치: 18,000,000€	16 경기당패스	77.30 패스성공률

14 CF WF
Lukas Nmecha

루카스 은메차

국적 독일 | **나이** 26 | **신장** 185 | **체중** 80 | **평점** 6.58

볼프스부르크에서 자유 계약으로 합류한 독일 국가대표 공격수. 최전방과 측면을 모두 소화할 수 있는 다재다능함을 갖췄다. 피지컬, 스피드, 제공권을 두루 갖춘 다재다능한 스트라이커로, 피루와는 다른 유형의 공격 옵션을 제공한다. 안더레흐트 시절 37경기 18골을 기록하며 잠재력을 입증했다. 다만, 잦은 부상 경력과 볼프스부르크에서의 저조한 득점 기록은 우려되는 부분이다. 부상 이력이 많은 선수일수록 컨디션 관리가 시즌의 성과를 좌우하는 만큼, 건강을 유지하는 것이 가장 큰 과제다. 그의 합류는 리즈 공격진에 새로운 차원의 힘과 높이를 더해 줄 것이다.

2024/25시즌

	GAMES	MINUTES	GOALS	ASSISTS	
1	19	456	3	0	0
	1.05 경기당슈팅	0.47 유효슈팅	추정가치: 3,000,000€	4.78 경기당패스	66.10 패스성공률

11 AM
Brenden Aaronson

브렌든 애런슨

국적 미국 | **나이** 24 | **신장** 178 | **체중** 70 | **평점** 6.94

2023/24시즌 우니온 베를린 임대를 마친 후 돌아와 빠르게 자리를 잡았다. 지난 시즌 9골 2도움을 기록하며 공격적인 재능을 다시 한번 입증했다. 지치지 않는 에너지와 강력한 전방 압박이 최대 강점이지만, 피지컬적인 약점과 마지막 패스나 슈팅의 세밀함 부족은 여전히 개선이 필요하다. 상대 수비와 미드필더 사이의 공간을 끊임없이 파고드는 움직임은 매우 위협적이다. 세계 최고 수준의 프리미어리그에서는 강한 피지컬과 기술이 필수다. 이번 시즌 브렌든 애런슨은 프리미어리그에서 거친 몸싸움을 이겨 내고 꾸준한 활약을 펼칠 수 있음을 증명해야 한다.

2024/25시즌

	GAMES	MINUTES	GOALS	ASSISTS	
1	46	3,567	9	2	0
	1.86 경기당슈팅	0.6 유효슈팅	추정가치: 15,000,000€	26.41 경기당패스	83.00 패스성공률

전지적 작가 시점

임형철이 주목하는 리즈의 원픽!
도미닉 칼버트르윈

프리미어리그로 돌아온 리즈 유나이티드. 그러나 다니엘 파르케 감독은 "공격진이 아직 프리미어리그 수준에 미치지 못한다"고 인정하며 위기감을 드러냈다. 이 상황 속에서 리즈가 내놓은 해답은 자유 계약으로 영입한 도미닉 칼버트르윈이다. 이는 리즈의 생존을 건 도박이다. 칼버트르윈이 건강할 때, 그는 프리미어리그에서 검증된 골잡이다. 239경기에서 57골을 기록했으며, 제공권과 페널티 박스 안에서의 존재감은 타의 추종을 불허한다. 그러나 그의 경력은 '부상'이라는 그림자에 가려져 있다. 2021/22시즌 발가락 골절로 126일간 결장했고, 2022/23시즌에는 무릎과 햄스트링 부상으로 137일을 이탈했으며, 2024/25시즌 역시 100일간의 햄스트링 부상으로 신음했다. 그의 기량은 의심의 여지가 없지만, 그 기량을 경기장에서 보여줄 수 있을지에 대한 의문부호가 크다. 이 영입은 단순히 그의 건강에만 베팅하는 것이 아니다. 이는 파르케 감독의 축구 철학 자체를 시험대에 올리는 전술적 도박이기도 하다. 파르케 감독은 점유율을 중시하는 포메이션을 기반으로 공격을 만들어 가는 스타일을 선호한다. 하지만 칼버트르윈은 이와는 정반대의 스타일을 가진 타겟형 스트라이커다.

지금 리즈에 이 선수가 있다면!
이고르 파이샹

리즈 유나이티드가 페예노르트의 윙어 이고르 파이샹을 영입한다면, 이는 프리미어리그 생존을 위한 단순한 전력 보강을 넘어 다니엘 파르케 감독의 전술적 철학을 완성하는 결정적인 한 수가 될 것이다. 리즈는 챔피언십 우승을 통해 프리미어리그로 복귀했고, 여름 이적 시장에서 약 9,000만 파운드에 달하는 자금을 투자하며 수비와 미드필드의 피지컬을 강화하는 데 집중했다. 하지만 팀의 창의성과 파괴력은 여전히 물음표로 남아있다. 도미닉 칼버트르윈, 루카스 은메차, 노아 오카포 등 새로운 공격수들이 합류했지만, 이들에게 꾸준히 기회를 공급해 줄 엘리트 수준의 '창조자'가 부재한 상황이다. 바로 이 지점에서 이고르 파이샹의 가치가 빛난다. 파르케 감독의 전술은 점유율을 기반으로 하되, 측면 윙어의 파괴력을 통해 공격을 전개하는 데 핵심이 있다. 과거 노리치 시티에서 에미 부엔디아라는 윙어를 통해 성공을 거뒀듯, 그의 시스템은 측면에서 중앙으로 파고들며 일대일 돌파와 패스로 경기를 풀어줄 선수를 필요로 한다. 이고르 파이샹은 이 모든 조건을 충족시키는 선수다. 그는 전술적 퍼즐을 완성할 마지막 조각이며, 투자가 결실을 볼 수 있도록 팀의 공격력을 책임질 핵심 엔진이 될 것이다.

MARTIN DURAVKA
MAX WEISS
ETIENNE GREEN
VALAV HLADKY
MAXIME ESTEVE
AXEL TUANZEBE
QUILINDSCHY HARTMAN
CONNOR ROBERTS
KYLE WALKER
JOSH CULLEN
HANNIBAL MEJBRI
JOSH LAURENT
AARON RAMSEY
JAIDON ANTHONY
JACOB BRUUN LARSEN
MARCUS EDWARDS
LOUM TCHAOUNA
ZIAN FLEMMING
OLIVER SONNE
LUCAS PIRES
JORDAN BEYER
HANNES DELCROIX

Burnley

BURNLEY

번리 Burnley

- 창단 년도 | 1882년
- 최고 성적 | 우승 (1920/21, 1959/60)
- 경기장 | 터프 무어 (Tuff Moor)
- 경기장 수용 인원 | 21,944명
- 지난 시즌 성적 | 챔피언십 2위
- 별칭 | The Clarets (클라렛)
- 상징색 | 마젠타 (와인색)
- 레전드 | 조지 빌, 레이 포인터, 지미 매클로이, 윌리 어빈, 로비 블레이크 등

히스토리

번리는 잉글랜드 번리에 연고지를 둔 축구 클럽으로 1882년 창단하였다. 오랜 역사와 전통을 자랑하는 잉글랜드 풋볼 리그의 원년부터 참여했던 역사가 깊은 구단이지만, 1900년대 중반 이후 메이저 대회에서 뚜렷한 족적을 남기지 못하고 있으며, 현재도 프리미어 리그 승격과 강등을 반복하고 있다. 다만 이번에 승격한 번리는 완벽한 수비 조직력을 자랑하면서 승격했기 때문에 지난번 승격 때와는 다른 기대감을 모으고 있다. 견고한 수비는 축구에서 승리의 기반이 된다. 번리가 다음 시즌에도 프리미어 리그에 잔류하기 위해서는 무엇보다 실점을 최소화하는 것이 중요하다. 전례 없는 챔피언십 리그 16실점이라는 기록을 만들어 내며 승격한 번리, 과연 PL에서도 그러한 수비 조직력을 보여줄 수 있을지 많은 축구 팬들의 기대를 모으고 있다.

최근 5시즌 리그 순위 변동

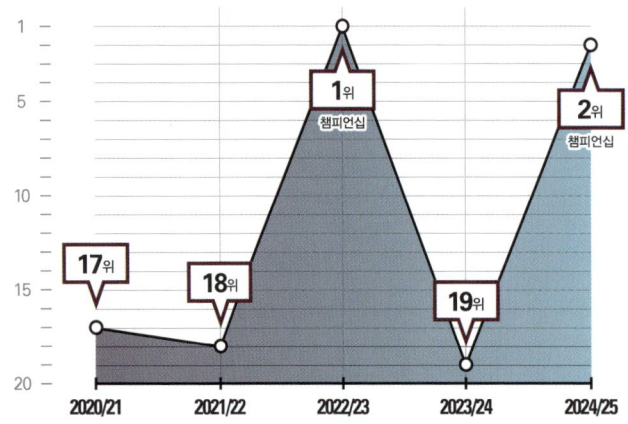

클럽레코드 IN & OUT

최고 이적료 영입 IN
레슬리 우고추쿠
2,870만 유로
(2025년 8월, from 첼시)

최고 이적료 판매 OUT
제임스 트래포드
3,120만 유로
(2025년 7월, to 맨체스터시티)

CLUB & MANAGER

스콧 파커 Scott Parker | 1980년 10월 13일 | 44세 | 잉글랜드

승격 전도사 스콧 파커, 이번엔 다르다?!

스콧 파커는 이전에도 챔피언십 팀을 이끌고 두 차례 승격을 이끈 경험이 있다. 풀럼과 본머스에 이어 번리까지 놀라운 성과를 또 한 번 이뤘다. 문제는 그동안 승격 이후의 행보가 좋지 못했다. 풀럼을 승격시킨 후엔 1부 리그에서 저조한 성적으로 바로 다음 시즌 강등되었고, 본머스에서도 승격 이후 리그 초반 저조한 성적으로 빠르게 경질되기도 했었다. 안 좋은 기억만 남았던 지난 두 번의 승격 이후 과정이었지만, 이번 시즌 번리는 기대해 볼 만하다. 챔피언십에서 전무후무한 리그 46경기 16실점이라는 대기록을 달성했고, 46경기 중에 무려 30경기에서 클린 시트를 달성하기도 했다. 무대는 다르지만 첼시가 2004/05시즌 PL에서 38경기에서 15실점했던 때보다 경기 수 대비 실점률로 따지면 더 대단한 수치를 만들어 낸 것이다. 이러한 수비 조직력을 바탕으로 PL에서 생존할 수 있을지 눈여겨보자.

📋 감독 인터뷰

"이제 프리미어리그에서 우리의 색깔을 보여 줄 차례다. 선수들도 정신적으로 잘 무장되어 있으며, PL 잔류가 최우선 목표다."

감독 프로필

통산	선호 포메이션	승률
222 경기 **98** 승 **60** 무 **64** 패	**4-2-3-1**	**44.1%**

시즌 키워드

#질식수비 | **#PL재도전** | **#잔류?**

경력

2019~2021	2021~2022	2022~2023	2024~

풀럼	본머스	클뤼프브뤼허KV	번리

BURNLEY

FW
- 7 브룬 라르센
- 9 포스터
- 10 에드워즈
- 11 앤서니

- 17 차우나
- 19 플러밍
- 25 암도우니
- 26 벤슨

MF
- 27 브로야
- 31 트레소르
- 35 반스
- 45 오바페미

- 8 우고추쿠
- 21 A. 램지
- 24 컬렌
- 28 메브리
- 29 로런트

DF
- 2 워커
- 3 하르트만
- 4 워럴
- 5 에스테브

- 6 튀앙제브
- 12 험프리스
- 14 로버츠
- 18 에크달

- 22 소네
- 23 피레스
- 36 바이어
- 44 델크루아

GK
- 1 두브라프카
- 13 바이스
- 20 그린
- 32 흘라드키

IN
- 마커스 에드워즈 (스포르팅)
- 제이든 앤서니 (본머스)
- 지안 플러밍 (밀월)
- 바시르 험프리스 (첼시)
- 막스 바이스 (카를스루에)
- 크빌린치 하르트만 (페예노르트)
- 악셀 튀앙제브 (입스위치)
- 룸 차우나 (라치오)
- 카일 워커 (맨시티)
- 야콥 브룬 라르센 (슈투트가르트)
- 마르틴 두브라프카 (뉴캐슬)
- 레슬리 우고추쿠 (첼시)
- 아르만도 브로야 (첼시)

OUT
- CJ 이건라일리 (FA)
- 다라 코스텔로 (위건)
- 조시 브라운힐 (FA)
- 존조 셸비 (FA)
- 네이션 레드몬드 (FA)
- 안드레아스 하운톤지 (장크트파울리)
- 한노아 마셍고 (아우크스부르크)
- 제임스 트래포드 (맨시티)
- 오웬 도지슨 (스톡포트카운티)
- 루카 콜레오쇼 (에스파뇰, 임대)

히든풋볼의 이적시장 평가

할 수 있는 최선의 전력 보강을 보여 주었다. 승격팀으로서 재정적으로 무리하지 않는 선에서 다양한 포지션에 보강을 진행했던 이적 시장이었고, 팀을 떠난 주축 선수들의 공백을 메우기 위해 PL 경험이 어느 정도 있는 베테랑 혹은 재능 있는 어린 선수들을 적절히 데려왔다. 경험과 젊음의 조화는 팀 구성에서 중요하다. 균형 잡힌 스쿼드가 성공의 열쇠다.

히든풋볼 이적시장 평가단

SQUAD & BEST11

2024/25시즌 스탯 Top 3

득점 Top 3
- 조시 브라운힐 — 18골
- 지안 플레밍 — 12골
- 제이든 앤서니 — 8골

도움 Top 3
- 제이든 앤서니 — 7도움
- 조시 브라운힐 — 6도움
- 라일 포스터 — 5도움

출전시간 Top 3
- 막심 에스테브 — 4,057분
- 제임스 트래포드 — 4,050분
- 조쉬 컬렌 — 3,810분

BEST 11

- 11 앤서니
- 27 브로야
- 7 브룬 라르센
- 24 컬렌
- 28 메브리
- 8 우고추쿠
- 3 하르트만
- 5 에스테브
- 18 에크달
- 2 워커
- 1 두브라프카

히든풋볼의 순위 예측

공격력이 좀 더 살아나 줘야 한다. 경험 많은 카일 워커가 번리에 왔지만 큰 기대를할 수 없지만 상황이다.

19위 · 이주헌

대단한 수비력을 내세우며 다시 PL에 도전장을 내밀었다. 첼시 출신 선수들이 새로움을 더해 줄 수 있다.

17위 · 박종윤

수비를 바탕으로 PL에 재등장했다. 공격은 아쉽지만 수비는 위력을 발휘할 듯. 목표는 수비를 통한 PL에서 버티기.

15위 · 송영주

챔피언십에서의 압도적인 수비력을 이끌던 핵심 선수들의 이탈로 전력이 크게 약화, 최하위 강등이 유력해 보인다.

20위 · 임형철

번리가 쉽게 강등될 것 같지는 않다. 하지만 결국 누군가는 강등돼야 한다. 함께 승격한 팀들에 비해 공격력 부족.

20위 · 남윤성

공격은 아쉬울지언정 수비적인 단단함과 끈끈함이 PL에서의 생존력을 가져다줄 것으로 기대된다.

16위 · 이완우

챔피언십 역대 최고의 수비조직력, PL에서도?!

지난 시즌 스콧 파커의 번리는 챔피언십에서 역대급 시즌을 만들어 냈다. 승점 100점, 클린시트 30회, 46경기 16실점으로 챔피언십 역대 최소 실점 기록을 새롭게 썼다. 과거 04/05시즌 첼시의 38경기 15실점이 PL 역사에 전무후무한 기록이 될 것이라고 언급될 정도로 놀라운 기록이었는데, 당시 실점률을 수치로 환산하면 경기당 0.39골 실점률, 지난 시즌 번리의 46경기 16실점은 수치로 환산하면 경기당 0.34골 실점률로 첼시의 역대급 기록보다도 더 낮은 수치다. 비록 무대가 다르긴 하지만 번리의 챔피언십에서의 수비력은 전 세계적으로 주목받기에 충분했고, 지난 승격과는 다르게 이번엔 수비적으로 무장이 잘돼 있는 번리이기 때문에 번리 팬들도 잔류에 대한 기대를 크게 걸고 있다.

포백 기반의 4-2-3-1 형태로 두 명의 수비형 미드필더가 수비라인을 보호하고, 앞선 자원들도 즉각적인 압박과 협력, 빠른 수비 전환을 통해 수비를 부지런히 보조하는 게 번리의 지난 시즌 특급 수비의 원동력이었다. 최근 몇 년간 PL 수비 지표에서 최악의 모습을 보인 팀들이 지속적으로 강등당했다는 점을 감안했을 때 이러한 번리의 수비 조직력은 다가오는 PL 경쟁에 큰 원동력이 되지 않을까 하는 전망이다.

다만 번리에게도 여전히 부담 요소는 있다. 첫 번째로는 스콧 파커 감독이 여전히 PL 무대에서는 제대로 검증된 모습을 보여 주지 못했다는 점이다. 풀럼과 본머스 시절 PL에서는 모두 기대 이하의 모습을 보이며 경질된 경험이 있는 스콧 파커였다. 둘째는 수비에 비해 다소 아쉬운 공격력이다. 지난 시즌 69골로 리그 3위에 해당하는 득점력을 뽐내긴 했지만 경쟁팀이었던 리즈 유나이티드의 95득점과 비교하면 득점력에 아쉬움이 있었던 것은 사실이다. 또한 팀 내 최다 득점자 브라운 힐(18골), 플러밍(12골), 제이든 앤서니(8골)을 제외한 나머지 자원들의 득점력이 많이 떨어졌다는 점도 번리가 보완해야 할 부분 중 하나이다. 세 번째 포인트는 PL 경험 부족이다. 번리의 몇몇 베테랑 선수를 제외한 대부분 선수들이 PL 경험이 많지 않기 때문에, PL의 높은 압박 강도와 빠른 템포에 얼마나 빠르게 적응할 것이냐 여부는 번리의 잔류 여부에 중요한 포인트로 작용할 것이다.

BURNLEY

13 GK
Max Weiss

막스 바이스

국적 독일 | **나이** 21 | **신장** 190 | **체중** 84 | **평점** 6.7

올시즌 팀의 주전 골키퍼였던 제임스 트래포드가 팀을 떠나면서 곧바로 주전 골키퍼로 나설 확률이 굉장히 커졌으며, 두브라프카와 경쟁할 것이다. 막스 바이스는 2004년생의 상당히 젊은 골키퍼로 독일 연령별 대표팀을 U-18부터 모두 거치고 있으며, 지난 시즌 카를루스허에서 리그 전 경기에 출전하며 든든한 선방 능력을 과시했다. 특히 일대일 대치 상황에서의 선방 능력과 판단이 상당히 좋고 발밑이나 킥에도 능해서 빌드업에도 기여할 수 있는 현대축구에 아주 부합하는 유형의 골키퍼이다. 이전에 주전 골키퍼였던 제임스 트래포드의 장점과 유사한 부분이 많기 때문에 즉각적으로 트래포드의 공백을 잘 메워 줄 것으로 기대를 모으고 있다.

2024/25시즌

3	34 GAMES	3,060 MINUTES	55 실점	70.70 선방률	0
	112 세이브	8 클린시트	추정가치: 4,000,000€	23.50 클린시트 성공률	1/10 PK 방어 기록

5 CB
Maxime Esteve

막심 에스테브

국적 프랑스 | **나이** 23 | **신장** 193 | **체중** 87 | **평점** 7.01

막심 에스테브는 현 번리 수비진의 핵심 중 핵심이다. 지난 시즌 리그 전 경기에 출전하며 챔피언십 역대 최소 실점이라는 전무후무한 기록을 세우는 데 혁혁한 공을 세운 수비수이며, 최소 실점의 공신이었던 골키퍼 제임스 트래포드와 센터백 파트너 이건 라일리가 떠났음에도 유일하게 팀과 재계약하며 잔류를 선언했다. 그렇기에 에스테브의 어깨가 올 시즌 더 무거울 전망이다. 특유의 빠른 스피드와 과감한 전진 수비, 적재적소에 정확하게 연결되는 특유의 롱패스 빌드업 능력은 올 시즌 번리의 수비와 후방 빌드업, 모든 부분에 있어서 중요한 키가 될 것이다.

2024/25시즌

3	46 GAMES	4,057 MINUTES	1 GOALS	0 ASSISTS	0
	0.16 경기당슈팅	1 유효슈팅	추정가치: 20,000,000€	66.8 경기당패스	90.60 패스성공률

6 CB RB
Axel Tuanzebe

악셀 튀앙제브

국적 콩고민주공화국 | **나이** 27 | **신장** 189 | **체중** 75 | **평점** 6.26

올시즌 FA로 입스위치에서 번리로 합류했다. 번리는 현재 이건 라일리가 떠나면서 센터백 보강이 반드시 필요한 상황이었다. 센터백과 오른쪽 풀백을 동시에 소화할 수 있는 튀앙제브의 합류는 반가운 소식이다. 튀앙제브는 맨체스터 유나이티드 유스 출신의 수비수로 빠른 속도와 준수한 피지컬을 지니고 있으며, 공을 다루는 기술도 나쁘지 않다. 다만 패스의 선택이나 수비 위치 선정, 판단에 있어 다소 아쉬운 부분들이 있었는데, 이러한 약점을 파트너 센터백과 호흡을 맞추면서 잘 보완할 필요가 있다. 기본적인 툴 자체는 좋은 수비수이기 때문에 스콧 파커의 수비 전술에 빠르게 적응한다면 좋은 스쿼드 멤버가 될 수 있을 것이다.

2024/25시즌

3	22 GAMES	1,717 MINUTES	0 GOALS	1 ASSISTS	1
	0.21 경기당슈팅	0 유효슈팅	추정가치: 5,000,000€	30.5 경기당패스	86.10 패스성공률

PLAYERS

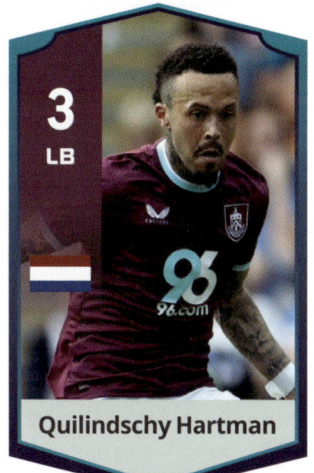

Quilindschy Hartman — 3 LB

크빌린치 하르트만
국적 네덜란드 | **나이** 23 | **신장** 183 | **체중** 72 | **평점** 6.62

크빌린치 하르트만은 올시즌 페예노르트에서 영입한 네덜란드 국가대표 출신의 공수 밸런스가 상당히 좋은 좌측 풀백이다. 페예노르트에서 3시즌 동안 활약하면서 2골과 12개의 어시스트를 만들어냈으며, 유럽 대항전에서도 인상적인 활약을 펼쳐 보인 바 있다. 적재적소에 직선적인 오버래핑을 즐기는 유형인데, 오버래핑의 타이밍이 좋고 페예노르트 시절 측면 윙어와의 콤비네이션이나 연계 플레이도 상당히 간결하고 좋았다. 다만 무릎 수술을 비롯한 잔부상으로 한 번도 30경기 이상 치러 본 시즌이 없다는 점이 걸림돌이다. 올 시즌 건강하게 시즌을 소화하는 것이 하르트만에게도 중요하다.

2024/25시즌

0	12 GAMES	646 MINUTES	0 GOALS	1 ASSISTS	0
	0.56 경기당슈팅	1 유효슈팅	추정가치: 14,000,000€	35.1 경기당패스	80.50 패스성공률

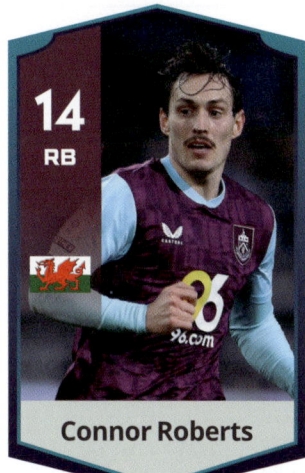

Connor Roberts — 14 RB

코너 로버츠
국적 웨일스 | **나이** 29 | **신장** 175 | **체중** 69 | **평점** 6.86

코너 로버츠는 웨일스 국가대표 출신의 경험 많은 풀백이다. 지난 시즌 팀의 주전 우측 풀백으로 활약했으며, 41경기에 출전해 2골 3어시스트를 기록하고 팀의 승격에 기여했다. 2022/23시즌에도 4골 6어시스트를 기록하며 팀의 승격에 혁혁한 공을 세웠던 코너 로버츠는 이번에도 다시 한번 팀의 우측을 든든하게 지켜 주면서 승격에 기여했다. 코너 로버츠는 특유의 부지런한 활동량과 영리한 오버래핑 움직임이 돋보이는 풀백이며, 공수에 있어 상당히 적극적인 플레이 스타일이 주요 특징이다. 웨일스 대표팀에서도 주전으로 활약하는 만큼 코너 로버츠의 경험과 기동성은 번리 수비의 중요한 한 부분을 차지할 것이다.

2024/25시즌

4	41 GAMES	3,638 MINUTES	2 GOALS	3 ASSISTS	0
	0.64 경기당슈팅	5 유효슈팅	추정가치: 4,500,000€	53.5 경기당패스	86.10 패스성공률

Kyle Walker — 2 RB CB

카일 워커
국적 잉글랜드 | **나이** 35 | **신장** 183 | **체중** 83 | **평점** 6.52

카일 워커는 프리미어리그에서만 400경기 이상 출전했고, 잉글랜드 대표팀에서도 96경기에 출전했을 정도로 백전노장의 베테랑 수비수이다. 전성기 시절에는 압도적인 스피드와 탄탄한 피지컬로 경기장의 우측에서 우수한 모습을 꾸준히 보여 주었고, 특히 상대 윙어와의 일대일 수비에서는 웬만해선 뚫리는 일이 없을 정도였다. 지금은 전성기 때와 비교했을 때 운동 능력이나 폼이 많이 떨어지긴 했지만 여전히 카일 워커의 풍부한 경험은 번리에 충분히 보탬이 될 것으로 예상된다. 선수 본인도 출전 의지가 강한 만큼 비시즌 컨디션 관리 여부에 따라 카일 워커의 마지막 불꽃을 기대해 봐도 좋을 것 같다.

2024/25시즌

1	11 GAMES	659 MINUTES	0 GOALS	0 ASSISTS	0
	0.27 경기당슈팅	2 유효슈팅	추정가치: 4,000,000€	33.8 경기당패스	90.60 패스성공률

BURNLEY

24 DMF
Josh Cullen

조쉬 컬렌

국적 아일랜드 | **나이** 29 | **신장** 175 | **체중** 70 | **평점** 6.99

조쉬 컬렌은 지난 몇 년간 번리 중원에서 가장 핵심적인 역할을 묵묵히 소화해 냈던 살림꾼 중 한 명이다. 아일랜드 대표팀 중원에서도 가장 핵심적인 역할을 하고 있으며, 팀의 수비 라인을 보호하거나 후방 빌드업의 시발점 역할을 주로 수행한다. 안정적인 볼 배급과 순간순간 나타나는 창의적인 패스 전개에 강점이 있으며, 무엇보다도 컬렌의 또 다른 장점 중 하나는 부상을 잘 당하지 않고 건강한 컨디션을 잘 유지한다는 점. 2023/24시즌 잠깐 벤치에 밀려 있던 시기를 제외하면 매 시즌 꾸준히 공식전 30경기 이상을 소화하고 있으며, 지난 시즌도 리그 44경기에 출전했다. 올 시즌 번리가 잔류하기 위해서는 컬렌의 중원에서의 안정감 있는 활약이 필수다.

2024/25시즌

	44 GAMES	3,810 MINUTES	2 GOALS	3 ASSISTS	
11	0.54 경기당슈팅	7 유효슈팅	추정가치: 6,500,000€	62.9 경기당패스	89.00 패스성공률	0

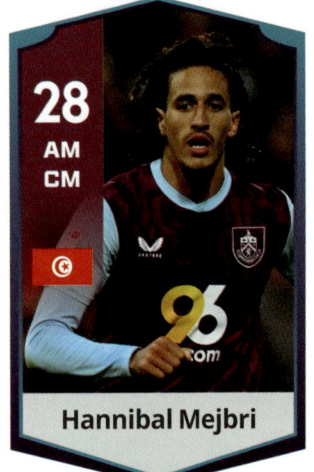

28 AM CM
Hannibal Mejbri

한니발 메브리

국적 튀니지 | **나이** 22 | **신장** 177 | **체중** 70 | **평점** 6.51

한니발 메브리는 AS모나코를 거쳐 맨체스터 유나이티드 유스팀에서 성장하면서 어릴 적부터 촉망받는 미드필더로 위상을 떨쳤다. 실제로 아직 22세의 어린 선수임에도 불구하고 튀니지 대표팀에서는 30경기 이상을 이미 소화했을 정도로 대표팀에서 주전급 입지를 자랑하고 있다. 이러한 세간의 기대치와는 다르게 클럽팀에서는 임대를 전전하면서 자리를 잡지 못하고 있었는데, 지난 시즌 번리에 합류하면서 드디어 팀의 주력으로 활약하며 승격에 기여했다. 창의적인 패스와 탈압박, 부지런한 압박, 왕성한 활동량이 메브리의 장점인데, 볼을 자주 끄는 단점도 있다. 프리미어리그에서도 통하기 위해서는 그러한 단점은 어느정도 보완해야 할 것이다.

2024/25시즌

	37 GAMES	1,933 MINUTES	1 GOALS	4 ASSISTS	
8	1.54 경기당슈팅	5 유효슈팅	추정가치: 12,000,000€	21.7 경기당패스	84.20 패스성공률	1

29 DM CM
Josh Laurent

조쉬 로런트

국적 잉글랜드 | **나이** 30 | **신장** 188 | **체중** 70 | **평점** 6.67

조쉬 로런트는 잉글랜드 하부 리그에서 잔뼈가 상당히 굵은 경험 많은 미드필더이다. 챔피언십리그에서만 200경기 이상을 소화했으며, 그 외 하부 리그에서도 100경기 이상 활약했다. 지난 시즌 리그 42경기에 출전하며 주축 미드필더 중 한 명으로 팀의 승격에 기여했고, 창의성은 조금 떨어지지만 탄탄한 피지컬과 볼 탈취 능력, 왕성한 활동량이 조쉬 로런트의 장점 중 하나이다. 특히 경기장 내에서 웬만해서는 걸어 다니는 일이 없다는 평가를 받을 정도로 공수에 헌신적인 선수이며, 가끔씩 터지는 중거리 슈팅 한 방도 가지고 있다. 올 시즌 본인의 첫 PL 경험이 될 것이며, 중원에서 주요 스쿼드 멤버로서 한 축을 담당할 것으로 예상된다.

2024/25시즌

	42 GAMES	2,442 MINUTES	2 GOALS	2 ASSISTS	
4	0.95 경기당슈팅	7 유효슈팅	추정가치: 1,800,000€	25.5 경기당패스	79.50 패스성공률	0

PLAYERS

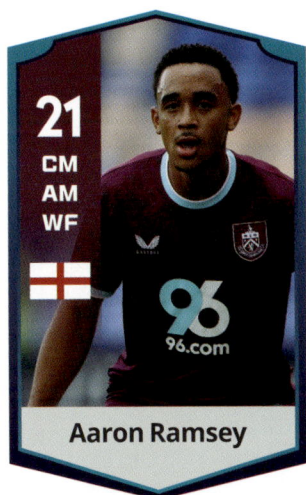

Aaron Ramsey

에런 램지

국적 잉글랜드 | **나이** 22 | **신장** 178 | **체중** 76 | **평점** 6.1

에런 램지는 애스턴빌라 유스 출신의 잉글랜드의 촉망받는 재능 중 하나였다. 애스턴빌라에서 활약 중인 제이콥 램지의 동생이기도 하며, 어릴 적에는 "형 제이콥 램지보다 동생 에런 램지가 더 뛰어나다"라는 평가를 받기도 했었다. 실제로 어린 나이부터 챔피언십 에서 빛나는 활약을 펼치면서 본인의 재능을 일찌감치 입증하기도 했다. 그러나 번리로 합류한 이후 치명적인 무릎 부상을 당하면서 지난 두 시즌 동안 출전 기회를 거의 가져가지 못했고 지난 시즌은 단 한 경기 출전에 그쳤다. 공 다루는 기술이나 센스가 특히 좋고 순간적인 박스 침투 능력도 겸비했다. 아직 어린 선수이기에 부상만 없다면 충분히 본인의 재능을 뽐낼 만한 선수라 볼 수 있다.

2024/25시즌

	1 GAMES	6 MINUTES	0 GOALS	0 ASSISTS	
0	0 경기당슈팅	0 유효슈팅	추정가치: 10,000,000€	5 경기당패스	40.00 패스성공률	0

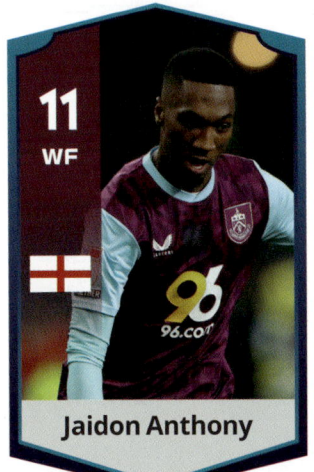

Jaidon Anthony

제이든 앤서니

국적 잉글랜드 | **나이** 25 | **신장** 183 | **체중** 67 | **평점** 7.2

아스날 아카데미에서 성장하여 본머스를 거쳐 번리에 합류했다. 특히 지난 시즌 임대 신분으로 43경기 8골 7도움을 기록하면서 팀의 승격에 지대한 공헌을 했고, 번리의 측면에서 가장 꾸준한 활약을 펼쳐 보이며 올 시즌 팀에 완전 이적 형식으로 합류했다. 측면에서 위력적인 돌파와 날카로운 크로스를 보여줬으며, 적절한 박스 침투를 통해 직접 득점을 만들거나 동료에게 도움을 주기도 했다. 온더볼과 오프더볼에 모두 강점이 있으며, 직접 프리킥에도 제법 능한 모습을 보여주는 다재다능한 선수이기 때문에 올 시즌 번리에서도 주전 윙어로 좋은 활약을 해 줄 것으로 기대를 모으고 있다.

2024/25시즌

	43 GAMES	3,675 MINUTES	8 GOALS	7 ASSISTS	
3	2.38 경기당슈팅	30 유효슈팅	추정가치: 9,000,000€	31.5 경기당패스	80.00 패스성공률	0

Jacob Bruun Larsen

야콥 브룬 라르센

국적 덴마크 | **나이** 26 | **신장** 183 | **체중** 75 | **평점** 6.69

야콥 브룬 라르센은 덴마크 국가대표 출신의 윙어이며, 륑비 아카데미에서 커리어를 시작해 도르트문트에서 프로 데뷔를 했다. 도르트문트 시절 그는 상당히 촉망받는 유망주였으며, 연령별 팀에서 무수히 많은 골을 터트리기도 했다. 그러나 프로 데뷔 후 고질적인 잔부상에 시달리면서 기대만큼 성장하지 못해 임대를 전전했다. 그 과정에서 2023/24시즌 번리에 임대로 와서 비록 팀은 강등됐지만, 팀 내에서 가장 많은 6골을 터트린 좋은 기억이 있었다. 이러한 인연으로 올 시즌 다시 번리에 합류했고, 특유의 날카로운 침투 움직임이나 슈팅 스킬, 위협적인 한 방을 통해 번리의 잔류에 힘을 보태야 할 것이다.

2024/25시즌

	12 GAMES	139 MINUTES	0 GOALS	0 ASSISTS	
0	0.33 경기당슈팅	1 유효슈팅	추정가치: 15,000,000€	5.6 경기당패스	87.10 패스성공률	0

BURNLEY

10 WF
Marcus Edwards

마커스 에드워즈

국적 잉글랜드 | **나이** 26 | **신장** 168 | **체중** 65 | **평점** 6.75

마커스 에드워즈는 토트넘 유스 출신의 윙어이다. 잉글랜드 출신의 선수지만 커리어 대부분의 전성기를 포르투갈에서 보낸 특이한 이력을 지니고 있다. 스포르팅에서 120경기 24골 17도움을 기록하며 좋은 성과를 냈고, 유럽 무대에서도 인상적인 활약을 펼치기도 했다. 그리고 지난 시즌 약 7년 만에 잉글랜드 무대로 돌아왔다. 번리에 임대로 합류해 후반기 14경기에서 1골 1도움을 기록, 공격 포인트와는 별개로 날카로운 움직임과 크로스를 통해 후반기 팀의 오른쪽 측면 공격을 책임졌다. 이러한 활약으로 올 시즌 팀에 완전 이적으로 합류했으며, 특유의 날카로운 돌파와 크로스를 통해 지난 시즌 이상의 활약을 번리 팬들은 기대하고 있다.

2024/25시즌

	14 GAMES	946 MINUTES	1 GOALS	1 ASSISTS	
1	1.73 경기당슈팅	5 유효슈팅	추정가치 12,000,000€	24.9 경기당패스	82.80 패스성공률	0

17 WF CF
Loum Tchaouna

룸 차우나

국적 프랑스 | **나이** 21 | **신장** 180 | **체중** 67 | **평점** 6.13

룸 차우나는 스타드렌 유스 출신의 프랑스 윙어이다. 좌우 측면 윙어뿐만 아니라 때로는 최전방 스트라이커도 소화할 수 있으며 공격 지역의 모든 포지션을 소화할 수 있는 멀티 플레이어이다. 빠른 스피드와 더불어 드리블 능력이 상당히 출중하고 왼발 슈팅 능력이 매우 강력하기도 하다. 지난 시즌 라치오에서 로테이션 자원으로 활약하며 리그 24경기 동안 단 1골밖에 기록하지 못했다. 커리어 동안에도 그렇게 많은 득점을 터트리는 유형은 아니었지만 차우나가 가지고 있는 다양한 툴과 성장 가능성을 보고 번리도 나름대로 거액을 투자하여 데려온 만큼 PL 무대에서 과연 본인의 포텐을 터트릴 수 있을지를 주목해 보면 좋을 것 같다.

2024/25시즌

	24 GAMES	651 MINUTES	1 GOALS	0 ASSISTS	
2	3.14 경기당슈팅	8 유효슈팅	추정가치 10,000,000€	8.8 경기당패스	76.30 패스성공률	1

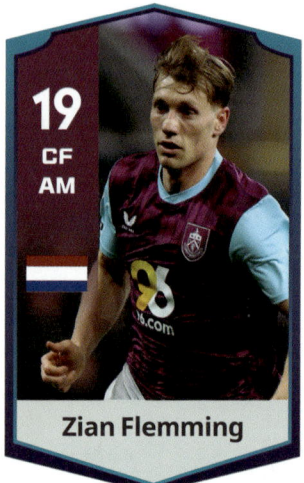

19 CF AM
Zian Flemming

지안 플러밍

국적 네덜란드 | **나이** 27 | **신장** 185 | **체중** 79 | **평점** 6.79

지안 플러밍은 네덜란드 아약스 유스 출신의 공격수이다. 원래는 공격형 미드필더가 주 포지션이었지만, 번리에서는 센터포워드로 활약하고 있다. 오른발 킥력이 상당히 좋아 직접 프리킥에도 능하며, 어려운 볼도 정확하게 처리하는 슈팅 스킬과 기본기가 상당히 좋다. 아주 큰 장신은 아니지만 높은 타점을 통해 결정적인 헤더 득점도 곧잘 터트리는 편이다. 미드필더 출신의 선수지만, 미드필더로 뛸 때도 드리블이나 패스의 창의성보다는 박스 움직임과 공격적인 패스를 통해 공격 포인트에 집중하는 유형의 선수였다. 화려하진 않지만 찬스를 굉장히 잘 포착하는 유형이라 PL 무대에서의 활약도 상당히 기대되는 선수이다.

2024/25시즌

	35 GAMES	2,439 MINUTES	12 GOALS	4 ASSISTS	
3	2.93 경기당슈팅	31 유효슈팅	추정가치 6,500,000€	11.2 경기당패스	70.20 패스성공률	0

전지적 작가 시점

이완우가 주목하는 번리의 원픽!
막심 에스테브

지금 번리에 이 선수가 있다면!
크리스 우드

막심 에스테브는 지난 시즌 번리의 챔피언십 역대 최소 실점을 이끈 프랑스 출신의 젊은 센터백이다. 특히 이건 라일리와의 호흡이 정말 좋았는데, 라일리가 마르세유로 떠나게 되면서 올 시즌 수비 쪽에서 역할이 더 많아졌다. 일단 에스테베는 190이 넘는 장신에 탄탄한 피지컬과 빠른 스피드를 갖춘 왼발잡이 센터백이다. 전진 수비, 대인 방어에 능하고 발밑까지 준수해서 많은 빅클럽들이 몇 년 전부터 이미 군침 흘렸던 센터백이기도 했다. 실제로 최근 토트넘이라든지 바이에른뮌헨 같은 빅클럽과도 계속 링크가 있었으나 번리와 2030년까지 재계약을 체결하면서 번리의 수비진을 오랫동안 든든히 책임져 줄 버팀목으로 자리 잡게 됐다. 이러한 장기 계약은 선수와 클럽 모두에게 안정감을 주고, 팀 운영 계획에도 중요한 전략이 될 수 있다.

특히 번리의 스콧 파커 감독이 상당히 수비적인 스타일의 전술 운영을 하기 때문에 에스테브의 역할은 전술적으로 더 중요하다고 볼 수 있으며, 2023/24시즌 PL의 높은 레벨을 이미 한 차례 경험해 봤다는 점도 다가오는 시즌을 대비하는 데 큰 도움이 될 것이다. 만약 번리가 올 시즌 잔류에 성공한다면 그 중심에는 에스테브의 활약이 크게 작용하지 않을까 싶다.

지금 번리에게 가장 부족한 포지션은 최전방 스트라이커 자리이다. 지난 시즌 팀 내 최다득점자가 미드필더인 조쉬 브라운힐이었던 것을 감안하면 반드시 해결해야 할 과제이다. 지안 플레밍이 준수한 득점력을 보여 줬지만 전형적인 최전방 스트라이커는 아니며 PL에서 어느 정도의 퍼포먼스를 보여 줄지도 미지수이다.

반면 크리스 우드는 과거 번리에서 풀타임으로 활약했던 PL 4시즌 동안 단 한 번도 빠짐없이 두 자리수 득점을 꾸준하게 기록했고, 지난 시즌은 노팅엄에서 무려 20골을 터트리면서 본인 커리어 최초로 프리미어리그 한 시즌 20골 고지에 도달하기도 했다. 번리가 2023/24시즌 강등됐을 때 셰필드 유나이티드 다음으로 저조한 득점력을 보였고, 지난 시즌 승격할 때도 수비력에 비해 공격력은 아쉬웠다는 평가가 굉장히 많았다.

이러한 스트라이커의 득점력 부재를 해소해 줄 적임자로 번리와 프리미어리그에서의 경험이 풍부한 크리스 우드를 생각해 봤고, 실제로 크리스 우드가 번리에서 뛸 수 있다면 특유의 압도적인 제공권이나 위협적인 슈팅 능력, 연계 플레이는 번리에 큰 도움이 될 것이다.

ANTHONY PATTERSON
SIMON MOORE
ROBIN ROEFS
DANIEL BALLARD
LUKE O'NIEN
DENNIS CIRKIN
REINILDO MANDAVA
TRAI HUME
HABIB DIARRA
DAN NEIL
ENZO LE FEE
CHRIS RIGG
SIMON ADINGRA
ROMAINE MUNDLE
ELIEZER MAYENDA
WILSON ISIDOR
GRANIT XHAKA
LEO HJELDE
AJI ALESE
NIALL HUGGINS
NOAH SADIKI
HARRISON JONES

20252026

Sunderland AFC

SUNDERLAND AFC

선덜랜드 Sunderland AFC

- **창단 년도** | 1879년
- **최고 성적** | 우승 (1891/92, 1892/93, 1894/95, 1901/02, 1912/13, 1935/36)
- **경기장** | 스타디움 오브 라이트 (Stadium of Light)
- **경기장 수용 인원** | 49,000명
- **지난 시즌 성적** | 챔피언십 4위
- **별칭** | The Black Cats (검은 고양이)
- **상징색** | 레드, 화이트
- **레전드** | 케빈 필립스, 나이얼 퀸, 지미 몽고메리, 찰리 헐리, 찰리 부찬 등

히스토리

잉글랜드 북동부에 위치한 타인위어주를 연고로 두고 있는 구단이다. 1879년에 창단했으며 리그 우승 6회, FA컵 우승 2회, 채리티 쉴드 1회로 유구한 역사와 전통을 자랑한다. 인접한 또 다른 중추 도시 뉴캐슬어폰타인에 위치한 뉴캐슬과의 타인위어 더비는 잉글랜드 내에서도 가장 치열한 더비로 손꼽힌다. 선덜랜드는 창단 직후 바로 전성기를 구가했다. 초대 감독인 톰 왓슨 체제에서 "모든 선수들이 재능 넘친다"라는 평가를 받으며 19세기 말부터 20세기 초까지 5차례 리그 타이틀을 따냈다. 하지만 2016/17시즌부터 백투백 강등을 당하며 리그 원까지 추락하는 수모를 겪기도 했다. 그러다 2024/25시즌 르 브리 감독 체제에서 승격 플레이오프 접전 끝에 8년 만에 프리미어리그 복귀라는 드라마를 완성 지었다.

최근 5시즌 리그 순위 변동

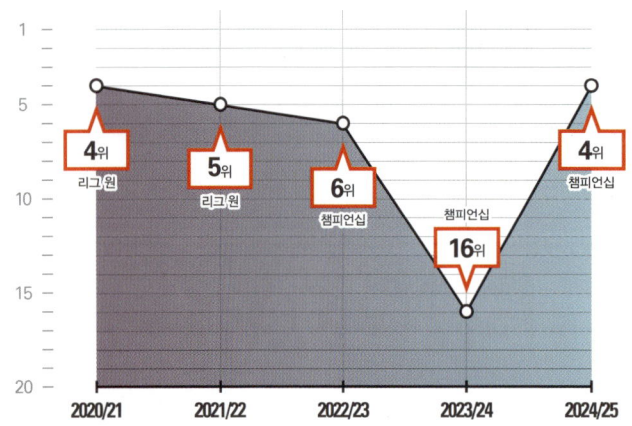

클럽레코드 IN & OUT

최고 이적료 영입 IN

하빕 디아라
3,150만 유로
(2025년 7월, from 스트라스부르)

최고 이적료 판매 OUT

조브 벨링엄
3,050만 유로
(2025년 6월, to 도르트문트)

CLUB & MANAGER

레지 르 브리 Régis Le Bris | 1975년 12월 6일 | 49세 | 프랑스

르 브리 감독의 전술적 역량이 곧 잔류로 직결!

부임 첫 시즌, PL 승격이란 대업적을 달성했지만 전술적인 측면에서 만족감보단 아쉬움이 컸다. 프랑스에서 어린 선수들 육성이 익숙했고 로리앙에서는 연속성을 보장받았기에 성과를 낼 수 있었다. 하지만 선덜랜드에선 달랐고 그래서 더 발전해야 한다. 8년 만에 PL 복귀의 여운은 지난 5월 끝났다. 이제는 잔류 전쟁에 돌입해야 한다. 시즌 막판 간격 조정으로 수비력을 강화했지만 공격 전술에서 다양성이 떨어졌고 선수들의 역할 분배에서도 어색함이 있었다. 기동력 바탕의 빠른 전환만으로 PL 잔류는 쉽지 않다. 에이스 조브 벨링엄이 팀을 떠났지만 애제자 르 피 완전 영입, 여기에 레버쿠젠에서 자카를 데려와 공수밸런스를 확보했다. 불안했던 후방의 경험은 헤이닐두, 알데레테, 무키엘레로 채웠다. 스트라이커도 첼시에서 기우를 임대로 영입했다. 르 브리 감독이 공격 전술만 세밀화시키면 잔류 이상도 가능하다.

📋 감독 인터뷰

"프리미어리그는 세계 최고의 리그다. 지난 시즌은 퍼포먼스에서 기복이 있었다. 재능 있는 선수들을 영입해야 하고 스태프부터 선수단 모두 꾸준함을 키워 우리만의 정체성을 확실히 다져야 한다."

감독 프로필

통산	선호 포메이션	승률
307 경기 **116** 승 **95** 무 **96** 패	**4-4-2**	**37.8%**

시즌 키워드

#죽어도잔류 | **#전술능력** | **#공격력강화**

경력

- **2015~2022** FC로리앙B
- **2022~2024** FC로리앙
- **2024~** 선덜랜드

SUNDERLAND AFC

IN

- 헤이닐두 만다바 (AT마드리드)
- 하빕 디아라 (스트라스부르)
- 노아 사디키 (위니옹생질루아즈)
- 시몬 아딩그라 (브라이튼)
- 챔스딘 탈비 (클뤼프브뤼허KV)
- 그라니트 자카 (레버쿠젠)
- 로빈 루프스 (네이메헌)
- 마르크 기우 (첼시, 임대)
- 오마르 알데레테 (헤타페)
- 아르튀르 마수아퀴 (베식타스)
- 노르디 무키엘레 (PSG)

OUT

- 조브 벨링엄 (도르트문트)
- 톰 왓슨 (브라이튼)
- 아딜 아우치체 (애버딘, 임대)
- 나단 비숍 (윔블던)
- 피에르 에크와 (생테티엔, 임대)

FW
- 7 탈비
- 9 기우
- 10 로버츠
- 12 마옌다
- 14 먼들
- 18 이시도르
- 24 아딩그라

MF
- 4 닐
- 6 펨벨레
- 8 브라운
- 11 리그
- 13 오나이언
- 15 알데레테
- 19 디아라
- 20 무키엘레
- 25 트라이언티스
- 26 마수아퀴
- 27 사디키
- 28 르 피
- 34 자카
- 50 존스

DF
- 2 허긴스
- 3 서킨
- 5 발라드
- 13 오나이언
- 17 헤이닐두
- 32 흄
- 33 옐데
- 41 존슨
- 42 엘리스
- 45 앤더슨

GK
- 1 패터슨
- 16 누케우
- 21 무어
- 22 루프스

히든풋볼의 이적시장 평가

지난 시즌 후반기 핵심 엔조 르 피를 완전 영입했고 PL에서 검증을 마친 아딩그라, 브뤼헤의 유망한 윙어 탈비로 측면을 보강했다. 조브 벨링엄이 빠진 중원 공백은 디아라, 사디키 여기에 아스날과 레버쿠젠에서 뛰었던 자카로 오히려 업그레이드시켰다. 후방은 헤이닐두와 알데레테, 무키엘레가 책임진다. 기우를 영입해 스트라이커도 보강했지만 공격진의 경험 부족은 우려스럽다.

SQUAD & BEST11

2024/25시즌 스탯 Top 3

라인업 (포지션별)

- 24 아딩그라
- 18 이시도르
- 7 탈비
- 27 사디키
- 34 자카
- 19 디아라
- 17 헤이닐두
- 15 알데레테
- 5 발라드
- 32 흄
- 22 루프스

득점 Top 3
- ⚽ 윌슨 이시도르 — 12골
- ⚽ 엘리에세르 마옌다 — 8골
- ⚽ 로메인 먼들 — 5골

도움 Top 3
- 🎯 패트릭 로버츠 — 7도움
- 🎯 트라이 흄 — 6도움
- 🎯 엘리에세르 마옌다 — 5도움

출전시간 Top 3
- ⏱ 루크 오나이언 — 3,935분
- ⏱ 댄 닐 — 3,882분
- ⏱ 트라이 흄 — 2,810분

히든풋볼의 순위 예측

2016/17시즌 강등 이후 어려운 몇 년을 경험했다. 다시 강등당하지 않기 위해 안간힘을 써야 한다.

20위 · 이주헌

〈죽어도 선덜랜드〉의 서사를 본 사람들은 그들의 의지를 알고 있다. 경험치 많은 선수들로 잔류에 성공할 것

16위 · 박종윤

선덜랜드의 간절함과 전력 보강은 효과를 발휘할까? 그 무엇도 선덜랜드의 잔류를 보장할 수 없다.

20위 · 송영주

1억 5천만 파운드 넘는 막대한 투자를 했지만, 급격한 선수단 변화에 따른 조직력 문제로 한 시즌 만에 강등될 것.

19위 · 임형철

주목받는 이적 시장을 보냈다. 르 브리 감독의 전술 완성도에 따라 잔류 그 이상도 가능하다.

14위 · 남윤성

경험 많고 재능 있는 선수들을 생각보다 잘 영입했다. 조화만 잘된다면 의외의 다크호스가 될지도?

17위 · 이완우

8년 만에 PL 복귀, 현실적 목표는 잔류!

　승격 플레이오프에서 기적을 써내며 8년 만에 PL 복귀에 성공했다. 꿈만 같은 결과지만 그 과정은 결코 쉽지 않았다. 그도 그럴 것이 시즌 초중반까지 리그 1위 자리를 지켰지만 12월부터 힘이 떨어졌고 3강으로 추려졌던 리즈, 번리, 셰필드와의 격차를 좁히지 못하며 결국 정규리그를 4위로 마쳤기 때문이다. PO 진출권은 확보했지만 리그 막판 5연패를 포함해 6경기 동안 승리를 거두지 못했기에 2년 전 승격 PO에서 탈락했던 악몽이 반복될지도 모른다는 두려움이 더 큰 상황이었다. 하지만 막상 PO 단계에 진입하자 선덜랜드는 완전히 다른 팀이 되어 있었다.

　시즌 막판까지만 해도 조브 벨링엄을 더 낮은 위치로 내리는 선택에 아쉬움이 컸다. 이미 6번 자리에서 경기 조율을 훌륭하게 수행하던 중원 핵심 댄 닐과 벨링엄의 동선이 겹치기도 했고 댄 닐을 향한 상대의 압박을 효과적으로 분산시키지 못하면서 중원 빌드업이 매끄럽게 진행되지 못했다. 이로 인해 데니스 서킨, 트라이 휴메과 같은 공격적인 풀백의 전진이 어려워졌고 엔조 르 피를 중앙으로 좁히는 전술 역시 효과를 보지 못했다. PO 단계에선 4-4-2로 경기에 나섰는데 공격하는 절대적인 시간도 줄어들었고 공격 패턴도 역습이 아니면 다양성이 떨어지며 상대에게 주도권을 내어줬다. 하지만 정신적 지주 오나이엔을 중심으로 발라드까지 돌아오면서 수비 조직이 탄탄해졌다. 여기서부터 개인의 역량이 발휘됐고 팀 결속력도 상승했다. 후반기 활약이 저조했던 이시도르의 득점포가 터졌고 조커로 나오던 마옌다는 중요한 순간 득점포를 가동하며 단순하지만 효율적인 공격 작업으로 르 브리 감독은 결국 PL 승격 신화를 써냈다.

　르 브리 감독은 르 피를 중원에 활용할 것이라 밝혔다. 따라서 르 피가 견제를 받았을 때 이를 분산시키고 댄 닐의 빌드업 보조까지 해 줄 기동력과 기술을 갖춘, 지난 시즌 조브 벨링엄 같은 선수가 필요한데 디아라, 사디키에 자카까지 더하며 훌륭한 중원을 완성했다. 헤이닐두에 알데레테, 무키엘레로 후방을 보강했다. 하지만 전방은 공격진의 경험 우려가 드러날 수 있다. 추가적인 베테랑 공격수 영입 또는 다양한 공격 전술이 필요하다. 챔피언십에서 압도적이었던 번리, 레스터, 입스위치도 결국 한 시즌을 버티지 못하고 다시 강등됐다. 그렇기에 공격 시퀀스에서 확실한 득점 루트를 만들어 낼 수 있는 르 브리 감독의 전술적 역량이 반드시 발휘돼야 한다.

SUNDERLAND AFC

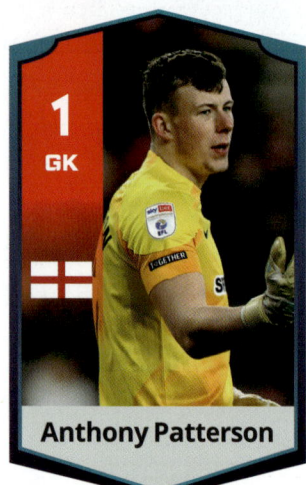

1 GK
Anthony Patterson

앤서니 패터슨

국적 잉글랜드 | **나이** 25 | **신장** 189 | **체중** 87 | **평점** 6.95

구단 유스 출신, 동물적인 반사신경, 발밑이 아주 좋은 편이 아니라는 점에서 선덜랜드 유스 출신이자 삼사자 군단의 수문장 픽포드와 닮았다. 패터슨의 진가는 팀이 리그 원에서 좀처럼 승격하지 못하던 2021/22시즌 발휘됐다. 후반기 임대에서 돌아와 13경기 무패를 이끌었고 PO 3경기에서 2차례 클린시트로 선덜랜드의 챔피언십 승격을 견인했다. 이후 3시즌 간 주전으로 뛰던 패터슨은 드라마의 주인공이 됐는데, 바로 지난 시즌 셰필드와의 승격 PO 결승전에서 두 차례 불가능에 가까운 선방쇼로 선덜랜드의 8년 만에 PL 복귀를 이끈 것이다. 넥스트 픽포드, 삼사자 군단 수문장이 될 잠재력도 갖췄다.

2024/25시즌

	GAMES 42	MINUTES 3,780	실점 42	선방률 70.30	
3	세이브 92	클린시트 14	추정가치: 14,000,000€	클린시트 성공률 33.30	PK 방어 기록 1/5	0

5 CB
Daniel Ballard

다니엘 발라드

국적 북아일랜드 | **나이** 25 | **신장** 187 | **체중** 85 | **평점** 6.95

아스날 유스에서 성장한 강인한 센터백이다. 임대로 향한 블랙풀, 밀월에서 실전 감각을 키우며 가파른 성장세를 보였고 선덜랜드가 챔피언십에 승격한 2022/23시즌 합류했다. 박스 안에서 공중볼 처리 능력이 뛰어나고 온몸으로 슈팅을 막아 내는 등 헌신적인 플레이도 마다하지 않는다. 역할 분배를 통해 루크 오나이언과의 호흡도 나날이 좋아지는 중이다. 비록 지난 시즌은 근육 부상에 시달리며 빠지는 경기가 많았지만 다행히 시즌 막판 복귀했고 코번트리와의 승격 PO 준결승 2차전에서는 클러치 능력까지 증명했다. 종료 직전 발라드의 극적인 헤더 동점골이 아니었다면 웸블리행을 장담하지 못했을 만큼 귀중한 득점이었다.

2024/25시즌

	GAMES 20	MINUTES 1,123	GOALS 2	ASSISTS 1	
3	경기당슈팅 0.7	유효슈팅 6	추정가치: 8,000,000€	경기당패스 37.9	패스성공률 87.60	0

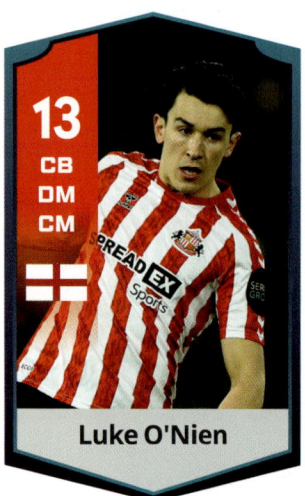

13 CB DM CM
Luke O'Nien

루크 오나이언

국적 잉글랜드 | **나이** 30 | **신장** 174 | **체중** 74 | **평점** 7.03

3부 리그인 리그 원까지 추락한 2018/19시즌, 벼랑 끝으로 내몰린 선덜랜드에 합류했다. 그리고 선덜랜드와의 여덟 번째 시즌을 커리어 첫 프리미어리그 도전이라는 낭만으로 맞이하게 된 루크 오나이언이다. 센터백으로 포지션을 변경하며 진가를 발휘하기 시작한 오나이언은 미드필더 출신답게 볼을 달고 전진하는 능력이 매우 뛰어나고 패싱력도 준수하다. 과거 박스투박스 미드필더로 뛰던 시기에는 한 시즌에 8골을 기록했을 만큼 슈팅 능력도 나쁘지 않다. 왕성한 활동량으로 공간을 적절하게 커버하며 상대를 끝까지 쫓아가 태클로 수비 위기를 극복한다. 라커룸과 필드의 진정한 리더이자 선덜랜드의 역사이고 아이콘이다.

2024/25시즌

	GAMES 45	MINUTES 3,935	GOALS 3	ASSISTS 1	
9	경기당슈팅 0.38	유효슈팅 6	추정가치: 1,500,000€	경기당패스 62.5	패스성공률 86.30	0

PLAYERS

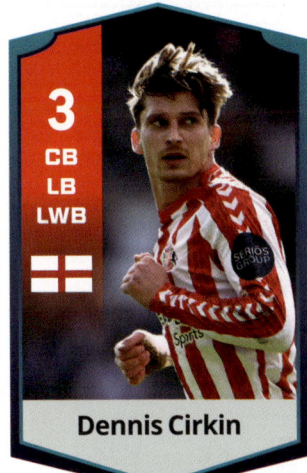

3
CB
LB
LWB

Dennis Cirkin

데니스 서킨

국적 잉글랜드 | **나이** 23 | **신장** 182 | **체중** 72 | **평점** 7.05

토트넘 유스 시절부터 공격적인 풀백으로 큰 기대를 받았다. 상대 풀백과 센터백 사이로 보내는 패스의 퀄리티가 뛰어나며 땅볼 크로스와 컷백 등 다양한 형태로 공격진을 지원한다. 출전 기회를 위해 선덜랜드에 합류한 서킨은 잠재력을 폭발시킬 때쯤 부상으로 쓰러지는 아쉬움을 사고는 했다. 부상만 없었다면 이미 챔피언십에선 최고 수준의 풀백으로 평가받았을 것이다. 하지만 2024년 겨울 고질적으로 괴롭히던 햄스트링 수술 후 몇 차례 잔부상을 제외하면 과거와 비교해 확실히 근육 부상의 빈도가 줄어드는 모습을 보였고 토트넘 복귀설이 나올 만큼 폼도 되찾았다. 친정팀을 상대로 본인의 성장을 증명할 때다.

2024/25시즌

6	36 GAMES	2,742 MINUTES	3 GOALS	2 ASSISTS	0
	1.11 경기당슈팅	7 유효슈팅	추정가치: 8,000,000€	38.6 경기당패스	77.20 패스성공률	

헤이닐두 만다바

국적 모잠비크 | **나이** 31 | **신장** 180 | **체중** 73 | **평점** 6.63

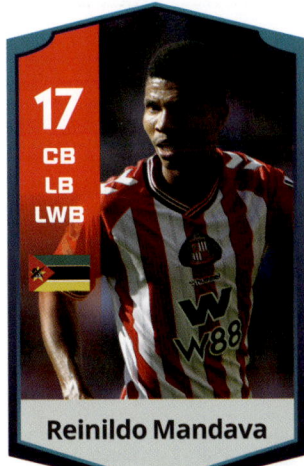

17
CB
LB
LWB

Reinildo Mandava

한때는 AT마드리드의 흔들리던 왼쪽 수비에 희망과도 같았던 헤이닐두다. 공격적인 능력은 아쉬웠지만 대인 수비에서 상대 공격수에게 결코 돌파를 허용하지 않았으며 깔끔한 태클 마무리까지 모두에게 인정받을 만한 수비력을 자랑했다. 절정의 폼에서 하필 십자인대가 끊어졌다. 재활 후 복귀했지만 과거의 폼이 아니었다. 변화가 필요했고 무대를 바꿔 승격팀 선덜랜드에 합류했다. 서킨과 경쟁 구도가 가능하고 르 브리 감독의 전술에 달렸지만 백3의 왼쪽 스토퍼로도 뛸 수 있다. 그렇게 되면 오나이언도 주발인 오른쪽에서 뛸 수 있게 된다. 오랜만에 승격한 선덜랜드 수비라인에 헤이닐두의 경험은 충분히 도움이 될 수 있다.

2024/25시즌

4	19 GAMES	935 MINUTES	0 GOALS	0 ASSISTS	0
	0.05 경기당슈팅	1 유효슈팅	추정가치: 5,000,000€	32.2 경기당패스	84.20 패스성공률	

32
RB
LB

Trai Hume

트라이 흄

국적 북아일랜드 | **나이** 23 | **신장** 180 | **체중** 85 | **평점** 7.41

2024/25시즌 선덜랜드 올해의 선수상을 수상했다. 과감하게 중앙을 가로지르는 드리블과 타이밍 좋은 언더래핑으로 상대 수비라인에 균열을 일으킨다. 강력한 태클과 뛰어난 대인 수비로 상대 윙어를 틀어막는 능력도 훌륭하다. 방향 전환이 매끄러워 상대를 쫓아가는 타이밍이 빠르고 신체 밸런스가 좋아 중심이 무너진 상황에서도 효과적인 수비를 펼친다. 지난 2시즌 간 부상 없이 시즌을 소화하는 철강왕 기질까지 갖췄다. 여기에 지난 시즌은 공격 포인트까지 착실하게 쌓으면서 챔피언십 최고 수준의 풀백으로 성장했다. 가진 능력만 보면 당장 프리미어리그에서 뛰어도 부족함이 전혀 없는 수준급의 풀백이다.

2024/25시즌

11	44 GAMES	3,810 MINUTES	3 GOALS	6 ASSISTS	1
	0.66 경기당슈팅	9 유효슈팅	추정가치: 12,000,000€	56.4 경기당패스	76.50 패스성공률	

SUNDERLAND AFC

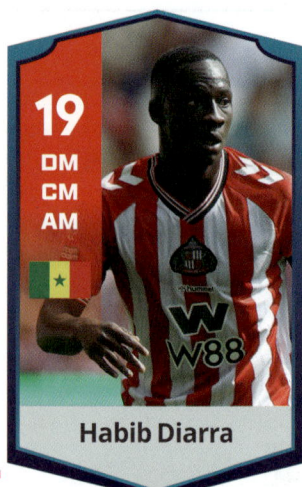

19 DM CM AM
Habib Diarra

하빕 디아라

국적 세네갈 | **나이** 21 | **신장** 178 | **체중** 75 | **평점** 7.02

이적한 조브 벨링엄의 공백을 메우기 위해 리그앙 스트라스부르에서 영입한 중원 엔진. 리그앙에서 뛰어난 활약을 보이면서 세네갈 대표팀에서도 주전으로 등극했다. 특히 지난 시즌 괄목할 만한 성장세를 보였는데, 종종 공격적인 역할을 소화하면서 공격포인트 생산에서 크게 발전한 모습을 보였고 동시에 수비적으로도 기여도가 컸다. 특히 90분당 3.5개의 리커버리를 하면서도 기회 창출은 1.1개로 공수에서 뛰어난 모습을 보였다. 주로 오른쪽 하프스페이스 움직임이 많은데, 선덜랜드에서 댄 닐에게서 패스를 받아 본인이 직접 전진하거나 공격에 가담한 트라이 흄의 오른쪽 공간을 커버하는 역할을 할 것으로 예상된다.

2024/25시즌

5	30 GAMES		2,356 MINUTES	4 GOALS	5 ASSISTS	0
	0.9 경기당슈팅	12 유효슈팅	추정가치: 20,000,000€	32.6 경기당패스	83.00 패스성공률	

4 DM CM
Daniel Neil

댄 닐

국적 잉글랜드 | **나이** 23 | **신장** 185 | **체중** 65 | **평점** 7.12

선덜랜드 중원의 핵심. 6번과 8번 위치에서 능숙하게 뛸 수 있다. 후반기 르 브리 감독이 조브 벨링엄의 위치를 한 칸 아래로 내리면서 댄 닐과 동선이 겹쳤고 이로 인해 댄 닐의 빌드업 비중이 줄어들면서 선덜랜드의 후방 빌드업도 어려움을 겪었다. 기동력이 강점은 아니지만 마치 과거 마이클 캐릭처럼 편안한 동작으로 공을 차며 축구가 쉬워 보이는 착각을 일으킨다. 그만큼 기술적이라는 뜻인데 프리미어리그에서는 중원에서 댄 닐의 비중이 커지지 동시에 수비 부담을 줄여줄 수 있는 파트너가 옆에 있어야 한다. 하빕 디아라를 영입한 이유가 여기에 있는데, 댄 닐이 살아나야 엔조 르 피도 중앙에서 창의성을 발휘할 수 있다.

2024/25시즌

2	44 GAMES		3,882 MINUTES	2 GOALS	3 ASSISTS	1
	0.55 경기당슈팅	5 유효슈팅	추정가치: 9,400,000€	44.2 경기당패스	83.10 패스성공률	

28 CM AM LW
Enzo Le Fée

엔조 르 피

국적 프랑스 | **나이** 25 | **신장** 173 | **체중** 66 | **평점** 7.1

르 브리 감독의 페르소나. 로리앙 아카데미에서 뛰던 12살 어린 소년을 지금의 엔조 르 피로 성장시켰다. 2022/23시즌에는 1군에서 감독과 선수로 호흡을 맞췄는데, 그해 르 피는 잠재력을 폭발시키며 리그앙 수준급 미드필더로 성장했다. 돌아서는 동작이 기민하고 민첩해 방향 전환으로 상대의 압박을 손쉽게 풀어 나오며 드리블은 마치 공이 발에 붙어 있는 듯한 착각을 일으킨다. 하지만 로마 이적 후 좀처럼 기회를 잡지 못했고 때마침 주전 윙어들이 부상으로 쓰러진 르 브리 감독의 호출을 받았다. 이적 후 왼쪽 측면에서 뛰었는데 중앙으로 들어오면서 매끄러운 동작과 연계로 투박했던 선덜랜드 공격에 유연함을 제공했다.

2024/25시즌

2	15 GAMES		1,000 MINUTES	1 GOALS	1 ASSISTS	0
	1.27 경기당슈팅	6 유효슈팅	추정가치: 18,000,000€	39.3 경기당패스	76.90 패스성공률	

PLAYERS

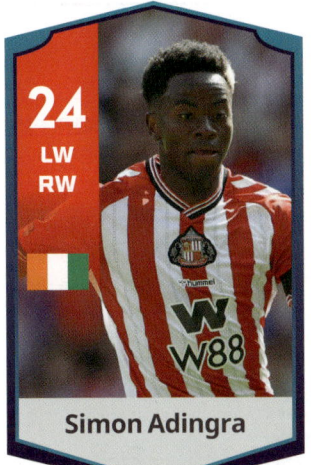

11
CM
AM
RW

Chris Rigg

크리스 리그

국적 잉글랜드 | **나이** 18 | **신장** 177 | **체중** 65 | **평점** 6.93

선덜랜드가 애지중지 키우고 있는 특급 유망주. 왼발을 활용한 테크닉이 뛰어나고 기본기도 출중하다. 빠른 편은 아니지만 수비에 적극적으로 임하는 자세를 갖췄다. 중앙과 측면에서 모두 뛸 수 있고 상대를 한 번에 제쳐내는 역동적인 턴동작은 맨체스터시티의 필 포든을 연상시킨다. 비록 후반기 들어 일관성이 떨어졌고 실수도 늘어나는 모습이었지만 전반기에 보여 준 크리스 리그의 잠재력과 활약상은 모든 프리미어리그의 빅클럽들의 구애로 이어질 만큼 엄청났다. 턴오버를 줄이고 신체 조건을 키워 낸다면 프리미어리그에서도 즉각적인 활약을 보일 수 있을 만큼 미래가 촉망받는 어린 자원이다.

2024/25시즌

	42 GAMES	3,070 MINUTES	4 GOALS	1 ASSISTS	
8	1.14 경기당슈팅	14 유효슈팅	추정가치: 20,000,000€	25.6 경기당패스	74.80 패스성공률	0

시몬 아딩그라

국적 코트디부아르 | **나이** 23 | **신장** 175 | **체중** 68 | **평점** 6.7

스피드와 유연성을 활용한 저돌적인 돌파가 강점인 윙어. 슈팅 기술은 가다듬어야 하지만 슈팅력 자체는 좋은 편이다. 임대로 떠난 벨기에 주필러 프로 리그에서 가파른 성장세를 보인 뒤 브라이튼으로 돌아왔고 복귀 후 측면에 활기를 불어넣으며 기대감을 샀다. 하지만 꾸준하지 않은 경기력과 마무리에서의 판단력이 문제였다. 높은 완성도를 요구하는 휘르첼러 감독의 전술에서 입지가 줄어들었고 2025/26시즌을 앞두고 승격팀 선덜랜드에 합류했다. 좌우에서 모두 뛸 수 있고 특히 역습 상황에서 위력적이다. 출전 시간이 늘어난다면 선덜랜드는 아딩그라가 성장하기에 최적의 팀이 될 수 있다.

24
LW
RW

Simon Adingra

2024/25시즌

	29 GAMES	1,091 MINUTES	2 GOALS	2 ASSISTS	
0	1.14 경기당슈팅	8 유효슈팅	추정가치: 28,000,000€	13.2 경기당패스	75.90 패스성공률	0

로메인 먼들

국적 잉글랜드 | **나이** 22 | **신장** 182 | **체중** 74 | **평점** 7.2

14
LW
RW

Romaine Mundle

돌파력을 갖춘 측면 윙어. 때로는 과감하게 때로는 타이밍을 뺏는 드리블로 수비하는 풀백들의 머리를 아프게 만든다. 뛰어난 드리블 능력으로 토트넘 유스 시절부터 기대를 받았는데 특히 1군에 콜업돼 훈련하는 먼들의 모습을 보고 당시 감독이었던 안토니오 콘테는 조만간 1군에서 뛸 수 있는 재능이라고 평가하기도 했다. 지난 시즌 선덜랜드에서 개막 후 3경기 연속골을 넣으며 잠재력을 터뜨리나 싶었는데, 두 차례나 햄스트링이 파열되며 쓰러졌다. 시즌 막판 돌아오긴 했지만 이렇다한 활약은 없었는데 공격진 영입에 적극적으로 투자하고 있는 선덜랜드인 만큼 부상 없이 뛰면서 임팩트를 남겨야 경쟁에서 승리할 수 있다.

2024/25시즌

	22 GAMES	1,441 MINUTES	5 GOALS	2 ASSISTS	
1	1.6 경기당슈팅	12 유효슈팅	추정가치: 7,500,000€	22.9 경기당패스	73.40 패스성공률	0

SUNDERLAND AFC

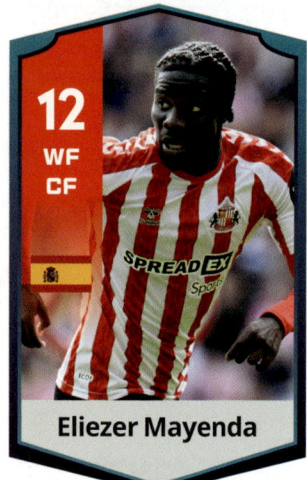

엘리에세르 마옌다
국적 스페인 | 나이 20 | 신장 180 | 체중 75 | 평점 6.72

지난 시즌 선덜랜드의 특급 조커로 활약했다. 엄청난 스피드와 성실한 압박이 강점이지만 주전으로 뛸 때면 미숙함이 드러나곤 했다. 하지만 그럼에도 공격진 중에서는 가장 기대되는 모습을 보였다. 무모한 돌파로 소유권을 잃어도 바로 압박해 볼을 되찾아왔고 미숙하지만 저돌적이고 스피드가 빨라 상대 수비수들은 마옌다를 막는 것이 버거워 보였다. 우당탕 하면서 득점하는 경우들이 많았는데 한두 번이 아닌 거로 봐선 그러한 플레이 역시 마옌다의 능력이라 볼 수 있는 대목이다. 판단력을 길러야 하고 동료들을 활용하는 능력도 성장이 필요하지만 어린 나이인 만큼 경험을 쌓는다면 좋은 재목이 될 수 있다.

2024/25시즌

2	37 GAMES	2,149 MINUTES	8 GOALS	5 ASSISTS	0
	1.52 경기당슈팅	27 유효슈팅	추정가치: 12,000,000€	7.1 경기당패스	68.30 패스성공률

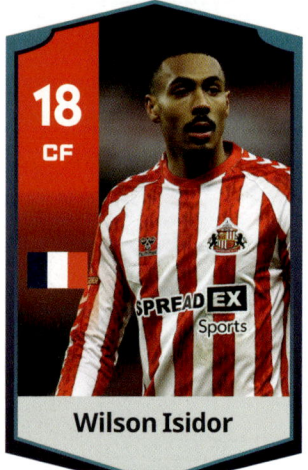

윌손 이시도르
국적 프랑스 | 나이 24 | 신장 186 | 체중 74 | 평점 6.78

스타드 렌 유스에서 성장할 당시 아카데미를 총괄했던 인물이 바로 르 브리 감독이었다. 선덜랜드 지휘봉을 잡은 르 브리 감독은 제니트에서 밀려난 이시도르에게 손을 내밀었고 이시도르는 지난 시즌에만 13골을 기록하며 스승의 은혜에 보답했다. 큰 신장과 더불어 최고 시속 34.84km/h라는 엄청난 속도를 갖췄다. 하지만 쉬운 찬스를 득점으로 연결하지 못하는 경우가 잦고 무득점의 늪에 빠지면 헤어 나오지 못하는 모습도 보였다. 베스트 플레이어와 워스트 플레이어를 번갈아 보여 주는 기복이 아쉬운 편이다. 시즌 초반 기회를 받을 가능성이 큰데, 기회가 왔을 때 제대로 살릴 수 있어야 한다.

2024/25시즌

9	43 GAMES	3,117 MINUTES	12 GOALS	2 ASSISTS	0
	2.21 경기당슈팅	41 유효슈팅	추정가치: 12,000,000€	7.81 경기당패스	67.30 패스성공률

그라니트 자카
국적 스위스 | 나이 32 | 신장 186 | 체중 80 | 평점 7.49

선덜랜드의 죽어도 잔류를 이끌 중원 퍼즐이 완성됐다. 조브 벨링엄이 떠나며 공백의 우려가 컸던 중원은 그라니트 자카 합류로 선덜랜드의 가장 강력한 지역이 됐다. 아스날에서 7시즌을 뛰어 프리미어리그에 대한 적응도 문제가 없다. 아스날 막판과 레버쿠젠에서 주로 8번으로 뛰었지만 6번 역할도 전혀 문제없다. 파트너로 르 피와 댄 닐, 하빕 디아라까지 있기 때문에 공격 부담 없이 후방에서 경기를 조율하는 역할만 집중하면 된다. 자카의 롱패스로 역습의 위력이 더해졌고 경기 템포를 조율하는 것까지 가능하다. 지난 시즌 분데스리가 파이널 서드 패스 성공 2위, 전방으로 향하는 패스 6위로 기량도 여전하다. 금상첨화 금의환향이다.

2024/25시즌

3	33 GAMES	2,891 MINUTES	2 GOALS	7 ASSISTS	0
	0.63 경기당슈팅	3 유효슈팅	추정가치: 15,600,000€	85.4 경기당패스	89.70 패스성공률

전지적 작가 시점

남윤성이 주목하는 선덜랜드의 원픽!
루크 오나이언

지금 선덜랜드에 이 선수가 있다면!
제이미 바디

근년의 선덜랜드 역사를 대변하는 선수이자 정신적 지주다. 팀이 리그 원으로 추락했을 때 합류해 끝내 프리미어리그 승격을 이끌었다. 어려운 시기에 팀과 함께한 선수는 특별한 의미를 지니며 팬들에게 깊은 애정을 받기 마련인데, 본인 입장에서도 첫 프리미어리그 도전이기에 감회가 남다를 것이다. 커리어 대부분을 수비형 미드필더로 뛰었지만 센터백으로 포지션을 변경하면서 잠재력을 터뜨렸다. 특히 오나이언의 강력한 대인방어 능력과 수비라인을 리딩하는 능력은 칸나바로를 떠오르게 만들고 수비형 미드필더에서 센터백으로 포지션을 바꿨다는 점에서는 하비에르 마스체라노를 연상시킨다.

지난 시즌 크리스 메팜과 대니얼 발라드로 센터백 파트너가 바뀌는 순간에도 오나이언은 꾸준한 경기력을 보여줬다. 넓은 수비 범위와 태클 능력으로 뒷공간을 성실하게 커버했다. 그러다가도 공을 갖고 전진하며 미드필더들의 빌드업 부담을 분산시키기도 했다. 위컴 원더러스 시절 박스투박스 미드필더 역할까지 소화했기에 볼을 다루는 능력도 준수한 편이다. 라커룸과 필드의 진정한 리더 오나이언의 존재감과 멀티성은 프리미어리그에서도 빛을 발할 가능성이 크고 잔류를 위해서 반드시 그래야만 한다.

부임 후 첫 시즌이긴 했지만 르 브리 감독의 전술 능력은 느낌표보단 물음표에 가까웠다. 물론 시즌 막판 포메이션을 4-4-2로 바꾸면서 공격과 수비의 간격을 더욱 타이트하게 조정했고 기동력 바탕의 빠른 공격 전환으로 뒷공간을 효율적으로 공략하면서 PL 승격에 성공했지만 전체적인 공격력은 아쉬움이 컸다. 이시도르와 마옌다는 움직임은 활발했지만 결정력에서 수도 없이 팬들을 좌절하게 만들었다. 미드필더와 연계하며 함께 전진하는 것을 돕는 유형도 아니었다.

이러한 선덜랜드에 전성기 시절의 제이미 바디가 합류한다면 르 브리 감독에겐 꿈만 같은 일이 될 것이다. 득점력과 연계 능력을 모두 갖춘 공격수는 팀 전력을 단숨에 끌어올릴 수 있기 때문인데, 제이미 바디는 뒷공간 침투부터 좁은 공간 동료들과의 연계까지 문제없다. 역습 시 빠른 스피드와 결정력은 이미 PL에서도 최상급 수준이었다. 한때 제이미 바디가 레스터의 전술 그 자체였을 만큼 바디는 르 브리 감독에게 더 많은 공격 옵션을 가져다주며, 2025/26시즌 선덜랜드의 전술에 유연성을 더할 수 있을 것이다. 이번 여름 공격수 영입이 계획대로 이뤄지지 않는다면 전성기 시절은 사치다. 지금의 제이미 바디라도 모셔 올 수 있어야 한다.

MY FAVORITE PL TEAM'S

토트넘
2021/22 SEASON

2021/22시즌은 손흥민의 득점왕 시즌이다. PL팀 중 특별히 응원하는 팀이 없는 입장에서 손흥민을 응원함과 동시에 토트넘을 응원하는 것은 당연한 수순이지 않을까? 그 시즌 토트넘은 개막전부터 맨시티를 만났고, 모두가 맨시티의 승리를 예상하고 있었다. 그러나 손흥민의 골로 토트넘이 1:0 승리를 가져갔다. 손흥민은 이 시즌에서 리그에서만 35경기에서 선발로 나와 23골을 기록하며 리버풀 살라와 함께 공동득점왕에 올랐다. PK골은 단 한 골도 없는 필드골로만 얻어 낸 득점왕이기에 의미가 더욱 크다고 할 수 있었다. 특히 마지막 라운드 노리치전, 극적인 원더골을 집어넣으면서 두 골을 더해 득점왕을 차지한 그 경기는 내 평생 잊을 수 없는 기억일 것이다. 이 시즌을 다시 기억해 본다면 축구를 보는 자체만으로도 행복했다. 그동안 느낄 수 없었던 통쾌함을 손흥민 덕분에 느낄 수 있었다. 미국으로 떠난 손흥민에게 건강과 행운이 가득하기를 기도하며, 그동안 참 고마웠다고 말하고 싶다.

이주헌

아스날
2001/02 SEASON

아스날에 처음 입문했던 시즌의 기억은 굉장히 짙다. 많은 사람들이 즐기는 것은 아닌 해외축구를 본다는 짜릿함. 많은 이들이 사랑하는 맨유가 아닌 팀을 응원한다는 자부심. 그 홍대병(?)스러운 감정을 꽉꽉 채워주는 축구 스타일과 경기 결과. 비록 챔피언스리그에선 좋은 모습을 보여 주지 못했지만 당시 리그 레이스는 짜릿했다. 특히 당대 최고 라이벌 맨유에게 더블을 기록했고 앙리 최고의 골 중 하나로 꼽히는 독수리 슛은 2001/02시즌 맨유전에서 나왔다. 비록 최애 선수 로베르 피레스의 십자인대부상 이탈이 컸지만 스웨덴에서 건너온 공격수 융베리의 혜성 같은 등장과 폭발적인 공격력이 돋보였다. 기억이 맞다면 2월부터 시작된 리그 13연승의 기세로 무려 OT에서 우승을 확정짓는 승리를 만들어냈다. FA컵까지 우승하며 벵거의 두 번째 더블을 만들어 낸 2001/02시즌은 24년 동안 나를 아스날에 매달리게 만든 최고의 시즌이자 내 축덕인생 시작 시즌이다.

박종윤

맨체스터유나이티드
1998/99 SEASON

묘하게도 최고가 아닌 2인자에, 탑독이 아닌 언더독에 시선이 가곤 한다. 그래서일까? '잉글랜드 클럽 방랑자'처럼 한때 부진의 늪에서 허덕이던 아스날, 첼시, 리버풀 등에 관심을 갖곤 했다. 그리고 2024/25시즌을 기점으로 나의 시각이 완전히 바뀌었다. 맨유가 리그 15위라는 역사상 가장 초라한 성적표를 받은 것이다. 하지만 그만큼 애정이 피어났다. 이것은 동정이 아닌 애정이었다. 아직도 1998/99시즌 맨유의 트레블이 기억난다. 해외축구에 빠질 때쯤 맨유는 잉글랜드 클럽 최초로 트레블을 달성했다. 당시 최강의 팀은 아니었지만 최고의 성적을 거둔 팀은 분명했다. 하물며 챔피언스리그 결승전에서 바이에른 뮌헨을 상대로 종료 직전 2골을 몰아넣으며 2-1로 승리, '캄 누의 기적'을 연출했다. 맨유의 경기는 끝날 때까지 끝난 것이 아니었고, '역전의 명수'는 언제나 마지막 순간에 웃곤 했다. 그렇기에 현재의 맨유가 미래의 맨유를 대변할 순 없다. 오히려 최악의 순간 최고를 꿈꾸고 있지 않을까?

송영주

BEST SEASON

내 최애팀의 최애 시즌

2008/09 SEASON — 리버풀

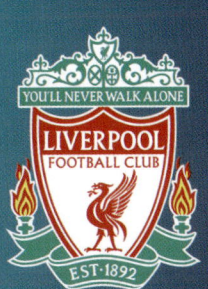

2008/09시즌, 라파엘 베니테스의 리버풀은 프리미어리그 역사상 가장 위대한 준우승팀으로 기억된다. 시즌 단 2패와 승점 86점이라는 경이로운 기록에도 불구, 맨체스터 유나이티드에 밀려 19년 만의 우승 꿈이 좌절됐다. 당시 리버풀의 힘은 월드클래스 '척추' 라인에서 나왔다. 마스체라노-알론소의 완벽한 중원 조합과 주장 제라드, 스트라이커 토레스가 이끈 '제토 라인'의 공격력은 유럽을 지배할 만했다. 레알 마드리드와 맨유를 원정에서 대파하며 그 위용을 과시했다. 하지만 이들의 발목을 잡은 것은 치명적인 '뎁스 부족'이었다. 주전 의존도가 극심했던 팀은 중하위권 팀과의 경기에서 무려 11번이나 비기며 승점을 잃었고, 이는 우승 실패의 결정적 원인이었다. 이러한 약점은 힉스와 질레트 구단주의 경영 실패에서 비롯된 구조적 문제였다. 결국 압도적인 실력에도 경기장 밖의 문제로 좌절한 이 시즌은 팬들에게 '아름다운 비극'이자 전설로 남아 있다.

 임형철

2011/12 SEASON — 첼시

블루스에게 '첼램덩크'로 대변되는 2011/12시즌은 잊지 못할 순간이다. '넥스트 무리뉴'로 기대받던 빌라스보아스가 선수단 장악 실패로 경질되자 로만은 수석코치 디 마테오에게 잔여 시즌을 맡겼고, 그렇게 드라마가 시작됐다. 챔피언스리그 4강에서 당대 최강 바르셀로나를 꺾은 첼시는 결승에서 바이에른 뮌헨을 만난다. 결승 장소는 뮌헨의 홈구장 알리안츠 아레나, 더군다나 핵심 존 테리와 이바노비치가 징계로 결장해 모두가 뮌헨의 손쉬운 우승을 점쳤다. 그러나 드록바의 극적인 헤더로 승부는 연장으로 향했고 승부차기 접전 끝에 첼시는 구단 역사상 첫 빅이어 트로피를 들어 올렸다. 비록 정식 감독으로서의 성과는 아쉬웠지만, 가족의 응원이 담긴 영상을 통해 선수단의 사기를 끌어올렸던 디 마테오 감독의 전략과 리더십은 첼시 역사의 서막으로 영원히 기억될 것이다.

 남윤성

2013/14 SEASON — 에버튼

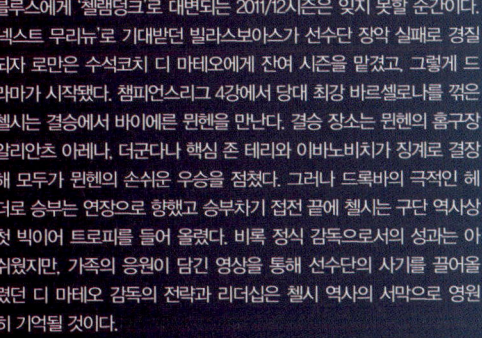

개인적으로 에버튼의 축구를 가장 재미있게 열정적으로 응원하며 지켜봤던 시즌은 의외로 2013/14시즌이었다. 나의 PL 최애 감독은 모예스였지만, 이때는 오히려 모예스가 떠난 이후 로베르토 마르티네즈 체제에서의 첫 번째 시즌이었다. 오랜 기간 팀을 안정적으로 잘 이끌어 왔던 모예스가 떠나고 나서의 첫 번째 시즌이었기 때문에 우려와 걱정이 동반되기도 했던 시즌이었다. 하지만 의외로 로베르토 마르티네즈는 선수 개개인의 장점과 개성을 잘 살리면서 공격적이고 재미있는 축구를 펼쳤고, 리그 막바지까지 끈질기게 챔피언스리그 경쟁을 이어 나갔다. 아쉽게도 챔피언스리그 진출에는 실패했지만, 당시 리그 5위의 성적을 거뒀고, 에버튼의 PL 역사상 최다 승점인 72점, 최다 연승인 7연승의 기록을 세우기도 했다. 당시 팀의 주축이었던 루카쿠, 미랄라스, 베인스, 콜먼 듀오의 플레이와 연전연승하는 모습을 지켜보면서 에버튼의 축구를 너무나도 재미있게 열광하며 봤던 기억이 새록새록 떠오른다.

 이완우

2025 2026 프리미어리그 가이드북

초판 1쇄 펴낸 날 | 2025년 9월 12일

지은이 | 히든풋볼
펴낸이 | 홍정우
펴낸곳 | 브레인스토어

책임편집 | 김다니엘
편집진행 | 홍주미, 정채현, 박혜림
디자인 | 참프루, 이예슬
마케팅 | 방경희

주소 | (03908) 서울시 마포구 월드컵북로 375, DMC이안상암1단지 2303호
전화 | (02)3275-2915~7
팩스 | (02)3275-2918
이메일 | brainstore@publishing.by-works.com
블로그 | https://blog.naver.com/brain_store
인스타그램 | https://instagram.com/brainstore_publishing

등록 | 2007년 11월 30일(제313-2007-000238호)

© 브레인스토어, 히든풋볼, 2025
ISBN 979-11-6978-060-5 (03690)

* 이 책은 저작권법에 따라 보호받는 저작물이므로 무단전재와 무단복제를 금하며, 이 책 내용의 전부 또는 일부를 이용하려면 반드시 저작권자와 브레인스토어의 서면 동의를 받아야 합니다.